KARL-FRIEDRICH KRIEGER
RUDOLF VON HABSBURG

KARL-FRIEDRICH KRIEGER

RUDOLF
VON HABSBURG

PRIMUS
VERLAG

Für Uschi, Christine und Rüdiger

Die Deutsche Bibliothek verzeichnet diese Publikation
in der Deutschen Nationalbibliografie;
detaillierte bibliografische Daten sind im Internet über
http://dnb.ddb.de abrufbar.

© 2003 by Wissenschaftliche Buchgesellschaft, Darmstadt
Gedruckt auf säurefreiem und alterungsbeständigem Papier
Printed in Germany

Besuchen Sie uns im Internet: www.primusverlag.de

ISBN 3-89678-459-5

Inhalt

Vorwort des Reihenherausgebers

Rudolf von Habsburg, jener Herrscher an einem wichtigen Wendepunkt der mittelalterlichen deutschen Geschichte, als „durch die Kurfürsten ... das Königtum dem zerklüfteten Boden des Westens mit seiner territorialen Zersplitterung verhaftet" blieb und „verhindert" wurde, „im frischen Boden des Ostens zu wurzeln" (Hermann Heimpel), fand 1903 in Oswald Redlich seinen Geschichtsschreiber. Dessen Werk, 1965 nachgedruckt, wird zu Recht auch vom Verfasser des vorliegenden Bandes als eine der besten Monographien angesehen, die je über einen mittelalterlichen Herrscher verfaßt wurde. Es ist nicht zuletzt deshalb von bleibendem Wert, weil es aus der Bearbeitung der „Regesta imperii" Rudolfs durch Redlich hervorging und damit auf vollständiger und kritischer Beherrschung der Quellen beruht. Es ist eingebettet in die damals gerade in Österreich in voller Blüte stehende Landes- und Verfassungsgeschichte. Seitdem hat die Forschung freilich neue Fragestellungen entwickelt, die zu berücksichtigen waren, wenn auch nicht alles, was in letzter Zeit über die Persönlichkeit und die Zeit des Habsburgers geschrieben wurde, wirkliche Erkenntnisfortschritte gebracht hat; der Verfasser setzt sich damit kritisch auseinander. Von der Grundlage Redlichs ausgehend interessieren ihn als Historiker und Juristen vor allem verfassungsgeschichtliche Probleme wie die Herrschaftskonzeption, die Landgrafschaft, Landvogteien, lehnsrechtliche Fragen, Gerichtsbarkeit sowie die Landfriedens- und Städtepolitik des Herrschers. Wertvorstellungen und Erwartungshaltungen der Zeitgenossen sowie die Erkenntnis der Handlungsspielräume tragen zu einer differenzierten Beurteilung des Königs bei, ebenso wie die bislang etwas unterschätzte „Anekdotenliteratur" teilweise als von den Bettelmönchen verbreitete habsburgische Herrschaftspropaganda erwiesen wird. Obschon einiges aus Kalkulationsgründen des Verlags Kürzungen zum Opfer fiel, ist zu hoffen, daß die vorliegende, in ein breites historisches Umfeld eingebettete neue Darstellung zu einer gerechten Bewertung des ersten Habsburgers auf dem deutschen Königsthron führen und zu weiteren Forschungen anregen wird.

Alzenau im November 2002   Peter Herde

Einführung:
Rudolf von Habsburg – eingebunden in die Strukturen und Erwartungen seiner Zeit

„Von Karl dem Großen vernahmen wir manches Märchenhafte; aber das Historisch-Interessante für uns fing erst mit Rudolf von Habsburg an, der durch seine Mannheit allen Verwirrungen ein Ende gemacht."[1] Diese bemerkenswerte Betrachtung stammt nicht von einem Historiker, sondern von dem damals bereits im Lebensalter fortgeschrittenen Geheimen Rat und Dichterfürsten Johann Wolfgang von Goethe, der sich hier seiner Frankfurter Kindheitsempfindungen erinnerte. Die Geschichte des ersten Königs aus dem Hause Habsburg hat aber bekanntlich nicht nur den jugendlichen Goethe fasziniert; sie animierte andere berühmte Dichter – Friedrich von Schiller und Franz Grillparzer – sogar dazu, sich dieses Stoffes in der Form der Ballade ('Der Graf von Habsburg') bzw. des Schauspiels ('König Ottokars Glück und Ende') anzunehmen. Und noch in jüngster Zeit wurde auch in der historischen Forschung festgestellt: „Ohne Zweifel: Rudolf von Habsburg gehört zu den populären Königen des Mittelalters."[2]

Einen Grund für diese Popularität hat bereits Goethe in seinen Jugenderinnerungen angedeutet. Wenn er von der „Mannheit" spricht, mit der Rudolf „allen Verwirrungen ein Ende gemacht" habe, steht dahinter die Vorstellung, daß dieser mit starker Hand das sogenannte 'Interregnum' überwunden habe, jene 'Zwischenzeit' nach dem Tode Kaiser Friedrichs II. (1250) bis zu seiner eigenen Wahl im Jahre 1273. Noch deutlicher kommt dies in Schillers oft zitierten Versen zum Ausdruck:

> Denn geendigt nach langem verderblichen Streit
> War die kaiserlose, die schreckliche Zeit,
> Und ein Richter war wieder auf Erden.
> Nicht blind mehr waltet der eiserne Speer,
> Nicht fürchtet der Schwache, der Friedliche mehr,
> Des Mächtigen Beute zu werden.

Diese Sichtweise[3], wonach Rudolfs historische Leistung vor allem deshalb in hellem Licht erstrahlt, weil die Zeit, in der er wirkte, als entspre-

---

[1] Goethes Werke 9, 20.
[2] Erkens, Tradition, 33.
[3] Zu Schillers Quellen vgl. neuerdings Kaufhold, Dt. Interregnum, 6 ff.

chend dunkel empfunden wurde, hat auch ein Großteil der Historiker ausdrücklich übernommen oder stillschweigend vorausgesetzt.[4] So spricht Oswald Redlich (1858–1944)[5] in seinem – was den kritischen Umgang mit Quellen und Literatur angeht – nach wie vor vorbildlichen Standardwerk über Rudolf von Habsburg wie selbstverständlich davon, daß das Interregnum „vollends die ganze Fülle dieser Kämpfe der aufstrebenden Territorialgewalten untereinander und mit den widerstrebenden Kreisen der Nation" entfesselt habe und daß „in dieses Chaos ringender Mächte" Rudolfs neues Königtum eingetreten sei.[6]

Doch war dies wirklich so? In der neueren Forschung mehren sich die Stimmen, die hier Zweifel anmelden und im Interregnum keineswegs eine im Vergleich zu anderen Epochen besonders schreckliche Zeit chaotischer Fried- und Rechtlosigkeit sehen wollen,[7] wodurch wiederum – sollte diese Ansicht zutreffen – auch die Rolle Rudolfs als Retter und Erneuerer relativiert würde.

Skepsis wurde auch von anderer Seite geäußert. So wurde argumentiert, die historische Bedeutung Rudolfs erstrecke sich vor allem auf seine Leistung als Gründer einer neuen Königsdynastie, der seine Königsherrschaft im wesentlichen auf der neu erworbenen Hausmacht errichtet und damit die Epoche des spätmittelalterlichen 'Hausmachtkönigtums' eingeleitet habe, während andere demgegenüber die Kontinuität staufischer Traditionen in der Herrschaftspolitik des Habsburgers betonen.[8] Auch

---

[4] Vgl. hierzu die Zusammenstellung der Literatur bei Kaufhold, Dt. Interregnum, 10 ff.

[5] Der bedeutende Gelehrte, dem wir auch das entscheidende Quellenwerk zu Rudolf von Habsburg verdanken, kann mit Recht zu den 'großen' Historikern gezählt werden, die die deutschsprachige Geschichtswissenschaft hervorgebracht hat. Zu ihm vgl. neuerdings den Artikel 'Redlich, Oswald', in: I. Ackerl/F. Weissensteiner, Österreichisches Personenlexikon, Wien 1992, 378 f., vor allem aber die umfassende biographische und fachliche Würdigung von Th. Santifaller, Oswald Redlich. Ein Nachruf, zugleich ein Beitrag zur Geschichte der Geschichtswissenschaft, in: MIÖG 56 (1948), 1–238, der seine Wertung des hier besonders interessierenden Werkes mit den bemerkenswerten Worten zusammengefaßt hat: „Redlichs 'Rudolf von Habsburg' erfüllt in höchstem Maße die Anforderungen, die man an eine 'objektive Geschichtsschreibung' stellen kann; das Buch reiht sich sowohl in der Exaktheit der Forschung wie auch in der literarischen Höhe der Darstellung den hervorragendsten Erzeugnissen der europäischen Historiographie auf das würdigste an und kann mit vollem Rechte den klassischen Geschichtswerken der Weltliteratur beigezählt werden" (ebenda, 70).

[6] Redlich, Rudolf, 734.

[7] Vgl. hierzu vor allem Kaufhold, Dt. Interregnum, passim mit weiterer Lit.

[8] Vgl. Erkens, Tradition, 34 ff. mit der aufgeführten älteren Lit.

hier stellt sich nach wie vor die Frage: In welchem Umfang hat Rudolf in seiner Königsherrschaft auf staufische und andere Vorbilder zurückgegriffen oder inwieweit hat er hierbei neue Wege beschritten? Schließlich wird man die Einschätzung O. Redlichs, wonach Rudolf „ein wahrhaft bedeutender Mann und Herrscher [war], der seine Mißerfolge mehr der Gewalt der Umstände, seine Erfolge aber zum größten Theile seiner eigenen Begabung, Thatkraft und Ausdauer verdankte",[9] mit dem nüchternen Urteil Peter Moraws konfrontieren müssen, der Rudolf und seine Nachfolger bis zum Jahre 1313 als 'kleine' Könige bezeichnet, deren Schicksal es gewesen sei, daß sie „an den bestehenden politischen Verhältnissen im Großen ... wenig oder gar nichts" ändern konnten.[10] Also: War Rudolf im Vergleich zu anderen Herrschern seiner Zeit nur ein 'kleiner' König?

Die aufgeworfenen Fragen machen bereits deutlich, daß befriedigende Antworten kaum zu erwarten sind, wollte man sich mit einer rein biographischen Betrachtungsweise der Persönlichkeit Rudolfs im Sinne einer Ereignisgeschichte seines Lebens begnügen. Es gilt vielmehr, das historische Umfeld mit seinen Menschen und Strukturen in die Untersuchung mit einzubeziehen und die Einbindung des Habsburgers in dieses Umfeld sichtbar zu machen. Dabei erscheint es zweckmäßig, zwischen den Verhältnissen, die Rudolf als Graf und Territorialherr vorfand, und den Grundbedingungen, Voraussetzungen und Problemen, mit denen er als König konfrontiert wurde, zu unterscheiden.

Daneben sind aber auch die grundsätzlichen Ordnungsvorstellungen und Erwartungshaltungen der Zeitgenossen und die Versuche Rudolfs und seiner Anhänger, diesen Rechnung zu tragen, in den Blick zu nehmen. Besondere Aufmerksamkeit verdient in diesem Zusammenhang die alltägliche Herrschaftspolitik, die Rudolf als König gegenüber den Reichsangehörigen betrieb und die daher, soweit dies die Überlieferung zuläßt, auch im einzelnen analysiert werden soll.

Ein weiterer Grund für die bis heute andauernde Popularität Rudolfs scheint in der Quellenüberlieferung zu liegen. Während die Vorgänger Rudolfs als römisch-deutsche Könige in den zeitgenössischen Zeugnissen von ihrer Persönlichkeit her kaum wirklich zu fassen sind, scheint dies bei Rudolf kein Problem zu sein, da über ihn zahlreiche volkstümliche Erzählungen und Anekdoten berichten, die zwar erst nach seinem Tod von den Chronisten überliefert wurden, aber zum Teil mit großer Wahrscheinlichkeit bereits zu seinen Lebzeiten in Umlauf waren.[11] Dazu kommt, daß die

---

[9] Redlich, Rudolf, 738.
[10] Moraw, Verfassung, 211.
[11] Vgl. hierzu Treichler, passim, der auch eine Zusammenstellung der Texte aus der Chronistik bietet.

noch heute im Speyerer Dom erhaltene Grabplatte ein Porträt Rudolfs
bietet,[12] das bereits vor seinem Tod angefertigt worden war und als erste
'realistische' Abbildung eines römisch-deutschen Königs überhaupt gilt.
Doch trotz dieser guten Voraussetzungen bekommen wir Probleme,
wenn wir versuchen, diese auf den ersten Blick so 'realitätsnahen' Quellenzeugnisse auszuwerten. Um dies zu verdeutlichen, seien nur zwei Beispiele herausgegriffen.

So soll Rudolf nach einer sowohl bei Johann von Winterthur[13] als auch
bei Johannes von Viktring[14] überlieferten Anekdote auf die Beschwerde
eines Mannes, er könne wegen der langen Nase des Königs nicht an diesem vorbeigehen, lachend seine Adlernase mit der Hand auf die andere
Seite gedrückt und nun den Witzbold aufgefordert haben vorbeizugehen.

Schon die Tatsache, daß der eine Chronist die Episode in Zürich ansie-
delte, der andere sie in die Reichsstadt Esslingen verlegte, bringt den
Historiker, der sich die Frage nach der Authentizität des geschilderten
Ereignisses stellt, ins Grübeln. Darüber hinaus verglich Johannes von
Viktring die Reaktion Rudolfs mit dem Verhalten des römischen Kaisers
Tiberius, der gesagt haben soll: „Es gebührt sich, daß in einer freien Stadt
auch die Gedanken und Zungen der Menschen frei sind."[15]

Wie soll man dies auffassen? König Rudolf nicht nur ein Mann mit
schlagfertigem Witz, sondern auch ein früher Verfechter des Grundrechts
der Meinungsfreiheit? Und wie passen diese wie auch andere Anekdoten
vom Witz und der Tatkraft des Königs zum angesprochenen Porträt auf
der Grabplatte im Speyerer Dom? Überhaupt nicht, wenn wir die Meinung eines Ikonographen teilen, der sich zu dem Grabmal im Jahre 1927
geäußert hat. Nach ihm zeigt das Relief „einen grämlichen Mann im Alter
von etwa sechzig Jahren, ... der ... mit dem Leben fertig zu sein, eine Fülle
von Erfahrung und Leiden hinter sich zu haben scheint, resigniert und
müde. Schnitt des Gesichts und Ausdruckes erinnern an die bekannte
Dante-Büste, nur daß der Ausdruck im Gesicht Rudolfs ungleich müder
und – fast möchte man sagen: kläglicher ist. Das Bild gibt nach alledem sicherlich in keiner Weise das wirkliche Wesen Rudolfs in seiner 'guten Zeit'
wieder ..."[16]

Ebenfalls als Frohnatur und dazu noch als Finanzkünstler besonderer
Art wird Rudolf in der zweiten hier vorzustellenden Anekdote geschil-

---

[12] Vgl. Abbildung 7 und dazu im einzelnen unten S. 228, 230 ff.
[13] Die Chronik Johanns von Winterthur, 26 f.
[14] Johannes von Viktring I, 290.
[15] Ebenda. – Vgl. hierzu im einzelnen unten S. 233 f.
[16] Wolf, Ikonographie, 103 f. – Vgl. ähnlich neuerdings auch Körner, Grabmonumente, 128.

dert. Hiernach soll er in Mainz auf die Frage des Herrn von Klingen, wer sein Schatzmeister sei, geantwortet haben: „Ich habe weder einen Schatz noch habe ich Geld – außer fünf Schillingen in schlechter Münze." Als der von Klingen daraufhin wissen wollte, wie er sich unter solchen Umständen die Versorgung seines Heeres, das er gerade angeworben hatte, vorstelle, habe Rudolf entgegnet: „So wie mich der Herr bisher immer versorgt hat, wird er mich auch auf diesem Feldzug versorgen." Frohgemut, aber in extremer Armut habe der König dann auch seinen Marsch fortgesetzt, und ohne Widerspruch hätten alle, die zum Reich gehörten, sich ihm freiwillig ergeben. Burgen, Befestigungen und Marktflecken, wem auch immer sie gehörten, hätten sich seiner Verfügungsgewalt aus freiem Willen unterworfen, da sie keine Aussicht gesehen hätten, sich verteidigen zu können.[17]

Auch hier scheint die Vorstellungskraft des nüchternen Historikers über Gebühr strapaziert zu werden. Denn wie soll dies in der Praxis funktioniert haben: Rudolf, ein armer König ohne Geld, der zur Erfüllung seiner Aufgaben allein auf Gott vertraute und dabei durch die Einsicht seiner Opponenten belohnt wurde? Wird hier das Klischee vom „armen Grafen" als König – allen gegenteiligen Beteuerungen der historischen Forschung zum Trotz – durch die Realität bestätigt? Und wie lassen sich damit, wenn die Gegner so verständig waren, die zahlreichen, auch in anderen Anekdoten angedeuteten militärischen Auseinandersetzungen Rudolfs mit Reichsangehörigen vereinbaren?

Antworten auf diese Fragen wird man auch hier nur finden, wenn man diese Quellen nicht isoliert als eine Art besonderer, in sich homogener 'Literaturgattung' sieht, sondern in engem Zusammenhang mit ihrer Überlieferung analysiert. Dabei wird man auch die Möglichkeit in Betracht ziehen müssen, daß manch eine dieser Anekdoten weniger 'Volkes Stimme' als die Wertvorstellungen ihres Autors widerspiegelt oder sogar zum Mittel gezielter habsburgischer Herrschaftspropaganda geworden ist.

Der Zugang zu den übrigen Quellen wird durch den von O. Redlich bearbeiteten Band der 'Regesta Imperii' (zit. RI) wesentlich erleichtert, der nicht nur die Urkunden Rudolfs als König,[18] sondern auch an ihn gerichtete Schreiben sowie zahlreiche Nachrichten aus erzählenden Quellen[19] enthält.

[17] Chronicon Colmariense, 246 = Treichler, Nr. 22, 74 f.
[18] Zu den Urkunden Rudolfs als Graf von Habsburg und zu denen seiner Familie vgl. Regesta Habsburgica I.
[19] In RI VI,1, S. 13–15 findet sich auch eine nützliche Zusammenstellung der wichtigsten erzählenden Quellen.

Die angesprochenen Probleme haben auch den Gang der folgenden Darstellung beeinflußt. So wird in zwei umfangreichen Abschnitten versucht, zunächst die allgemeinen Rahmenbedingungen, die Rudolf als Graf von Habsburg und Territorialherr vorfand, sowie die im Zuge seiner Territorialpolitik angewandten Mittel und Methoden zu analysieren. Diese relativ ausführliche Darstellung wird nicht nur durch die oben aufgeworfenen Fragen, sondern auch durch die einfache Überlegung gerechtfertigt, daß Rudolf, als er mit 55 Jahren König wurde, bereits drei Viertel seines Lebens hinter sich gebracht hatte. Die dabei gemachten Erfahrungen – so darf man wohl annehmen – haben sicher auch seine Entscheidungen als König erheblich beeinflußt.

Ähnlich sollen im Rahmen der Abschnitte III und IV nicht nur die strukturellen Voraussetzungen der Wahl von 1273, sondern auch die Erwartungen und Probleme, mit denen Rudolf zu Beginn seiner Regierung als König konfrontiert wurde, dargelegt werden, da nur so seine königliche Herrschaftspolitik angemessen beurteilt werden kann.

Auch für dieses Buch gilt, daß es ohne die Geduld, den Rat und die tatkräftige Hilfe anderer nicht entstanden wäre. So danke ich zunächst der Gerda Henkel Stiftung, Düsseldorf, die mir durch die großzügige Finanzierung eines Forschungssemesters den Freiraum geschaffen hat, den man zur Bewältigung eines solchen Vorhabens im Universitätsalltag benötigt. Dank schulde ich auch Claudia Märtl (München), Christine Reinle (Bochum) sowie Franz Fuchs (Würzburg), die in alter freundschaftlicher Verbundenheit Teile des Manuskripts kritisch gelesen und mir viele wertvolle Hinweise gegeben haben. Gleiches gilt für den Herausgeber der Reihe, Herrn Kollegen Peter Herde, der die Endfassung einer sorgfältigen Durchsicht unterzogen und dabei wichtige Ergänzungs- und Korrekturvorschläge beigesteuert hat. Dank gebührt auch den Damen von der Wissenschaftlichen Buchgesellschaft, Frau Verena Artz und Frau Gabriele Gumbel, für ihre Hilfe bei der Umsetzung der erforderlichen Kürzungsauflagen. Viel Unterstützung erhielt ich zudem von den Mitarbeiterinnen und Mitarbeitern des Seminars für Mittelalterliche Geschichte an der Universität Mannheim. Hier sind stellvertretend für den Bereich der studentischen Hilfskräfte und des Sekretariats Nicola Nortmeyer, Ioanna Theocharis und Diana Wernz sowie Henning Koehler, Leo Kosma und Martin A. Lindner zu nennen. Dazu kommt vor allem aber mein Assistent Jörg Schwarz, der mir gerade in der entscheidenden 'Endphase' in vorbildlicher Weise mit Rat und Tat zur Seite gestanden hat. Ihnen allen sei an dieser Stelle herzlich für ihre Hilfe gedankt.

Dankbar gedenke ich an dieser Stelle auch meines verehrten verstorbenen Kollegen und Amtsvorgängers Fritz Trautz, der das Vorhaben nicht nur durch ermunternden Zuspruch, sondern auch durch zahlreiche Büchergeschenke aus seiner Privatbibliothek, die vor allem schwer erreichbare ältere Quellen und Darstellungen betrafen, gefördert hat. Endlich danke ich auch meiner Familie für die Geduld und verständnisvolle Nachsicht, wenn immer mal wieder Prioritäten zugunsten 'Rudolfs' gesetzt werden mußten.

I. Das Umfeld – Südwestdeutschland um 1240

1. Die Region – Bevölkerungswachstum und Wandlungen in der Wirtschafts- und Sozialstruktur

Wenn wir die Region in den Blick nehmen, in der der spätere König Rudolf aufwuchs und die ihn mehr als die Hälfte seines Lebens unmittelbar geprägt hat, so könnte die der Einfachheit halber gewählte Bezeichnung 'Südwestdeutschland' zu Mißverständnissen Anlaß geben. Gemeint ist natürlich nicht etwa das heutige Bundesland Baden-Württemberg, sondern ein geographischer Raum, der sich in etwa mit dem Westteil des alemannisch-schwäbischen Herzogtums Schwaben im 12. Jahrhundert sowie einem Teil Oberburgunds deckt und der in unserem Zusammenhang durch die territorialpolitische Interessenlage und die Aktivitäten Rudolfs als Graf von Habsburg näher definiert wird. Wie die folgenden Ausführungen noch zeigen werden,[1] handelte es sich dabei konkret um das Oberrheingebiet südlich von Hagenau[2] mit dem Elsaß, dem Südschwarzwald, dem Bodenseeraum sowie der heutigen West- und Nordschweiz bis etwa zum Alpenhauptkamm.

a) Bevölkerungswachstum

„... und volkreich ist das Land."[3] Dieser lapidare Halbsatz, mit dem ein unbekannter Autor aus dem Kreise der Colmarer Dominikaner um 1300 seine 'Beschreibung des Elsaß' abschloß[4], gibt zwar keine präzise Antwort auf die Frage, wie viele Menschen um 1240 in dieser Region lebten. Eine solche Antwort ist allerdings auch sonst kaum zu erwarten, da für das deutsche Reich während des gesamten Mittelalters kein statistisches Quel-

---

[1] Siehe unten S. 33–37, 59–83.

[2] Die elsässischen Namen werden im folgenden in ihrer deutschen Version gebraucht.

[3] Descriptio Alsatiae, 238: ... et terra populosa. Zur Quelle und zu ihrem Verfasser vgl. auch Köster, Geschichtsschreibung, 63 ff., 81 ff.

[4] Daß das Elsaß von den Zeitgenossen – wohl im Vergleich zu anderen Landschaften – als dicht besiedelt angesehen wurde, bezeugt für das 12. Jahrhundert auch der Chronist und Notar Kaiser Friedrichs I., Gottfried von Viterbo, aus eigener Anschauung: Maximus est populus ... (Wiegand, Gottfried von Viterbo, 185).

lenmaterial von entsprechender Breite überliefert ist, das eine einigermaßen zuverlässige Berechnung der Gesamtbevölkerung gestatten würde.
Wenn man in der Forschung z.B. für das Jahr 1300 von ca.
12 Millionen Menschen für Deutschland (in den Grenzen von 1937) ausgeht,[5] handelt
es sich hierbei lediglich um eine grobe Schätzung, bei der eine entsprechend hohe Fehlerquote einkalkuliert werden muß.

Für das Verständnis der historischen Zusammenhänge dürfte es zudem
lohnender sein, den Blick auf die langfristige Bevölkerungsentwicklung im
Mittelalter zu richten und zu fragen, mit welcher Ausgangssituation Rudolf von Habsburg vor dem Hintergrund dieser Entwicklung konfrontiert
wurde. Hierzu hat die Forschung in weitgehender Übereinstimmung festgestellt, daß spätestens in den vierziger Jahren des 11. Jahrhunderts im
ganzen Abendland ein Bevölkerungsaufschwung einsetzte, der sich im
12. Jahrhundert beschleunigte, um dann – zumindest in Deutschland – im
13. Jahrhundert einen dramatischen Höhepunkt zu erreichen. Dabei
nimmt man an, daß hier die Bevölkerung von der Mitte des 11. bis zum
Beginn des 14. Jahrhunderts mindestens um das Dreifache angestiegen
ist,[6] was auch für unsere Region unterstellt werden kann.

b) Landesausbau, Wirtschaftswachstum
und Aufschwung der Geldwirtschaft

Weitgehend einig ist man sich auch darin, daß die historische Bedeutung
dieser Bevölkerungsexplosion kaum überschätzt werden kann. So geht
man allgemein davon aus, daß mit dieser Entwicklung nicht nur eine völli-
ge Umgestaltung der Landschaft, sondern auch der gesamten Lebensbe-
dingungen und Wertvorstellungen der Menschen einherging, wobei dieser
umfassende Wachstums- und Umgestaltungsprozeß geradezu als ein „Aufbruch"[7] der Menschheit in ein neues Zeitalter bezeichnet worden ist.

Im Rahmen dieses Gesamtprozesses bewirkte zunächst der gestiegene
Nahrungsbedarf nicht nur, daß neue Anbaumethoden, Arbeitsgeräte und
effektivere Arbeitstechniken (Dreifelderwirtschaft, verbesserte Pflüge,
Anspanntechniken und Wagen, bessere Nutzung der Wasserkraft durch
Ausbau des Mühlenwesens) entwickelt wurden,[8] sondern daß man vor

---

[5] Vgl. Jäschke, Europa, 5.

[6] Vgl. Abel, Landwirtschaft, 169; Keller, Deutschland, 239; Rösener, Bauern, 41;
Boockmann, Stauferzeit, 14; Vollrath, Geschichte, 84.

[7] Vgl. z.B. die entsprechende Kapitelüberschrift „Der Aufbruch" bei Keller,
Deutschland, 219.

[8] Vgl. hierzu allgemein Abel, Landwirtschaft, 179ff. und Rösener, Bauern, 118ff.
und für den regionalen Bereich Stromer, Verhältnisse, 293.

allem daranging, durch Rodung neues Land als zusätzliche Ackerflächen zu erschließen.

Die Folge war, daß im Laufe dieser Entwicklung die bisherige Urlandschaft immer mehr zu einer 'Kulturlandschaft' umgestaltet wurde, die, wenn man von den Folgen der Industrialisierung einmal absieht, auch heute noch das Landschaftsbild entscheidend prägt.[9] Fragen wir uns, inwieweit sich diese allgemeinen, auf das gesamte deutsche Reich bezogenen Beobachtungen für unsere Region konkretisieren lassen, so ist zunächst wieder der unbekannte Autor aus dem Kreise der Colmarer Dominikaner heranzuziehen, der um 1300 in einer Art Rückblick die Zustände im Elsaß zu Beginn des 13. Jahrhunderts beschrieben hat. In diesem Zusammenhang weist er darauf hin, daß es damals – gemeint ist um 1200 – noch „viele Wälder" im Elsaß gegeben habe, die „das Land unfruchtbar ... an Korn und Wein" gemacht hätten.[10] Da diese Wälder – so ist nach der Aussage des Chronisten zu schließen – um 1300 nicht mehr existierten, sondern inzwischen durch Ackerflächen und Weinbaugebiete ersetzt worden waren, ist davon auszugehen, daß noch im Laufe des 13. Jahrhunderts im Elsaß umfangreiche Rodungen betrieben wurden. Aus anderen Quellen wissen wir außerdem, daß bereits seit dem 12. Jahrhundert die Herzöge von Zähringen sowie die Reformklöster St. Peter, St. Georgen, St. Blasien und Allerheiligen/Schaffhausen den Mittel- und Südschwarzwald systematisch durch Rodung und Besiedlung erschlossen.[11] Ähnlich geht die regionale Forschung davon aus, daß ebenfalls seit dem 12. Jahrhundert zahlreiche Alpentäler in der heutigen Schweiz wohl auf die Initiative der Zähringer hin unter der Leitung adliger Gefolgsleute neu besiedelt wurden,[12] so daß als unmittelbare Folge dieser Entwicklung in der ersten Hälfte des 13. Jahrhunderts auch der Gotthardpaß für den Reise- und Handelsverkehr geöffnet werden konnte.[13]

Dieser vielfältige Wandlungsprozeß gestaltete auch das bisherige Produktionssystem entscheidend um. An die Stelle der weitgehend autark betriebenen Eigenwirtschaft zur Bedarfsdeckung trat jetzt „allmählich eine über den Markt vermittelte Arbeitsteilung zwischen Stadt und Land"[14]. Von nun an versorgte die Stadt das Land mit Arbeitsgerät und anderen gewerblichen Waren und erhielt im Gegenzug dafür die benötigten Nah-

---

[9] Vgl. Keller, Deutschland, 238 ff.; Rösener, Bauern, 40 ff.

[10] De rebus Alsaticis, 236 (= Pabst, Annalen, 109 [dt. Übersetzung]).

[11] Vgl. Th. Mayer, Besiedlung, 500 ff. – Die Besiedlung des Hochschwarzwaldes dürfte allerdings erst gegen Ende des 13. Jahrhunderts abgeschlossen worden sein; vgl. hierzu Bader, Südwesten, 32 f.

[12] Peyer, Eidgenossenschaft, 167 ff.

[13] Vgl. Riedmann, Verkehrswege, 67.

[14] Rösener, Bauern, 34.

rungsmittel. Dabei entwickelten sich die Städte zu neuen Zentren von
Geldwirtschaft, Handel und Gewerbe, die sich, privilegiert durch ein
Sonderrecht, in der Folgezeit als eigenständige Gerichtsbezirke wie „Inseln freiheitlichen Rechts"[15] aus dem agrarisch geprägten Umland hervorzuheben begannen.

Zugleich setzte eine allgemeine wirtschaftliche Dynamik ein, die sich
nicht nur auf den Agrarbereich beschränkte, sondern auch Handwerk, Gewerbe und Handel erfaßte, was wiederum zu einem allgemeinen Aufschwung der Geldwirtschaft, zum intensiven Ausbau der Verkehrswege
und zur Entstehung eines Netzes von neuen Märkten und Städten führte.
Seit dem 12. Jahrhundert mehren sich auch in unserer Region Hinweise
auf einen ökonomischen Wachstumsprozeß. Als Zentrum erscheint dabei
wieder das Oberrheingebiet. Von seinem landwirtschaftlichen Reichtum
zeigte sich bereits Otto von Freising im 12. Jahrhundert beeindruckt, der
meinte, daß diese Landschaft, „überreich an Getreide und Wein", mit
ihren wildreichen Wäldern und fischreichen Gewässern am längsten in der
Lage sei, die Kaiser zu ernähren, wenn sich diese nördlich der Alpen aufhielten.[16] Neben der Getreideproduktion verdankte vor allem das Elsaß
seinen Reichtum in erster Linie dem Anbau von Wein, der sich bei den
Konsumenten solcher Beliebtheit erfreute, daß sich diese Region im Laufe
des Mittelalters „zum führenden Weingebiet Deutschlands"[17] entwickelte.
Dabei scheint es, daß der entscheidende Aufschwung vor allem seit dem
12. und 13. Jahrhundert einsetzte.[18]

Neben Landwirtschaft und Weinbau fielen als Gewerbe vor allem noch
die Tuchherstellung und der Silberbergbau ins Gewicht.

Die Tuchherstellung hatte im 13. Jahrhundert bereits einen solchen
Umfang erreicht, daß die Erzeugnisse nicht nur den regionalen Bedarf
deckten, sondern in andere Teile des deutschen Reichsgebietes, nach
Nordfrankreich (Champagnermessen) und nach Oberitalien exportiert
werden konnten. Dabei dominierte im Elsaß, vor allem in den Städten
Straßburg, Hagenau, Zabern und Colmar, die Wollweberei[19], während

---

[15] Kroeschell, Stadtrecht und Landrecht, 18.

[16] Ottonis et Rahewini Gesta Friderici, cap. 46, 153 f. [zu den Mängeln der bisher
vorliegenden Ausgaben vgl. jetzt Deutinger, Rahewin, 208 ff.]. Vgl. ähnlich auch
Gottfried v. Viterbo, Pantheon, cap. 16, 162.

[17] Ammann, Wirtschaftsgeltung, 99.

[18] Vgl. hierzu Barth, Rebbau, 37 f. Auch aus den seit dem 12. Jahrhundert im elsässischen Weinanbaugebiet aufkommenden Namensbezeichnungen 'Altenberge'
und 'Neuenberge' kann auf die Bewirtschaftung neuer Rebflächen geschlossen
werden; vgl. Barth, Altenberge, 390 ff., bes. 396. – Zu den Hauptabsatzgebieten vgl.
Ammann, Wirtschaftsgeltung, 106, 112.

[19] Ammann, Wirtschaftsgeltung, 100 f., 153 ff.

man im Bodenseeraum (Schaffhausen, Konstanz) als Rohstoff Leinen[20] bevorzugte. Mit dem Aufschwung der Geldwirtschaft erhöhte sich vor allem seit der ersten Hälfte des 12. Jahrhunderts die Anzahl der Münzstätten gewaltig, wobei bis zum Ende der Stauferzeit alleine in Südwestdeutschland zwanzig neue entstanden.[21] In entsprechendem Ausmaß gewann auch der Silberbergbau, der im 12. und 13. Jahrhundert im Oberrheingebiet insbesondere für den Südschwarzwald in der weiteren Umgebung von Freiburg (Sulzburg, Münstertal, Todtnauer Berge, Schauinsland, Hohengeroldseck) bezeugt ist, an Bedeutung.[22]

c) Städtegründungen

Am deutlichsten spiegelt sich der dynamische Wachstumsprozeß in den zahlreichen Neugründungen von Städten wider, die in unserer Region ebenfalls bereits im 12. Jahrhundert einsetzten, im 13. Jahrhundert jedoch ihren Höhepunkt erreichten. Den Anfang machten wieder die Zähringer mit den Städtegründungen Villingen (1119), Freiburg (1120–1152)[23] und Offenburg sowie Freiburg im Üchtland, Burgdorf, Bern, Murten, Thun und Rheinfelden im Gebiet der heutigen Schweiz.[24] Es folgten die Staufer, beginnend unter Friedrich Barbarossa mit Hagenau, Weißenburg, Breisach, Überlingen und Ravensburg und endend mit allein zehn Stadtgründungen im Elsaß durch Friedrich II. und seinen Sohn Heinrich (VII).[25] Daneben traten vor allem im 13. Jahrhundert noch zahlreiche andere Territorial-

---

[20] Vgl. hierzu Ammann, Schaffhauser Wirtschaft, 38 ff.; Feger, Geschichte, 81; Maurer, Konstanz, 148 ff.

[21] Boelcke, Wirtschaftsgeschichte, 55. Für das Anwachsen der Münzstätten in ganz Deutschland während der Stauferzeit vgl. auch Nau, Münzen und Geld, 89 und Hilsch, Bergbau, 39 f.

[22] Vgl. hierzu bereits die Verleihungsurkunde Kaiser Konrads II. von 1028 XII 15 (MGH DD Konrad II., Nr. 133 = Parlow, Zähringer, Nr. 4, 5 [Reg. mit Lit.] und zur Urkunde selbst Hilsch, Bergbau, 41 ff.). Zur Sache vgl. auch Schadek, Bergleute, 43 ff.; Boelcke, Wirtschaftsgeschichte, 55.

[23] Heute geht die Forschung nicht mehr davon aus, daß Herzog Konrad von Zähringen im Jahre 1120 die „Stadt", sondern lediglich einen „Markt" Freiburg in einem bereits besiedelten Bereich gründete; zur Stadt entwickelte sich Freiburg erst in den folgenden Jahrzehnten und wurde wohl seit 1152 als solche auch anerkannt; vgl. hierzu Keller, Zähringer, 19, 24 f. und neuerdings Lorenz, Staufische Stadtgründungen, 240.

[24] Peyer, Eidgenossenschaft, 167; Ladner, Zähringische Städtegründungen, 36 ff.

[25] Reinhard, Wandel, 32 ff.

herren, die im Besitz entsprechender Hochgerichtsrechte waren, als Stadtgründer auf.[26] Daß die Dynamik des Wachstumsprozesses noch im 13. Jahrhundert ungebrochen war, bezeugt auch der bereits genannte unbekannte Chronist in seiner um 1300 entstandenen 'Beschreibung' der Entwicklung im Elsaß am Beispiel der alten Städte Straßburg und Basel. Diese Städte seien um 1200 – im Vergleich zur Gegenwart – noch „unansehnlich an Mauern und Türmen" und noch unansehnlicher, was die Wohnhäuser anging, gewesen. So hätten selbst die starken und guten Häuser nur wenige und kleine Fenster besessen, „so daß sie des Lichtes entbehrten".[27] Die Städte wurden zu den neuen Zentren der aufstrebenden Geldwirtschaft und des Handels. Begünstigt durch ihre Lage und die Öffnung des Gotthardpasses, wodurch der Weg nach Italien verkürzt wurde, waren es vor allem die Kaufleute der Städte Basel, Straßburg, Schaffhausen, Konstanz und Zürich, die vom lukrativen Fernhandel mit Italien, den Champagnermessen in Frankreich und dem Niederrheingebiet profitierten.

d) Neue Mobilität und ihre Auswirkungen

Als Motor dieser Wandlungsprozesse diente nicht zuletzt eine zunehmende Mobilität der Landbewohner, denen es jetzt immer öfter gelang, die neuen Verhältnisse in ihrem Sinne zu nutzen.[28] So erhielten die betroffenen Bauern mit dem Zerfall der alten Fronhofverfassung und der Ablösung der Frondienste[29] zunächst die Möglichkeit, ihre Arbeitskraft voll in die bäuerliche Eigenwirtschaft zu investieren und dabei durch Verkauf der Überschüsse auf den Märkten von den hohen Preisen für landwirtschaftliche Produkte zu profitieren. Dazu kam, daß ein neues 'Abgabensystem' die bisherige ökonomische und rechtliche Abhängigkeit vom Grundherrn entscheidend lockerte, was sich in günstigeren Leihverhältnissen für den überlassenen Grund und Boden (Erbzinsleihe), einer besseren personenrechtlichen Stellung und schließlich auch in einer größeren Freizügigkeit, die die alte Schollengebundenheit ablöste, niederschlug.[30] Auch

---

[26] Vgl. hierzu Himly, Atlas, 12 ff.

[27] De rebus Alsaticis, 236 (= Pabst, Annalen, 109 [dt. Übersetzung, hiernach das Zitat).

[28] Vgl. hierzu allgemein Rösener, Bauern, 247 ff. und für das Oberrheingebiet Sittler, L'Alsace, 58; Rösener, Grundherrschaft im Wandel, 489 ff. sowie für den Nordschweizer Raum Stromer, Verhältnisse, 288 f.

[29] Vgl. hierzu Rösener, Bauern, 37 ff.; ders., Agrarwirtschaft, 22 ff.

[30] Vgl. z. B. für das Elsaß Dubled, Paysans d'Alsace, 33 ff.; Rapp, Du Domaine à

in unserer Region drängte ein beträchtlicher Teil der Bevölkerung in die Rodungsgebiete und vor allem in die neu gegründeten Städte, ohne daß die bisherigen Herren in der Lage waren oder – angesichts des Bevölkerungsüberschusses – überhaupt Interesse zeigten, sie zurückzuhalten. So mußte auch der Bischof von Straßburg erfahren, daß, als er seinen Bauern im Jahre 1274 eine neue Abgabe auferlegte, zahlreiche Hörige seine Güter verließen.[31] Dem bekannten, allerdings erst von der Wissenschaft geprägten Diktum „Stadtluft macht frei", das besagt, daß unangefochtene Ansässigkeit in der Stadt nach Jahr und Tag zur Lösung aller bisherigen herrschaftlichen Bindungen führte,[32] entsprach in den Neusiedelgebieten die „Rodungsfreiheit", die neben wirtschaftlichen Vorteilen den Siedlern ebenfalls eine verbesserte Rechtsposition in Aussicht stellte.[33] Daneben bot sich für die bisherigen Grundholden auch der Herrendienst an, der bei entsprechender Eignung im Einzelfall sogar den Aufstieg in einen neuen Dienstadel (Ministerialität) eröffnen konnte.

e) Neue Denkformen und Wertvorstellungen

Begleitet wurde diese lange Phase wachsender Dynamik und Mobilität endlich auch von einer geistigen Erneuerungsbewegung, die an die antike griechisch-römische Bildungs- und Rechtstradition anknüpfend diese nicht nur rezipierte, sondern im Rahmen eines „gewandelten Wahrnehmungsvermögens" zu neuen Denkformen verarbeitete und daher in der Forschung mit Recht als „Renaissance des 12. Jahrhunderts" bezeichnet worden ist.[34] Dieser Bewußtseinswandel brachte „zunehmend Züge der Rationalisierung und Individualisierung im Denken"[35] hervor, die wiederum eine bisher so nicht gekannte neue 'öffentliche Streitkultur' über elementare Grundsatzfragen menschlichen Daseins, wie Glaube, Wahrheit

l'État, 86 ff. Zu den Rechtsverhältnissen und sozialen Bedingungen in einer weltlichen Grundherrschaft vgl. auch das aus der Mitte des 13. Jahrhunderts überlieferte Gewohnheitsrecht des 'Hofes von Woffenheim' (*iura curie in Woffenheim*), eines heute nicht mehr existierenden Dorfes südöstl. von Colmar (Druck: Wilsdorf, Un domaine, 109 ff. [mit franz. Übersetzung und Kommentar ebd., 101 ff.]).

[31] Annales Basileenses, 196 [zu 1274].

[32] Vgl. hierzu Isenmann, Stadt, 76 (mit weiterer Literatur).

[33] Vgl. Rösener, Bauern, 35, 229 ff. sowie speziell für Südwestdeutschland Schaab, Freiheit, 61 ff.

[34] Der Begriff geht zurück auf Haskins, Renaissance; vgl. zur Sache auch Weimar (Hrsg.), Renaissance der Wissenschaften, passim; Vollrath, Deutsche Geschichte, 66 ff. und neuerdings Constable, Reformation, passim.

[35] Vollrath, Deutsche Geschichte, 66.

und die Bedeutung der individuellen menschlichen Willensentscheidung, ermöglichte. Wenn auch die geistigen Träger dieser Bewegung zunächst auf eine relativ kleine Intellektuellenschicht in Westeuropa, mit Zentrum in Frankreich, beschränkt blieben, so boten doch vor allem seit dem 13. Jahrhundert die aufstrebenden Universitäten den institutionellen Rahmen für eine permanente wissenschaftliche Diskussion, die – über das Medium der die Universitäten verlassenden 'Akademiker' – sicherstellte, daß die neuen Vorstellungen über die Ländergrenzen hinweg Verbreitung fanden. Die „Rationalisierung und Individualisierung im Denken" führte allerdings auch dazu, daß sich religiöse Gemeinschaften (Waldenser und Katharer) bildeten, die das von der Kirche beanspruchte Monopol der Heilsvermittlung mit der damit verbundenen Verfügung über die Sakramente in Frage stellten und glaubten, bei einem Leben in Armut im Einklang mit den christlichen Geboten hierauf verzichten zu können. Die Kirche, die in einem solchen Verhalten eine existentielle Bedrohung sah, reagierte mit der Ausgrenzung der Betroffenen als Ketzer. Sie wurden mit Hilfe des sich noch in der ersten Hälfte des 13. Jahrhunderts ausbildenden spezifischen Ketzerinquisitionsprozesses[36] systematisch verfolgt und auf der Grundlage der Gesetzgebung Kaiser Friedrichs II. auch in Deutschland mit dem Feuertod bedroht.[37]

Daß als Ausdruck dieses 'Bewußtseinswandels' andererseits auch auf dem Boden und im Einklang mit der Kirche neue 'alternative' religiöse Gemeinschaften entstehen konnten, zeigt das Beispiel der Bettelorden (Dominikaner, Franziskaner, Augustiner-Eremiten, Karmeliten). Diese Ordensgemeinschaften prägten seit dem 13. Jahrhundert mit ihrer Verbindung von Armutsideal und einer neuen Mobilität und 'Weltoffenheit' entscheidend die Basis des kirchlichen Lebens, indem sie im Gegensatz zu den älteren Orden in die aufstrebenden Städte drängten, um sich dort vor allem der Seelsorge (Predigt, Abnahme der Beichte), der Ketzerbekämpfung und – soweit möglich – auch dem Universitätsstudium zu widmen.[38]

Bereits seit der ersten Hälfte des 13. Jahrhunderts sind in unserer Region die ersten Ordensniederlassungen der Franziskaner und Dominika-

---

[36] Vgl. zu dieser in der Forschung nach wie vor umstrittenen Thematik die einzelnen Beiträge in dem Sammelband 'Die Anfänge der Inquisition im Mittelalter' mit dem 'Diskussionsbericht' von A. Fößel, ebd., 277 ff.

[37] MGH Const. 2, Nrn. 157, 158 (1232). Vgl. hierzu Kurze, Anfänge der Inquisition, 160 f.

[38] Zu den Bettelorden vgl. zusammenfassend K. Elm, Art. 'Bettelorden', in: LexMA 1 (1980), Sp. 2088–2093; Esser, Anfänge, passim; Arnold, Franziskaner, passim und für Deutschland Freed, Friars, passim; Isenmann, Stadt, 219 ff.; Elm, Sacrum Commercium, 389 ff. sowie die folgende Anm.

ner bezeugt.[39] Den Anfang machte Straßburg (seit 1221/22 Franziskaner und seit 1224 Dominikaner). Es folgten bis 1250 noch die Städte Basel (1231 Franziskaner, 1233 Dominikaner), Colmar (1232 Dominikaner), Konstanz (1235 Dominikaner, 1250 Franziskaner) und Schlettstadt (1245 Dominikanerinnen), wobei der Zuzug der Bettelorden auch noch in der zweiten Hälfte des 13. Jahrhunderts anhielt und sich in weiteren Klostergründungen niederschlug. Wenn der bereits genannte unbekannte Colmarer Chronist aus dem Kreise der Bettelmönche behauptete, daß erst mit den Bettelorden Wissen und Bildung in das Elsaß eingezogen seien,[40] wird man diese subjektive Aussage allerdings kaum für bare Münze nehmen können. So rühmte bereits im 12. Jahrhundert Gottfried von Viterbo die Bibliothek der Kaiserpfalz Hagenau im Elsaß, die er selbst für seine Studien benutzt und die dem Leser unter anderem auch die Schriften des Aristoteles und Hippokrates geboten habe.[41] Daß Bildungsfortschritt auch im Bereich der neuen Orden nicht immer bedeuten mußte, natürliche Erscheinungen mit 'naturwissenschaftlicher' Vernunft zu erklären, sondern daß man eher dazu neigte, selbst bei ganz normalen Vorgängen Gottes strafende Hand zu sehen, läßt gerade auch die Chronistik der elsässischen Franziskaner und Dominikaner erkennen. So stellte z. B der unbekannte Autor der Basler Jahrbücher zum Jahre 1272 lakonisch fest: „Am Feste des heiligen Matthäus (21. September) besäte ein Bauer seinen Acker; aber der Same verdarb ob der Sünden des Mannes, und er mußte zum zweitenmale säen."[42] Dennoch wird man den neuen Orden zugestehen können, daß sie nicht nur in der Seelsorge an der Basis, sondern auch auf dem Gebiet der Verbreitung von Wissen und Bildung Bedeutendes geleistet haben.

Auch im weltlichen Bereich läßt neben dem aufkommenden römischen Recht die Ausbildung eines Strafrechts, das mit schweren Strafen an Leib und Leben das alte (Geld-)Bußensystem ablöste[43], neue Wertvorstellungen erkennen, die zum einen vor dem Hintergrund einer aus der Sicht der Zeitgenossen bedrohlich wachsenden Kriminalität[44] zu sehen sind, zum

---

[39] Vgl. zum Folgenden Rüther, Bettelorden, 63 f.; Neidiger, Mendikanten, 137–139; Staab, Landau, 98 f. und Maurer, Konstanz, 91 (jeweils mit Lit.).

[40] De rebus Alsaticis, 232 f.

[41] Gottfried von Viterbo, Speculum regum (ed. Wiegand, Gottfried, 186). Zur Bedeutung der Kaiserpfalz Hagenau in der Frühstauferzeit vgl. neuerdings auch Seiler, Territorialpolitik, 181 ff., bes. 200 ff.

[42] Annales Basileenses [zu 1272 IX 21], 195 (zit. nach der dt. Übersetzung in Pabst, Annalen, 13).

[43] Schmidt, Einführung, 57 ff.; Wadle, Peinliche Strafe, 229 ff.

[44] Ob die Kriminalität auch objektiv wirklich zugenommen hat, ist allerdings

anderen aber auch der neuen Vorstellung vom Täter und seiner bewußten Willensentscheidung gegen die gottgewollte Ordnung Rechnung tragen. Ähnlich ist auch die „Entdeckung der Verfügungsmacht" zu bewerten, wonach seit dem 12. Jahrhundert auf die individuelle freie Willensentscheidung abgestellt und es somit nunmehr dem einzelnen erlaubt wurde, ohne Zustimmung der Gesamtfamilie über Grundbesitz zu verfügen,[45] wodurch wiederum erst die Voraussetzung für die von der Forschung für die spätere Zeit konstatierte „Mobilisierung, Kommerzialisierung und Kapitalisierung" von Herrschaftsrechten[46] als Begleiterscheinung des Ausbaus von Landesherrschaft geschaffen wurde. Daß dieser Prozeß im südwestdeutschen Raum gegen Mitte des 13. Jahrhunderts bereits weit fortgeschritten war, hat B. Metz am Beispiel des Elsaß beobachtet, wo „auch Burgen ... gleichsam auf den Immobilienmarkt" kamen und mit neuen Kreditformen (Rentenkauf, Rentenlehen) sich den Grundherren neue Chancen, aber auch Risiken eröffneten.[47]

2. Adel, Adelsherrschaft und adliges Selbstverständnis im Wandel

a) Die Funktion des Adels in den Augen der mittelalterlichen Zeitgenossen

„Dreifach ist also das Haus Gottes [angelegt], das für eine Einheit gehalten wird. Die einen beten, andere kämpfen und wieder andere arbeiten."[48] Mit diesen vielzitierten Worten polemisierte zu Beginn des 11. Jahrhunderts der Bischof Adalbero von Laon gegen die Cluniazenser und deren auf eine Vermischung zwischen Kleriker- und Laienaufgaben abzielende Lebensweise. Dieser seiner Ansicht nach 'verkehrten Welt' stellte er als gottgewollte Ordnung ein Modell gegenüber, das die mittelalterliche Gesellschaft nach ihrer Funktion in drei Gruppen gliederte: Klerus, ritterlicher Adel und Bauern.

Das hier angewandte Deutungsschema,[49] das sich in der Folgezeit als Grobeinteilung durchsetzte und noch am Ende des Mittelalters in abge-

---

eine ganz andere Frage und nach den überlieferten Quellen kaum zu entscheiden; vgl. hierzu den lesenswerten Beitrag von T. Reuter, Unsicherheit, 169–201.

[45] Hattenhauer, Entdeckung, 6 ff., 32 ff., 139 ff.

[46] Landwehr, Mobilisierung, 493.

[47] Metz, Politische Geschichte, 12.

[48] Adalbero von Laon, 22.

[49] Vgl. hierzu Oexle, Adalbero von Laon, 1 ff., bes. 24 ff.; ders., Deutungsschemata, 65 ff.; ders., „Die Statik ist ein Grundzug", 45 ff., bes. 48 ff.; ders., Stand, Klasse, 187 ff. (jeweils mit Lit.).

wandelter Form (*Tu supplex ora, Tu protege, Tuque labora*) zitiert wurde,[50] bot zunächst – in Analogie zu einer entsprechenden, bereits aus der Antike überlieferten Dreiteilung – die Interpretation an, daß für das Wohl der Gesamtgesellschaft alle drei genannten Gruppen aufeinander bezogen und daher auch grundsätzlich gleich wichtig und bedeutsam seien. So sah es Ende des 13. Jahrhunderts auch der deutsche Dichter und Komponist Heinrich von Meißen, genannt 'Frauenlob', der erklärte, er habe gelesen, daß die Menschheit von Anfang an aus drei Gruppen – Bauern, Rittern und Geistlichen – bestanden habe, wobei jeder dieser Stände innerhalb seiner ihm zukommenden Ordnung dem anderen an Adel und Abstammung gleich gewesen sei.[51]

Der sozialen Wirklichkeit entsprach allerdings eher eine bereits aus dem Frühmittelalter überlieferte schlichte Zweiteilung in 'Mächtige' (*potentes*) und 'Arme' (*pauperes*),[52] die im Deutschen dann mit *herren* und *knechte* wiedergegeben wurde und die neben dem freien Geburtsstand auf eine weitere wesentliche Voraussetzung für die Zugehörigkeit zum mittelalterlichen Adel verwies: ein entsprechender Anteil an „Herrschaft über Land und Leute".[53] Um das Phänomen adliger Herrschaft auf der einen und Knechtschaft auf der anderen Seite zu erklären, verwiesen die meisten mittelalterlichen Zeitgenossen auf die Bibel und dabei insbesondere auf Noahs Fluch über das Geschlecht seines Sohnes Cham.[54] Daneben gab es aber auch Stimmen, die zu bedenken gaben, daß Herrschaft über andere Menschen nur auf Unrecht und Gewalt beruhen könne. So konfrontierte ausgerechnet das berühmte, aus den zwanziger Jahren des 13. Jahrhunderts stammende Rechtsbuch des Sachsenspiegels seine damaligen, meist adligen Leser mit den provozierenden Worten: „Nach rechter Wahrheit hat Unfreiheit ihren Ursprung in Zwang und Gefangenschaft und unrechter Gewalt, die man seit alters zu unrechter Gewohnheit hat werden lassen und die man nun als Recht haben möchte."[55]

Im Zusammenhang mit adliger Herrschaft erhielt die Funktionsbezeich-

---

[50] Oexle, Adalbero von Laon, 50f.

[51] Frauenlob VII, 22, 1–6: *In driu geteilet waren / von erst die liute, als ich las: / buman, ritter und pfaffen. / ieslich nach siner maze was / gelich an adel und an art / dem andern ie ...*

[52] Oexle, Adalbero von Laon, 12, Anm. 57–59.

[53] Schlesinger, Herrschaft und Gefolgschaft, 177f. – Zum Folgenden vgl. auch Bumke, Höfische Kultur, 36ff., 39ff.

[54] Vgl. Gen. 9, 25ff. und Oexle, Adalbero von Laon, 27ff.

[55] Sachsenspiegel Landrecht III, 42 § 6 (zit. nach der neuhochdeutschen Übersetzung von Schott, Eike von Repgow, 191). Vgl. hierzu wie auch zu anderen kritischen Stimmen der Zeitgenossen Töpfer, Naturrechtliche Freiheit, 338ff.

nung des „Kämpfens" auch ihren tieferen Sinn, da es zumindest in der
Theorie die Aufgabe der adligen Herren war, sowohl den Klerus als auch
die ihrer Herrschaft unterworfene bäuerliche Bevölkerung mit der Waffe
zu schützen, während umgekehrt letztere mit ihrer Arbeit für den Unterhalt der beiden anderen Stände aufzukommen hatte. In diesem Sinne
wurde um 1290/91 auch die 'Drei-Stände-Lehre' an die soziale Wirklichkeit angepaßt, wenn der als 'Frauenfeind' bekannt gewordene Dichter
Matheus von Boulogne in seinen 'Lamentationes Matheoluli' erklärte:
„Übrigens haben schon unsere antiken Philosophen drei Stände festgestellt. Sie haben nämlich der Geistlichkeit die Verantwortung für die Glau-
benslehre gegeben, damit sie die anderen zwei leite. Darauf folgt der
bewaffnete Ritter, damit er das Gemeinwesen schütze; diesen beiden
unterstehen die Bauern und die übrigen Laien, deren Arbeit den Lebensunterhalt für die beiden anderen Stände schafft."[56]

b) Wandlungen adliger Herrschaftsformen und -ziele vom 11. bis zum 13. Jahrhundert

Seit der endenden Karolingerzeit wurde vom adligen Herrn erwartet,
daß er seinen militärischen Beitrag in der Form des aufwendigen Ritter-
dienstes leistete, da man nur noch dem berittenen 'Berufskämpfer' mit
entsprechender Panzerung und Bewaffnung im Kampf schlachtentschei-
dende Bedeutung zutraute. Da der Ritterdienst dauerndes Training und
permanente Einsatzbereitschaft verlangte, bedeutete dies in der Praxis,
daß der adlige Herr als Ritter 'abkömmlich' sein mußte, das heißt, daß er
es sich materiell leisten können mußte, eine besondere adlig-ritterliche
Lebensweise zu praktizieren, die es ihm erlaubte, sich ganz auf seine 'stan-
desgemäßen' Aufgaben zu konzentrieren. Voraussetzung hierfür war natürlich, daß Grundbesitz von einer bestimmten Mindestgröße zur Verfügung stand, der im Rahmen adliger Grundherrschaft[57] über abhängige
Bauern genügend dauerhafte Erträge abwarf, um den Lebensunterhalt der
Familie zu decken.

[56] Hamel, Lamentationes de Matheolus, IV, 299 (dt. Übersetzung zit. nach Bumke,
Höfische Kultur, 39). Die neue, kommentierte kritische Edition von A. Schmitt,
Matheus von Boulogne, die sich auf eine bessere Handschriftenüberlieferung stüt-
zen kann, umfaßt leider nur die ersten beiden Bücher; zur Datierung vgl. nun
Schmitt, Matheus von Boulogne, 19 ff.

[57] Zum (umstrittenen) Begriff der 'Grundherrschaft' und zu ihren Wandlungen
im Hochmittelalter vgl. Rösener, Grundherrschaft im Wandel, 14–29 mit Definition, 25 und ders., Art. 'Grundherrschaft', in: LexMA 4 (1989), Sp. 1739 f.

Der adlige Grundbesitz setzte sich in der Regel aus Eigengut (*allodium*) und verliehenem Gut (Lehen, lat. *beneficium, feudum*) zusammen. Mit dem Lehenbesitz waren ihre Inhaber in das Lehnswesen[58] eingebunden, das sich seit seiner Entstehung im karolingischen Frankenreich im Laufe des Hochmittelalters fast im ganzen Abendland zu einem übernationalen Herrschafts- und Organisationsprinzip des ritterlichen Adels entwickelt hatte.

Neben dem Allod- und dem Lehenbesitz spielte das 'feste Haus' als adliger Lebens- und Herrschaftsmittelpunkt eine zentrale Rolle.[59] Zunächst noch bestehend aus einem einfachen Holz- oder Steinbau, der mit Palisaden bewehrt und auf einem künstlichen Erdhügel (Motte) errichtet war, entstand aus ihm später, im 12. und 13. Jahrhundert, die Burg, die nun zugleich als Symbol für einen 'neuen' Adel und neue Herrschaftsformen erscheint.

In unserer Region scheint Herzog Friedrich II. von Schwaben († 1147) aus dem Hause der Staufer als erster die Zeichen der neuen Zeit erkannt und mit dem systematischen Bau von Burgen im Oberrheingebiet begonnen zu haben, was den Chronisten Otto von Freising zu der Bemerkung veranlaßte, daß der Herzog, wohin er auch gekommen sei, am Schweif seines Rosses immer eine Burg hinter sich hergezogen habe.[60] Wenn diese Politik auch unter dem Sohn des Herzogs, dem späteren Kaiser Friedrich Barbarossa, fortgesetzt wurde, so erreichte der Burgenbau im Elsaß doch erst im 13. Jahrhundert im Laufe des Interregnums seinen Höhepunkt,

---

[58] Vgl. hierzu zusammenfassend K.-H. Spieß, Art. 'Lehn(s)recht, Lehnswesen', in: HRG 2 (1978), Sp. 1725–1741; B. Diestelkamp, Art. 'Lehen, -swesen'; 'Lehnrecht', in: LexMA 5 (1991), Sp. 1807–1811 (jeweils mit Lit.). Zum Reichslehnrecht im Hoch- und Spätmittelalter vgl. Dilcher, Entwicklung, 263 ff.; Hauser, Lehnspolitik, passim; Krieger, Lehnshoheit, passim (jeweils mit Lit.) und zum karol. Lehnswesen jetzt K.-F. Krieger, Art. 'Lehnswesen' und 'Lehnsrecht', in: Reallexikon der Germanischen Altertumskunde, 2. Aufl. 18 (2001), S. 216–225; Deutinger, Mehrfachvasallität, 78 ff. (jeweils mit Lit.). – Neuerdings hat Reynolds, Fiefs and Vassals, 22 ff., 32 ff., 84–114 nicht nur die Bedeutung, sondern sogar die Existenz des Lehnswesens für das Frankenreich überhaupt in Abrede gestellt. Diese Ergebnisse stießen jedoch in der Forschung überwiegend auf Skepsis; vgl. hierzu die Rezensionen von O. G. Oexle, in: FAZ Nr. 116 v. 19. 5. 1995; K.-F. Krieger, in: HZ 264 (1997), 174–179; J. Fried, in: Bulletin of the German Historical Institute London 19,1 (Mai 1997), 28–41 [mit Erwiderung von Frau Reynolds ebd. 19, 2 (1997), 30–40] sowie Kroeschell, Lehnrecht und Verfassung, passim.

[59] Vgl. zum Folgenden K. F. Werner, Art. 'Adel', in: LexMA 1 (1980), Sp. 122 f.; Bumke, Höfische Kultur, 47; Paravicini, Ritterlich-höfische Kultur, 20 (jeweils mit Lit.).

[60] Ottonis et Rahewini Gesta Friderici, I, cap. 13, 28.

wobei es vor allem Ministerialfamilien[61] waren, die in dieser Zeit – unangefochten vom übrigen Adel – in großer Anzahl neue Burgen bauten.[62] Wie bereits angedeutet, erscheint der Burgenbau zugleich als Symbol für den Abschluß eines bedeutsamen Wandlungsprozesses innerhalb der Adelsstruktur, der, im 11. Jahrhundert einsetzend, inzwischen zur Ausbildung eines 'neuen Adels' geführt hatte. Während ihre Standesgenossen im Frühmittelalter noch als Mitglieder eines locker strukturierten familiären Großverbandes (Sippe) auftraten, definierten sich die 'neuen' Adligen nun als Angehörige klar abgegrenzter, auf der Sohnesfolge beruhender Adelsgeschlechter, deren gewandeltes Selbstverständnis sich vor allem in einer neuen Namensgebung niederschlug. Während ihre Vorgänger im Frühmittelalter nur Vornamen geführt hatten, gingen die 'neuen' Herren seit dem 11. Jahrhundert dazu über, in einem zusätzlichen 'Nachnamen' die Familie nach einem bestimmten Ort, in der Regel einer Burg (z.B. von Habsburg, von Rappoltstein), zu benennen. Die hier zum Ausdruck kommende Auffassung, nach der „das Kennzeichen adliger Abstammung jetzt nicht mehr in der Verwandtschaft mit anderen Personen gesehen wurde, sondern in der Zugehörigkeit zu einem bestimmten Ort, dem Stammsitz und Mittelpunkt der Familie",[63] scheint bereits neue herrschaftspolitische Zielvorstellungen anzukündigen, die dann im endenden 12. und beginnenden 13. Jahrhundert konkrete Formen annahmen: das Bestreben, von Herrschaftsmittelpunkten (Burgen, neu gegründeten Städten) aus einen geographisch überschaubaren Raum herrschaftlich zu durchdringen – mit dem Endziel, durch eine Akkumulation eigener und die Ausschaltung konkurrierender Herrschaftsrechte im Idealfall ein Herrschaftsmonopol zu erringen. Diese neue Herrschaftskonzeption sollte weitreichende Folgen haben, da sie einen Prozeß in Gang setzte, an dessen Ende die spätmittelalterlich-frühneuzeitlichen Territorial- oder Landesherrschaften als Vorstufen moderner Staatlichkeit standen. Allerdings setzte dieses Ergebnis eine langfristige, sich über Jahrhunderte hinziehende Entwicklung voraus, so daß die im Zusammenhang mit den sogenannten 'Fürstengesetzen' in Urkunden Friedrichs II. und seines Sohnes Heinrichs (VII.) genannten *domini terre*[64] zu Mißverständnissen Anlaß geben könnten, wenn man die lateinische Version einfach mit 'Landesherren' wiedergibt. Was auch

---

[61] Zur Ministerialität vgl. Bosl, Reichsministerialität, passim; ders., ius ministerialium, 277 ff.; Fleckenstein, Entstehung, 17–39; Krieger, Lehnshoheit, 176 ff.; Bumke, Höfische Kultur, 48 ff.; K. Schulz, Art. 'Ministerialität, Ministerialen', in: LexMA 6 (1993), Sp. 636–639 (mit Lit.). – Vgl. auch unten S. 112 f.

[62] Vgl. hierzu Metz, Politische Geschichte, 20 ff. und unten S. 54 ff.

[63] Bumke, Höfische Kultur, 47.

[64] MGH Const. 2, Nr. 171, 212; Nr. 285, 402; Nr. 304, 419 f.; Nr. 305, 420.

immer man unter den in ihrer Bedeutung umstrittenen Begriffen *domini*[65] und *terra*[66] in diesem Zusammenhang verstehen mag, eines war sicher: Die genannten Herren waren zu diesem Zeitpunkt (noch) keine Landesherren, die in ihren Territorien über Landesherrschaft im Sinne der „Vollendung adeliger Herrschaft"[67] schlechthin verfügten. Sie waren zu dieser Zeit höchstens auf der Hälfte des langen Weges angelangt, der zur Verwirklichung ihrer Zielvorstellungen zurückzulegen war.[68]

Als Prototypen der hier genannten, nach Landesherrschaft strebenden Territorialherren kamen in erster Linie die Reichsfürsten (*principes imperii*)[69] in Betracht. Mit Recht wurde jedoch in der Forschung betont, daß der in den Urkunden Friedrichs II. und Heinrichs (VII.) als *domini terre* angesprochene Adressatenkreis nicht mit den geistlichen und weltlichen Fürsten identisch war, sondern darüber hinaus gerade im deutschen Südwesten auch die zahlenmäßig stärker ins Gewicht fallenden Herrschaftsträger unterhalb der Ebene der Fürsten, das heißt Grafen und freie Herren, mit erfaßte.[70]

Die Wege, die sich zur Durchsetzung der genannten herrschaftspolitischen Zielvorstellungen anboten, waren ebenso vielfältig wie die Rechtsgrundlagen, auf denen die ins Auge gefaßte 'Landesherrschaft' am Ende beruhen konnte. In Frage kamen neben einer effektiven Verwaltung des bereits erreichten Besitzstandes eine geschickte Heiratsplanung innerhalb der Familie, eine unermüdliche, zielgerichtete Erwerbspolitik durch Kauf, Tausch, Pfandnahme, Lehnsauftragung u. a., auch in kleinen Schritten, die

---

[65] Nach Willoweit, Verfassungsgeschichte, 59 ist der Begriff *domini* hier nicht auf Herrschaft, sondern auf den römisch-rechtlichen Eigentumsbegriff zu beziehen, so daß man *domini terre* mit 'Eigentumsherren' wiedergeben sollte.

[66] Nach Schubert, Fürstliche Herrschaft, 54f. handelt es sich bei *terra* um ein schillerndes „Allerweltswort", das sich weder auf das 'Territorium' im Sinne einer rechtlich definierten Fläche noch auf das 'Land' im Sinne O. Brunners beziehe. Zu den unterschiedlichen Begriffsinhalten vgl. auch Ch. Reinle, Artikel 'Terra', in: LexMA 8 (1997), Sp. 552f.

[67] Vgl. Moraw, Verfassung, 183: „Die Landesherrschaft kann man als die Vollendung adeliger Herrschaft auffassen."

[68] Vgl. Gerlich, Geschichtliche Landeskunde, 282: „Das Territorium als gewachsene Struktur in den sogenannten Reichsgesetzen Friedrichs II. ist das damals erst halbfertige und vorläufige Ergebnis lang dauernder und regional verschieden gediehener Entwicklungen."

[69] Zur Ausbildung des Reichsfürstenstandes im 12. Jahrhundert vgl. zusammenfassend Krieger, Lehnshoheit, 156–173; ders., König, 37 ff., bes. 105–109; Heinemeyer, König, 1–39 (jeweisls mit Lit.) sowie neuerdings Hauser, Lehnspolitik, 409 ff. und Schlinker, Fürstenamt, 20 ff.

[70] Gerlich, Geschichtliche Landeskunde, 282.

Erschließung neuen Siedlungs- und Ackerlandes, aber auch politische Pression und militärische Gewalt. Als wesentliche Rechtsgrundlagen boten sich – je nach Einzelfall – an: adliger Grundbesitz mit der Herrschaft über Land und Leute, Schutzherrschaftsverhältnisse über kirchliche Institutionen (Vogteien), Hoch- und Niedergerichtsbarkeit, letztere vor allem als im Rahmen der Dorfherrschaft ausgeübter 'Zwing und Bann'[71], sowie die vom Königtum beanspruchten oder hergeleiteten, meist auch finanziell nutzbaren Herrschaftsrechte, wie Markt-, Zoll-, Münz-, Bergbau- und Geleitsrechte.

Es liegt auf der Hand, daß das Streben nach Erweiterung und Intensivierung der eigenen Herrschaft notgedrungen den Widerstand derer herausforderte, die hiervon betroffen waren. Während noch die ältere Forschung die Auffassung vertrat, daß die Ausbildung der Landesherrschaften durch die Usurpation von Reichsrechten vor allem auf Kosten der königlichen Zentralgewalt erfolgt sei, wird demgegenüber heute nüchtern festgestellt, daß man niemandem etwas wegnehmen könne, das er gar nicht besitze.[72] Dies gilt nicht nur für die zahlreichen Eigengüter und allodialen Rechte, die der König nie besessen hatte, sondern auch für die später als 'Regalien'[73] bezeichneten Herrschafts- und Nutzungsrechte, die zwar in der Theorie vielleicht noch vom König beansprucht wurden, die aber faktisch bis zur Mitte des 13. Jahrhunderts zu einem großen Teil längst in andere Hände übergegangen waren. Die staufischen Könige traten daher diesen neuen Bestrebungen in aller Regel auch nicht als Wahrer alter Reichsrechte, sondern allenfalls in ihrer Eigenschaft als Herrschaftskonkurrenten entgegen, da sie im Rahmen ihrer 'Reichslandpolitik' – etwa im Elsaß – ähnliche Ziele verfolgten, die nicht selten mit den herrschaftlichen Ambitionen benachbarter Adliger kollidierten. Als Gegner der nach Landesherrschaft Strebenden kamen daher neben den in der Nachbarschaft angesessenen potentiellen Herrschaftskonkurrenten vor allem die kleineren adligen Herrschaften in Frage, die sich durch diese Aktivitäten in ihrer Eigenständigkeit bedroht fühlten.

Das Zusammentreffen so unterschiedlicher Interessen führte natürlich zu zahlreichen Konflikten, die allerdings im Mittelalter anders als heute gelöst wurden. Während der moderne Staat im Rahmen seines Gewaltmonopols im Konfliktfall den Parteien grundsätzlich jede eigenmächtige Handlung verbietet und sie zur Entscheidung des Streits an die ordentlichen Gerichte verweist, wurde in Deutschland bereits seit dem Frühmittelalter zumindest dem adligen Herrn die Möglichkeit eingeräumt, be-

71 Vgl. hierzu Rösener, Grundherrschaft im Wandel, 537 ff.; ders., Bauern, 163.
72 Vgl. hierzu z. B. Bader, Volk, 268 f.
73 Vgl. zum Begriff der Regalien Krieger, König, 84 ff.

stehende oder vermeintliche Rechtsansprüche im Rahmen des Fehdewesens[74] durch eine Art bewaffnete Selbsthilfe durchzusetzen. Dabei handelte es sich nicht um eine lediglich geduldete Form der Eigenmacht, sondern um ein ganz normales 'Rechtsmittel', das nach breiter Rechtsüberzeugung dem Betroffenen zumindest ursprünglich sofort und neben der ordentlichen Gerichtsbarkeit zur Verfügung stand und daher nach freiem Ermessen eingesetzt werden konnte. Die 'rechte' Fehdeführung setzte im Prinzip lediglich einen nachvollziehbaren Rechtsgrund als Anlaß und später auch eine förmliche Erklärung der Fehde in der Form eines Fehdebriefes (Ab-, Wider- oder Aufsage) voraus, der neben anderen Angaben die 'Bewahrung der Ehre' des Fehdeführers enthalten mußte. Wurde somit die Fehde durchaus als legitime Institution adliger Rechtsdurchsetzung betrachtet, so war man sich aber schon früh der negativen Auswirkungen bewußt, die eine schrankenlose Fehdepraxis für das Zusammenleben aller nach sich ziehen mußte. Die königliche Friedenswahrung,[75] die die von der Kirche im 11. Jahrhundert initiierte Gottesfriedensbewegung[76] aufnahm und weiterführte, begnügte sich zunächst damit, die Fehdeführung einzuschränken. Dies geschah schon früh dadurch, daß der König bestimmte Personengruppen (Witwen und Waisen, Kaufleute, Juden) unter seinen besonderen Friedensschutz stellte. Daneben umfaßte königliche Friedenswahrung außerhalb der Fehde den Schutz des einzelnen vor krimineller Gewalt und diente somit auch der Verbrechensbekämpfung. Endlich zielte sie darauf ab, gegen angemaßte Rechtstitel und Rechtsverletzungen (z. B. Errichtung neuer Zölle ohne königliche Erlaubnis) vorzugehen. Demnach konnte sie, wie sich noch zeigen wird, auch zur Wiedereinforderung entfremdeter Reichsrechte (Revindikationen) eingesetzt werden. Im Laufe des Hochmittelalters versuchte das Königtum dieser dreifachen Aufgabe sowohl durch gezielte Einzelmaßnahmen als auch durch generelle Landfriedensgebote, die von den Territorialherren beschworen wurden, gerecht zu werden. Besondere Bedeutung erlangte in diesem Zusammenhang der

---

[74] Vgl. hierzu immer noch Brunner, Land, 1–110 [zu seiner Verstrickung in die nationalsozialistische Herrschaftsideologie vgl. allerdings Oexle, Sozialgeschichte, 305–341; Algazi, Otto Brunner, 166ff.; Etzenmüller, Sozialgeschichte, 70–89] sowie zum Fehdewesen auch Patschovsky, Fehde im Recht, 145 ff.; A. Boockmann, Art. 'Fehde, Fehdewesen', in: LexMA 4 (1989), Sp. 331–334 und neuerdings Reinle, Studien (mit Lit.).

[75] Zur königlichen Friedenswahrung im Hochmittelalter vgl. Gernhuber, Landfriedensbewegung; Kaiser, Selbsthilfe, 55–72; Vollrath, Landfrieden, 591–619 [Diskussion 621–630].

[76] Vgl. hierzu Goetz, Kirchenschutz, 193–239; R. Kaiser, Art. 'Gottesfrieden', in: LexMA 4 (1989), Sp. 1587–1592; Wadle, Gottesfrieden, 63–91.

in der Form eines Reichsgesetzes verkündete Mainzer Reichslandfrieden Kaiser Friedrichs II. vom Jahre 1235[77], an den dann auch das spätmittelalterliche Königtum in seiner Landfriedenspolitik immer wieder anknüpfte. Die Beschränkung der ausufernden Fehdepraxis wurde zunächst dadurch erreicht, daß die Fehde zum 'subsidiären' Rechtsmittel erklärt wurde, das erst in Anspruch genommen werden durfte, wenn eine Klage vor den ordentlichen Gerichten erfolglos geblieben war. Dazu wurde ein ständiger Hofrichter bestellt, und endlich gab es harte Strafandrohungen gegen Friedensbrecher sowie Verbotsbestimmungen gegen die Ausübung usurpierter königlicher Rechte (Errichtung neuer Zölle, Münzstätten und Straßen ohne Zustimmung des Königs).

c) Adliges Selbstverständnis und adlige Lebensformen

Fragen wir uns, wie der ritterliche Adel seine eigene Position und Rolle innerhalb der Gesamtgesellschaft gesehen hat, so ist zunächst festzuhalten, daß adliges Selbstbewußtsein, ritterliche Lebensweise und vor allem der Einfluß der Kirche im Laufe des Hochmittelalters zur Ausbildung eines gemeinsamen christlich-ritterlichen 'Standesethos'[78] führten, das – im Zusammenwirken mit der Kreuzzugsbewegung – entscheidend zur 'Internationalisierung' der abendländischen Ritterschaft beigetragen hat. Zum Teil ging dieses Standesethos auf bereits in der Karolingerzeit thematisierte Herrschertugenden zurück. Hiernach gehörte es – neben Tapferkeit und Freigebigkeit – zur vornehmsten Aufgabe des adligen Herrn, die weniger Mächtigen (homines minus potentes), die Geistlichen sowie Witwen und Waisen zu schützen. Entscheidende Impulse gingen jedoch von der Gottesfriedensbewegung in Südfrankreich im 11. Jahrhundert und schließlich von der Kreuzzugsbewegung aus, die beide dazu führten, daß sich die abendländische Ritterschaft das Idealbild des miles christianus, des Ritters, der im unmittelbaren Auftrag der Kirche den von der Kirche verkündeten Frieden schützte und die Ungläubigen bekämpfte, zu eigen machte. Der Einfluß der Kirche zeigte sich z. B. schon seit dem 11. Jahrhundert darin, daß Geistliche beim Zeremoniell der Schwertleite (swertleite, 'Schwertführung') mitwirkten. Hierbei handelte es sich um einen feierlichen Symbolakt, in dessen Verlauf der junge Adlige oder Ministeriale als Zeichen seiner wehrhaften Volljährigkeit mit dem Schwert umgürtet wurde,[79] wobei seit dem 14. Jahr-

---

[77] MGH Const. 2, Nr. 196, 241–247.
[78] Vgl. zum Folgenden Paravicini, Kultur, 26.
[79] Vgl. hierzu Orth, Formen, 128–168; W. Rösener, Art. 'Schwertleite', in: LexMA 7 (1995), Sp. 1646 f. sowie Bumke, Höfische Kultur, 318–341 (jeweils mit Lit.).

hundert die Schwertleite immer mehr durch den Ritterschlag[80] ersetzt
wurde. Die Mitwirkung der Geistlichen äußerte sich in der Praxis darin,
daß sie im Rahmen der Feierlichkeiten eine Messe lasen, den Schwertse-
gen sprachen und dem künftigen Ritter christliche Ermahnungen mit auf
den Weg gaben oder sogar ein Gelübde zum Gehorsam gegenüber den
Geboten der Kirche abnahmen.[81] Die großen Wandlungsprozesse des 12. und 13. Jahrhunderts führten
– nicht zuletzt unter dem Einfluß der 'Renaissance des 12. Jahrhunderts' –
auch im Bereich des ritterlichen Adels zu neuen literarischen und gesell-
schaftlichen Formen, die sich in einer besonderen 'ritterlich-höfischen Kultur'[82] widerspiegelten. Diese „erste christliche Laienkultur des Mittelalters"[83] bildete sich zunächst an den Fürstenhöfen Frankreichs und der
Niederlande aus, von wo sie in ihren wesentlichen Elementen auch nach
Deutschland 'exportiert' wurde. Auch hier bot der mit Hofämtern ausgestattete Fürstenhof, wie er seit der zweiten Hälfte des 12., vor allem aber
im 13. Jahrhundert in Erscheinung trat, das Forum für die Artikulation dieser neuen adlig-ritterlichen Lebensformen.

Diese äußerten sich zunächst in neuen Begriffen, die unter den Bezeich-
nungen *hövesch, hubisch*, lat. *curialis* und franz. *cortois* mit den entsprechenden Substantiva *hövescheit, curialitas* und *cortoisie* seit der Mitte des
12. Jahrhunderts – zum Teil als französische Lehnwörter – Eingang in den
allgemeinen Sprachgebrauch fanden und zum Inbegriff für 'höfisches', das
heißt vorbildliches adliges Verhalten schlechthin wurden. Ihr Sinn wird zunächst aus der Gegenüberstellung von *hövescheit* oder *curialitas* mit den
negativ besetzten Begriffen *dörperheit, rusticitas* im Sinne von bäuerischer
Einfalt und Ungeschicklichkeit deutlich. Im Idealfall zeichnete den adligen Herrn nicht nur äußere Schönheit, sondern auch ein feines, der adligen Hofgesellschaft angemessenes Benehmen aus, das sich wohltuend von
der als tölpelhaft empfundenen Verhaltensweise der bäuerlichen Landbevölkerung abhob. Hierzu gehörten zunächst eine gepflegte Sprache mit
entsprechenden Gesten und Bewegungen (z. B. seit dem 13. Jahrhundert
der Griff in die Tasselschnur[84] des Mantels sowie die Beachtung bestimm-

[80] Vgl. Bumke, Höfische Kultur, 329 f.
[81] Vgl. ebenda, 330 ff.; Orth, Formen, 141 ff.
[82] Vgl. hierzu im folgenden Bumke, Höfische Kultur, passim; ders., Mäzene im
Mittelalter, passim und zusammenfassend ders., Art. 'Kultur und Gesellschaft, höfische', in: LexMA 5 (1991), Sp. 1565–1568; Paravicini, Kultur, passim; Jaeger, Entstehung, passim, bes. 161–315 sowie die Beiträge in den Sammelbänden 'Höfische Literatur, Hofgesellschaft, höfische Lebensformen um 1200' sowie 'Curialitas. Studien
zu Grundfragen der höfisch-ritterlichen Kultur'.
[83] Fleckenstein, Miles, 325.
[84] Vgl. hierzu Bumke, Höfische Kultur, 21, 23 (Abbildung), 204.

ter Verhaltensnormen beim Sitzen, Gehen und Stehen), die Beherrschung des höfischen Protokolls sowie der Tanz- und Reitkunst und schließlich angemessene Tischmanieren. Wenn man zu letzteren in entsprechenden zeitgenössischen Verhaltensregeln liest, daß dem adligen Adressaten eingeschärft wurde, die abgegessenen Knochen nicht wieder in die Schüssel zu legen oder nicht mit den Fingern in den Senf oder die Sauce zu greifen, mutet uns dies vielleicht merkwürdig an. Wie Joachim Bumke gezeigt hat, lassen diese Ratschläge jedoch weniger auf besonders derbe, im Widerspruch zum 'höfischen' Verhalten stehende Tischsitten schließen, sondern waren vielmehr durch eine nach heutigen Maßstäben noch unterentwickelte Tischkultur bedingt, zu deren Charakteristika es gehörte, daß für den einzelnen Gast weder Teller noch Besteck zur Verfügung standen.[85]

Vor allem knüpfte der Begriff *curialitas* aber auch an die alten Herrschertugenden und das aus der Zeit der Kreuzzüge überlieferte Standesethos des *miles christianus* an, die nun durch das antike Vor- und Leitbild der *virtus* im Sinne einer Generaltugend ergänzt und zu einem umfassenden ritterlich-christlichen Tugendkatalog ausgebaut wurden, der allerdings kaum im Sinne eines in sich schlüssigen 'Systems' gedeutet werden kann.[86] Im einzelnen ist dabei zunächst die Demut (*diemüete*) „im Sinne der Erkenntnis, daß die eigene Tüchtigkeit nichts ohne den Segen Gottes vermochte",[87] hervorzuheben, verbunden mit dem Mitleid und der Barmherzigkeit gegenüber dem Wehrlosen und Besiegten. Dazu kommen die Treue (*triuwe, fides*), Zucht (*zuht, disciplina*), Heiterkeit (*vreude, hilaritas*), Freigebigkeit (*milte, generositas, largitas, liberalitas*) und insbesondere das Begriffspaar *maze* und *staete*, dessen breiter Sinngehalt mit „Mäßigung" und „Beständigkeit" nur unvollkommen wiedergegeben werden kann.

Neben der *curialitas* äußerte sich die ritterlich-höfische Kultur auch in einer neuen 'Sachkultur', die darauf abzielte, die adlig-ritterliche Lebensweise durch aufwendige Repräsentation sowie bestimmte 'Statussymbole' auch äußerlich zum Ausdruck zu bringen und von der bäuerlichen Arbeitswelt abzugrenzen. Der Repräsentation diente vor allem der nun in Erscheinung tretende reich ausgestattete Festsaal in der Burg, der eine beeindruckende Größe erreichen konnte.[88] Zu den Statussymbolen zählten zunächst prächtige, die Körperformen betonende Kleider, wobei die nun aufkommenden Kleiderordnungen (im allgemeinen vergeblich) zu verhin-

---

[85] Ebenda, 268 ff.

[86] Vgl. hierzu die Beiträge in dem Sammelband 'Ritterliches Tugendsystem'.

[87] Bumke, Höfische Kultur, 417.

[88] So kamen der im 12. Jahrhundert errichtete Festsaal in der Kaiserpfalz Gelnhausen an 300 m², der in dem von König Heinrich II. erweiterten Schloß Westminster sogar an 1500 m² heran; vgl. Bumke, Höfische Kultur, 152.

dern suchten, daß reiche Bauern durch den Gebrauch ebenso kostbarer Kleider die Standesunterschiede verwischten. Dazu kamen Pferd, Rüstung und Waffen sowie die 'höfische Mahlzeit', die sich von ihren Speisen und Getränken her erheblich von dem abhob, was sich die Masse der nichtadligen Bevölkerung leisten konnte. In diesem Sinne wurde auch in der zeitgenössischen Literatur der Unterschied zwischen Herren- und Bauernspeise betont: „Manch ein Bauer wird grau und alt, der niemals Mandelpudding gegessen hat oder Feigen, feinen Fisch und Mandelkerne. Rüben und Sauerkraut aß er gerne, und manchmal hat er sein Haferbrot ebenso genossen wie die Herren das Fleisch von Wild und Haustieren."[89] Auch die 'Freizeitgestaltung' wurde von dem Bestreben geleitet, eine standesgemäße Verhaltensweise an den Tag zu legen, die sich von der nichtadliger Bevölkerungsgruppen deutlich unterschied. Hier bot sich zunächst die Jagd auf Hochwild an, die seit dem 12. Jahrhundert zum exklusiven adligen Standesprivileg geworden war.[90] Auch im Spiel, das im deutlichen Kontrast zu körperlicher Arbeit stand, äußerte sich adlige Lebensweise, wobei vor allem Brettspiele, und dabei insbesondere das Schachspiel, geschätzt wurden. Den Höhepunkt adliger Repräsentation bildete jedoch das höfische Fest, das gleichermaßen den Rahmen für politische Verhandlungen und 'höfische' Ereignisse bot, wie etwa die Schwertleite der beiden Söhne Kaiser Friedrich Barbarossas auf dem berühmten Mainzer Hoffest im Jahre 1184. Im Mittelpunkt des Festes stand oft ein neues, in Frankreich aufgekommenes Kampfspiel, das Turnier,[91] das sich von anderen Reiterspielen durch seine „Ritualisierung und Regelhaftigkeit"[92] abhob. Neben einer förmlichen Einladung, der Verabredung von Teilnahmebedingungen und der Ausgestaltung des Turnierplatzes zum umschrankten Sicherheitsbereich setzte das neue Kampfspiel zunächst den ritterlichen Massenkampf zweier gleichstarker, geschlossener Verbände mit scharfen Waffen voraus. Daß bei diesem brutalen Schauspiel der ritterliche Kampf äußerst wirklichkeitsnah geführt wurde und dabei Tote und Verletzte auf dem Platz blieben,[93] rief den scharfen Protest der Kirche

---

[89] H. v. Trimberg, Der Renner, 16 (im Text zit. nach der neuhochdeutschen Wiedergabe bei Bumke, Höfische Kultur, 241).

[90] Vgl. hierzu neuerdings den Sammelband 'Jagd und höfische Kultur im Mittelalter' und darin zum Ausschluß der bäuerlichen Bevölkerung von der Jagd Spieß, Herrschaftliche Jagd, 233 ff.

[91] Vgl. hierzu Bumke, Höfische Kultur, 342 ff.; Paravicini, Kultur, 11 ff. und zusammenfassend A. R. Ranft, Art. 'Turnier. B. Mitteleuropa', in: LexMA 8 (1997), Sp. 1115–1117 (jeweils mit Lit.).

[92] Paravicini, Kultur, 12.

[93] So töteten sich z. B. die beiden einzigen Söhne und männlichen Erben des im

hervor, die den Getöteten sogar das christliche Begräbnis verweigerte (Konzil von Clermont 1130, bestätigt durch das 2. und 3. Laterankonzil von 1139 und 1179), was wohl dazu führte, daß seit dem 13. Jahrundert (in Deutschland erst für die Zeitspanne von 1270–1280 literarisch bezeugt) die scharfen durch abgestumpfte Waffen ersetzt wurden. Mit der Einbindung des Turniers in das höfische Fest und vor allem durch die Mitwirkung der adligen Damen, die den Siegespreis verliehen, wurde der Kampf zum 'Minnedienst' als Form der Bewährung im Rahmen der 'höfischen Liebe' überhöht. Mit der 'höfischen Liebe'[94] wird ein weiteres neues Element der ritterlich-höfischen Kultur faßbar. Der Begriff ist allerdings in den mittelalterlichen Texten, wenn man von der selten überlieferten französischen Fassung *cortez' amors* absieht, nicht bezeugt. Da die Texte nach Ansicht der neueren Forschung keine „feste Liebestheorie", sondern lediglich eine „'höfische' Diskussion über 'höfisches' Liebesverhalten" vermitteln,[95] fällt es naturgemäß schwer, das Wesen der 'höfischen Liebe' anhand von bestimmten Kriterien zu definieren. Jedenfalls schienen nun die Dichter das bisherige Rollenverständnis völlig umzukehren und die Dame zur Herrin, den Herrn dagegen zum Diener zu machen, „der nach höfischer Vollkommenheit streben mußte, um der Huld der Frau würdig zu sein".[96] Für den Historiker bleibt jedoch die nüchterne Erkenntnis: Was auch immer die mittelalterlichen Autoren im einzelnen als wesentlich für die 'höfische Liebe' ansahen, es handelte sich lediglich um eine „poetische Idee" und fiktive Verhaltensweisen, die nicht nur ohne jeden Bezug, sondern vielleicht sogar in bewußtem Kontrast zur Wirklichkeit diskutiert wurden. Diese Wirklichkeit sah anders aus. Sie wurde auch innerhalb der 'höfischen' Welt nach wie vor geprägt durch Gewalt, Grobheit und rüde Verhaltensweisen gegenüber Frauen, über die – wie bisher auch – im Rahmen von Eheprojekten rücksichtslos als Mittel dynastischer Politik verfügt wurde. Wenn sich somit auch die Vorstellung, daß die dichterische Auseinandersetzung mit der 'höfischen Liebe' die Stellung der Frau in der Gesellschaft entscheidend aufgewertet habe, weitgehend als Fiktion erweist, so ist es andererseits doch schwer nachvollziehbar, daß diese 'höfisch-literarische' Diskussion völlig folgenlos für das Verhalten in der Praxis geblie-

---

Elsaß angesessenen Grafen Albert von Dagsburg-Egisheim gegenseitig in einem Duell in Amance (1211); vgl. hierzu Sittler, L'Alsace, 54.

[94] Vgl. hierzu im folgenden Bumke, Höfische Kultur, 503–582; ders., Art. 'Kultur und Gesellschaft, höfische', in: LexMA 5 (1991), Sp. 1566; Paravicini, Kultur, 10f.; U. Schulze, Art. 'Minne', in: LexMA 6 (1993), Sp. 639–642.

[95] Schnell, Die 'höfische' Liebe, 237.

[96] Vgl. hierzu und im folgenden Bumke, Höfische Kultur, 569.

ben sein soll. Eher ist wohl davon auszugehen, daß – beeinflußt von dieser Entwicklung – öfter als vorher auch „Ehrerbietung gegenüber den Damen grundsätzlich als eine höfische Tugend angesehen wurde".[97] Was zum Realitätsgehalt der 'höfischen Liebe' gesagt wurde, trifft mit Einschränkungen allerdings auch auf die anderen literarischen Zeugnisse der 'ritterlich-höfischen' Kultur zu. So wurde mit Recht davor gewarnt, diese Zeugnisse – auch wenn sie den Autoren vertraute 'Realien' betreffen – unbesehen und ohne Bestätigung durch andere historische Quellen als ein getreues Abbild der Wirklichkeit zu nehmen. Eine solche Betrachtungsweise würde kaum der allgemeinen Intention der Autoren gerecht werden, die nicht bezweckten, die Alltagssituation wiederzugeben, sondern die gerade umgekehrt darauf abzielten, dieser (oft nicht rosigen) Realität eine unterhaltsame, phantastisch-fiktionale Welt gegenüberzustellen. Fiktionale Literatur und Wirklichkeit treffen sich noch am ehesten bei den Schilderungen der höfischen Festveranstaltungen. Allerdings könnte hierbei der Eindruck entstehen, daß 'höfisches Fest' und ritterlich-adlige Lebensweise sich weitgehend deckten. In der Praxis haben die Betroffenen dies wohl kaum so empfunden. So wurde der gesamten Hofgesellschaft im Rahmen der noch im 13. Jahrhundert regelmäßig praktizierten 'Reiseherrschaft', die anstrengende Märsche und das Kampieren unter freiem Himmel bei jeder Witterung einschloß, einiges an Unbill und körperlichen Strapazen abverlangt. Wenn dann noch – wie etwa bei dem englischen König Heinrich II. – diese Reiseherrschaft in ihrer hektischen Rastlosigkeit und Willkür bei der Änderung der Reiseziele für die betroffenen Mitreisenden schon alptraumhafte Züge annahm, kann man verstehen, daß ein gestreßtes Mitglied dieser Dauerreisegesellschaft den Hof nicht als glanzvolles Zentrum adligen Wohllebens, sondern als ein „wahres Abbild der Hölle" gesehen hat.[98]

Schlechte Beheizbarkeit der Räume und dürftige sanitäre Anlagen sorgten dafür, daß selbst auf den Burgen das Leben im Alltag eher „unbequem und trist" verlief.[99] Auch die Kriegführung hatte in der Praxis, wenn man die historischen Quellen heranzieht, wenig mit dem im Rahmen der 'höfischen Kultur' postulierten ritterlichen 'Tugendkatalog' gemein. Im Gegensatz zum ritterlichen Standesethos wurden militärische Konflikte im Rahmen der Fehdeführung in der Regel gerade nicht im ritterlichen Kampf der Fehdegegner, sondern eher auf dem Rücken der Schwachen und Wehrlosen, der bäuerlichen Landbevölkerung, ausgetragen, indem deren

---

[97] Ders., Art. 'Kultur und Gesellschaft, höfische', in: LexMA 5 (1991), Sp. 1566.
[98] Walter Map, De nugis curialium, 8f.; vgl. auch Peter von Blois, Epistolae 14, 48f.
[99] Bumke, Höfische Kultur, 148.

Häuser niedergebrannt und die Ernten vernichtet wurden. Allerdings kann aus dem Verstoß gegen Normen nicht einfach geschlossen werden, daß überhaupt keine Normen existierten. Es wird daher gerade am Beispiel Rudolfs von Habsburg im einzelnen noch zu prüfen sein, inwieweit 'höfische' Vorstellungen die Verhaltensweisen der Betroffenen in der Wirklichkeit geprägt haben.

3. Die Habsburger vor 1240 – Herkunft und Machtgrundlage

Wissenschaftlich gesicherte Erkenntnisse über Herkunft und frühe Geschichte der Habsburger[100] wurden erst möglich, als im Jahre 1618 die *Acta Murensia*, eine aus der Mitte des 12. Jahrhunderts stammende Quellensammlung des habsburgischen Hausklosters Muri, entdeckt wurden. Die nur in einer Abschrift aus dem 14. Jahrhundert überlieferte Sammlung[101] besteht aus drei Teilen: einer Art Vorspann, der die Genealogie der Habsburgerfamilie enthält, einer Gründungsgeschichte des Klosters von der Stiftung bis zum Jahre 1119 und einer Gütergeschichte, in der die einzelnen Besitzungen unter Einschluß wichtiger Mobiliargüter (Reliquien, Kirchengeräte und Bücher) beschrieben werden. Folgt man der genealogischen Aufzeichnung, so läßt sich die Familie mit einiger Sicherheit auf einen gewissen Guntram, genannt der Reiche, zurückführen, der wahrscheinlich in der zweiten Hälfte des 10. Jahrhunderts lebte. Ob dieser Guntram mit dem gleichnamigen Grafen Guntram im elsässischen Nordgau identisch war, dem König Otto I. im Jahre 952 wegen Verrats einen Teil seiner Güter entzogen hat, muß allerdings offenbleiben. Nur in diesem (kaum mit Sicherheit beweisbaren) Fall läßt sich die Familie, wie bereits von den Genealogen der Barockzeit angenommen wurde, mit einer gewissen Wahrscheinlichkeit auf das Geschlecht der Etichonen und damit bis in die Merowingerzeit zurückverfolgen. In der Enkelgeneration Guntrams werden in den *Acta Murensia* sowie in einem im Klosterarchiv als Fälschung überlieferten angeblichen Testament des Bischofs Werner von Straßburg[102] drei Brüder genannt: Lanzelin (der Jüngere), Rudolf und Radpot. Während von Lanzelin nichts Näheres bekannt ist und Rudolf um

---

[100] Zum Folgenden vgl. Schulte, Studien, passim; Redlich, Rudolf, 5–21; Feine, Territorialbildung, 179–184; Quarthal, Vorderösterreich, 30 f.; Krieger, Habsburger, 13 ff.

[101] Druck (mit Erläuterungen): Kiem, Kloster Muri, 3–102, dazu Urkundenbeilagen (102–166). Zur Quellensammlung und Besitzgeschichte der Abtei vgl. Siegrist, Acta Murensia, 5 ff.; Rösener, Grundherrschaft im Wandel, 300 ff.

[102] Kiem, Kloster Muri, 107–109 = Regesta Habsburgica I, Nr. 6.

1030/40 das Kloster Ottmarsheim im Oberelsaß stiftete, soll das Kloster
Muri nach den *Acta Murensia* vor 1034 von Radpot und dessen Gemahlin
Ita unter Mitwirkung des Bischofs Werner von Straßburg († 1028) gegrün-
det worden sein, wobei letzterer in den *Acta Murensia* ausdrücklich als
Bruder Itas (und nicht Radpots) bezeichnet wird.[103] Bereits um 1020
wurde am Zusammenfluß von Aare und Reuß eine Burganlage errichtet,
die Habsburg oder Habichtsburg, nach der die Familie – im Einklang mit
dem Brauch der Zeit – sich später auch benannt hat. Die Anlage, die bis
heute eher unansehnlich wirkt, bestand zunächst nur aus einem Wehrturm,
dem erst im Laufe des 11. und 12. Jahrhunderts Wohnbauten angegliedert
wurden.
    Die materiellen Grundlagen der Familie beruhten schon früh auf zwei
Besitzzentren. Das eine bestand zunächst aus dem sogenannten „Eigen",
altem Allod- oder Eigengut zwischen Aare, Reuß und Limmat, das von
der Habsburg als Stammburg des Geschlechts und später auch von zwei
weiteren Burgen, Wildegg und Brunegg, gesichert wurde. Ergänzt wurde
dieser relativ geschlossene Güterkomplex durch weiteren Besitz westlich
der Aare. Dazu kam die weltliche Schutzherrschaft (Vogtei) über das
Kloster Muri, dessen umfangreicher Güterbestand sich von seinem Zentrum im unteren Aargau bis zum westlichen Zürichgau, dem Zuger See
und dem Südteil des Vierwaldstätter See sowie im Norden bis zum Breisgau erstreckte. Der zweite Besitzschwerpunkt der Familie gruppierte sich
um das Ausstattungsgut des von Radpots Bruder Rudolf (I.) gegründeten
oberelsässischen Klosters Ottmarsheim, das in seinem Kernbestand zu
beiden Seiten des südlichen Oberrheins um den Hardtwald und im Breisgau gelegen war und durch Einzelbesitz im Unterelsaß, in dem Gebiet um
Ebingen auf der Schwäbischen Alb sowie im Frickgau und Klettgau ergänzt wurde.[104] Förderlich für den Aufstieg der Familie in der Folgezeit
war zunächst der Umstand, daß die beiden Brüder Radpots ohne Erben
verstarben und auch später nur jeweils ein Erbe als Nachfolger in Frage
kam, so daß eine Aufteilung des Besitzstandes vorerst noch vermieden
werden konnte. Dazu kam, daß die Herrschaftsposition der Familie im
Elsaß entscheidend dadurch aufgewertet wurde, daß es Radpots Enkel
Otto (II.), der sich im übrigen als erster seines Geschlechts ʻGraf von

---

[103] Vgl. ebenda, 19 = Regesta Habsburgica I, Nr. 7. Die Abstammung Bischof
Werners ist daher nach den angeführten Quellen nicht eindeutig; zur Diskussion
dieser komplizierten Problematik in der Literatur, die bisher zu keiner Lösung geführt hat, vgl. die Zusammenfassung des Forschungsstandes bei Rösener, Grundherrschaft im Wandel, 300 ff.

[104] Vgl. hierzu Rösener, Wandel der Grundherrschaft, 304, Anm. 24 nach der Gü-
teraufstellung in der Gründungsurkunde bei Schulte, Studien, 6, Anm. 1.

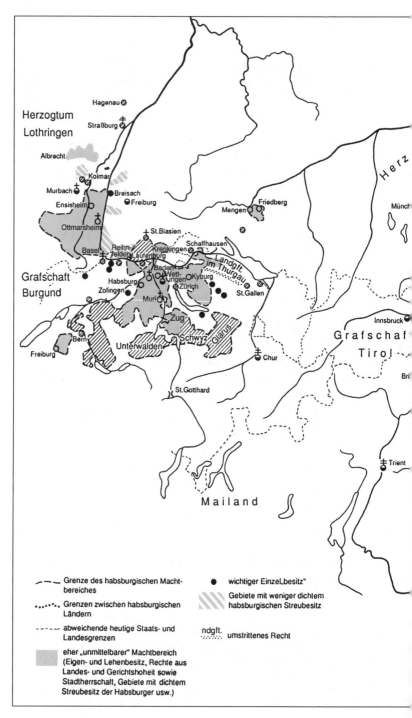

Der Machtbereich der Habsburger im Jahr 1282

Königreich
Böhmen

Markgrafschaft
Mähren

nsburg

Passau

ern Neuburg/Inn

Schlacht bei Dürnkrut
und Jedenspeigen X
1278

Herzogtum

Wien O

Österreich

Salzburg

Wr.Neustadt O

Herzogtum

O Graz

Königreich
Ungarn

Herzogtum

Klagenfurt

Steier

O Marburg

Kärnten

Pettau

Mark Krain
von Meinhard von
Tirol – Kärnten
verwaltet

Cilli
Mark im Sanntal
(Grafschaft Cilli)

Windische
Mark

Patriarchat

denone

Laibach

Kroatien

Aquileja

Aquileja

///// Gebiet eher „mittelbaren" Einflusses
///// (reichsunmittelbare Gebiete,
größere „Enklaven" geistlicher und
weltlicher Herren, über die die
Habsburger Rechte aus Vogtei oder
Landeshoheit beanspruchten,
Gebiete mit verpfändeten bzw.
bestrittenen Rechten, „Besitzungen"
Habsburg-Laufenburger Linie)

⊘ wichtiger Ort eher „mittelbaren"
Einflusses

‡ Bistumssitz

+ Kloster

⊘ O Stadt

● wichtiger Ort außerhalb des habsburgischen Machtbereiches

Aus: Krieger, Die Habsburger im Mittelalter, Verlag Kohlhammer Stuttgart 1994; nach: Katalog zur Landesausstellung 1979 „Die Zeit der frühen Habsburger". Dome und Klöster
1279–1379, hrsg. vom Amt der Niederösterreichischen Landesregierung, Wien 1979, Zeichnung: Willi Kroupa.

Habsburg' nannte, gelang, vom Bischof von Straßburg die Vogtei über das Gebiet von Rufach südlich von Straßburg sowie von Kaiser Heinrich V. die Landgrafschaft im oberen Elsaß[105] zu erwerben. Ein weiterer beträchtlicher Machtzuwachs ergab sich, als Ottos (II.) Sohn Werner um 1135 die Vogtei über das Reichskloster Murbach erwarb, die nicht nur die Herrschaft über den reichen elsässischen Klosterbesitz (die Vogesentäler Lauchental und St. Amarin, Streubesitz in der Oberrheinischen Tiefebene beiderseits des Rheins) einbrachte, sondern auch die Vogtei über das Murbacher Tochterstift in Luzern mit seinem Grundbesitz einschloß. Der Aufstieg des Hauses setzte sich unter Werners einzigem Sohn Albrecht (III.) fort, der als Entschädigung für das der Habsburgerfamilie entgangene Pfullendorfer Erbe um 1175 die Grafschaft über den Zürichgau mit Grundbesitz in Schlieren,[106] die Vogtei über das Damenstift Säckingen sowie wahrscheinlich auch die Grafschaft im Aargau, die Orte Willisau, Sempach und einige Güter am Vierwaldstätter See an sich bringen konnte. Nach dem Tode Albrechts (1199) trat dessen Sohn Rudolf die Nachfolge an, der im ausgebrochenen Thronstreit zwischen Staufern und Welfen zunächst die Partei Ottos IV. ergriff, dann zu Philipp von Schwaben wechselte, um schließlich seit 1212 zu einem entschiedenen Anhänger Kaiser Friedrichs II. zu werden. Das enge Verhältnis zum Reichsoberhaupt äußerte sich in mehreren nachweisbaren Aufenthalten Rudolfs am Kaiserhof nicht nur in Deutschland, sondern auch in Italien, so daß die Nachricht eines späteren Chronisten, wonach Kaiser Friedrich II. die Taufpatenschaft über Rudolfs Enkel, den späteren König Rudolf von Habsburg übernommen habe,[107] durchaus glaubwürdig erscheint.

Dem guten Verhältnis zum Kaiser dürfte es auch zuzuschreiben sein, daß Graf Rudolf nach dem Aussterben der Zähringer mit der von diesen besessenen Reichsvogtei Uri in der Innerschweiz bedacht wurde. Zwar nahm der Sohn des Kaisers, König Heinrich (VII.), die Vogtei im Jahre 1231 wieder in seine Hände, der Habsburger wurde jedoch angemessen mit der in unmittelbarer Nachbarschaft des habsburgischen 'Eigen' gelegenen Grafschaft im Frickgau entschädigt, die sich als wichtiges Bindeglied zwischen den beiden Herrschaftszentren im Elsaß und im Nordschweizer Raum anbot.

Schien somit auch das Herrschaftsniveau im Nordschweizer Raum langsam mit dem im Oberelsaß gleichzuziehen, so drohte doch die Teilung des Gesamtbesitzes, zu der sich die Söhne Rudolfs, Albrecht (IV.) und Rudolf

---

[105] Zu den damit verbundenen Befugnissen vgl. Schmidlin, Ursprung, 57 ff.

[106] Vgl. Eugster, Adel, Adelsherrschaften, 182.

[107] Chronik des Mathias von Neuenburg, 9 f. und zur Diskussion um die Glaubwürdigkeit der Stelle vgl. ebenda, Anm. 3 sowie Staab, Landau, 86 f.

(III.), in den Jahren 1232 und 1238/39 entschlossen, alles Erreichte wieder in Frage zu stellen. Hiernach erhielten Albrecht (IV.) als Begründer der Hauptlinie und seine Nachkommen die Grafschaften im Aargau und Frickgau, die Vogtei über das Kloster Muri, das 'Eigen' mit der Habsburg und der Stadt Brugg, die Orte Bremgarten und Meienburg, die Stadt und die Vogtei über das Damenstift Säckingen mit Ausnahme von Laufenburg sowie die meisten Eigengüter im Elsaß. An Rudolf (III). und die jüngere Linie fielen die Vogtei über das Kloster Ottmarsheim, die Orte Sempach und Willisau sowie Schloß und Stadt Laufenburg am Rhein, nach denen die Linie in der Folgezeit auch benannt wurde. Die Grafschaft im Zürich-gau wurde in der Form auf die beiden Familienzweige aufgeteilt, daß Albrecht und seine Nachkommen den nördlichen Teil ab einer Linie un-gefähr von der Mitte des Züricher Sees bis zum Nordende des Zuger Sees erhielten, während Rudolf und seine Nachkommen mit dem südlichen Restbestand der Grafschaft, der Zug, Schwyz und Unterwalden mit allem Eigen- und Lehengut um den Vierwaldstätter See einschloß, ausgestattet wurden. Außerdem verständigten sich beide Brüder darauf, die verbliebe-nen Rechte und Güter, das heißt im wesentlichen die Landgrafschaft im oberen Elsaß, die Vogtei über Murbach, den Hardtwald und die Burg Lim-burg am Kaiserstuhl, gemeinsam jeweils auf Lebenszeit zu verwalten und zu nutzen.

Daß die Teilung am Ende den weiteren Aufstieg der Familie – vertreten durch die Hauptlinie – nicht wesentlich beeinträchtigt hat, ist zum einen darauf zurückzuführen, daß der Hauptlinie der größere Teil des Gesamt-besitzes zugestanden wurde und daß nach dem Tode Rudolfs (III.) auch die Masse der von den Brüdern noch gemeinsam verwalteten Güter an die Hauptlinie fiel. Zum anderen ist dies aber auch der erfolgreichen Territo-rialpolitik Rudolfs (IV.) – des späteren Königs – zuzuschreiben, der bald nach der Teilung als Graf von Habsburg in der Hauptlinie die Nachfolge seines als Kreuzfahrer im Heiligen Land verstorbenen Vaters antrat.

II. Schwäche der königlichen Gewalt und erfolgreiche Territorialpolitik – Rudolf als Graf von Habsburg (ca. 1240–1273)

1. Das Ende der Stauferherrschaft in Deutschland und das Interregnum

Am Palmsonntag, dem 20. März 1239, verhängte Papst Gregor IX. zum zweiten Mal den Kirchenbann über Kaiser Friedrich II. und entband dessen Untertanen vom geleisteten Treueid. Mit dieser schwerwiegenden Maßnahme leitete er die letzte große Auseinandersetzung mit dem ungeliebten Kaiser ein, die am Ende zum Zusammenbruch der Stauferherrschaft nicht nur in Italien, sondern auch in Deutschland führen sollte.[1] Der nun einsetzende Endkampf zwischen den beiden höchsten Gewalten der Christenheit wurde nicht nur militärisch und politisch, sondern auch als 'Krieg der Federn' in einer gewaltigen Propagandakampagne ausgefochten, was wiederum zu einer bisher nicht gekannten Polarisierung zwischen Stauferanhängern und -gegnern führte.

In Deutschland, wo der Erzbischof Siegfried von Mainz mit einem Regentschaftsrat die Regierungsgeschäfte für den noch unmündigen Konrad IV. führte, der nach dem Sturz seines älteren Bruders 1237 in Wien zum König gewählt worden war, fand allerdings der Aufruf des Papstes, dem gebannten Kaiser die Gefolgschaft zu versagen, zunächst kaum Widerhall. Erst als sich im Herbst 1241 die Erzbischöfe Siegfried von Mainz und Konrad von Köln zu einem Bündnis gegen den Kaiser und seinen Sohn zusammenschlossen, begann sich auch in Deutschland eine antistaufische Opposition zu formieren, die aber noch zu schwach war, ihre Gegner am Mittelrhein militärisch in die Knie zu zwingen. Bedrohlicher wurde die Situation für die Stauferherrschaft in Deutschland erst, als nach dem Tod der Päpste Gregor IX. (August 1241) und Coelestin IV. (November 1241) unter dem neuen Papst Innocenz IV. (1243–1254) nach gescheiterten Ausgleichsverhandlungen der Kampf um so erbitterter wieder ausbrach und am 17. Juni 1245 mit der förmlichen Absetzung Kaiser Friedrichs auf dem Konzil von Lyon einen neuen Höhepunkt erreichte. Unter

---

[1] Vgl. hierzu im folgenden Grundmann, Wahlkönigtum, 61–81; Haverkamp, Aufbruch, 225 ff.; Engels, Staufer, 151 ff. und neuerdings vor allem Stürner, Friedrich II. 2, 466 ff.; Baaken, Ius imperii, 291–430.

dem Eindruck dieses Ereignisses wagte es die Oppositionsgruppe, der sich mittlerweile auch der 1244 neu gewählte Erzbischof von Trier und einige andere Bischöfe angeschlossen hatten, den Landgrafen Heinrich Raspe von Thüringen zum Gegenkönig zu wählen. Unterstützt durch einen allgemeinen päpstlichen Aufruf zum 'Kreuzzug' gegen den Kaiser und seine Anhänger sowie durch beträchtliche Geldzahlungen der Kurie, rückte der neue Gegenkönig mit Heeresmacht gegen die fränkischen Besitzungen der Staufer vor. Obwohl es ihm bei Frankfurt gelang, das Aufgebot des jungen Königs Konrad zu schlagen, da der Graf von Württemberg und andere schwäbische Herren zum Gegner überliefen, vermochte er den militärischen Erfolg kaum für sich zu nutzen. Die Gründe hierfür lagen zunächst einmal darin, daß – im Gegensatz zu einigen schwäbischen Herren – die Reichsministerialen und die Stauferstädte in Schwaben im allgemeinen nach wie vor treu zur staufischen Dynastie standen. Hinzu kam, daß es Kaiser Friedrich im Jahre 1246 gelang, die staufische Position im südostdeutschen Raum entscheidend aufzuwerten, als er nach dem Tod Herzog Friedrichs des Streitbaren, der im Kampf mit dem Ungarnkönig gefallen war, dessen Herzogtümer Österreich und Steiermark als heimgefallene Reichslehen einzog und in unmittelbare Reichsverwaltung nahm. Außerdem bewirkte die Verheiratung des jungen Königs Konrad mit einer Tochter des Bayernherzogs Ottos II., daß letzterer, der bereits seit der Verlobung Konrads (1242) seine frühere Oppositionspolitik gegen den Kaiser aufgegeben hatte, sich jetzt noch enger mit der staufischen Dynastie verband und seinem königlichen Schwiegersohn bereitwillig Schutz und Rückhalt gegen den vordringenden Gegenkönig gewährte. Nach vergeblicher Belagerung der Stadt Ulm blieb daher Heinrich Raspe keine andere Wahl, als den Feldzug abzubrechen und nach Thüringen zurückzukehren, wo er kurze Zeit später, am 16. 2. 1247, auf der Wartburg verstarb.

Die antistaufische Opposition unter Führung des Kölner und Mainzer Erzbischofs gab jedoch nicht auf. Noch im gleichen Jahr, im Oktober 1247, wählte eine Fürstenversammlung in Köln, der neben den rheinischen Erzbischöfen und zahlreichen Bischöfen allerdings nur ein weltlicher Fürst, der Herzog von Brabant, angehörte, den neunzehnjährigen Grafen Wilhelm II. von Holland zum König. Wenngleich es dem neuen Gegenkönig gelang, neben den Städten Kaiserswerth und Dortmund nach langer Belagerung auch Aachen einzunehmen und sich hier, am gewohnten Ort, krönen zu lassen, so blieb ihm doch der Zugriff auf das mittelrheinische Machtzentrum der Staufer zunächst noch verwehrt, da die Reichsstädte Boppard, Frankfurt und Gelnhausen erfolgreich Widerstand leisteten.

Eine andere Situation ergab sich allerdings, als am 13. Dezember 1250 Kaiser Friedrich II. völlig unerwartet im Alter von 56 Jahren in Süditalien verstarb, nachdem es ihm zuvor gelungen war, nicht nur zwei Mordanschläge seiner Gegner zu überleben, sondern auch sonst die politische und militärische Entscheidung des Konfliktes noch weitgehend offenzuhalten. Der Tod dieser außergewöhnlichen Persönlichkeit gab natürlich der antistaufischen Opposition Auftrieb, die nun schnell an Boden gewann. Hinzu kam, daß König Konrad IV. im Oktober 1251 Deutschland verließ, um sein Erbe als König von Sizilien anzutreten, wo inzwischen Aufstände unzufriedener, von der römischen Kurie unterstützter Barone das Land erschütterten und zudem sein Halbbruder Manfred nach der Herrschaft strebte. Obwohl es ihm in Italien gelang, sich sowohl gegen seine Opponenten als auch gegen Manfred durchzusetzen, war ihm kein dauerhafter Erfolg beschieden, da er bereits im Jahre 1254 an einer fiebrigen Erkrankung im Lager Lavello in Süditalien verstarb.

Der Tod König Konrads IV. bedeutete zugleich den endgültigen Zusammenbruch der Stauferherrschaft in Deutschland. Zwar hatte Konrad vor dem Aufbruch nach Italien seinen Schwiegervater, den bayerischen Herzog Otto II., zu seinem Stellvertreter in Deutschland ernannt, dem damit auch die Vormundschaft für den erst nach der Abreise geborenen Sohn Konrads, Konradin,[2] anvertraut war. Doch ersterer starb bereits 1253, und sein Sohn und Nachfolger als bayerischer Herzog, Ludwig (der Strenge), war noch nicht einmal in der Lage, seinem Mündel Konradin das Herzogtum Schwaben zu erhalten, das nun „zur Beute aufstrebender Territorialgewalten wurde"[3].

Nach der Abreise Konrads gelang es Wilhelm von Holland allmählich, seine schwache, auf den Nordwesten des Reiches beschränkte Macht- und Einflußbasis weiter nach Osten und Süden auszudehnen. Als förderlich auf diesem Wege erwies sich seine Heirat mit der Tochter Herzog Ottos von Braunschweig-Lüneburg, der wiederum mit dem Herzog von Sachsen und dem Markgrafen von Brandenburg verwandt war, die beide bisher die Staufer unterstützt hatten. Da nach dem Abzug Konrads IV. von den Staufern nichts mehr zu erwarten war, erklärten sich beide Fürsten, nachdem Wilhelm ihnen bedeutsame Zugeständnisse gemacht hatte, dazu bereit, in einer 'Nachwahl' dessen Königswahl zu bestätigen und ihn als neuen König anzuerkennen.[4] Der Parteiwechsel hatte nicht nur zur Folge, daß Wilhelm nun in ganz Norddeutschland Anerkennung fand, sondern daß er auch langsam den militärischen Widerstand der Stauferanhänger am Mittelrhein und in der Wetterau brechen konnte. Der Weg nach Süden in

---

[2] Zu ihm vgl. Hampe, Geschichte, passim und jetzt Herde, Corradino di Svevia, 293–312 (mit Lit.).

[3] Grundmann, Wahlkönigtum, 81. Zur Kindheit Konradins und zur Vormundschaftspolitik Herzog Ludwigs vgl. auch Hampe, Geschichte, 1 ff.

[4] MGH Const. 2, Nr. 459, 631 f.

das Kernland der staufischen Machtbasis wurde allerdings erst nach dem Tode Konrads IV. frei, als die Städte Frankfurt und Hagenau sowie die bayerischen Herzöge Frieden mit dem neuen König schlossen. Die Früchte dieser Entwicklung konnte Wilhelm jedoch nicht mehr ernten, da er bereits im Januar 1256 im Kampf gegen die Friesen, die sich seinen Herrschaftsansprüchen als Graf von Holland widersetzten, in einem Gefecht bei Alkmaar erschlagen wurde. Die Neuwahl, die nach über einem Jahr der Vakanz 1257 erfolgte, erlangte insofern besondere verfassungsgeschichtliche Bedeutung, als hier zum ersten Male besondere Wahlfürsten, die späteren Kurfürsten, als Alleinwähler die Nachfolge bestimmten.[5] Das Ergebnis war allerdings enttäuschend. Da man sich nicht auf einen Kandidaten einigen konnte, kam es zu einer Doppelwahl. Während der Erzbischof von Trier, der Herzog von Sachsen und der Markgraf von Brandenburg König Alfons X. von Kastilien wählten, entschieden sich die Erzbischöfe von Köln und Mainz sowie der rheinische Pfalzgraf für den Bruder des englischen Königs, Graf Richard von Cornwall.[6]

Diese Wahlentscheidung wurde noch von Johannes Kempf (1893) mit drastischen Worten kommentiert: „Die Deutschen hatten sich selbst verloren, darum mußte die Schmach einer noch dazu selbst gewählten ausländischen Regierung über sie kommen."[7] Für die Zeitgenossen dürfte die Aussicht, daß von nun an im Reich 'Ausländer' herrschen sollten, allerdings kaum ein Problem gewesen sein. Wichtiger war für sie wohl, daß beide Kandidaten aus königlichen Familien stammten und dazu noch relativ eng mit den Königsdynastien der Staufer und Welfen verwandt waren. Negativ wurden allenfalls die Tatsache der Doppelwahl an sich[8] und der Umstand gesehen, daß vor allem Richard von Cornwall „Geld wie Wasser vor die Füße der Fürsten geschüttet" habe, um sich ihre Stimmen zu sichern.[9] In der Folgezeit erlangte keiner der beiden Kandidaten die päpstliche Zustimmung oder allgemeine Anerkennung im Reich. Während König Alfons von Kastilien überhaupt nie persönlich ins Reich kam, konnte Richard zwar die Krönung in Aachen erreichen, im übrigen beschränkte sich jedoch sein Wirkungsbereich während seiner kurzen Aufenthalte in Deutschland auf die westlich des Rheins gelegene Gebiete.[10]

[5] Siehe hierzu unten S. 85 ff.

[6] Zu den Hintergründen der Wahl vgl. jetzt Kaufhold, Dt. Interregnum, 27 ff.

[7] Kempf, Interregnum, 180.

[8] Vgl. hierzu z. B. die Vorkehrungen des Rheinischen Bundes unten S. 49.

[9] Annales Hamburgenses, 384: *Hic effudit pecuniam ante pedes principum sicut aquam … Stulta Anglia, quae tot denariis sponte est privata. Stulti principes Alimanniae qui nobile ius suum pro pecunia vendiderunt!*

[10] Zur Kandidatur und Königsherrschaft Richards von Cornwall vgl. Hilpert,

In Italien war es der Kurie inzwischen nicht gelungen, nach dem Tode Konrads IV. dessen Halbbruder Manfred die Nachfolge im Königreich Sizilien zu verwehren. Nachdem man zuvor vergeblich versucht hatte, Richard von Cornwall und dann Edmund, den jüngeren Sohn des englischen Königs, für eine Thronkandidatur gegen König Manfred zu gewinnen,[11] führten die päpstlichen Aktivitäten im Jahre 1265 aber endlich zum Ziel. Nach langen Vorverhandlungen erklärte sich nun Karl von Anjou,[12] der jüngere Bruder König Ludwigs IX., des Heiligen, dazu bereit, gegen die Stauferherrschaft in Unteritalien anzutreten, wobei sich der päpstliche Thronkandidat in einer besonderen Vereinbarung ausdrücklich dazu verpflichten mußte, als König von Sizilien niemals die Kaiserkrone anzustreben. Nach der Belehnung durch Papst Urban IV. Anfang 1266 in Rom kam es bald zur Entscheidungsschlacht bei Benevent (26. 2. 1266), die mit der vollständigen Niederlage des staufischen Heeres und dem Tod König Manfreds im Kampfgetümmel endete. Damit war für Karl der Weg frei, als Vasall des Papstes vom Königreich Sizilien Besitz zu ergreifen. Gefahr für seine Herrschaft drohte allerdings nochmals, als zwei Jahre später der in Deutschland inzwischen herangewachsene Sohn Konrads IV., Konradin, Ansprüche auf das väterliche Erbe anmeldete und mit einem angeworbenen Heer in Unteritalien einfiel. Doch auch jetzt konnte sich Karl in der Entscheidungsschlacht bei Tagliacozzo (23. 8. 1268)[13] behaupten und das Invasionsheer vernichten. Der auf der Flucht in Gefangenschaft geratene und an Karl von Anjou ausgelieferte Konradin wurde nach einem, im einzelnen nicht mehr rekonstruierbaren Prozeßverfahren am 29. Oktober 1268 auf dem Marktplatz von Neapel enthauptet. Nachdem auch die Nachkommen König Manfreds in die Hände des Siegers gefallen und auf dessen Befehl umgebracht oder eingekerkert worden waren, konnte kein Zweifel mehr daran bestehen, daß auch in Italien die Stauferherrschaft endgültig zusammengebrochen war.

Die Zeit vom Tode Friedrichs II. oder Konrads IV. bis zur Wahl Rudolfs von Habsburg zum König wird üblicherweise als 'Interregnum'[14] bezeich-

---

Candidature, 185–198; Trautz, Richard von Cornwall, 27 ff.; ders., Könige, 100 ff.; I. Schwab, Art. 'R. v. Cornwall', in: LexMA 7 (1996), Sp. 809 f.; Weiler, Image, 1111–1142.

[11] Vgl. hierzu Trautz, Könige, 109–113 (mit Lit.).

[12] Zu ihm und zum Folgenden vgl. Baaken, Ius imperii, 400 ff.; Herde, Karl von Anjou, passim, bes. 34 ff.; ders., Carlo I Angiò, 313–352 (mit weiterer Lit.) sowie zu Karls Bedeutung für Süditalien Herde, Karl von Anjou in der Geschichte, 353–376.

[13] Zur Schlacht und zu der von Karl von Anjou angewandten Taktik vgl. Herde, Schlacht, 377–442 und zu den Hinterhaltstaktiken auch ders., Taktiken, 444–463.

[14] Vgl. hierzu und zum Folgenden Kempf, Interregnum, passim; Redlich, Rudolf,

net. Der Begriff, der nach dem allgemeinen Sprachgebrauch die Vorstellung von einer Dauervakanz des Reiches im Sinne einer „kaiser- bzw. königslosen" Zeit erweckt, ist allerdings mißverständlich. Daß das Reich kaiserlos war, war kein absolutes Novum und vor allem nicht auf die angesprochene Zeitspanne begrenzt. Schon vorher (z. B. während der ganzen Regierungszeit Konrads III.) und vor allem nachher (bis 1312) war das Reich ohne Kaiser. Es war während des 'Interregnums' aber auch nicht königslos; eher wurde diese Zeit durch „ein 'Überangebot' an Herrschern"[15] geprägt, da sich bis 1272 – mit Ausnahme der kurzen Zeitspanne von 1254 bis 1256 – immer zwei Könige gegenüberstanden. Das Problem, das im Begriff 'Interregnum' zum Ausdruck gebracht werden soll, ist daher nicht, daß es keinen König, sondern daß es angesichts des Doppelkönigtums keine allseits anerkannte Königsherrschaft gab, die in der Lage gewesen wäre, sich als solche durchzusetzen. Die Vorstellung, daß es sich bei dieser 'Zwischenzeit' im Grunde um eine Zeit ohne Königsherrschaft handelte, erweist sich dabei keineswegs – wie man zunächst argwöhnen könnte – als das Produkt moderner, auf das Mittelalter zurückprojizierter Denkvorstellungen. Die gleiche Auffassung wurde vielmehr bereits von Zeitgenossen geteilt[16] und später von König Rudolf und den Kurfürsten, die ihn gewählt hatten, bekräftigt, die in konsequenter Umsetzung dieser Sichtweise davon ausgingen, daß sämtliche königlichen Bestätigungen, Schenkungen und Veräußerungen von Reichsgut nach der Absetzung Friedrichs II. (1245) grundsätzlich nichtig sein sollten, es sei denn, daß sie nachträglich von der Mehrheit der Kurfürsten gebilligt würden.[17]

---

37 ff.; Moraw, Verfassung, 202 ff.; D. Hägermann, Art. 'Interregnum', in: LexMA 5 (1991), Sp. 468 f. und neuerdings Kaufhold, Dt. Interregnum (mit weiterer Lit.).
   [15] Moraw, Verfassung, 202.
   [16] Vgl. hierzu z. B. Chronicon Wormatiense, 186: *Inter hec in tota Teutonia magna fuit tremor et perturbatio, ex quo Romanorum rex nullus erat, quia rex Willelmus mortuo Conrado rege in regno se statuit, propter quod regnum defuit in multis; de quo multum dicendum esset, eo quod multi Wilhelmum pro rege non susceperant; quamvis multos corrigere tentaret supra vires suas ...* sowie Burkhard von Hall, Cronica ecclesiae Wimpinensis, 669: *Hic namque Rudolfus post mortem Friderici imperatoris scismatici ..., cum inperium circiter annos XL vacaret, et tota terra destructa quasi nutando ruinam minaretur, ... in regem electus est.*
   [17] Vgl. hierzu die beiden auf den Nürnberger Hoftagen von 1274 und 1281 verkündeten Rechtssprüche MGH Const. 3, Nr. 72, 59–61; ebenda, Nr. 284, 290. – Daß König Rudolf und die Kurfürsten diesen Grundsatz von 1273 an konsequent vertraten, lassen auch andere Urkunden erkennen; vgl. z. B. das Wahldekret der Kurfürsten von 1273, in: MGH Const. 3, Nr. 14, 17: *Vacante profecto iam pridem imperio ...* und die Urkunden Rudolfs FRB 3, Nr. 69, S. 71 f. (1474 Januar 16); UB der Stadt Kaiserslautern 1, Nr. 401, 244.

Erscheint somit das Interregnum als eine Epoche ohne wirksame Königsherrschaft, so stellt sich doch die Frage: Handelte es sich – um mit Schiller zu sprechen – auch um eine im Vergleich zu vorher und nachher besonders 'schreckliche' Zeit in dem Sinne, daß Gewalt und Willkür dominierten und die Grundsätze von Recht und Ordnung weitgehend außer Kraft gesetzt waren?

Während die ältere Literatur unter dem Eindruck der von den Zeitgenossen geäußerten Klagen kaum Bedenken trug, diese Frage zu bejahen,[18] mehren sich in der neueren Forschung Stimmen, die dieser abwertenden Beurteilung skeptisch gegenüberstehen. So wurde schon von Fritz Trautz davor gewarnt, bei der Bewertung des Interregnums allzu einseitig „von der Frage nach der Stärke der Zentralgewalt, des Königtums" auszugehen, ohne andere Kriterien angemessen zu berücksichtigen.[19] Im Einzelfall wurden für die Zeit des Interregnums auch Anzeichen blühender wirtschaftlicher Prosperität und funktionierender Handelsverbindungen beobachtet, die zur Vorstellung vom Gewaltchaos dieser Epoche nicht so recht passen wollen.[20] Endlich hat in jüngster Zeit Martin Kaufhold darauf verwiesen, daß das Defizit an wirksamer Königsherrschaft im Interregnum unter dem Einfluß des römisch-kanonischen Rechts doch weitgehend durch die Entwicklung anderer Streitbeilegungsmechanismen, wie die Vermittlung gütlicher Vergleiche oder schiedsgerichtliche Verfahren, relativiert wurde, wodurch auch in den Augen der betroffenen Parteien durchaus vernünftige Konfliktlösungen erzielt werden konnten.[21]

Andererseits wird am Verhalten der Reichsangehörigen, die bisher unter der unmittelbaren Herrschaft des Königs standen – wie zum Beispiel die ehemals königlichen Städte –, deutlich, daß diese sich während des Interregnums ohne zusätzlichen Schutz in ihrer Sicherheit bedroht fühlten. Für den Fall, daß der König ausfiel, bot es sich zunächst an, einen anderen Schutzherrn zu suchen, der in der Lage war, die gewünschte Sicherheit zu gewährleisten. Obwohl dieser Weg natürlich nicht ohne Risiko für die Unabhängigkeit und Interessen der Stadt war, wurde er in der Praxis beschritten, wie das Beispiel der Stadt Bern zeigt. Nach dem Tode König Konrads IV. entschloß sich die bis dahin staufertreue Stadt, den neuen König Wilhelm anzuerkennen, der seinerseits ihre Freiheiten bestätigte und versprach, die Stadt nie dem Reiche zu entfremden.[22] In der Pra-

---

18 Vgl. z. B. Redlich, Rudolf, 37–77, bes. 77 (mit beeindruckenden Beispielen).
19 Trautz, Richard von Cornwall, 28.
20 Vgl. z. B. für Bern Tremp, Peter II., 198 ff.
21 Kaufhold, Dt. Interregnum, bes. 136–167, 256–276, 284 ff. u. passim.
22 FRB 2, Nr. 360, 385. Zum Folgenden vgl. Tremp, Peter II., 195 ff. (mit weiterer Lit.).

xis sah man in Bern aber bald ein, daß der ferne Herrscher kaum in der Lage sein werde, die Stadt vor dem Grafen Hartmann d.J. von Kiburg wirksam zu schützen. Nachdem man sich der Zustimmung des noch von den Staufern eingesetzten königlichen Statthalters versichert hatte, unterstellte sich die Stadt im Mai 1255 zusammen mit Murten, dem Haslital und anderen Reichsorten dem Schutz des Grafen Peter II. von Savoyen.[23] Der leider nicht erhaltene Schutzvertrag dürfte im wesentlichen dem für Murten überlieferten entsprochen haben, der vorsah, daß das vereinbarte Schutzverhältnis so lange gelten sollte, bis der König oder Kaiser mit Heeresmacht in das Gebiet des oberen Elsaß vordringen, die Stadt Basel in Besitz nehmen und den Willen erkennen lassen werde, auch die Stadt Bern seiner Herrschaft zu unterwerfen.[24] Im Jahr 1274 erfüllte König Rudolf von Habsburg dann auch diese Bedingungen, als er von Basel aus die Huldigung der Reichsangehörigen im Grenzgebiet zu Burgund entgegennahm, so daß Bern von nun an wieder dem Schutz des Königs und des Reichs unterstellt wurde.[25]

Die Mehrheit der ehemals königlichen Städte schlug allerdings einen anderen Weg ein, um den Wegfall des königlichen Schutzes zu kompensieren und die eigenen Interessen zu wahren: das politische und militärische Bündnis mit Gleichgesinnten. Als mächtigste, alle anderen Bündnisse überragende Vereinigung entstand dabei der Rheinische Städtebund, der sich auf der Grundlage eines Bündnisses der Städte Mainz, Worms und Oppenheim[26] im Jahre 1254 durch den Beitritt weiterer Städte und des Erzbischofs von Mainz sowie „vieler Grafen und Edlen des Landes" konstituierte.[27] Dem neuen Bündnis, das sich vom mittelrheinischen Raum

---

[23] Zu ihm vgl. unten S. 71 ff.

[24] Vgl. FRB 2, Nr. 374, 397: ... *donec circa Renum in Alsaciam et apud Basileam rex vel imperator venerit, et in partibus illis fiat potens tenendo Basileam, et nos voluerit habere in manu sua.*

[25] FRB 3, Nr. 68 f. = Urkundenregesten Hofgericht 3, Nr. 9, 7.

[26] Vgl. zu diesem Bündnis Boos, Quellen 1, Nr. 252, 169 f.; Ruser, Urkunden, Nr. 173, 165 f. (Reg.) und Buschmann, Bund, 167.

[27] Zum Rheinischen Bund vgl. neuerdings Kaufhold, Dt. Interregnum, 168–215 mit Lit. (168 f., Anm. 1) und außerdem Falck, Mainz, 1–10; Isenmann, Stadt, 123 f. und Staab, Landau, 91–93. – Da die meisten Urkunden des Bundes nicht im Original, sondern in der Form einer – wahrscheinlich für den Beitritt der Stadt Regensburg erstellten – zeitgenössischen 'Bearbeitung' überliefert sind, ist auch der genaue Wortlaut der sogenannten 'Gründungsurkunde' vom 13. Juli 1254 (MGH Const. 2, Nr. 428, 580 f.) nicht gesichert. Dies gilt vor allem für die hier neben den Städten genannten Erzbischöfe und Bischöfe, von denen nach Ansicht der neueren Forschung mit Rücksicht auf andere Quellen zunächst wohl nur der Erzbischof von Mainz dem Bündnis angehörte; vgl. zur komplizierten Quellenüberlieferung und zu diesem Problem zusammenfassend vor allem Voltmer, Bund, 123 ff., 127 ff.

rasch in alle Richtungen bis nach Norddeutschland (Bremen), Westfalen, Franken, Bayern (Regensburg) und in den Schweizer Raum (Zürich) ausbreitete, gehörten bereits ein Jahr später mindestens 70 Städte und über 30 weitere geistliche und weltliche Territorialherren an, unter ihnen neben den Erzbischöfen von Köln, Mainz und Trier auch der Pfalzgraf bei Rhein.[28]

Die Motive und Umstände, die zu diesem Zusammenschluß führten, werden in der sogenannten 'Wormser Chronik' ausführlich erörtert: „Damals stand es in Deutschland, vornehmlich am Rhein, so, daß, wer der Stärkste war, der schob den anderen in den Sack, wie er konnte und mochte. Die Reiter und die Edelleute nährten sich aus dem Stegreif, mordeten, wen sie konnten, verlegten und versperrten die Straßen und Pässe und stellten denen, die ihres Gewerbes halber über Land ziehen mußten, wunderlich nach. Daneben hatten etliche Herrschaften neue Zölle am Rhein aufgerichtet. Auch wurde das arme Volk mit übermäßigen und unbilligen Schatzungen schwer belastet und bedrängt. Weil sonst keine Hilfe zu erwarten war, verbanden sich sechzig am Rhein gelegene Städte nach dem Beispiel von Worms, Mainz und Oppenheim …"[29] Gegenüber diesen drastischen Worten, mit denen die Gründung des Bundes als eine Reaktion der betroffenen Städte auf Straßenraub, Fehden sowie willkürliche Zollerhebungen und ungerechte Abgabenforderungen an die ländliche Bevölkerung erklärt wird, scheint insofern erhöhte Skepsis angebracht zu sein, als die Chronik erst zu Beginn des 17. Jahrhunderts von dem Wormser Bürger und Rektor der Stadtschule Friedrich Zorn († 1610) verfaßt wurde. Dennoch dürfte die Zornsche Schilderung – trotz mancher Übertreibungen und überspitzter Formulierungen – die Motivation, die zu der Gründung des Bundes führte, im Grundsatz zutreffend wiedergegeben haben. Neben dem Umstand, daß die Forschung dem Werk auch für die frühen Passagen einen relativ hohen Quellenwert bescheinigt hat,[30] spricht hierfür zunächst, daß diese Darstellung auch von zeitgenössischen erzählenden Quellen im wesentlichen bestätigt wird.[31] Dazu kommt aber vor allem,

---

[28] Da die überlieferten Mitgliederlisten in der Formulierung nicht eindeutig sind, sind genaue Angaben zur Gesamtmitgliederzahl des Bundes kaum möglich; vgl. hierzu wie auch zur geographischen Ausdehnung des Bundes Bielfeldt, Bund, 29 f.; Buschmann, Bund, 169; Kaufhold, Dt. Interregnum, 169 f.

[29] Der im Originalwortlaut bereits von Voltmer, Bund, 117 angeführte Passus der Wormser Chronik von Friedrich Zorn, 101 wird hier nach der modernisierten Version bei Moeglin/Müller, Quellen, Nr. 1.1, 49 zitiert.

[30] Vgl. Voltmer, Bund, 124 und zu den von Zorn benutzten, zum Teil nicht mehr erhaltenen Quellen Wormser Chronik, 3 f.

[31] Vgl. hierzu die bereits oben (Anm. 16) zitierten Beispiele sowie Hermanni

daß sich auch die offizielle 'Gründungsurkunde' des Bundes vom Jahre 1254 diese Argumentation zu eigen macht, wenn im Eingangsabschnitt festgestellt wird: „Da die Gefahren in den Landen und Verbrechen auf den Straßen im langen Verlauf der Zeit schon manchen von unseren Leuten gänzlich vernichtet und viele gute und ehrbare Leute zugrunde gerichtet haben, so daß Unschuldige ohne rechtliche Erkenntnis bedrückt werden, war es angebracht, ... ein Mittel aufzuspüren ..., durch das zumindest unsere Grenzen und Gebiete ... auf den Pfad des Friedens zurückgerufen werden könnten."[32]

Ist nach diesen Zeugnissen trotz neuerdings geäußerter Bedenken[33] doch wohl davon auszugehen, daß die Gründung des Bundes in erster Linie als eine Reaktion der Städte auf die aus ihrer Sicht überhandnehmende Gewalt und Rechtlosigkeit während des Interregnums erscheint, so soll andererseits auch nicht ausgeschlossen werden, daß neben diesem zentralen Motiv auch noch andere Gründe eine Rolle gespielt haben, wie etwa der Wunsch, den inzwischen gegenüber der „autoritären staufischen Städtepolitik" gewonnenen Handlungsspielraum zum weiteren Ausbau der eigenen Unabhängigkeit zu nutzen.[34]

Die Forschung hat immer wieder auf den eigenartigen Charakter des Bundes hingewiesen, der sich selbst – schon als Reaktion auf die königlichen Verbote von Städtebündnissen in der Stauferzeit[35] – nicht als reinen Städtebund, sondern als umfassende, auch geistliche und weltliche Territorialherren einschließende Friedenseinung verstanden hat. Folgerichtig war der Hauptzweck des Bündnisses die Gewährleistung eines allgemeinen Friedens, der nach der Mainzer 'Gründungsurkunde' nicht nur „Große ..., sondern alle, klein und groß, die Weltgeistlichen und alle Ordensleute – ganz gleich, welchem Orden sie angehören –, Laien und Juden" umfassen sollte.[36] Mit der Herstellung dieses Friedens wurde ein schon lange anstehendes Problem so eng verbunden, daß es geradezu als ein wesentlicher Bestandteil der angestrebten Friedensordnung erscheint: die Aufhebung der zu Unrecht, das heißt ohne des Königs Zustimmung eingerichteten Zölle. Bereits im Mainzer Reichslandfrieden von 1235 war unter Andro-

---

Altahensis Annales, 394 f.; Annales Zwifaltenses, 60; Chronica de gestis principum, 28.

[32] MGH Const. 2, Nr. 428 I, 580 f. = Weinrich, Quellen 1250–1500, Nr. 5a, 12 f. (mit dt. Übersetzung, die obigem Zitat zugrunde gelegt wurde).

[33] Vgl. Kaufhold, Dt. Interregnum, 171 ff., 210–213 und dazu unten S. 49 ff.

[34] Kaufhold, Dt. Interregnum, 172.

[35] Vgl. MGH Const. 2, Nrn. 294, 409 f.; 299, 413 f.

[36] MGH Const. 2, Nr. 428, 581; zit. nach der dt. Übersetzung bei Weinrich, Quellen 1250–1500, Nr. 5a, 13, 15.

hung der Reichsacht bestimmt worden, daß alle seit der Zeit Heinrichs VI.
ohne königliche Erlaubnis neu eingerichteten oder erhöhten Zölle abzu-
schaffen seien.[37] Ohne diesen Beschluß förmlich zu erneuern oder sich auf
ihn zu beziehen, erklärten die Gründungsmitglieder feierlich, „ihre ungerechten Zölle ... sowohl zu Lande wie zu Wasser gütig und freigebig aufgehoben" zu haben.[38]

    Aus der zeitgenössischen historiographischen Überlieferung erfahren
wir weiter, daß in konsequenter Ausdehnung des Friedensschutzes auf die
Landbewohner unberechtigte Abgabenforderungen der Herren gegenüber der bäuerlichen Landbevölkerung ebenfalls als Friedensbruch angesehen und entsprechend bekämpft wurden.[39] Zur Durchsetzung dieses allgemeinen Friedens wurde in der 'Gründungsurkunde' weiter bestimmt,
daß gegen Friedensbrecher gemeinsam mit allen Mitteln vorgegangen
werden sollte.[40] Für Streitigkeiten zwischen den Mitgliedern des Bundes
war endlich ein schiedsgerichtliches Verfahren vorgesehen, in dem entweder durch gütlichen Vergleich oder Schiedsspruch (*per amicabilem
compositionem vel per iustitiam*) entschieden werden sollte.[41]

    In der Folgezeit scheint der Bund, der im Jahre 1255 von König Wilhelm
förmlich bestätigt wurde,[42] auch militärisch erfolgreich gegen einige Friedensbrecher vorgegangen zu sein. So bescheinigte ihm Hermann von
Niederaltaich, „die Zölle an jenem Fluß [dem Rhein], welche von Ver-
schiedenen erhöht worden waren", beseitigt und überall in seinen Gebieten „einen herrlichen und bisher unerhörten Frieden" geschaffen zu
haben.[43] Für Einzelfälle wird dies auch durch andere Quellen bestätigt. So
hatte Hermann von Rietberg sich im Dezember 1255 erdreistet, die Königin Elisabeth auf der Reise zum Trifels mit ihrem Gefolge zu überfallen,
sie ihrer Kleinodien zu berauben und als Gefangene auf seine Burg Rietberg zu verschleppen. Der Feldzug gegen den Friedensbrecher, zu dessen
Kosten allein die Stadt Worms über 500 Mark Silber beisteuerte, endete

---

[37] MGH Const. 2, Nr. 196, Art. 7, 243 (lat. Fassung), ebenda Nr. 196a, Nr. 7, 257 f.
(dt. Fassung).
[38] MGH Const. 2, Nr. 428, 581; zit. nach der dt. Übersetzung bei Weinrich, Quellen 1250–1500, Nr. 5a, 13.
[39] Vgl. hierzu Chronicon Wormatiense, 186: ... *ungelta et telonia sua in terris et in
aquis totaliter et plane remiserunt.*
[40] MGH Const. 2, Nr. 428, I, Art. 3a, 581.
[41] Ebenda, Art. 4, 581.
[42] MGH Const. 2, Nr. 375, 477 f.
[43] Hermanni Altahensis Annales, 397: ... *undique in finibus suis pacem ordinantes
optimam et hactenus inauditam* (= Weiland, Werke, 35 [hiernach die dt. Überset-
zung]).

mit der Kapitulation des Übeltäters und der Zerstörung seiner Burg.[44] Ähnlich gingen bereits im Jahre 1254 Mitglieder des Bundes gegen den Reichsministerialen Werner von Bolanden und seine Verbündeten vor und zwangen sie, zu Unrecht erhobene Zölle und Abgaben zu Wasser und auf dem Lande abzustellen.[45] Das gestiegene Selbstbewußtsein des Bundes äußerte sich vor allem nach dem Tode König Wilhelms (28. 1. 1256), als er wie ein Reichsvikar den Schutz des Reichsgutes während der Thronvakanz übernahm und den Wahlfürsten durch Boten erklären ließ, daß man nur einen einhellig Gewählten als König anerkennen werde.[46] Die folgende Doppelwahl vom Jahre 1257 konnte der Bund allerdings sowenig verhindern wie die Anerkennung des zwiespältig gewählten Richard von Cornwall als König durch die meisten Bundesmitglieder, obwohl dies den gefaßten Beschlüssen von 1256 diametral widersprach. Dieser Mißerfolg scheint dann auch den Zusammenbruch des Bündnisses eingeleitet zu haben, das im Jahre 1257 ohne förmliche Aufhebung beendet wurde.[47]

Versuchen wir im folgenden, die kurze, aber wirksame Friedenswahrung des Rheinischen Bundes im Zusammenhang mit unserer Fragestellung zu würdigen, so scheint der Befund eindeutig zu sein: Die Zeitgenossen, die uns über den Bund berichten, wie auch die Akteure selbst haben das Bündnis als eine Reaktion auf die allgemeine Gewalt und Rechtlosigkeit im Reich, die zunehmend als Bedrohung empfunden wurde, gesehen. Sie sind davon ausgegangen, daß erst durch die Existenz des Bundes und seine Maßnahmen ein allgemeiner Friede hergestellt werden konnte, den es in dieser Form unmittelbar davor nicht gegeben hat.

Gegenüber dieser Sichtweise, die auch der allgemeinen Forschungsmeinung entspricht, wurde allerdings in jüngster Zeit von Martin Kaufhold eingewandt: „wenn der Städtebund in erster Linie eine unmittelbare Reaktion auf untragbare Zustände gewesen wäre, so wäre mit seinem Scheitern ... die Rückkehr des Unfriedens eingeleitet worden."[48] Der

---

[44] Chronicon Wormatiense, 186; Wormser Chronik, 204. Vgl. hierzu auch Buschmann, Bund, 171, Anm. 29; Staab, Landau, 92.

[45] Vgl. hierzu Chronicon Wormatiense, 185f.; Wormser Chronik, 102ff. und Staab, Landau, 92.

[46] MGH Const. 2, Nr. 434, 593f. [Orig.]; MGH Const. 2, Nr. 428, XI, 586 [bearb. Fassung mit abweichendem Wortlaut; vgl. Kaufhold, Dt. Interregnum, 189].

[47] Der Bund ist letztmals in Aktion im Mai 1257 nachweisbar, als er eine schwere militärische Niederlage gegen den Markgrafen von Baden bei Selz einstecken mußte; vgl. hierzu Annales Wormatienses, 155 und zum Ende des Bundes auch Buschmann, Bund, 171.

[48] Kaufhold, Dt. Interregnum, 212.

Logik dieser Argumentation wird man sich kaum verschließen können, so daß sich die Frage stellt: Wie war die Situation nach der Auflösung des Bundes? Traten nun die alten Zustände, geprägt durch Unfrieden und Willkür, wieder ein?

Ein Zeitgenosse, der bereits erwähnte Abt Hermann von Niederaltaich, scheint uns darauf eine klare Antwort zu geben. Der vom Bund errichtete Friede habe wegen der Bosheit seiner Widersacher nicht lange gedauert; nach dem Tode König Wilhelms sei alles wieder zum vorigen schlechten Zustand zurückgekehrt.[49] Gegenüber dieser Aussage meint Kaufhold[50] allerdings, daß zumindest in Straßburg, das zu den ersten Mitgliedern des Bundes gehört habe, auch nach dem Zusammenbruch des Bundes friedliche Verhältnisse geherrscht hätten. Zur Begründung verweist er auf den Umstand, daß es den Straßburgern im September 1256 in Anagni gelungen sei, von Kardinal Hugo von Sabina die Aufhebung ihrer unter dem Eindruck der Kämpfe nach dem Tod Friedrichs II. im Jahre 1251 erlassenen verschärften Synodalstatuten[51] zu erreichen, da nun „dank Gottes Hilfe die Verwirrung ein Ende genommen" habe und „der Friede allgemein wiederhergestellt" worden sei.[52] Das angeführte Beispiel vermag allerdings die Argumentation Kaufholds nicht zu stützen, da der Bund sich nicht vor Mai 1257 aufgelöst hat,[53] während die Straßburger den Entschluß, die Statuten aufheben zu lassen, bereits im August 1256 oder noch früher gefaßt haben müssen. Zu dieser Zeit war allerdings weder die erst am 13. 1. bzw. am 1. 4. 1257 erfolgte Doppelwahl noch gar die Auflösung des Bundes (frühestens Mai 1257) abzusehen. Im Gegenteil, zu dieser Zeit stand der Bund nach allgemeiner Ansicht durchaus noch auf dem Höhepunkt seiner Macht, so daß die Aufhebung der verschärften Synodalstatuten in diesem Zusammenhang die Ansicht der Chronisten, daß es dem Bund gelungen sei, wirksam Frieden zu schaffen, eher bestätigt.

Außerdem spricht für die Feststellung Hermanns von Niederaltaich auch, daß König Richard im Jahre 1269 im Rahmen eines in Straßburg beschworenen Landfriedens den Betroffenen das Verbot der ungerechten Zölle und Abgaben erneut einschärfen mußte.[54] Dies wird zudem durch einen auch über König Richards Reisen nach Deutschland gut informierten Zeitzeugen, den Engländer Thomas Wykes, bestätigt, der zum Jahre

[49] Hermanni Altahensis Annales, 397: *Ista autem pax, more Lombardicarum civitatum inchoata, propter maliciam resistentium non diu duravit.*

[50] Vgl. Kaufhold, Dt. Interregnum, 212f.

[51] Vgl. zu der Verschärfung der Statuten UB der Stadt Straßburg 1, Nr. 346.

[52] Zur Aufhebung vgl. UB der Stadt Straßburg 1, Nr. 405.

[53] Siehe oben Anm. 47.

[54] MGH Const. 2, Nr. 391, 489.

1269 die Verhältnisse am Rhein mit den öfter zitierten Worten geißelte:
„Es ist ein wütender Wahnsinn, mit welchem die Deutschen von den unbezwingbaren Burgen aus, die sie an den Ufern des Rheines erbauen, ohne Rücksicht auf Ruhe und Frieden und gierig nach Erwerb oder vielmehr Erpressung von Geld, vor keiner Schandtat zurückschrecken. Die Schiffe, welche mit Lebensmitteln oder Waren aller Art den Fluß herabkommen, können den Burgen unmöglich ausweichen. Die Leute werden gezwungen auszusteigen und von jedem einzelnen werden ohne Scheu vor Gott oder dem König ganz unerhörte und unerträgliche Zölle erpreßt."[55]
Nach den bisherigen Ausführungen ist zunächst festzuhalten, daß die Gewöhnung an die ständige Gewalt, die ja die Ausgleichsbemühungen in der Praxis regelmäßig begleiteten, noch nicht so weit fortgeschritten war, daß die meist geistlichen oder städtischen Chronisten diese Realität auch als tolerierbar hingenommen hätten. Sie hielten vielmehr an dem Ziel eines allgemeinen Friedens, nicht im Sinne einer utopischen Floskel, sondern als Normalzustand einer christlichen Weltordnung, fest. Als Garant des Friedens galt wiederum der König, der – gestützt auf seine weltliche Macht – Streit zwischen seinen Untertanen nach dem Recht zu entscheiden und dabei insbesondere den Schwachen vor unberechtigter Bedrückung durch den Stärkeren zu schützen hatte. Wenn auch diese Vorstellung vom König als dem gerechten, aber auch mächtigen Richter, den die Guten ersehnten und vor dem die Übeltäter erzitterten, bereits in den formelhaften Einleitungen der staufischen Königsurkunden (Arengen) thematisiert worden war,[56] so hatte sie allerdings schon damals kaum der Realität entsprochen. Letztere war auch im Falle 'starker' Königsherrschaft, wie etwa unter Friedrich Barbarossa,[57] eher dadurch gekennzeich-

---

[55] Ex annalibus Oxeniensibus et Thomae de Wykes chronico, 498; vgl. hierzu auch ausführlich Redlich, Rudolf, 430 ff. Zur Person des Autors und zum Quellenwert seiner Chronik vgl. Denholm-Young, Thomas Wykes, 157 ff. und Gransden, Historical Writing, 441, 463 ff.
[56] Vgl. z. B. MGH Const. 2, Nr. 196, 241: *Ex his enim precipue munitur auctoritas imperantis, cum in observancia pacis et execucione iustitie quantum terribilis est perversis, tantum est desiderabilis mansuetis ...*
[57] Vgl. hierzu Weinfurter, Konflikt, 67 ff., bes. 79 ff., Zit. 82, der am Beispiel der Auseinandersetzungen zwischen dem Mainzer Erzbischof Arnold und den Ministerialen und Bürgern von Mainz, die am Ende zur Ermordung des Erzbischofs führten (1160), gezeigt hat, wie sehr Friedrich I. selbst bei offenkundigen, schweren Rechtsverletzungen und selbst gegenüber weniger Mächtigen – hier Ministerialen und Bürgern – zunächst bemüht war, an Stelle des strengen Rechtsverfahrens den Konflikt durch gütlichen Vergleich zu lösen, was eher den „traditionellen Instrumentarien und Prinzipien der Konfliktlösung" im Früh- und Hochmittelalter entsprach.

net, daß der König grundsätzlich bestrebt war, Konflikte nicht durch einen auf die königliche Macht gestützten Rechtsspruch, sondern durch Vermittlung eines Ausgleichs zwischen den Betroffenen zu entscheiden.[58] Dennoch war präsente Königsherrschaft keineswegs entbehrlich geworden, da die verfeindeten Parteien, wenn der König als Friedensstifter ausfiel, es oft vorzogen, zunächst einmal zu den Waffen zu greifen und sich erst nach dem Scheitern der militärischen Option zu echten Friedensverhandlungen bequemten.

Wenn auch zuzugeben ist, daß einige wenige Mächtige mit dieser Situation ganz gut leben konnten, dürfte doch die Masse der Zeitgenossen nicht nur im allgemeinen Unfrieden, sondern auch in der Unwirksamkeit der königlichen Herrschaftsgewalt beklagenswerte, zutiefst anormale Zustände gesehen haben, wobei durchaus auch ein Ursachenzusammenhang zwischen nicht präsenter Königsherrschaft und Unfrieden wahrgenommen wurde.[59] Neben seiner Funktion als Legitimationsinstanz war der König daher nach wie vor als Schutzherr und Friedensstifter gefragt.

Auf die Frage, wie 'schrecklich' oder 'normal' die Chronisten und die Akteure des Rheinischen Städtebundes die Zeit des Interregnums empfunden haben, lassen die überlieferten Quellen nur eine Antwort zu. Solange es gelang, Frieden in einem ausreichenden Maß zu gewährleisten, wie etwa während der Jahre 1254–1257 im Machtbereich des Rheinischen Bundes, waren die Verhältnisse – auch ohne präsente Königsherrschaft – durchaus akzeptabel. Lagen diese Voraussetzungen aber nicht vor, war es aus ihrer Sicht allerdings eine 'schreckliche' Zeit.

Schwerer zu beantworten ist die Frage, inwieweit sich diese subjektive Wahrnehmung des angesprochenen Personenkreises auch mit der Wirklichkeit deckte, die sich (nur) dem Historiker aus der Rückschau durch eine vergleichende Betrachtungsweise erschließt. Oder konkret ausgedrückt: Lassen sich die Vorstellungen der Zeitgenossen vom Interregnum als einer – von den genannten Ausnahmen abgesehen – besonders 'schrecklichen' Zeit auch aufrechterhalten, wenn man aus der Rückschau diese Verhältnisse mit denen zur Spätstauferzeit und unter Rudolf von Habsburg als König vergleicht?

Solange noch keine entsprechenden systematisch-vergleichenden Untersuchungen über die einzelnen Regionen vorliegen, wird man hierauf allerdings kaum eine befriedigende Antwort geben können. Im Rahmen dieses Buches kann nur versucht werden, am Beispiel der Region, in der

---

[58] Vgl. hierzu vor allem Althoff, Königsherrschaft, 265 ff.; ders., Konfliktverhalten, 331 ff.; ders., Genugtuung, 247 ff.; Kamp, Friedensstifter, passim und für König Rudolf unten S. 247.
[59] Vgl. hierzu oben S. 43, Anm. 16.

Rudolf als Graf von Habsburg Territorialpolitik betrieb, einige Indizien, die zur Beantwortung der aufgeworfenen Frage beitragen können, zu sammeln und gegeneinander abzuwägen.

Nimmt man sich in einer ersten – notgedrungen sehr oberflächlichen – Sichtung die einschlägigen Quellen vor, die in der Zeit vom Beginn des 13. Jahrhunderts bis zum Tode König Rudolfs über Gewalt und rechtlose Zustände berichten, so ist dieser erste Eindruck ernüchternd. Gewaltsame Rechtsdurchsetzung, Straßenraub, Überfälle mit Mord und Totschlag sowie 'ungerechte Zölle' erscheinen keineswegs als zweifelhaftes 'Privileg' des Interregnums, sondern sind ebensowenig aus dem Alltag zur Zeit Kaiser Friedrichs II.[60] wie auch Rudolfs von Habsburg[61] hinwegzudenken. Es scheint vielmehr, als ließe sich das Interregnum ohne größere Auffälligkeiten in ein allgemeines, das gesamte Spätmittelalter beherrschendes Erscheinungsbild einordnen, das durch eine aus heutiger Sicht nur schwer vorstellbare permanente Neigung großer Teile der Bevölkerung, Konflikte durch gewaltsame Selbsthilfe auszutragen, geprägt wurde.

Waren also, was den Grad an Unfrieden und Rechtlosigkeit anging, Zeiten mit und ohne präsenter Königsherrschaft im wesentlichen gleich 'schrecklich' und war von daher das Interregnum im Vergleich zu den anderen Epochen relativ 'normal'?

Im Gegensatz zu diesem, sich dem Beobachter aufdrängenden Gesamteindruck scheinen allerdings einige Überlegungen und Hinweise dafür zu

---

[60] Vgl. z. B. Annales Marbacenses, 175 [zu 1228] (großer Streit zwischen Bf. Berthold von Straßburg und den Grafen von Pfirt, ... *que dum magis ac magis invalesceret, tota fere provincia usque ad triennium incendiis et rapinis afflicta est penitus et vastata* ...; Annales Colmarienses minores, 189 [zu 1228] (Bf. Berthold von Straßburg besiegt die Mannen des Kaisers) oder Hermanni Altahensis Annales, 391 [zu 1232] (der Passauer Domherr Eberhard wird von Anhängern des Passauer Bischofs überfallen und grausam getötet).

[61] Vgl. z. B. Annales Basileenses, 199–202 [für 1276]: Fehde zwischen dem Herzog von Lothringen und dem Grafen von Saarbrücken; in *Nulenberc* (Neuenburg?) wurde das Haus des hl. Augustin vom Volke zerstört, ohne daß der König das irgendwie verhindert hätte (199); der König belagerte den Herrn von Fleckenstein, weil derselbe den Bf. von Speyer gefangengenommen hatte. Am Tage von Laurentii wurde ein Laienbruder vom Armenhospital, ein früherer Weltgeistlicher, erschlagen (200); ein Bürger von Rufach, gen. von Merxheim, wurde ebenfalls erschlagen (200). [Zu 1277:] Den Grafen von Hohenberg, einen Vetter des Königs, verwundete der Herr von Hageneck in Gegenwart des Königs; die Bischöfe von Metz und Straßburg bekämpften den Herzog von Lothringen; der Herzog fing dem Bischof von Straßburg zwölf Wagen ab – später wurde die Sache beigelegt (201); der Erzbischof von Köln mit noch zwölf Verbündeten bedrängte den Grafen von Jülich (202). – Vgl. auch unten S. 164.

sprechen, daß gerade das Oberrheingebiet mit dem Nordschweizer Raum in der Zeit seit der Absetzung Friedrichs II. bis zur Königswahl Rudolfs eine besondere Neigung zu gewaltsamer Selbsthilfe erkennen ließ, die in anderen Regionen des Reiches nicht so ohne weiteres vorausgesetzt werden kann.

So gibt eine Beobachtung zu denken, die wir der neueren Burgenforschung zu verdanken haben. Hiernach sind im Elsaß in keiner Epoche davor oder danach so viele Burgen gebaut worden wie in der zweiten Hälfte des 13. Jahrhunderts, von denen wieder ein beträchtlicher Teil in der engeren Zeitspanne des Interregnums entstanden ist.[62] Besonders überraschend an diesem Befund ist aber, daß die Masse dieser Bauten von Niederadligen, die sich meist aus ehemaligen Reichs- und Kirchenministerialen zusammensetzten, errichtet wurde.[63] Es dürfte kaum auf einem Zufall beruht haben, daß der schon lange vorher einsetzende Emanzipationsprozeß der Ministerialen von der Herrschaftsgewalt des bisherigen Dienstherrn gerade in der zweiten Hälfte des 13. Jahrhunderts in so augenfälliger Weise auch nach außen hin sichtbar wurde. Für die ehemaligen Reichsministerialen liegen die Gründe, die sie dazu bewogen haben, gerade in dieser Zeit die bisher kaum befestigten Wohnsitze auf dem Land[64] durch wehrhafte, schwer bezwingbare Höhenburgen zu ersetzen, auf der Hand. Der Zusammenbruch der Stauferherrschaft bedeutete ja für das Oberrheingebiet nicht nur, daß von nun an der König als Schutz- und Dienstherr ausfiel; daneben wurde mit dem Tode Konradins zugleich auch die schwäbische Herzogsherrschaft, die mit der staufischen Dynastie bisher in Personalunion verbunden war,[65] beendet, so daß in diesem Raum überhaupt keine übergeordnete Institution mehr vorhanden war, von der Impulse zur Streitbeilegung und Friedenswahrung hätten ausgehen können.[66] Vor diesem Hintergrund ergab sich für die nun völlig auf sich allein gestellten ehemaligen Reichsministerialen einerseits die Notwendigkeit, selbst für den eigenen Schutz zu sorgen, andererseits aber auch die Chance, den Wegfall der bisherigen Dienstgewalt zu weiterem sozialem Aufstieg und eigenständiger Herrschaftspolitik zu nutzen. Mit dem Burgenbau votierten diese neuen adligen Herren im Gegensatz zu ihren Standes-

---

[62] Vgl. Metz, Politische Geschichte, 22 in Verbindung mit dem Katalogteil 119 ff.

[63] Ebenda, 20 f.

[64] Vgl. hierzu die Schilderung des unbekannten Colmarer Chronisten über die Zustände des Elsaß um 1200, wonach der Adel auf dem Lande nur kleine Türme hatte, „die er vor Seinesgleichen kaum verteidigen konnte"; vgl. De rebus Alsaticis, 236 = Pabst, Annalen, 109 [dt. Übersetzung, nach der zit. wurde]).

[65] Vgl. hierzu Maurer, Herzog, passim.

[66] Vgl. in diesem Sinne auch Bader, Südwesten, 47 f.

genossen in den Städten für die Option, nicht nur den Schutz für sich und die zugehörigen Bauern in die eigenen Hände zu nehmen, sondern im Konfliktfall auch selbst über die Anwendung von Gewalt zur Durchsetzung der angestrebten Ziele zu entscheiden. Der Burgenbau der ehemaigen Ministerialen erscheint damit zum einen als Reaktion auf die Bedrohung durch die Gewalt anderer, was wiederum darauf hindeutet, daß die Zustände im Vergleich zu vorher, als man unter dem Schutz der staufischen Königsherrschaft noch relativ unbewehrt auf dem Lande wohnen konnte,[67] inzwischen 'unfriedlicher' geworden waren. Auf der anderen Seite führte aus der Sicht der übrigen Bevölkerung der Wegfall der königichen Herrengewalt dazu, daß der Kreis derjenigen, die im Schutze einer wehrhaften Burg zum Einsatz militärischer Gewalt fähig und bereit waren, im Vergleich zu früheren Zeiten in einem bedrohlichen Umfang zunahm. Wenn auch die militärische Macht, über die diese neuen potentiellen Friedensstörer jeweils im Einzelfall verfügten, in der Regel eher bescheiden gewesen sein dürfte, so verkörperten sie insgesamt doch ein beträchtliches Gewaltpotential, das auf lokaler Ebene durchaus zu zahlreichen militärischen Kleinkonflikten führen konnte,[68] die im allgemeinen nichts mehr mit den durch Stauferanhänger und -gegner geprägten Kämpfen zur Zeit Konrads IV. gemein hatten.[69]

Dazu kommt, daß die allgemeine Gewaltbereitschaft innerhalb der adligen Grundbesitzer seit der Mitte des 13. Jahrhunderts durch mehrere Faktoren gefördert wurde. So ist wohl davon auszugehen, daß das im 13. Jahrhundert einsetzende zunehmende adlige Repräsentationsbedürfnis, sich gegenüber bäuerlichen und bürgerlichen Bevölkerungskreisen abzuheben, mit einem steigenden Kostenaufwand verbunden war, dem meist nur stagnierende, zum Teil auch rückläufige Einnahmen aus den bäuerlichen Abgaben gegenüberstanden.[70] Während König und Hochadel durch die Gründung von Städten eher in der Lage waren, sich dieser Entwicklung anzupassen, mußten die meisten Niederadligen, denen die Mittel für

---

[67] Vgl. hierzu den unbekannten Colmarer Chronisten in seiner Rückschau über die Zustände im Elsaß zu Beginn des 13. Jahrhunderts De rebus Alsaticis, 236.

[68] Vgl. auch Metz, Politische Geschichte, 22: „Für den Frieden im Land wirkt sich die 'Burgeninflation' sehr negativ aus; wer über eine Burg verfügt, riskiert bei seinen Fehden viel weniger als ein anderer, weil niemand gern eine Belagerung unternimmt; denn ihr Erfolg ist stets unsicher und die Kosten allemal beträchtlich."

[69] Vgl. hierzu Metz, Politische Geschichte, 13 mit Hinweis auf die Auseinandersetzungen zwischen den Herren von Hohenstein und dem Bischof von Straßburg im Breuschtal.

[70] Zu den wirtschaftlichen Schwierigkeiten des Adels in der zweiten Hälfte des 13. Jahrhunderts vgl. am Beispiel adliger Herrschaften im Ostschweizer Raum auch Sablonier, Adel, 224 ff.; Eugster, Adel, 186 f.

die damit verbundenen Investitionen fehlten, andere Wege finden, ihre Einkünfte zu erhöhen. Da die Möglichkeiten, neues Land durch Rodung von Waldflächen zu erschließen, allmählich an ihre Grenzen stießen und auch die Veräußerung von Grundbesitz zu Lasten der Substanz ging und daher keine Lösung brachte, wuchs mit dem Druck, sich im zunehmend härter werdenden Verteilungskampf zu behaupten, wohl auch die grundsätzliche Bereitschaft zur gewaltsamen Konfliktaustragung.

Als vorläufiges Ergebnis ist daher festzuhalten, daß die angesprochene subjektive Wahrnehmung des Interregnums als einer besonders gewalttätigen und damit 'schrecklichen' Zeit zwar insofern relativiert werden muß, als auch die Zeiten vorher und nachher alles andere als 'friedlich' waren. Dennoch deuten gewisse Indizien darauf hin, daß gerade im Oberrheingebiet mit dem zahlenmäßigen Zuwachs an potentiellen Friedensstörern auch die gewaltsam ausgetragenen Konflikte während des Interregnums im Vergleich zu vorher und nachher einen Höhepunkt erreichten.

Eine andere Frage ist mit dieser Feststellung allerdings noch nicht automatisch beantwortet: War das Interregnum auch für die folgende Königsherrschaft insofern eine 'schreckliche' Zeit, als in den Jahren seit dem Zusammenbruch der Stauferherrschaft bis zur Königswahl Rudolfs ein beträchtlicher Teil des Reichsgutes vom Königtum veräußert oder von Reichsangehörigen usurpiert wurde, so daß sich die spätmittelalterlichen Könige unter dem Eindruck dieses Substanzverlusts mit wesentlich schlechteren Herrschaftsvoraussetzungen konfrontiert sahen als ihre Vorgänger?

Die Zeitgenossen, vor allem die Kurfürsten, die Rudolf 1273 zum König wählten, haben diese Frage ohne Zweifel bejaht und erwarteten vom neuen König die konsequente Wiederbeschaffung des entfremdeten Reichsgutes. Angesichts der Vorstellung vom Interregnum als einer geradezu anarchischen Ausnahmezeit, geprägt durch Schattenkönigtum und „die allgemeine Störung der staatlichen Ordnung"[71], galt auch in der Forschung weithin als ausgemacht, was bereits Oswald Redlich deutlich formuliert hatte: „Annexion von Reichsgut durch die Stände des Reiches, Veräußerung von Reichsgut durch die Könige selber, beides in ausgedehntestem Maße geübt, das hat ... den Grundlagen des deutschen Königtums unheilbare Wunden geschlagen ... Die dauernde finanzielle Ohnmacht des Reiches und Königtums war durch die Ereignisse der vorhergehenden Jahrzehnte besiegelt."[72]

Spektakuläre Beispiele für die Entfremdung ganzer Territorialkomplexe, wie der Übergang der österreichischen Herzogtümer sowie des

---

71 Bader, Südwesten, 47.
72 Redlich, Rudolf, 47.

Egerlandes an König Ottokar von Böhmen oder der staufischen Güter in Oberschwaben ('Konradinische Schenkung') an das Herzogtum Bayern, scheinen im Verein mit den Verpfändungen und Veräußerungen durch König Konrad IV. und die Gegenkönige Heinrich Raspe und Wilhelm von Holland diese Ansicht zu bestätigen. Dennoch wurden auch Stimmen laut, die vor übertriebenen Vorstellungen warnten und darauf hinwiesen, daß Reichsgut nicht nur im Interregnum, sondern auch in den Zeiten davor (z. B. während des staufisch-welfischen Thronstreits ab 1198) und danach (unter den Königen Ludwig dem Bayern und Karl IV.) in beträchtlichem Umfang entfremdet wurde.[73]

In jüngerer Zeit hat Andreas Christoph Schlunk das Reichsgut in Deutschland um 1200 systematisch erfaßt und dessen Entwicklung in der Spätstauferzeit und im Interregnum verfolgt.[74] Dabei konnte er aufzeigen, daß die Territorialpolitik des staufischen Königtums bis zum Todesjahr Heinrichs VI. (1197) zu einem ersten Höhepunkt im Bestand führte, dem während des Thronstreits zwar Verluste gegenüberstanden, die aber – wenn man vom Wegfall der Markgrafschaft Meißen absieht – relativ bescheiden waren und während der Regierung Friedrichs II. bis 1240 durch Rückgewinnungen (Revindikationen) und Neuerwerbungen mehr als ausgeglichen wurden, so daß nach Schlunk „um das Jahr 1240 ... bei nahezu allen Güterarten ein Stand erreicht [war] wie zu keinem Zeitpunkt bevor"[75]. Konkret bedeutete dies, daß – trotz der Verluste im Thronstreit – das Reichsgut zu Beginn der letzten großen Auseinandersetzung mit der Kurie im Vergleich zu 1197 um 33% und im Vergleich zu 1165 sogar um 227% (!) im Bestand angestiegen war. Gegenüber diesem absoluten Höhepunkt brachte der Endkampf mit der Kurie und die folgende Zeit bis 1273 allerdings einen gravierenden Einbruch mit einem Reichsgutverlust von bisher nie gekanntem Ausmaß. Nach Schlunk ist für diese Zeit sogar von einem (zumindest vorübergehenden) Totalverlust des gesamten staufischen Gutes auszugehen[76] – eine Feststellung, die mir allerdings übertrieben erscheint. Zwar kann man wenigstens für die letzten Jahre des Interregnums ab 1269 durchaus unterstellen, daß keiner der beiden amtierenden Könige in der Praxis noch Zugriff auf diesen Güterbestand und die sich hieraus ergebenden materiellen Leistungen hatte, und es ist auch davon auszugehen, daß in zahlreichen Fällen ehemals staufisches Gut in

---

[73] Vgl. Gerlich, Kurfürsten, 57f.; Schubert, König, 151f.; Thomas, Deutsche Geschichte, 44.

[74] Zu der hierbei angewandten neuen Methode vgl. Schlunk, Königsmacht, 10–19.

[75] Ebenda, 181.

[76] Ebenda, 206.

fremde Hände übergegangen war und die neuen Inhaber – mit welcher Begründung auch immer – diese Güter als ihr Eigengut betrachteten. Andererseits zeigt aber das Verhalten der ehemals königlichen Städte, daß man hier nicht so weit ging, die Abwesenheit der nominell amtierenden Könige des Interregnums als Vorwand zu nehmen, um diesen oder deren Nachfolgern den grundsätzlichen Anspruch auf die stadtherrlichen Rechte und damit vor allem auf die Stadtsteuern streitig zu machen.[77] Schwieriger zu beurteilen ist die Situation bei den Reichsministerialen, wo man allerdings immer dann von einer Entfremdung von Reichsgut ausgehen muß, wenn die bisherigen Dienstmannen nicht mehr bereit waren, das von ihnen besessene Reichsgut als Teil des Reichskammergutes, das mit seinen Einnahmen unmittelbar dem König zur Verfügung stand, anzuerkennen und sich lediglich dazu herbeiließen, das Gut als Lehen in Empfang zu nehmen und dem König als Reichsvasall zu dienen.

Auf jeden Fall kann man nach den Forschungen Schlunks zunächst einmal das Fazit ziehen, daß die Entfremdung von Reichsgut im Interregnum aus der Sicht des Königtums schon ein beängstigendes Ausmaß angenommen hatte, gegenüber dem die 'Verschleuderung' von Reichsgut während des Thronstreits ab 1198, die vom Ursberger Chronisten noch mit drastischen Worten gegeißelt worden war,[78] geradezu harmlos wirkte.[79] Auch wenn – dank der unter Rudolf von Habsburg begonnenen und unter seinen Nachfolgern weitergeführten Revindikationen – die von einem Teil der Forschung thematisierten fatalen Folgen für die königliche Herrschaft vorerst noch nicht eintraten,[80] so ist doch festzuhalten, daß die Rückführung des während des Interregnums entfremdeten Reichsgutes für den künftigen König zu einer zentralen Herausforderung werden mußte.

[77] Vgl. z. B. zum Verhalten der Stadt Bern bereits oben S. 44 f.

[78] Vgl. Burchardi praepositi Urspergensis chronicon, 91–94. Zum Problem einer angeblichen späteren Interpolation der Stelle vgl. zuletzt Wulz, Burchard von Ursberg, 4 f., 16 f., 165 ff.

[79] Nach Schlunk, Königsmacht, 184 erreichte die Summe aller von Philipp, Otto IV. und Friedrich II. in dieser Zeit vorgenommenen Reichsgutveräußerungen nur 9% des Gesamtbestandes von 1198.

[80] Vgl. ebenda, 206 f. – Erst seit Ludwig d. Bayern und Karl IV. setzte durch massenhafte Verpfändungen der 'Ausverkauf' des Reichsgutes ein, der unter König Sigmund zum Abschluß kam und die nachfolgenden Herrscher fast völlig ihrer substantiellen Grundlage im Reich beraubte; vgl. hierzu Schubert, König, 152–159, 162 ff.; Thomas, Deutsche Geschichte, 253 ff.

2. Die Territorialpolitik Rudolfs als Graf von Habsburg

Als Graf Albrecht IV. von Habsburg im Sommer 1239 mit seinem Gefolge aufbrach, um als Kreuzfahrer den christlichen Glaubensgenossen im Heiligen Land in ihrem Überlebenskampf beizustehen,[81] hatte er zuvor, wie angesichts des nicht ungefährlichen Unternehmens nicht anders zu erwarten war, seine Familienangelegenheiten geordnet. Neben der Gemahlin Heilwig, einer Gräfin von Kiburg († nach 1263), bestand die zurückbleibende Familie aus zwei Töchtern und drei Söhnen. Während die eine der beiden Töchter, Kunigunde, in erster Ehe mit dem Grafen Heinrich von Küssaberg im Klettgau, dann nach dessen Tod (1251) mit dem Angehörigen eines elsässischen Adelsgeschlechts, Otto von Ochsenstein, verheiratet wurde, verbrachte die andere Tochter, deren Namen wir nicht kennen, ihr Leben als Nonne im Dominikanerinnenkloster Adelhausen bei Freiburg im Breisgau.[82] Von den drei (bekannten) Söhnen Rudolf, Albrecht und Hartmann war Albrecht wohl schon früh für die geistliche Laufbahn bestimmt worden; bereits seit 1237 ist er als Domherr von Basel bezeugt.[83] Den beiden anderen Söhnen Rudolf und Hartmann übergab Albrecht IV. „sein Amt und seine Herrschaft"[84], bevor er die Heimat verließ. Als im Jahre 1240 die Nachricht vom Tode des Vaters eintraf,[85] dürfte Hartmann noch minderjährig gewesen sein,[86] so daß der älteste Sohn Rudolf de facto schon von diesem Zeitpunkt an die Alleinherrschaft in dem seinem Familienzweig zustehenden Anteil an der 1237/39 geteilten Grafschaft Habsburg übernahm.[87]

„Da nun Graf Rudolf ... sah, daß die ihm benachbarten Grafen große Reichtümer besaßen, er selbst aber im Vergleich zu den anderen in Armut und Elend sich befand, begann er darauf zu denken, wie er zeitliche Schätze erwerben möchte. Da er aber auch wohl einsah, daß man große Dinge durch Bitten oder gerechtes Verfahren nicht auf einmal erreichen kann, so

---

[81] Vgl. hierzu Regesta Habsburgica I, Nr. 178.

[82] Ebenda.

[83] Ebenda, Nr. 166.

[84] Chronicon Colmariense, 240 [zit. nach der dt. Übersetzung bei Pabst, Annalen, 121].

[85] Dies ergibt sich aus Regesta Habsburgica I, Nr. 179.

[86] Vgl. die Ausführungen zu ebenda, Nr. 178.

[87] Hieran änderte sich auch in der Folgezeit nichts, da Hartmann wohl Ende 1246/Anfang 1247 (30. November 1246 ist er das letzte Mal im Schweizer Raum bezeugt, vgl. Regesta Habsburgica I, Nr. 218) nach Oberitalien zog, um im Heere Kaiser Friedrichs II. gegen dessen Gegner zu kämpfen. Dabei geriet er in Gefangenschaft, in der er zwischen 1247 und 1253 „sein Leben auf elende Weise beendete"; vgl. Chronicon Colmariense, 240.

beschloß er bei sich, seine Nachbarn durch Kampf zu bedrängen."[88] Diese wenig schmeichelhafte Charakterisierung der Motive und Mittel gräflich-habsburgischer Herrschaftspolitik durch den unbekannten Chronisten aus dem Kreise der Colmarer Dominikaner läßt bereits erahnen, daß Rudolf sich nicht nur als Überwinder des Interregnums, sondern, um mit Oswald Redlich zu sprechen, auch als dessen „echtester Sohn"[89] erweisen sollte.

Wenn man dem Colmarer Dominikaner glaubt, so zeigte sich dies schon gleich bei der ersten Fehde, die Rudolf zu Anfang der vierziger Jahre gegen Hugo III. von Tiefenstein/Teufen führte. Hiernach soll Rudolf den jungen Herrn, dessen Güter er begehrte, mit Krieg überzogen haben. Da er mit Gewalt jedoch nicht zum Ziel gelangt sei, habe er einen trügerischen Frieden mit ihm geschlossen und ihm durch seine Anhänger einen Hinterhalt legen lassen, die ihn dann auf schimpfliche Weise getötet hätten.[90] Die Geschichte wirkt auf den ersten Blick etwas merkwürdig; sie wird jedoch im Ergebnis durch eine andere, zwar erst um 1500 verfaßte, aber offensichtlich sehr gut informierte Quelle, die Chronik des Abts Caspar von St. Blasien,[91] im wesentlichen bestätigt. Obwohl die Chronik bereits der älteren Forschung bekannt war,[92] ist es erst neuerdings Erwin Eugster in einer Untersuchung über die Funktion von Kirchenstiftungen im Rahmen adliger Territorialpolitik im Ostschweizer Raum[93] gelungen, Licht in die schwer durchschaubaren Auseinandersetzungen und ihre Ergebnisse zu bringen. Da dieser Fall nicht, wie noch Oswald Redlich meinte, lediglich dem „engeren Kreis von kleineren Besitz- und Erbschaftsstreitigkeiten" zuzuordnen ist,[94] sondern aus mehreren Gründen grundsätzliche Bedeutung beanspruchen kann, soll im folgenden hierauf etwas näher eingegangen werden. Nach Eugster handelt es sich bei den Herren von Tiefenstein/Teufen um ein[95] edelfreies Herrengeschlecht, dessen Besitzstand sich zu Beginn des 13. Jahrhunderts „aus einem Konglomerat verschiedenster Ansprüche, Eigentums- und Nutzungsrechte" im Thur-,

---

[88] Chronicon Colmariense, 240 [zitiert nach der dt. Übersetzung bei Pabst, Annalen, 121].

[89] Redlich, Rudolf, 77.

[90] Chronicon Colmariense, 240.

[91] Die Chronik ist noch nicht veröffentlicht; sie ist im Generallandesarchiv Karlsruhe unter der Signatur 65/490 überliefert. Der für die Tiefensteiner Fehde einschlägige Teil ist bei Eugster, Adlige Territorialpolitik, 291 f. abgedruckt.

[92] Vgl. Schulte, Habsburger, 125; Redlich, Rudolf, 85 f.

[93] Eugster, Adlige Territorialpolitik, 291–318.

[94] Redlich, Rudolf, 80.

[95] Die bisherige Forschung ging noch davon aus, daß es sich bei den Tiefensteinern und Teufenern um zwei voneinander unabhängige Adelsfamilien handelte; vgl. jedoch dazu Eugster, Adlige Territorialpolitik, 307 ff.

Zürich- und Aargau sowie im südlichen Schwarzwald zusammensetzte.[96] Neben dem wohl älteren Herrschaftszentrum Teufen am südlichen Rheinufer zwischen den Flüssen Thur und Glatt entstand wahrscheinlich im Zuge der unter der Oberherrschaft der Zähringer betriebenen Schwarzwaldrodung ein zweiter Herrschaftsschwerpunkt nördlich des Rheins zu beiden Seiten des Albtals mit den Burgen Tiefenstein, Zellbrühl und Wehr. Nach dem Aussterben der Zähringer, wahrscheinlich in den zwanziger Jahren des 13. Jahrhunderts, übertrugen zwei Mitglieder der Familie, Diethelm I. und Hugo II. von Tiefenstein/Teufen, jeweils ihr gesamtes Erbteil an die Reichsklöster Stein am Rhein und St. Blasien.[97] Bei Diethelms Stiftung an das Kloster Stein handelte es sich um das Schloß Zellbrühl südlich von St. Blasien mit Herrschaftsrechten über die in einem weiteren Umkreis angesessenen Freien, wobei die Masse der Güter zur Ausstattung einer von Diethelm zuvor gegründeten, unmittelbar neben dem Schloß erbauten Kirche, mit dem Namen Neuzelle, dienen sollte. Die Vergabungen erfolgten allerdings beide unter der Bedingung, daß die Vogteirechte über die abgetretenen Güter den Mitgliedern der Familie Tiefenstein/Teufen vorbehalten blieben. Tatsächlich scheinen in der Folgezeit auch beide Vogteien in der Hand eines Familienmitglieds, Kunos II. von Tiefenstein/Teufen, gewesen zu sein. Als zu Beginn der vierziger Jahre Kuno II. in den Johanniterorden eintrat, scheint Rudolf von Habsburg die Gunst der Stunde genutzt und beide Vogteien okkupiert zu haben, wobei sich Rudolf gegenüber den Ansprüchen der Tiefensteiner Verwandten wohl auf übergeordnete Herrschaftsrechte berufen haben dürfte, etwa auf alte lehnsherrliche Beziehungen oder eine von König Konrad IV. erteilte Anwartschaft auf die Übernahme dem Reich zustehender Rechte im Schwarzwald.[98] Die Fehde brach um 1243 aus, als Hugo III. von Tiefenstein seinerseits versuchte, die Okkupation der Vogteien durch die Habsburger rückgängig zu machen und zugleich die Vergabungen seiner Vorgänger an die Klöster widerrief. Nach der Ermordung seines Gegners[99] be-

---

[96] Vgl. hierzu ebenda, 313; ders., Adel, 183,184 (hier auch das Zit. und eine anschauliche Karte der Tiefensteiner Besitzungen).

[97] Vgl. hierzu und zum Folgenden ebenda, 294ff.

[98] Vgl. zum Folgenden Eugster, Adlige Territorialpolitik, 300–303.

[99] Vgl. hierzu die Chronik des Abts Caspar von St. Blasien: *Als nun diser von Tuffenstain nit hat wellen nachlassen, do ist von den graven von Hapspurg verordnet, das täglich uff in gehalten ist worden. Do hat es sich begeben, das ain einziger reutter an der alb uff in gewartet und gehalten, der hat in erstochen* (zit. nach dem Abdruck bei Eugster, Adlige Territorialpolitik, 292). – Da von den *graven von Hapspurg* die Rede ist, hätten hiernach Rudolf und sein Laufenburger Verwandter noch gemeinsam gegen den Tiefensteiner das Mordkomplott in Auftrag gegeben. Danach soll Rudolf von Habsburg allerdings mit seinem Vetter Gottfried von der Laufenburger

gnügte sich Rudolf jedoch offensichtlich nicht mit den Vogteirechten, sondern versuchte vor allem im Bereich Zellbrühl/Neuenzelle die Liquidation des ehemaligen Tiefensteiner Besitzes zugunsten der neuen Kirche und des Klosters Stein rückgängig zu machen, um so auch die Güter in seine Hand zu bekommen.[100] Dem faktischen Druck war das Kloster auf Dauer nicht gewachsen, so daß es sich am Ende genötigt sah, gegen eine Abfindung von 500 Mark Silber Neuenzell mit allem Zubehör an Rudolf zu 'verkaufen'. Mit diesen Erwerbungen gelang es Rudolf, eine offensichtlich bereits von seinen Vorgängern eingeleitete Politik – wenn auch mit brutalen Mitteln – zu einem für ihn günstigen Abschluß zu bringen. Der Erwerb der Güter und Vogteien mit den Rechten über die angesessenen freien Rodungsbauern eröffnete den Habsburgern von nun an eine Art 'Brückenkopf' und substantielle Basis für das Ausgreifen habsburgischer Herrschaftspolitik auf das nördliche Rheinufer und den südlichen Schwarzwald. Wie Eugster gezeigt hat, läßt der Fall darüber hinaus exemplarisch typische, auch bei anderen adligen Familien im Ostschweizer Raum nachweisbare Vorgehensweisen im Ringen der Stärkeren um Herrschaftsverdichtung auf der einen und der Schwächeren um Selbstbehauptung gegenüber diesen Bestrebungen auf der anderen Seite erkennen.[101] So begegneten die Tiefensteiner, die durch ihren zersplitterten Grundbesitz zum Kreis der Schwächeren gehörten, dem nach dem Aussterben der Zähringer überhandnehmenden Druck der Habsburger mit einem auch bei anderen 'schwächeren' Familien nachweisbaren Gegenmittel: der Vergabe größerer Gebietskomplexe, die besonders gefährdet waren, an geistliche Institutionen – unter dem Vorbehalt, daß die herrschaftspolitische Nutzung in der Form Vogtei in der Familie blieb. Dadurch wurde zunächst eine 'Neutralisierung' des gefährdeten Güterbestandes erreicht, der auf diese Weise dem Zugriff des mächtigen Herrschaftskonkurrenten entzogen werden sollte. Gefährdet waren die Rodungsgebiete der Tiefensteiner im Südschwarzwald deshalb, weil die zähringischen Oberherrschaftsrechte über die Rodungen nach deren Aussterben zwar de jure an das Reich gefallen waren, vom staufischen Königtum jedoch in dieser Region nicht selbst genutzt wurden. Die Folge war, daß in dieses entstandene Machtvakuum die Habsburger als treue Gefolgsleute der Staufer einrücken konnten, zumal deren Förderung im äußersten Süden des Schwarzwalds als Gegengewicht gegen die immer noch mächtigen Allodialerben

---

Linie aus unbekannten Gründen eine erbitterte Fehde geführt habe, in deren Verlauf Rudolfs Schloß in Brugg ausgeplündert worden sei; vgl. hierzu Chronicon Colmariense, 240 f.

[100] Vgl. hierzu Eugster, Adlige Territorialpolitik, 303 ff.

[101] Vgl. ebenda, 299 und passim (zusammenfassend) 305 ff.

der Zähringer, die Grafen von Freiburg-Urach, auch im strategischen Interesse der Staufer lag.

Demgegenüber bedienten sich die 'stärkeren', nach Herrschaftsverdichtung strebenden Familien, zu denen auch die Habsburger gehörten, einer zweifachen Methode, indem sie einerseits versuchten, sich mit den noch Stärkeren zu arrangieren und andererseits mit massivem politischem und militärischem Druck unter Berufung auf übergeordnete Rechte, wie lehnsherrliche oder reichsrechtliche Befugnisse, gegen die Schwächeren vorgingen, die als potentielle Verlierer in diesem Verdrängungsprozeß Gefahr liefen, am Ende auf der Strecke zu bleiben. Wohlwollend gefördert vom staufischen Königtum, das im Endkampf gegen die päpstliche Kurie auf verläßliche Gefolgsleute angewiesen war, gelang es Rudolf dann auch – ohne Sanktionen befürchten zu müssen –, dem Reichskloster Stein seinen Willen aufzuzwingen und damit die Vorkehrungen der Tiefensteiner auf ganzer Linie zu durchkreuzen, wobei letztere dann später – nach weiteren Kämpfen – nur mit einem minimalen Restbestand ihres ursprünglichen Besitzes in der habsburgischen Landesherrschaft aufgegangen sind.[102]

Betrachtet man den Verlauf dieser ersten Fehde Rudolfs im Zusammenhang, so wird auch deutlich, daß der Colmarer Chronist den hohen Stellenwert militärischer Gewalt in der Herrschaftspolik Rudolfs im allgemeinen wie auch die brutalen Methoden im besonderen gegenüber Hugo III. von Tiefenstein/Teufen zutreffend wiedergegeben hat; dagegen hat er – aus Gründen, die noch zu erörtern sein werden[103] – die Kräfteverhältnisse und die hieraus folgenden Motive, die Rudolf zu seinem problematischen Verhalten bewogen haben sollen, geradezu auf den Kopf gestellt. Nicht „weil er sich in Armut und Elend befand", überzog Rudolf die reichen Nachbarn mit Krieg, um ihnen einen Teil ihrer Reichtümer abzujagen, sondern umgekehrt: Weil er glaubte, es sich aufgrund seiner Stärke und der Rückendeckung des staufischen Königtums leisten zu können, ging er gegenüber Schwächeren mit Gewalt und sogar einem Mordanschlag vor, um seine herrschaftspolitischen Ziele durchzusetzen.

Vor diesem Hintergrund ist daher auch zu sehen, daß Rudolf die Politik enger Anlehnung an das staufische Königshaus, die bereits seine Vorfahren praktiziert hatten, konsequent fortsetzte, selbst auf die Gefahr hin, in den nun auch auf Deutschland übergreifenden Konflikt zwischen Kaiser und Papst mehr als den Eigeninteressen dienlich verwickelt zu werden. Obwohl nicht ausdrücklich bezeugt, dürfte Rudolf bereits zu Beginn der vierziger Jahre zumindest zum Empfang der Reichslehen König Kon-

[102] Vgl. ebenda, 317 f.
[103] Siehe unten S. 179 ff., 236 ff.

rad IV. in Hagenau aufgesucht haben;[104] vielleicht nahm der König auch persönlich in Colmar die für 1243 bezeugte Schwertleite Rudolfs vor.[105] Am Hofe Kaiser Friedrichs II. ist er im Mai 1241 in Faenza belegt, wo er einer denkwürdigen Zeremonie beiwohnte, als Gesandte König Belas IV. das Königreich Ungarn vom Kaiser zu Lehen nahmen, in der verzweifelten Hoffnung, hierdurch militärische Hilfe gegen die anstürmenden Tataren zu erhalten.[106] Im Juni 1245, etwa zur gleichen Zeit, als in Lyon das päpstliche Absetzungsurteil gegen Friedrich II. verkündet wurde, weilte Rudolf am kaiserlichen Hof in Verona, wo er als Zeuge bei der feierlichen Bestätigung des sogenannten 'privilegium minus', der berühmten 'Gründungsurkunde' des Herzogtums Österreich vom Jahre 1156,[107] mitwirkte.[108]

Die mit dem päpstlichen Absetzungsurteil in Deutschland einsetzende Verschärfung der Auseinandersetzungen und Polarisierung zwischen Staufergegnern und -anhängern machte auch vor der habsburgischen Familie nicht halt. Während Rudolf und sein jüngerer Bruder Hartmann treu zu den Staufern hielten, wechselte der andere Bruder Albrecht als Domherr des Hochstifts von Basel schnell zur päpstlichen Seite über. Schwerwiegender war für Rudolf, daß sich auch sein Oheim, Rudolf III., als Senior der Linie Habsburg-Laufenburg gegen die staufische Seite entschied.[109] Obwohl die meisten Adelsgeschlechter sich in diesen erbitterten Kämpfen auf die Seite der Kirche und des Gegenkönigs Wilhelm geschlagen hatten, blieb Rudolf von der Habsburger Hauptlinie auch nach dem Tode des Kaisers König Konrad IV. im Kampf um die Herrschaft im Reich treu verbunden und nahm dabei auch in Kauf, daß er selbst als notorischer Stauferanhänger mit dem Kirchenbann und seine Lande mit dem Interdikt bedacht wurden.[110] Diese Standhaftigkeit wurde von Konrad IV. allerdings auch gebührend belohnt. So verlieh dieser seinem treuen Gefolgsmann vor dem Aufbruch nach Italien im August 1251 den Brückenzoll von Freudenau an der Limmat bei Baden und den Rheinzoll von Unterbühelen bei

---

[104] Vgl. Redlich, Rudolf, 80.

[105] Aus den Annales Colmarienses minores, 190 geht nur hervor, daß Rudolf in diesem Jahr zum Ritter gemacht wurde. Die Behauptung eines spanischen Geschichtsschreibers, daß Rudolf im Jahre 1257 von König Alfons von Kastilien zum Ritter geschlagen worden sei, gehört dagegen wohl ins Reich der Fabel; vgl. hierzu Regesta Habsburgica I, Nr. 286.

[106] Regesta Habsburgica I, Nr. 184.

[107] Vgl. hierzu MGH DD Friedr. I., Nr. 151 mit den Erläuterungen.

[108] Regesta Habsburgica I, Nr. 214.

[109] Zu den möglichen Motiven Graf Rudolfs von Habsburg-Laufenburg vgl. Redlich, Rudolf, 82.

[110] Vgl. hierzu Regesta Habsburgica I, Nr. 229 und Redlich, Rudolf, 83.

Nambsheim südlich von Breisach.[111] Rudolf scheint Konrad bereits im folgenden Jahr nach Apulien nachgereist zu sein und dort mehrere Monate verbracht zu haben; das enge Vertrauensverhältnis zwischen dem Staufer und seinem wichtigen Anhänger und „Haupt der staufischen Partei am Oberrhein"[112] bestand offensichtlich bis zum Tode des Königs fort und äußerte sich in weiteren Gunstbezeigungen, unter denen die wichtigste allerdings quellenmäßig so schlecht überliefert ist, daß in der Forschung Zweifel an dem Vorgang überhaupt geäußert wurden. So geht aus einer undatierten, aus dem einstigen österreichischen Archiv in Baden im Aargau stammenden Repertoriumsnotiz vom beginnenden 15. Jahrhundert hervor, daß König Konrad IV. Rudolf von Habsburg 100 Mark Silber gegeben und die Städte Breisach und Kaisersberg mit der Bestimmung verpfändet habe, daß, wenn Rudolf Rheinfelden einnehme, die zwei anderen Städte ledig würden und er an ihrer Stelle Rheinfelden, St. Blasien und den Schwarzwald innehaben sollte.[113] In der Forschung wurde dies so aufgefaßt, daß der König die Pfandsumme für eine bereits früher erfolgte Verpfändung der Städte Breisach und Kaisersberg um 100 Mark aufgestockt und Rudolf zugleich damit beauftragt habe, die vom Bischof von Basel besetzte Stadt Rheinfelden zurückzuerobern. Sollte dies gelingen, sollten die beiden Städte Breisach und Kaisersberg wieder (lastenfrei) an das Reich zurückfallen, während Rudolf dafür Rheinfelden behalten und dazu die nach dem Aussterben der Zähringer ans Reich gefallenen Vogteien des Klosters St. Blasien und über die Freien im Schwarzwald erhalten solle.[114] Von den angesprochenen Städten war allerdings zu diesem Zeitpunkt keine in der Hand Rudolfs. Während der Bischof von Straßburg Kaisersberg okkupiert hatte, waren Breisach und Rheinfelden unter der Kontrolle des Bischofs von Basel. Obwohl Rudolf vergeblich versuchte, Breisach und Rheinfelden in seine Gewalt zu bringen und es am Ende vorzog, sich mit dem Basler Bischof friedlich zu einigen, soll es ihm bereits zu dieser Zeit, um 1254, gelungen sein, gestützt auf König Konrads Vergabe, die in der Repertoriumsnotiz mit „St. Blasien" und dem „Schwarz-

---

[111] Regesta Habsburgica I, Nr. 240, 241.

[112] [Steinacker, in:] Regesta Habsburgica I, Erläuterungen zu Nr. 265, 63.

[113] Die Stelle ist wörtlich abgedruckt bei Schulte, Geschichte, 111 und Ott, Studien, 47; ders., St. Blasien, 40: *Item Kunig Cunrat selig gab willent graff Rudolff von Habspurg hundert mark silbers und versatzete im Brisach vnd Keisersperg also, wenne im Rinfelden in wurde, dz denne die andern zwei lidig werent, vnd solt denne dafür Rinfelden, Sant Blesien und den Swarzwalt inne haben*; vgl. auch Regesta Habsburgica I, Nr. 265 [zu 1254 vor Mai 21].

[114] Vgl. hierzu Schulte, Geschichte, 111 ff.; Redlich, Rudolf, 84 und die Bemerkungen bei Regesta Habsburgica I, Nr. 265.

wald"[115] grob angedeuteten Herrschaftsrechte an sich zu ziehen.[116] Rudolf verfügte mit der Hauptvogtei über St. Blasien und den Vogteirechten über die Freien über einen ausgedehnten Herrschaftskomplex, der sich „vom rechten Rheinufer die waldigen Höhen zwischen Murg und Schlücht hinauferstreckte bis zum Feldberg" und der die Verbindung zum linksrheinischen habsburgischen Besitz im Frickgau herstellte.[117] Vor diesem Hintergrund wird verständlich, daß Rudolf wohl bald danach zur Sicherung dieses neuen Herrschaftsschwerpunktes am rechten Rheinufer in strategisch günstiger Lage die neue Stadt Waldshut erbauen ließ, die auch für die späteren Erwerbungen in östlicher Richtung besondere Bedeutung erlangen sollte.[118]

Um die gleiche Zeit (vor dem 8. März 1254) gelang es Rudolf, durch die Eheschließung mit Gertrud, der Tochter des Grafen Burkhard (III.) von Hohenberg, den Besitzstand seines Hauses weiter zu vermehren, da die junge Braut als Heiratsgut das Albrechtstal im Elsaß (nordwestlich von Schlettstadt) mit in die Ehe brachte, das insofern von strategischer Bedeutung war, als es den östlichen Zugang zum Paß von Saales nach Lothringen beherrschte.[119]

Mit dem Tode König Konrads IV. und dem endgültigen Zusammenbruch der Stauferherrschaft in Deutschland scheint Rudolf wie viele der noch verbliebenen Stauferanhänger Frieden mit der Kirche geschlossen und sich vom Kirchenbann gelöst zu haben, wobei er es sich allerdings leisten konnte, nie am Hof König Wilhelms zu erscheinen und seine Lehen zu empfangen und auch nicht Mitglied des Rheinischen Bundes zu werden. Jetzt war auch der Weg frei für eine Versöhnung mit der Laufenbur-

---

[115] Unter den mit 'Schwarzwald' bezeichneten Rechten, die an Rudolf verpfändet wurden, dürften wohl Vogteirechte des Reiches über die Freien im Südschwarzwald zu verstehen sein, die sich mit den ehemaligen Tiefensteiner Rechten weitgehend deckten und damit auch entsprechende, inzwischen dem Kloster St. Blasien zugehörige Rechte (siehe hierzu oben S. 60ff.) einschlossen; vgl. hierzu Schwarz, Hotzenwald, 67–199, bes. 149ff.

[116] Im Gegensatz zu dieser vom überwiegenden Schrifttum geteilten Auffassung ist H. Ott der Ansicht, die angesprochene „vage Repertoriumsnotiz" sei nicht geeignet, die von der herrschenden Lehre hieraus abgeleiteten Schlüsse zu rechtfertigen; nach ihm „spricht nichts dafür, daß die Habsburger vor der Wende zum 14. Jahrhundert die Kastvogtei über das Kloster St. Blasien erlangt haben, genauer gesagt, de facto in ihre Verfügung bekamen" (vgl. zuletzt Ott, St. Blasien, 40).

[117] Vgl. bereits Redlich, Rudolf, 86.

[118] Vgl. Redlich, Rudolf, 86. – Die in der Lit. mitunter behauptete Jahreszahl 1249 als Gründungsjahr ist nicht haltbar. Die Existenz der Stadt ist erst ab 1256 sicher bezeugt; vgl. hierzu bereits Schulte, Geschichte, 120 und Maurer, Anfänge, 136.

[119] Redlich, Rudolf, 87.

ger Linie, die seit dem Tode Rudolfs III. (1249) nun von Rudolfs Vetter Gottfried vertreten wurde.

Daß der Habsburger auch nach dem Zusammenbruch der Stauferherrschaft Ende der fünfziger Jahre zu den 'stärkeren' Territorialherren im Oberrheingebiet und im Nordschweizer Raum gehörte, der auch in der Lage war, in seinen Landen für Durchreisende Recht und Sicherheit zu gewährleisten,[120] zeigt eine von Mathias von Neuenburg berichtete Episode, an deren Glaubwürdigkeit – zumindest was die Geleitserteilung angeht – keine Zweifel bestehen.[121] Hiernach soll der Mainzer Erzbischof und Kurfürst Werner von Eppstein,[122] als er im Jahre 1260 nach seiner Wahl die Reise nach Rom antrat, um die päpstliche Bestätigung zu erhalten, den Grafen Rudolf gebeten haben, ihm auf dem Hin- und Rückweg sicheres Geleit von Straßburg bis an die Alpen und umgekehrt zu verschaffen. Der Erzbischof sei dabei von der Art und Weise, wie Rudolf diese Aufgabe erfüllt habe, so positiv beeindruckt gewesen, daß er sich bei der späteren Königswahl für dessen Wahl zum König eingesetzt habe.[123]

War es Rudolf auch gelungen, im südlichen Schwarzwald einen neuen Herrschaftsschwerpunkt zu bilden, so hatte im nördlichen Elsaß das Hochstift Straßburg vom Zusammenbruch der Stauferherrschaft am meisten profitiert und gegenüber den anderen Territorialherren inzwischen eine absolute Vormachtstellung eingenommen.[124] Vergeblich hatte Friedrich II. noch gehofft, durch einen Verzicht auf eine weitere aggressive staufische 'Reichslandpolitik'[125], die vor allem der Hagenauer Schultheiß Wölfelin betrieben hatte,[126] den Straßburger Bischof als traditionell territorialpolitischen Gegenspieler in diesem Raume zumindest ruhigzustellen, um den Rücken im Kampf gegen die oberitalienischen Städte frei zu haben. Die Bischöfe von Straßburg nahmen vielmehr die Verhängung des

---

[120] Hierfür spricht auch, daß Graf Rudolf auf Bitte der Landleute von Uri eine erbitterte Fehde zwischen zwei dort ansässigen Sippen durch Schiedsspruch schlichtete, wobei ihm die Hälfte der Strafsumme, die für ein Zuwiderhandeln gegen diesen Spruch angedroht war, zugesprochen wurde; vgl. Regesta Habsburgica I, Nr. 292.

[121] Vgl. hierzu Redlich, Rudolf, 89, Anm. 3.

[122] Vgl. zu ihm F. Jürgensmeier, Art. 'Werner von Eppstein', in: Gatz, 402 f.

[123] Die Chronik des Mathias von Neuenburg, cap. 13, 21 f.

[124] Vgl. Redlich, Rudolf, 89 ff.; Metz, Politische Geschichte, 13 f.

[125] Vgl. hierzu Bosl, Reichsministerialität, passim, bes. 620 ff.; D. Rübsamen, Art. 'Reichslandpläne der Staufer', in: LexMA 7 (1995), Sp. 630 f. (mit Lit.).

[126] Zu ihm vgl. Niese, Verwaltung, 114–117; Bosl, Reichsministerialität, 1, 194 ff.; Thorau, Heinrich (VII.), 157 f. [zur Frühzeit]; Stürner, Friedrich II. 1, 206 ff.; 2, 276, 279; Metz, Hagenau, 230. Eine neue Studie über Wölfelin wird z. Zt. von Herrn Alexander Thon, Bonn, vorbereitet.

Kirchenbannes über den Kaiser und dessen Absetzung gern zum Anlaß, den Kampf gegen die Stauferherrschaft in voller Härte wiederaufzunehmen. Unterstützt wurden sie dabei nicht nur von der Kurie, sondern auch von einem großen Teil des elsässischen Adels und sogar einigen Reichsministerialen. Widerstand leisteten neben den staufischen Städten vor allem die mächtigen Herren von Fleckenstein im Norden und Rudolf von Habsburg als treuer Stauferanhänger im Süden. Dabei gelang es besonders dem energischen Bischof Heinrich von Stahleck (1245–1260)[127], der auch an der Königswahl Heinrich Raspes beteiligt war, in der Zeit von 1246 bis 1248 einen großen Teil des Reichsgutes nicht nur im Elsaß, sondern auch östlich des Rheins zu erobern. Unter dieser 'Kriegsbeute' befand sich auch die an Rudolf verpfändete Stadt Kaisersberg; andere wichtige Städte, wie Colmar, Mülhausen und sogar die staufische Residenzstadt Hagenau, folgten spätestens unter dem Nachfolger, Bischof Walter von Geroldseck (1260–1263)[128], unter dem die Straßburger Machtentfaltung ihren Höhepunkt erreichte. Waren die Bischöfe bisher immer bestrebt gewesen, auch die Stadt Straßburg voll an ihrer Seite in die Expansionspolitik des Hochstiftes einzuspannen, so fühlte sich Bischof Walter auf dem Höhepunkt der neu gewonnenen Macht stark genug, um mit dieser Politik zu brechen und die Stadt einer strafferen Herrschaft zu unterwerfen. In dem neuen Krieg, der damit begann, daß der Bischof mit seiner Geistlichkeit Straßburg verließ und die Ministerialen aufforderte, ihm zu folgen, schienen die Stadtbürger zunächst die wesentlich schlechteren Karten zu haben. Während sich nur ein Teil der Ministerialen in der Stadt mit der Bürgerschaft solidarisch erklärte, wurde der Bischof nicht nur vom Erzbischof von Trier und den Äbten von Murbach und St. Gallen, sondern fast vom gesamten Landadel unterstützt. Zu denen, die Bischof Werner beistehen wollten, eine in ihren Augen 'aufrührerische' Stadt in ihre Schranken zu weisen, gehörte zunächst auch Graf Rudolf, der es nach dem Zusammenbruch der Stauferherrschaft vorgezogen hatte, sich mit dem Hochstift Straßburg als der mächtigsten Territorialmacht im nördlichen Elsaß zu arrangieren. Nachdem jedoch die von den Bündnispartnern erwarteten schnellen militärischen Erfolge gegen die Stadt ausgeblieben waren und man statt dessen eine Waffenruhe geschlossen hatte, um die Ernte einzubringen, kam es zu einem entscheidenden, offensichtlich von den Straßburgern und Graf Rudolf initiierten Umschwung. Im September 1261 ritten Graf Rudolf und sein Vetter Gottfried von Habsburg, Graf Konrad von Freiburg und der Dompropst und Koadjutor des Bistums Basel, Heinrich von Neuenburg, unter Glockengeläut in Straßburg ein und

---

[127] Vgl. zu ihm F. Rapp, Art. 'Heinrich von Stahleck († 1260)', in: Gatz, 755.
[128] Vgl. F. Rapp, Art. 'Walther von Geroldseck (1260–1263)', in: Gatz, 755 f.

beschworen vor der versammelten Bürgerschaft feierlich auf Lebenszeit aller Beteiligten ein gegenseitiges Bündnis. Der Oberbefehl und die militärische Gesamtleitung im nun wieder aufflammenden Krieg gegen den Bischof wurde Graf Rudolf übertragen.

Die Motive, die die beteiligten Territorialherren dazu bewogen hatten, auf so spektakuläre Weise die Fronten zu wechseln, dürften zum einen in enttäuschten Erwartungen, zum andern aber auch in der Furcht vor dem weiteren Anwachsen der bischöflich-straßburgischen Territorialmacht zu suchen sein. So hatte Rudolf als Gegenleistung für die Waffenhilfe an den Bischof wohl vergeblich darauf gehofft, daß dieser seine Ansprüche auf Kaisersberg als Reichspfandschaft anerkennen und die Stadt an ihn herausgeben werde. Ähnlich wurden wohl auch die Grafen von Freiburg in ihrer Erwartung enttäuscht, daß der Bischof wenigstens einen Teil des von ihm in Besitz genommenen rechtsrheinischen Reichsgutes an sie abtreten werde. Bei Basel dürfte, wie der spätere Friedensvertrag erkennen läßt, die Hoffnung auf eine Lösung der Streitigkeiten um Münster im St.-Gregor-Tal und die Burg Schwarzenberg zugunsten Basels, gepaart mit der Furcht vor einem weiteren Anwachsen der bischöflich-straßburgischen Territorialmacht, im Vordergrund gestanden haben.

Der Krieg, der nun wieder ausbrach, schien zunächst in den typischen Fehdeformen zu verlaufen. Während die Straßburger Bürger in ihrer Nachbarschaft und im unteren Elsaß die Güter des Hochstifts verwüsteten, rächte sich Bischof Werner an den Habsburgern, indem er im ungeschützten Albrechtstal deren Besitzungen niederbrennen ließ. Greifbarere Erfolge konnten vorerst nur die beiden eng miteinander kooperierenden Habsburger Vettern Rudolf und Gottfried vorweisen, indem es ihnen gelang, die vom Bischof besetzten Reichsstädte Colmar, Kaisersberg und Mülhausen – zum Teil durch List, zum Teil durch längere Belagerung – in ihre Gewalt zu bringen. Entschieden wurde der Krieg jedoch nicht durch diese Aktionen, sondern allein durch die Bürger von Straßburg, die bei Hausbergen am 8. März 1262 mit Hilfe überlegener Fußtruppen dem bischöflichen Ritterheer in offener Feldschlacht eine vernichtende Niederlage bereiteten.[129] Obwohl Bischof Werner, der durch die elitär-arrogante Unterschätzung der gegnerischen Kampfkraft selbst wesentlich zu dieser Katastrophe beigetragen hatte, den Kampf unbeugsam bis zu seinem Tode (1263) fortsetzte, mußten sich König Richard, der im Herbst 1262 in Straßburg eintraf, und der neue Bischof dazu bequemen, die bereits im Sommer 1262 im Vorvertrag von St. Arbogast ausgehandelten Friedensbedingungen anzuerkennen.

[129] Vgl. zu dieser für das Selbstbewußtsein der Stadt wichtigen Schlacht die zeitgenössische Beschreibung in Bellum Waltherianum, 105–114 und hierzu Martin, Bild Rudolfs, 205 f.

Für Rudolf hatten sich der Frontwechsel und das militärische Engagement gelohnt. Neben der Stadt Kaisersberg, die im Vertrag gar nicht mehr erwähnt wurde, erhielt er außerdem die Städte Colmar und Mülhausen zugesprochen; im übrigen wurden bisher vom Hochstift bestrittene Rechte im Albrechtstal und in der Stadt Straßburg bestätigt, und außerdem mußte das Hochstift an die beiden habsburgischen Vettern eine Kriegsentschädigung in Höhe von 700 Mark Silber zahlen. Da Rudolf die Städte später, als er König wurde, an das Reich zurückgab, brachte der Krieg am Ende zwar keinen dauerhaften Gewinn für das Haus Habsburg; andererseits war sich die Stadt Straßburg bewußt, daß sie den Sieg gegen den Bischof, der ihre Reichsfreiheit einleitete, auch dem Engagement Rudolfs zu verdanken hatte, so daß es kaum überrascht, wenn Rudolf in der Straßburger Geschichtsschreibung in besonders lichten Farben geschildert wird.[130] Umgekehrt scheinen die mit dem Straßburger Bündnis gemachten Erfahrungen bewirkt zu haben, daß Rudolf, der den Selbständigkeitsbestrebungen der Städte bisher noch eher reserviert gegenübergestanden hatte, von nun an deren finanziellen und militärischen Möglichkeiten wie auch deren Handels- und Sicherheitsinteressen mehr Aufmerksamkeit und Verständnis entgegenbrachte als vorher.

Nachdem sich Graf Rudolf von Habsburg im Elsaß erfolgreich gegen das Hochstift Straßburg behauptet hatte, konnte er sich nun wieder mit ganzer Kraft dem Nordschweizer Raum zuwenden. Dort hatte im Machtbereich der Grafen von Kiburg, die als Allodialerben der Zähringer über die mächtigste Territorialherrschaft in diesem Raume verfügten, eine Entwicklung eingesetzt, die sein Eingreifen zweckmäßig erscheinen ließ. Um diese Entwicklung deutlich zu machen, ist es erforderlich, kurz auf die Familiengeschichte der Kiburger seit dem Ende der zwanziger Jahre einzugehen.[131] Nach dem Tode des Zähringererben, des Grafen Ulrich († 1227), blieb, da sein ältester Sohn Werner bereits ein Jahr später verstarb, das Erbe zunächst in der Hand von Ulrichs zweitem Sohn, Hartmann dem Älteren, vereint. Erst zu Beginn der fünfziger Jahre setzte der Sohn Werners, Hartmann der Jüngere, wahrscheinlich anläßlich seiner Heirat mit der Gräfin Anna von Rapperswil, eine interne Aufteilung des Gesamtbesitzes durch, wonach Hartmann der Ältere die Stammlande im Zürich- und Thurgau, sein Neffe aber die kiburgischen Gebiete im Aargau und in Burgund erhielt. Auch nach dieser Teilung beobachtete der junge Hartmann jedoch mit Sorge die zunehmende Abhängigkeit seines Oheims, eines eher willensschwachen Mannes, von seiner Ehefrau, der Gräfin Margarete von

[130] Siehe hierzu unten S. 177 ff.

[131] Vgl. zum Folgenden Redlich, Rudolf, 94 ff.; Brun, Geschichte, 79 ff.; Feldmann, Herrschaft, 237 ff.; B. Meyer, Studien, 273 ff.

Savoyen, und deren Familie. Diese Familie[132] – damals bestehend aus acht Brüdern und zwei Schwestern – bietet ein bemerkenswertes Beispiel dafür, daß Kinderreichtum in einem mittelalterlichen Adelsgeschlecht nicht zwangsläufig zu Besitzzersplitterung oder gar zu sozialem Abstieg führen mußte, wenn es nur gelang, die Frauen angemessen zu verheiraten und wenn alle Mitglieder sich einer strengen Familiendisziplin unterwarfen. Dafür, daß die erste Voraussetzung erfüllt war, hatte im Savoyer Grafenhaus nicht nur die Heirat Margeretes mit dem reichen Kiburger Grafen gesorgt; mehr noch erwies sich die Ehe von Margaretes Schwester Beatrix als familienfreundlich, die den mächtigen Grafen Berengar von der Provence geheiratet hatte und deren vier Töchter alle mit Königen verehelicht wurden: Margarete mit Ludwig IX., König von Frankreich, Eleonore mit Heinrich III., König von England, Sanctia mit Richard von Cornwall, seit 1257 römisch-deutscher König, und Beatrix mit Karl von Anjou, seit 1266 König von Sizilien. Dies brachte wiederum der Tante Margarete und den acht Oheimen aus der Savoyen-Familie höchst illustre, auf vielfache Weise nutzbare verwandtschaftliche Beziehungen ein, wodurch sichergestellt wurde, daß auch für die aus der Savoyer Grafschaft nur mäßig oder gar nicht Versorgbaren beachtliche Auskommen zu Verfügung standen. Auf Veranlassung der Königin Eleonore[133] wurde vor allem der englische Königshof unter Heinrich III. zum Karrierefeld noch nicht (genügend) versorgter Oheime mit ihren Gefolgsleuten aus Savoyen,[134] die mit dazu beitrugen, daß sich die englischen Barone ab 1258 unter der Führung Simons von Montfort gegen den König verschworen, wodurch das Land am Ende in einen blutigen Bürgerkrieg gestürzt wurde.[135] Doch vorher gelang es den Neuankömmlingen noch, Karriere zu machen. In unserem Zusammenhang interessiert vor allem Peter von Savoyen[136], „der gewandteste und bedeutendste der Brüder"[137], der nach dem Tode seines Bruders Aymo (um 1237) mit dessen zur Grafschaft Savoyen gehörigen Besitz im Chablais südlich des Genfer Sees ausgestattet worden war. Im Jahre 1241

---

[132] Vgl. zu ihr Cox, Eagles of Savoy, passim und zum Folgenden Redlich, Rudolf, 95 ff.; Wurstemberger, Peter der Zweite 1, passim.

[133] Zu ihr vgl. neuerdings Howell, Eleanor, passim.

[134] Vgl. Powicke, Thirteenth Century, 73 ff. und Register; Ridgeway, Foreign Favourites, 590–610.

[135] Vgl. Powicke, Thirteenth Century, 134–209 und zusammenfassend Krieger, Geschichte Englands, 154–159.

[136] Zu Graf Peter (II.) von Savoyen vgl. Wurstemberger, Peter der Zweite 1–4, passim; B. Meyer, Studien [IV], 285 f. und öfter; B. Demotz, Artikel 'Peter II.', in: LexMA 6 (1993), Sp. 1935 f. (mit Lit.) sowie neuerdings den Sammelband 'Pierre II de Savoie'.

[137] Redlich, Rudolf, 96.

kam er erstmals nach England, wo er sich mit Unterbrechungen über zwei Jahrzehnte aufhielt und von König Heinrich mit der Grafschaft Richmond und anderen Kronlehen bedacht wurde.[138] Die hohe Vertrauensstellung, die er am Königshof genoß, äußerte sich neben seiner Mitgliedschaft im königlichen Rat auch darin, daß er in der hochrangigen Magnatengruppe vertreten war, die die Bedingungen des Friedens von Paris mit Frankreich (1259) aushandelte.[139] Im Gegensatz zu seinen Brüdern blieb Peter immer eng mit seiner Heimat verbunden und nutzte die reichlich fließenden englischen Geldquellen vor allem zu einer aggressiven Erwerbspolitik, mit dem Ziel, seinen Besitz systematisch zu einer Territorialherrschaft auszubauen, die in ihren Grenzen bald von der Genfer Umgebung bis in das Gebiet von Sitten reichte. Ab 1240 gelang es ihm, nördlich des Genfer Sees im Waadtland (Vaud) Fuß zu fassen.[140] Im Zusammenhang mit diesen Aktivitäten sind wir ihm bereits zu Beginn der fünfziger Jahre begegnet, als er die Schutzherrschaft über die Reichsstädte Bern und Murten übernahm[141] und sich nun auch anschickte, seinen Einfluß weiter nach Nordosten auszudehnen. Vor diesem Hintergrund kam der mächtigen Grafschaft Kiburg, die als vorherrschende Territorialmacht in dieser Region allen Expansionsbestrebungen anderer relativ enge Grenzen setzte, zentrale Bedeutung zu. Jetzt schienen sich die verwandtschaftlichen Bindungen zur Kiburger Grafenfamilie für die Savoyer voll auszuzahlen. Da sich mittlerweile immer mehr abzeichnete, daß das gräfliche Paar kinderlos bleiben werde, bot sich die Möglichkeit an, den alten Grafen dazu zu bringen, möglichst viele Güter noch zu seinen Lebzeiten an seine Gattin zu übertragen. Dies geschah dann offensichtlich auch; denn bereits seit dem Jahr 1241 sind umfangreiche Zuwendungen des Grafen an seine Gemahlin bezeugt, die der alte Herr auch nicht einstellte, als sein Neffe, Hartmann der Jüngere, die Mitregierung in der Grafschaft übernahm.[142] Es lag auf der Hand, daß diese Begünstigung der Savoyer Familie die Erbansprüche potentieller anderer Erben, vor allem des jüngeren Grafen Hartmann, schmälerte. Nachdem Hartmann der Jüngere zunächst noch den Verfügungen des Oheims ausdrücklich zugestimmt hatte, verschlechterte sich sein Verhältnis zu diesem und der Savoyer Familie seit Beginn der fünfziger Jahre in zunehmendem Maße, da er nun auch territorialpolitisch mit

---

der aggressiven Expansionspolitik des Grafen Peter konfrontiert wurde. Umgekehrt versuchten der alte Graf und sein Savoyer Anhang den Vermögenstransfer an Margarete mit allen Mitteln abzusichern.[143] Angesichts der für ihn immer prekärer werdenden Situation wandte sich der junge Graf wohl im Jahre 1259 an seinen Vetter Rudolf von Habsburg um Hilfe, der von seiner Persönlichkeit wie auch von seiner machtpolitischen Stellung her allein in der Lage schien, dem Einfluß der Savoyer Familie einen Riegel vorzuschieben.

Rudolf war über seine Mutter mit dem Kiburger Grafenhaus verwandt und hatte es die ganze Zeit über vermieden, sich mit den mächtigen Verwandten über Gebühr anzulegen, obwohl sich diese in den Auseinandersetzungen zwischen Papst und Kaiser im Gegensatz zu ihm schon früh für die päpstliche Partei entschieden hatten. Man fragt sich natürlich, warum der Habsburger sich nun in den Kiburger Familienkonflikt hineinziehen ließ und die undankbare Aufgabe übernahm, dem Vetter bei der Wahrung seiner Rechte beizustehen. Aus der Rückschau scheint die Antwort auf der Hand zu liegen: Rudolf handelte – so möchte man meinen – mit der ihm eigenen berechnenden Entschlossenheit (oder Rücksichtslosigkeit), um den Löwenanteil des Kiburger Erbes an sich zu reißen, und war daher nicht gewillt, die Gemahlin des Grafen und ihren Familienanhang über das normale Wittum hinaus an dieser Erbschaft zu beteiligen. Mit Recht hat allerdings bereits Oswald Redlich darauf hingewiesen, daß eine solche Motivation Rudolf gar nicht unterstellt werden kann, da zu diesem Zeitpunkt noch niemand ahnen konnte, daß der Haupterbe des alten Grafen, der gerade frisch verheiratete junge Graf Hartmann, dessen Frau bereits schwanger war, schon nach so kurzer Zeit versterben werde.[144] Dennoch schaltete sich Rudolf sicher nicht nur aus uneigennützigen Motiven in diesen Familienkonflikt ein. Ähnlich wie die Savoyer sah auch er hier eine gute Möglichkeit, über den jungen Grafen spätere Erbansprüche seiner Familie und vor allem eigene herrschaftspolitische Interessen fördern zu können, da er mittlerweile wohl erkannt hatte, wie wichtig es auch für die Zukunft des Hauses Habsburg war, ein weiteres Vordringen des Savoyer Herrschaftskonkurrenten nach Nordosten zu verhindern.

Den ersten Erfolg konnten die beiden Vettern gegenüber dem alten Grafen verbuchen, als es ihnen gelang, die im Rahmen der kiburgischen Lehnsauftragung an Konstanz und St. Gallen geplante Übertragung der Stadt Diessenhofen an Margarete zu verhindern, indem sie die Stadt vorher selbst in ihre Gewalt brachten.[145] Nachdem Hartmann seinem Vetter

[143] Vgl. hierzu im einzelnen Redlich, Rudolf, 97 ff.
[144] Ebenda, 99.
[145] Vgl. B. Meyer, Ende, 88; Zimpel, Bischöfe, 311.

zwei Jahre später für den Fall seines Todes auch offiziell den Schutz seiner
(zweiten) Gemahlin Elisabeth von Chalon und seiner Tochter Anna anvertraut hatte, entstand eine völlig neue Sachlage, als der junge Graf 1263
überraschend verstarb, da nun Rudolf in dessen Rolle als nächster Anwär-
ter auf das Erbe des alten Grafen sowie in die Funktion als bestellter
Schutzherr der minderjährigen Tochter einrückte.

Andererseits schienen in dem anstehenden Machtkampf um das zu
erwartende Erbe Margarete und ihre Brüder trotz der habsburgischen
Erbansprüche weitaus die besseren Karten zu haben, da sich nun wieder
die illustren verwandtschaftlichen Beziehungen bewährten. Da mittlerweile die Nichte Sanctia König Richard von Cornwall geheiratet hatte, war es
sicher kein Zufall, daß König Richard, nachdem er Peter schon 1259 die
Reichsfeste Gümminen an der Saane verliehen hatte,[146] nun auch nach
dem Tode Hartmanns des Jüngeren nicht zögerte, diesen mit den dem
Reich de jure heimgefallenen Reichslehen des Verstorbenen zu belehn-
nen.[147] Doch jetzt zeigte Rudolf, der angesichts dieser Aktivitäten und der
nun drohenden machtpolitischen Savoyer Präsenz im Thur- und Zürichgau befürchten mußte, nicht nur als Erbe benachteiligt, sondern auch in
seiner engsten Interessensphäre mit Herrschaftskonkurrenz konfrontiert
zu werden, daß er seinen Gegenspielern gewachsen war. Im Januar 1264
nahm er den gefährdeten südlichen Außenposten des Kiburger Besitzes,
die Stadt Freiburg im Üchtland, in seinen Schutz.[148] Ein – vielleicht im geheimen Einverständnis mit Rudolf erfolgter – Aufruhr der Bürger Winter-
thurs gegen die kiburgische Herrschaft, die die vor der Stadt gelegene
gräfliche Burg zerstörten, nötigte Anfang Juni 1264 den alten Grafen
Hartmann, da Peter von Savoyen in Flandern weilte,[149] Rückhalt bei Ru-

---

[146] RI V,1, Nr. 5364.

[147] RI V,1, Nr. 5427. – Dagegen scheint es sich bei der angeblichen Lehnsauftragung der Reichslehen durch Hartmann den Älteren an König Richard, mit der
Bitte, diese an Margarete zu verleihen, um eine Savoyer Fälschung zu handeln, die
im Zusammenhang mit den Friedensverhandlungen von Löwenberg im Jahre 1267
angefertigt wurde, um die Ansprüche Margaretes zu unterstützen; vgl. hierzu
B. Meyer, Studien, 315, Anm. 96 und jetzt Tremp, Peter II., 208 f.

[148] Regesta Habsburgica I, Nr. 368.

[149] Graf Peter befand sich schon seit Sommer 1263 in Flandern, damit beschäf-
tigt, die auswärtige Unterstützung der königlichen Partei in ihrer Auseinandersetzung mit den oppositionellen Baronen des Landes um Simon Montfort durch seine
diplomatischen Kontakte sicherzustellen und zu koordinieren. Nach der militärischen Katastrophe von Lewes am 14. Mai 1264 konnte er sich noch weniger um die
Angelegenheiten in seiner Heimat kümmern, da König Heinrich III. mit seinem
Bruder Richard von Cornwall und dem Thronfolger Prinz Eduard als Gefangene in
die Hände der siegreichen Barone geraten waren. In dieser Situation versuchte

dolf von Habsburg als dem nächsten Erben zu suchen. Dieser nutzte offensichtlich die sich ihm bietende Chance entschlossen aus, indem er den bereits kränklichen Grafen dazu brachte, ihm auf einem Landtag den Großteil der kiburgischen Allodialgüter und -rechte mit den geistlichen Lehen nach Lehnrecht zu verleihen,[150] wobei hiervon allerdings nicht nur die 'neukiburgischen' Güter Hartmanns des Jüngeren, die an dessen Tochter Anna fielen, sondern auch ein Teil der Konstanzer[151] sowie die vom Kloster St. Gallen[152] rührenden Lehen ausgenommen sein sollten. Als am 27. November 1264 mit dem Tode Hartmanns des Älteren der Kiburger Erbfall dann wirklich eintrat, nutzte Rudolf wiederum die Abwesenheit des Grafen Peter, der immer noch in Flandern weilte, um durch schnellen Zugriff auf das Erbe vollendete Tatsachen zu schaffen. Ohne Rücksicht auf die Rechtslage bemächtigte er sich nicht nur der Städte Diessenhofen, Frauenfeld und Winterthur sowie zahlreicher Güter und Burgen im Bereich zwischen Walensee, Limmat und Reuß, auf die er als Allodialerbe Anspruch hatte, sondern nahm darüber hinaus auch die anderen Teile des Erbes, die ihm überhaupt nicht zustanden oder bei denen seine Rechte höchst umstritten waren, an sich. Hierunter fielen zunächst die eigentlich dem Reich heimgefallenen Reichslehen Hartmanns des Älteren, die Landgrafschaft im Thurgau, die Grafenrechte im östlichen Zürichgau und die Kiburger Vogteirechte über die Züricher Reichskirchen, die Klöster Schännis und Beromünster sowie im Glarustal.[153] Dazu zählten aber auch die Straßburger, Konstanzer und vor allem die St. Galler Lehen, auf die Rudolf selbst förmlich verzichtet hatte. Ebensowenig kümmerte er sich trotz der zahlreichen Verfügungen Hartmanns des Älteren und trotz seines Versprechens, diese zu respektieren, um die Rechte der Witwe Margarete. Auch deren Güter, vor allem die Burgen Windegg, Mörsberg, Moos-

---

Graf Peter zusammen mit der Königin, die Heinrich III. in Amiens zurückgelassen hatte, von Flandern aus den Widerstand geen die Barone zu organisieren und ein Invasionsheer aufzustellen; vgl. hierzu Wurstemberger, Peter der Zweite 2, 273 ff., 276, 357 ff., 375 ff.

[150] Vgl. hierzu den zwar nicht zeitgenössischen, aber wohl zuverlässigen Bericht des St. Galler Chronisten Kuchimaister: ... *und [Graf Hartmann der Ältere] sandt nach graff Rudolffen von hapspurg der sine swöster sun was / und fur an den lantag / und lech demselben graff Rudolffen ze rechtem lehen alles das gut, daz er hatt als da ertailt ward* ... (Kuchimaister, Nüwe Casus, 47) in Verbindung mit Regesta Habsburgica I, Nr. 379.

[151] Vgl. B. Meyer, Ende, 105 f.

[152] Dies ergibt sich aus einer Erklärung Rudolfs zugunsten des Abtes Berthold von St. Gallen vom 10. Oktober 1264, in der Rudolf diesen Tatbestand einräumte; vgl. Regesta Habsburgica I, Nr. 379.

[153] Vgl. hierzu Feine, Territorialbildung, 185.

burg und Baden, nahm er sämtlich in seine Hand, so daß der Gräfin nur
der Rückzug in ihre alte Heimat blieb.

Es war allerdings klar, daß Graf Peter von Savoyen, als er im Jahre 1265
endlich wieder in seine Heimat zurückkehrte, sich nicht damit begnügen
würde, Rudolf wegen der Behandlung seiner Schwester vor der römischen
Kurie zu verklagen.[154] Es mußten vielmehr die Waffen entscheiden. Dabei
versuchte Rudolf diese Entscheidung zu seinen Gunsten zu präjudizieren,
indem er seinen Hauptgegner in dessen Stammlanden angriff. In dem nun
ausbrechenden „Grafenkrieg"[155] schien es zunächst, als würde Peter, der
aufgrund der militärischen Katastrophe der königlichen Partei in England
nicht über die gewohnten Gelder verfügen konnte, den kürzeren ziehen,
da es Rudolf gelang, die Burgen Laupen, Grasburg und wohl auch Gümminen zu besetzen und da ein Teil des einheimischen Adels zu ihm über-
ging. Dennoch konnte sich Graf Peter am Ende in seinem Herrschafts-
gebiet behaupten und nach harter Belagerung die beiden Burgen Gümminen und Laupen – nicht aber die Stadt Freiburg – einnehmen. Da sich
zwischen den Kriegsparteien immer mehr ein militärisches Patt abzeichnete, trat man im August/September 1267 in Löwenberg bei Murten zu Friedensverhandlungen zusammen, die am 8. September durch die Vermittlung einiger Grafen und Herren auch zu einem Kompromiß führten. Hiernach erhielt die Gräfin Margarete zunächst die Befugnis, alle ihre Lehen
vom Hochstift Konstanz und St. Gallen auf Lebenszeit nutzen zu können.
Dazu wurde ihr eine jährliche Leibrente in Höhe von 250 Mark Silber zugesprochen, für die Rudolf ihr die Nutzung der Burgen Baden, Mörsberg
und Moosburg mit allem Zubehör überlassen und, falls die Einkünfte

---

[154] Graf Peter, der auch über glänzende Beziehungen zur Kurie verfügte, hatte
ein Schreiben Papst Clemens' IV. erwirkt, in dem dieser Rudolf unter Androhung
von Kirchenstrafen befahl, an Margarete von Savoyen ihr Witwengut herauszugeben. Die persönliche Zustellung dieses Schreibens an Rudolf, die der Abt Wiffred
des Klosters Abondance in Hochsavoyen vornehmen sollte, scheiterte jedoch durch
einen grotesken Zwischenfall. Vor der Stadt Freiburg im Üchtland, in der sich Rudolf aufhielt, traf der Abt mit einem ihn begleitenden Ritter zufällig auf Rudolfs
Vetter Gottfried, der, als er vom Zweck der Mission erfuhr, vor Wut rot anlief und
den Abt heftig auf deutsch beschimpfte (*rubore perfusus, ira ut videbatur, statim in-
cepit clamare in suo theutonico*), was der ihn begleitende Ritter als so bedrohlich
für Leib und Leben empfand, daß er weiteren Geleitschutz verweigerte, so daß die
persönliche 'Zustellung' abgebrochen werden mußte; das Dokument wurde dann
später an Abgesandte Rudolfs übergeben. Vgl. hierzu den Bericht des Abtes FRB
2, Nr. 588, 633 und zu dieser Episode bereits Redlich, Rudolf, 106; Tremp, Peter II.,
206.

[155] Vgl. hierzu Berchem, Les dernières campagnes, 257–269, 289–297, 321–329,
353–365; Tremp, Peter II., 206–209.

hieraus nicht ausreichten, den Restbetrag aus anderen Gütern anweisen sollte. Die Gräfin sollte zwar frei über ihre Eigengüter testieren können; im übrigen sollte aber ihr gesamtes Witwengut nach ihrem Tode an Rudolf fallen.[156] Mit diesem Ergebnis konnte der Habsburger zufrieden sein, da er mit der kiburgischen Erbschaft zum mächtigsten Territorialherrn im Nordschweizerraum aufgestiegen und zugleich das Vordringen des gefährlichen Savoyer Herrschaftskonkurrenten in die Gebiete östlich der Reuß verhindert worden war.

Dazu kam, daß Rudolf als bestellter Schutzherr und zusammen mit Graf Hugo von Werdenberg[157] als (Mit-)Vormund über die Witwe, Gräfin Elisabeth, und deren Tochter Anna nun auch volle Verfügungsgewalt über das Erbe der jüngeren Kiburger Linie erhielt, da die Witwe Elisabeth unter dem Eindruck der savoyischen Bedrohung auch zugestimmt hatte, daß Rudolf über seine Befugnisse hinausgehende umfassende Verwaltungskompetenzen über die Kiburger Güter in Anspruch nahm.[158] Im Rahmen der neukiburgischen Herrschaft bildeten allerdings die Lehen vom Reiche und vom Herzogtum Schwaben einen gewissen Schwachpunkt, der zu Legitimitätsproblemen führen konnte. Zwar fiel die Belehnung Peters von Savoyen mit den neukiburgischen Reichslehen durch König Richard zunächst faktisch nicht ins Gewicht, da der Belehnte zur Zeit keine Aussicht hatte, die verliehenen Güter in seinen Besitz zu bringen. Andererseits war aber sowohl nach Reichsrecht als auch nach alemannischem Rechtsbrauch unstrittig, daß sowohl die Reichs- als auch die schwäbischen Lehen nur an männliche Lehnserben verliehen werden konnten, was bedeutete, daß nicht nur Richard, sondern jeder künftige König und Herzog von Schwaben diese Güter – vor allem, solange die Erbin unverheiratet blieb – als heimgefallene Lehen an sich ziehen konnte.[159] Eine Lösung dieses Problems schien sich für Rudolf anzudeuten, als es dem jungen, inzwischen mündig gewordenen Konradin mit Hilfe des Konstanzer Bischofs Eberhard II. von Waldburg und des Abtes Berthold von St. Gallen im Jahre 1262 gelang, vor allem in Ostschwaben die Stauferanhänger um sich zu

---

[156] Vgl. hierzu Regesta Habsburgica I, Nr. 435 und Tremp, Peter II., 209.

[157] Nach alemannischem Recht trat neben den vom Erblasser bestellten Vormund Rudolf der nächste Verwandte der Witwe, Graf Hugo von Werdenberg, als 'geborener' Vormund hinzu; vgl. B. Meyer, Studien [IV], 304, Anm. 75.

[158] Die Existenz der nicht überlieferten Bestellungsurkunde geht lediglich aus einem Eintrag im habsburgischen Archivverzeichnis von Baden hervor; vgl. hierzu Thommen, Briefe, Nr. 321: *Ein brieff, wie Eilisabecht die junge grefin von kiburg erwalt graff Rudolf zu der herschaft landvogt.*

[159] Vgl. hierzu B. Meyer, Habsburg-Laufenburg, 312 f.

scharen und nach einer Wahlhandlung der Großen des Landes Anerkennung als Herzog von Schwaben zu finden,[160] obwohl die nominell amtierenden Könige Richard von Cornwall und Alfons von Kastilien das Herzogtum Schwaben jeweils für sich selbst als dem Reich heimgefallen in
Anspruch nahmen.[161] Im Januar 1267 nahm Graf Rudolf als alter Stauferanhänger, der allerdings den ursprünglichen Versuchen Konradins, das
Herzogtum Schwaben in seiner früheren Größe zu restituieren, noch reserviert gegenübergestanden hatte,[162] Kontakt mit dem Kaiserenkel auf,
der zu diesem Zeitpunkt nicht nur seine Ansprüche auf das Königreich Sizilien anmeldete, sondern sich auch als Kandidat für eine Wahl zum römisch-deutschen König präsentierte. Wohl als Gegenleistung für die Bereitschaft, an dem bereits geplanten Italienfeldzug teilzunehmen, erlangte
Rudolf bei dieser Gelegenheit die Zusicherung Konradins, daß er ihn, sollte er „zum Herrn des römischen Reichs" gewählt werden, mit den Reichslehen Hartmanns des Jüngeren von Kiburg belehnen werde.[163] Obwohl
sich diese Zusicherung nach dem Tod Konradins als wertlos erwies, konnte
Rudolf die neukiburgischen Reichslehen trotzdem gegenüber den Savoyer
Ansprüchen behaupten, da es König Richard nicht gelang, sich im Nordschweizer Raum durchzusetzen und da außerdem Rudolfs gefährlicher
Gegner, Graf Peter II., bereits im Jahre 1268 verstarb. Kurz vor der Mün-
digkeit der Erbprinzessin Anna beschlossen die Vormünder, zu denen
inzwischen auch der von Rudolf hinzugezogene Vetter Gottfried von
Habsburg-Laufenburg gehörte,[164] die Reichslehen – mit Ausnahme der an
kiburgische Dienstmannen ausgegebenen Lehen, die an Rudolf von Habsburg fallen sollten – zunächst gemeinsam in Besitz zu nehmen und bei
einer späteren Heirat Annas erst herauszugeben, wenn ihnen voller Ersatz
für ihre Aufwendungen während der Vormundschaft gewährt werde.[165]
Der geschickten Regie Rudolfs war es zuzuschreiben, daß die Zukunft der
neukiburgischen Linie mit der habsburgischen Seitenlinie Habsburg-Lau-

[160] Vgl. hierzu B. Meyer, Ende, 96 ff.; Schreiner, Die Staufer als Herzöge, 17 ff.;
Zimpel, Bischöfe, 149 ff.

[161] Während Alfons von Kastilien von Anfang an Schwaben für sich in Anspruch
nahm (RI V,1, Nr. 5483e), hatte Richard von Cornwall zunächst Herzog Ludwig
von Bayern versprochen, Konradin mit dem Herzogtum Schwaben zu belehnen,
vertrat dann aber die Auffassung, daß das Herzogtum dem Reich inkorporiert sei;
vgl. hierzu RI V,1, Nr. 5385.

[162] Rudolfs Bedenken wurden offensichtlich zerstreut, als deutlich wurde, daß
sich Konradins 'Herzogtum' auf den ostschwäbischen Raum mit der Augsburger
Stadtvogtei als Zentrum beschränkte; vgl. hierzu B. Meyer, Ende, 100 ff., 108 f.

[163] Regesta Habsburgica I, Nr. 419.

[164] Vgl. B. Meyer, Studien, 305, Anm. 75.

[165] Vgl. Regesta Habsburgica I, Nr. 492 und B. Meyer, Habsburg-Laufenburg,
316 ff.

fenburg verknüpft wurde, als im Jahre 1273 die Gräfin Anna Eberhard von Habsburg-Laufenburg, den jüngeren Bruder des inzwischen verstorbenen Grafen Gottfried, heiratete. Die Heirat, die trotz des Zugewinns der neukiburgischen Güter für Graf Eberhard finanziell durch Altschulden sowie Aufwendungen für die Vormundschaftsführung belastet war, nahm Rudolf als Senior des Gesamthauses nun zum Anlaß, eine Arrondierung und Neuaufteilung des Besitzes zwischen den beiden Habsburger Linien zu arrangieren, die vor allem den Interessen der älteren, durch Rudolf vertretenen Linie entgegenkam.[166] Während die Laufenburger Linie das burgundischkiburgische Erbe westlich des Napfs als geschlossene Herrschaft erhielt, mußte sie nicht nur die neukiburgischen Gebiete östlich des Napfs, sondern auch ihre Herrschaftsgrundlage im Mittelschweizer Raum, den südlichen Teil der Grafschaft im Zürichgau mit den Laufenburger Besitzungen in diesem Bereich, an die ältere Linie abtreten. Als Ergebnis dieser Umverteilung erscheint Rudolfs Linie daher von nun an im Besitz der Landgrafschaft im Elsaß, der Grafschaften im Aargau und südlichen Zürichgau mit Willisau, Sempach, Schwyz, Stans, Buochs und den Waldstätten sowie der Grafschaft Thurgau, während die Laufenburger Linie neben Laufenburg den neukiburgischen Herrschaftskomplex in Burgund, die Grafschaft im nördlichen Zürichgau sowie vielleicht auch die Grafschaftsrechte im Frickgau[167] behaupten konnte.

Mit dem Kiburger Erbfall, der von Rudolf, wie wir gesehen haben, optimal im habsburgischen Familieninteresse genutzt werden konnte, änderten sich allerdings zugleich die Machtverhältnisse im Nordschweizer Raum aus der Sicht der benachbarten Territorialherren in besorgniserregender Weise. Während bisher die Kiburger zwar die mächtigste Territorialmacht in diesem Raume repräsentierten, aber dennoch zu schwach waren, um die im weiteren Umfeld angesessenen hochfreien Adelsgeschlechter, wie die Habsburger, Rapperswiler, Regensberger und Toggenburger, unter ihre Herrschaftsgewalt zu zwingen, drohten die Verhältnisse sich nun zu ändern. Durch den Erbfall rückten die Habsburger unter Graf Rudolf nicht einfach in die Position der Kiburger ein, sondern stiegen, da sie nun ihr eigenes Herrschaftspotential mit der kiburgischen Machtgrundlage verbinden konnten, zur dominierenden Territorialmacht auf, die auch in der Lage war, das durch den Ausfall der Königsherrschaft und des schwäbischen Herzogtums entstandene Machtvakuum in ihrem Sinne zu nutzen.

---

[166] Vgl. hierzu B. Meyer, Habsburg-Laufenburg, 322 ff.

[167] Die Grafschaft Frickgau dürfte zwar bei der Länderteilung von 1232 bzw. 1238/39 auf die ältere Linie übergegangen sein; allerdings scheinen hier in der Praxis später die Laufenburger die Grafenrechte ausgeübt zu haben; vgl. B. Meyer, Habsburg-Laufenburg, 324, Anm. 27.

Vor diesem Hintergrund sind wohl auch die Fehden zu sehen, die Rudolf 1266/67 gegen die Herren von Regensberg[168] und deren Verwandte, die Grafen von Toggenburg,[169] führte. Anlaß und Verlauf dieser Auseinandersetzungen sind angesichts der sagenhaften, mit zahlreichen Anekdoten ausgeschmückten Überlieferung kaum mehr zu ermitteln.[170] Sicher erscheint lediglich, daß es Rudolf nach einem gescheiterten Vergleich im Januar 1267 mit Hilfe der verbündeten Stadt Zürich gelang, seine Gegner niederzukämpfen und deren an den Auseinandersetzungen beteiligte Burgen einzunehmen. Dabei können die überlieferten Anekdoten, wonach Rudolf auch selbst in Lebensgefahr geraten sein soll,[171] wohl als ein Indiz für die Erbitterung gewertet werden, mit der die Kämpfe geführt wurden. Das Ende war für die Verlierer hart. Zur militärisch-politischen Niederlage gesellte sich der unaufhaltsame wirtschaftliche Niedergang, der die Betroffenen dazu zwang, nach und nach ihre verbliebenen Burgen und Güter zu verkaufen. Während der beteiligte Zweig des Toggenburger Grafenhauses bereits im Jahre 1276 so verarmt war, daß der betroffene Graf seine letzte Burg den Johannitern überlassen mußte, um gerade noch seinen persönlichen Bedarf an Nahrung und Kleidung bestreiten zu können,[172] erging es auch den Regensbergern nicht viel besser. Mit den zahlreichen Güterverkäufen war der machtpolitische Abstieg des selbstbewußten Geschlechts in die Bedeutungslosigkeit vorprogrammiert, und seit dem Beginn des 14. Jahrhunderts gingen die Nachkommen im landsässigen habsburgischen Niederadel, bzw. im Klerus, auf.[173]

Der Friedensschluß mit Savoyen und die erfolgreiche Beendigung dieser Fehden erlaubten es Rudolf, im Herbst 1267 in Verona zum Heeresaufgebot Konradins zu stoßen, das sich hier sammelte, um dem Staufersproß das sizilische Erbe zu erkämpfen. Allerdings gehörte wohl auch Rudolf – mit Herzog Ludwig von Bayern und Graf Meinhard von Tirol – zu der Gruppe von Adligen, die die weitere Teilnahme an dem Feldzug ablehnte und den Heimweg antrat.[174] Inwieweit der Habsburger zu diesem Verhal-

---

[168] Zu den Herren von Regensberg vgl. Eugster, Regensberg, 157 ff.; ders., Vom Hochmittelalter zum Spätmittelalter, 176 ff.

[169] Zu den Grafen von Toggenburg vgl. Kläui, Entstehung, 161 ff.; Büchler, Toggenburg, 39 ff.

[170] Vgl. zum Folgenden Redlich, Rudolf, 108 ff.

[171] Vgl. Chronik Johanns von Winterthur 23, 30 = Treichler, Nr. 13; vgl. auch ebenda, Nrn. 10 und 11.

[172] Vgl. Redlich, Rudolf, 112.

[173] Vgl. Sablonier, Adel, 99; Eugster, Regensberg, 162.

[174] Vgl. hierzu Hampe, Geschichte, 185 ff. sowie auch den Kommentar zu Regesta Habsburgica I, Nr. 438.

ten durch eine realistische Betrachtung der Chancen des Unternehmens oder durch beunruhigende Nachrichten aus der Heimat veranlaßt wurde, läßt sich nach der Überlieferung nicht entscheiden. Jedenfalls ist er seit Mai 1268 wieder in seinen Stammlanden bezeugt,[175] wo ein neuer Konflikt – dieses Mal mit dem Hochstift und der Stadt Basel[176] – seine Anwesenheit verlangte.

Bereits Anfang der fünfziger Jahre war Rudolf mit dem Hochstift Basel unter Bischof Berthold II. von Pfirt (1249–1262)[177] aneinandergeraten, als er vergeblich versuchte, im Auftrage König Konrads IV. die Städte Rheinfelden und Breisach zurückzuerobern, die das Hochstift im Kampf gegen die Staufer an sich gebracht hatte. Die Spannungen verschärften sich unter dem Nachfolger, Bischof Heinrich III. von Neuenburg (1263–1274),[178] der im Zuge einer energischen und erfolgreichen Territorialpolitik den Plänen Rudolfs, im Oberelsaß, vor allem zwischen Rhein und Vogesen, die habsburgische Herrschaftsposition auszubauen und zudem die Verbindung zum Nordschweizer Machtzentrum zu sichern, empfindlich in die Quere kam. Auch hier ging es in erster Linie um die wichtigen Rheinfestungen, vor allem Breisach und Rheinfelden, die für beide Parteien von zentraler strategischer und herrschaftspolitischer Bedeutung waren. Die Kämpfe begannen im Jahre 1268, zunächst wohl noch beschränkt auf die beiden Hauptkriegsparteien, um sich dann allmählich zu einem verheerenden Flächenbrand auszuweiten, der mit wechselnden Bündniskonstellationen auch auf benachbarte Territorialherrschaften übergriff. So konnte sich Bischof Heinrich zunächst vor allem auf die Stadt Basel stützen, in der die ehemaligen hochstiftischen Ministerialen eine bischofstreue Stadtpolitik garantierten, und auf die Rheinfestungen Rheinfelden, Säckingen und Breisach, während Rudolf bei den elsässischen Städten, vor allem Straßburg und Colmar, Hilfe fand. Der Krieg, der sich ohne militärische Entscheidung dahinschleppte, erlangte im Jahre 1271 eine neue Dimension, als es Bischof Heinrich gelang, nicht nur Graf Ulrich von Pfirt[179] und den

---

[175] Regesta Habsburgica I, Nr. 441.

[176] Vgl. hierzu im folgenden Redlich, Rudolf, 114 ff.; Bruckner u. a., Bischöfe von Basel, 180; Wackernagel, Basel, 34–36; Bury, Geschichte, 68 ff.

[177] Vgl. zu ihm Helvetia sacra I,1, 178 ff.; M. Ries, Art. 'Berthold von Pfirt', in: Gatz, 60.

[178] Vgl. zu ihm Helvetia sacra I,1, 180 f.; M. Ries, Art. 'Heinrich von Neuenburg', in: Gatz, 60 f.

[179] Im Jahre 1271 verkaufte der alte Graf seine gesamte Grafschaft an das Basler Hochstift, um sie als Basler Lehen zurückzuerhalten. Die Motive zu diesem Entschluß dürften in den Fehden, Schulden, aber auch in Gewissensbissen des Grafen zu suchen sein, für die er auch allen Grund hatte. Vor fast vierzig Jahren hatte er – wie er kurz vor seinem Tod im Jahre 1275 selbst bekannte – den eigenen Vater

Bischof von Straßburg[180] auf seine Seite zu ziehen, sondern vor allem die Rheinfestung Neuenburg in seine Gewalt zu bringen.[181] Letztere gehörte bisher zum Zähringererbe der Grafen von Freiburg und war im Rahmen einer nach dem Tode des Grafen Konrad (Herbst 1271) erforderlich gewordenen Erbteilung dem jüngeren Sohn Heinrich zugesprochen worden. Nachdem sich dieser aber am Vorabend der Huldigung zu einer Gewalttat an einer Neuenburger Bürgerin hatte hinreißen lassen, verweigerten die empörten Bürger den Gehorsam und unterstellten sich bis zur Wahl eines rechtmäßig anerkannten Königs dem Schutz des Basler Bischofs, der sofort reagierte, die Stadt in Besitz nahm und auch die innerhalb der Mauern gelegene gräfliche Burg bezwang. Die Grafen von Freiburg waren allerdings nicht bereit, dies hinzunehmen, sondern wandten sich hilfesuchend an Rudolf, der sich diesem Ansinnen auch nicht verschloß. Dazu gelang es den Freiburgern, ihre adlige Verwandtschaft und befreundete Familien, unter ihnen die Grafen von Fürstenberg und Sulz sowie die Herren von Lupfen, zu mobilisieren, so daß sich Bischof Heinrich nun auch einer mächtigen Koalition von Fehdegegnern gegenübersah. Außerdem konnte Rudolf ab 1271 seine politische und militärische Stellung am Bodensee durch zunehmenden Einfluß auf das Kloster St. Gallen stärken. Nachdem er sich 1271 wohl endgültig wegen der aus dem kiburgischen Erbe stammenden St. Galler Lehen mit dem streitbaren Abt Berchtold von Falkenstein ausgeglichen und die St. Galler Lehnsherrschaft anerkannt hatte, gelang es ihm anläßlich der Doppelwahl nach dem Tode Berchtolds (1272) nicht nur den eigenen Kandidaten durchzusetzen, sondern auch noch die Vogtei über das Reichskloster an sich zu ziehen (Frühjahr 1273).[182]

Der Krieg nahm zwar in der Zwischenzeit an Brutalität und Erbitterung zu,[183] dies änderte jedoch nichts an dem grundsätzlichen militärischen Patt, das den Verlauf der Kämpfe immer noch bestimmte. Im Jahre 1273 versuchte Rudolf die Entscheidung zu erzwingen, indem er im Juli zusammen mit dem Grafen Heinrich von Fürstenberg damit begann, die Stadt Basel von Süden her mit einem starken Belagerungsheer einzuschließen.

---

umgebracht, den Mord aber auf seinen Bruder Ludwig geschoben, der hierfür geächtet wurde und in der Verbannung in Rieti starb; vgl. hierzu Redlich, Rudolf, 116 und I. Eberl, Art. 'Pfirt', in: LexMA 6 (1993), Sp. 2033.

[180] Vgl. Redlich, Rudolf, 117.

[181] Vgl. hierzu und zum Folgenden ebenda, 121 ff.

[182] Vgl. hierzu ebenda, 125 f.

[183] So wurden 50 Neuenburger Gefangenen, die in die Hände Rudolfs und seiner Verbündeten gefallen waren, die Füße abgehackt; vgl. Chronik des Mathias von Neuenburg, 20.

Der Entschluß zu diesem Unternehmen wurde Rudolf sicher dadurch erleichtert, daß die Stadt mittlerweile nicht mehr so geschlossen hinter dem Bischof stand wie noch zu Beginn des Krieges. Hier hatte sich vielmehr gegenüber der bischofstreuen Ministerialität im Stadtregiment, der Partei der 'Psittiche', eine starke prohabsburgische Opposition, die Partei der 'Sterner', gebildet.[184] Wenn auch die Sterner 1271 im innerstädtischen Machtkampf den kürzeren gezogen hatten und ihre Führer aus der Stadt verbannt worden waren, konnte Rudolf von ihrem Wissen über die innerstädtischen Verhältnisse sowie ihren Verbindungen zu den in der Stadt zurückgebliebenen Verwandten und Sympathisanten profitieren. Die Stadt leistete zwar erbitterten Widerstand, dennoch schien die Zeit für die Belagerer zu arbeiten. Während letztere von ihren befestigten Stellungen aus reichlich Gelegenheit hatten, das hochstiftische Umland zu verwüsten und damit ihre Versorgung sicherzustellen, nahm innerhalb der Stadt mit fortschreitender Dauer der Belagerung die Bereitschaft ab, dem bischöflichen Stadtherrn die eigenen Handels- und Wirtschaftsinteressen zu opfern. Ein für alle Beteiligten völlig unerwartetes Ereignis sorgte allerdings dafür, daß sich die Dinge anders entwickelten.

Um den 20. September traf gegen Mitternacht der Burggraf Friedrich von Nürnberg im Feldlager Rudolfs mit der Nachricht ein, daß die Kurfürsten nach langen Verhandlungen sich darauf geeinigt hätten, Rudolf zum neuen König des Reiches und künftigen Kaiser zu wählen. Rudolf reagierte schnell und konsequent. Bereits am 22. September schloß er mit seinem Kriegsgegner einen Waffenstillstand, wobei der Bischof die überraschende Entwicklung mit dem Ausruf kommentiert haben soll: „Herrgott im Himmel, sitze fest, sonst nimmt dieser Rudolf Dir noch Deinen Platz weg!"[185] Kurze Zeit später zog der Habsburger, mit großem Jubel von der Bevölkerung als Friedensbringer und künftiger König begrüßt, in die bisher feindlichen Städte Rheinfelden, Basel, Breisach und Neuenburg ein. Ein neuer Abschnitt, nicht nur im Leben Rudolfs, sondern auch in der Geschichte des Reiches, hatte begonnen.

---

[184] Vgl. hierzu Chronik des Mathias von Neuenburg, 17 f. und Meyer-Hofmann, Psitticher sowie Sterner, 5 ff.; Helvetia sacra I,1, 180.

[185] Chronik des Mathias von Neuenburg, 23 f.: *Audiens autem episcopus, quod factum est, se percuciens ad frontem dixit: 'Sede fortiter domine Deus, vel locum tuum occupabit Rudolfus!'*

III. Aufstieg zum Königtum – die Wahl von 1273, Erwartungen und Probleme

Die überraschende Erhebung Rudolfs vom Grafen zum römisch-deutschen König am 1. Oktober 1273 hat nicht nur die Zeitgenossen, sondern auch die Historiker bis in die jüngste Zeit hinein beeindruckt. Dabei standen immer wieder die Fragen nach der Motivation der Beteiligten und nach ihrer Rolle im Vordergrund. Aber auch der Fragenkomplex, wie das Wahlverfahren, sein Ablauf und die gegen seine Rechtmäßigkeit vorgetragenen Einwände zu beurteilen seien, erfreut sich bis heute lebhaften Interesses. Um diese Zusammenhänge besser verstehen zu können, empfiehlt es sich zunächst, auf die strukturellen Voraussetzungen und rechtlichen Rahmenbedingungen der Wahl einzugehen, wobei die zum Teil komplizierten Probleme hier allerdings nur in der Form einer knappen Skizze angesprochen werden können.

1. Strukturelle Voraussetzungen und Rahmenbedingungen der Wahl von 1273

a) Scheitern des Erbprinzips, Ausbildung des freien Wahlrechts und besonderer Königswähler (Kurfürsten)

Noch im hochmittelalterlichen Reich beruhte die Königsnachfolge[1] auf einer Kombination zweier gegensätzlicher Prinzipien, dem Geblütsrecht auf der einen und dem Wahlgedanken auf der anderen Seite. Das Geblütsrecht ging dabei auf alte Vorstellungen zurück, wonach der Familie des Königs ein besonderes Herrschaftscharisma (Königsheil) zugestanden wurde, das den königlichen Familienverband vor allen anderen dazu prädestinierte, Königsherrschaft auszuüben. Demgegenüber stellte das Wahlprinzip auf den Gedanken ab, daß der Geeignetste der Kandidaten zur Königsherrschaft berufen sei, der wiederum am besten durch eine Aus-

---

[1] Die hiermit verbundenen Fragen, insbesondere nach der Herausbildung des Amts der Kurfürsten, gehören zu den umstrittensten Problemen der mittelalterlichen Geschichte; vgl. hierzu die Zusammenfassung des Forschungsstandes bei Krieger, König, Reich und Reichsreform, 64–70 (mit Lit.) und dazu neuerdings Erkens, Kurfürsten und Königswahl, passim.

wahl aus mehreren Bewerbern ermittelt werden könne. Dieser Gedanke der Eignung (*idoneitas*) wurde auch von der Kirche unterstützt, die schon von ihrer Tradition her dem aus heidnischen Vorstellungen erwachsenen Geblütsgedanken grundsätzlich skeptisch gegenüberstand.

Im hochmittelalterlichen Reich hatte sich insofern eine Synthese zwischen beiden Prinzipien durchgesetzt, als der König zwar durch Wahl bestimmt, der Kreis der wählbaren Kandidaten aber grundsätzlich auf die königliche Familie beschränkt wurde.

Entscheidend für die weitere Entwicklung wurde das ausgehende 12. und beginnende 13. Jahrhundert. Während sich in dieser Zeit in den westeuropäischen Monarchien das Erbkönigtum durchsetzen konnte, gewann in Deutschland der Wahlgedanke in der extremen Form des 'freien' Wahlrechts – ohne Rücksicht auf geblütsrechtliche Bindungen – die Oberhand.

Die Gründe, die zu diesem unterschiedlichen Ergebnis geführt haben, sind vielfältig. So spielten biologische Zufälle (Aussterben von Königsfamilien in der männlichen Linie, hoher Anteil frühzeitiger Todesfälle), aber auch der Widerstand der Kirche und der Königswähler gegen eine Aushöhlung des Wahlgedankens sicher eine gewisse Rolle. Entscheidend für die Ausbildung des 'freien' Wahlrechts wurden jedoch konkrete politische Tatbestände, wie das Scheitern des 'Erbreichsplanes' Kaiser Heinrichs VI.[2] sowie dessen früher Tod (1197), die Doppelwahl des Jahres 1198 und der nachfolgende Thronstreit. Jedenfalls stoßen wir auf die neuen Vorstellungen bereits in dem berühmten Rechtsbuch des Sachsenspiegels aus den zwanziger Jahren des 13. Jahrhunderts. Wenn hier festgestellt wird, daß zum König grundsätzlich jeder ehelich geborene, voll rechtsfähige Freie, der keine schweren körperlichen Gebrechen aufwies, gewählt werden könne,[3] entsprach dies auch der allgemeinen spätmittelalterlichen Praxis, die durch 'springende Wahlen' mit wechselnden Königsfamilien geprägt wurde.

In der Zeitspanne vom ausgehenden 12. bis zur Mitte des 13. Jahrhunderts bildete sich außerdem in Deutschland eine weitere Besonderheit im Rahmen der Königswahl heraus, die Entstehung eines engeren Kreises bevorrechtigter Königswähler (später Kurfürsten genannt), denen es in dieser Zeit gelang, die Königswahl in ihrer Hand zu monopolisieren und andere, bisher ebenfalls Berechtigte, hiervon für immer auszuschließen.

Im Hochmittelalter ging man noch – zumindest in der Theorie – davon aus, daß der König „vom ganzen Volk" (*ab omni populo*) gewählt werde. Wenn auch der tatsächliche Einfluß der Großen des Reiches auf die Wahl kaum bezweifelt werden kann, so hielt man doch an der Vorstellung fest,

---

[2] Vgl. hierzu Perels, Erbreichsplan, passim, und Csendes, Heinrich VI., 171–178.
[3] Sachsenspiegel Landrecht III, 54 § 3.

daß der Kreis der Wahlberechtigten grundsätzlich offen war. Die entscheidende Wende brachte wieder der Thronstreit nach der Doppelwahl des Jahres 1198. Dabei suchte die welfische Partei, die für ihren Kandidaten Otto IV. nur eine Minderheit der Wähler hatte gewinnen können, die Unterstützung des amtierenden Papstes Innocenz III. Gegen die Mehrheitsentscheidung der staufisch gesinnten Wähler zugunsten Philipps von Schwaben argumentierte sie, daß für die Königswahl, die „auf fränkischer Erde" zu erfolgen habe, die Teilnahme bestimmter Wähler, nämlich der rheinischen Erzbischöfe und des Pfalzgrafen bei Rhein, unabdingbar sei. Papst Innocenz schloß sich insofern dieser Auffassung an, als er von Personen sprach, „denen die Kaiserwahl hauptsächlich zukomme" (*ad quos principaliter spectat imperatoris electio*), ohne diesen Wählerkreis jedoch näher zu definieren.[4] Auch die Quellen zu den folgenden Wahlen erlauben es nicht, diese Auffassung vom besonderen Gewicht einzelner Königswähler näher zu konkretisieren. Einen neuen Stand läßt erst wieder der Sachsenspiegel[5] erkennen. Hiernach wurde den drei rheinischen Erzbischöfen von Mainz, Köln und Trier sowie dem Pfalzgrafen bei Rhein, dem Herzog von Sachsen und dem Markgrafen von Brandenburg das Recht zugesprochen, als erste – vor den übrigen Fürsten – den künftigen Kaiser zu ‚küren', das heißt die vorher getroffene Wahl durch den Kürspruch unter Namensnennung des Kandidaten förmlich zu verkünden. Der Wahlakt selbst als die eigentliche politische Entscheidungshandlung sollte jedoch nach wie vor von allen geistlichen und weltlichen Fürsten gemeinsam vorgenommen werden. Der Sachsenspiegel begründete das besondere ‘Erstkurrecht' der drei genannten weltlichen Fürsten damit, daß diese Wähler bestimmte Ehrenämter beim Krönungsmahl (Truchsessen-, Marschall- und Kämmereramt) ausübten, wobei der König von Böhmen, obwohl im Besitz des Schenkenamtes, hiervon ausgeschlossen sein sollte, da er kein Deutscher sei. Wenn auch diese Vorrechte zunächst noch als formale Ehrenrechte erscheinen, so bedeuteten sie doch „einen erheblichen Schritt auf dem Wege zur Anerkennung subjektiver Wahlrechte" einzelner Königswähler.[6] Bereits im Jahre 1252 bestätigte der päpstliche Legat im Reich, Hugo von St. Cher, die Sonderrolle des Herzogs von Sachsen und des Markgrafen von Brandenburg bei der Königswahl mit dem Hinweis, daß einige Städte und Marktorte sich geweigert hätten, Wilhelm als König anzuerkennen, da die genannten Fürsten, „die bei der Wahl eine Stimme haben", ihr nicht zugestimmt hätten. Darauf hätten der Herzog von Sach-

---

[4] Regestum Innocentii, Nr. 18.

[5] Sachsenspiegel Landrecht III, 57 § 2. Die Deutung der Stelle ist allerdings umstritten; vgl. hierzu zusammenfassend Krieger, König, 67 f.

[6] Mitteis, Königswahl, 176.

sen und der Markgraf von Brandenburg in Braunschweig die Wahl Wilhelms bestätigt und diesen zur Vorsicht nochmals einmütig gewählt.[7] Bei der nächsten Königswahl, der Doppelwahl vom Jahre 1257, erschienen dann die im Sachsenspiegel genannten Fürsten – allerdings unter Einschluß des Königs von Böhmen – bereits als allein anerkannte Königswähler, so daß man von diesem Zeitpunkt an von den sieben 'Kurfürsten' sprechen kann, die in Zukunft die Königswahl als ein ihnen ausschließlich zustehendes Vorrecht beanspruchen sollten.[8]

b) Das Papsttum und die deutsche Königswahl vor 1273

Die Doppelwahl des Jahres 1198 sollte sich noch in anderer Hinsicht als folgenreich für die deutsche Königswahl erweisen. So nutzte Papst Innocenz III. den Thronstreit nicht nur dazu, im konkreten Fall als Entscheidungsinstanz aufzutreten. Er beanspruchte vielmehr darüber hinaus gegenüber dem Gewählten ein grundsätzliches päpstliches Bestätigungsrecht in der Form, daß sich der päpstliche Stuhl nach entsprechender Prüfung – in Anlehnung an sein Konfirmationsrecht bei Bischofswahlen – vorbehielt, den Kandidaten als geeignet zu bestätigen (*approbare*) oder als ungeeignet zurückzuweisen (*reprobare*). Als Begründung für dieses – in ersten Ansätzen bereits von Papst Gregor VII. in Anspruch genommene – päpstliche 'Approbationsrecht'[9] wurde zunächst allgemein auf die kuriale 'Translationstheorie'[10] verwiesen, wonach der Apostolische Stuhl das Rö-

---

[7] MGH Const. 2, Nr. 459, 631.

[8] Mißverständnisse konnten sich allerdings dadurch ergeben, daß nach der bayerisch-pfälzischen Landesteilung von 1255 bei der Wahl Richards sowohl Pfalzgraf Ludwig als Inhaber der Pfalz und des westlichen Teils des Herzogtums Bayern (von nun an Oberbayern genannt) als auch sein Bruder Heinrich, der den größeren Rest des bayerischen Herzogtums (Niederbayern) erhalten hatte, gemeinsam auftraten. Unbestritten war damals allerdings noch, daß beide gemeinsam nur eine Kurstimme in Anspruch nahmen; vgl. hierzu das Wahldekret Richards, in dem nur Ludwig als Wähler auftrat (MGH Const. 2, Nr. 385, 484 f.), sowie die päpstliche Stellungnahme zur Wahl (Entwurf der Bulle *Qui celum* MGH Const. 2, Nr. 405, 523–531), in der ebenfalls von einem gesonderten 'bayerischen' Kurrecht keine Rede ist; vgl. hierzu auch unten S. 98 f., 134.

[9] Vgl. hierzu Unverhau, Approbatio – Reprobatio, passim; C. A. Lückerath, Art. 'Päpstliche Approbation', in: HRG 3 (1984), Sp. 1476–1481; J. Miethke, Art. 'Approbation der deutschen Königswahl', in: Lex. für Theologie und Kirche 1 (1993), Sp. 888–891.

[10] Vgl. hierzu Goez, Translatio Imperii, passim; H. Thomas, Art. 'Translatio Imperii', in: LexMA 8 (1997), Sp. 944 ff.

mische Reich in der Person Karls des Großen von den Griechen auf die Deutschen übertragen habe. Da der Gewählte später vom Papst zum Kaiser gekrönt werden solle, müsse dem Apostolischen Stuhl auch das Recht zustehen, diesen auf seine Eignung hin zu überprüfen. „Wenn", so fährt das einschlägige päpstliche Schreiben wörtlich fort, „die Fürsten nicht nur in zwiespältiger Wahl, sondern sogar einmütig einen Gottlosen oder Exkommunizierten, einen Tyrannen oder einen Narren oder Ketzer zum König wählten oder gar einen Heiden, müßten wir dann etwa einen solchen Mann auch salben, weihen und krönen? Das darf niemals sein!"[11]

Eine von Kanonisten überarbeitete Fassung dieses Textes wurde später als Dekretale 'Venerabilem' in die berühmte Dekretalensammlung Papst Gregors IX. ('Liber Extra')[12] aufgenommen[13] und fand so Eingang in das offizielle Kirchenrecht. Im Kampf gegen die Staufer nach der Absetzung Friedrichs II. ging die Kurie noch einen Schritt weiter. Nachdem sich Heinrich Raspe dazu bereit erklärt hatte, sich der päpstlichen Partei als Gegenkönig zur Verfügung zu stellen, wurden die deutschen Fürsten aufgefordert, einmütig und ohne Verzug den thüringischen Landgrafen zum römischen König und künftigen Kaiser zu wählen.[14] Dagegen hielt man sich bei der Wahl König Wilhelms auffällig zurück, wenn auch seine Wahl vom Papst freudig begrüßt und wohl auch schon vor seinem persönlichen Erscheinen in Lyon offiziell bestätigt wurde.[15] Als der Kölner Erzbischof und die Gräfin Margarete von Flandern sich im Jahre 1255 anschickten, König Wilhelm zur Abdankung zu nötigen und die Wahl Ottokars von Böhmen zum neuen König zu betreiben, unterband die Kurie diese Bestrebungen durch einen geharnischten Protest.[16] Nach der Doppelwahl wandten sich beide Kandidaten an die Kurie, die zwar in einem förmlichen Verfahren die Wahlentscheidung überprüfte, aber – mit Rücksicht auf politische Erwägungen – nie zu einem Ergebnis kam. Dagegen genügten deutliche Abmahnungen an die Wahlfürsten, um Bestrebungen zu Neuwahlen – bezogen auf Konradin und nach dessen Tod vielleicht auch auf den letzten Staufersproß in weiblicher Linie, den Landgrafen Friedrich den Freidigen von Thüringen – zunichte zu machen.[17] Welche Bedeutung

---

[11] Regestum Innocentii, Nr. 62 = Miethke/Bühler, Kaiser und Papst, 91 f. (mit dt. Übersetzung 92 f.).

[12] Vgl. hierzu Feine, Kirchliche Rechtsgeschichte, 287 f.; H. Zapp, Art. 'Corpus iuris canonici', in: LexMA 3 (1986), Sp. 266 f. (jeweils mit Lit.).

[13] X 1.6.34 [zur Zitierweise vgl. Zapp, ebenda, Sp. 267].

[14] Huillard-Bréholles 6, 400; vgl. hierzu auch Kempf, Interregnum, 18 f.

[15] Vgl. Kempf, Interregnum, 41, 51, 118.

[16] Vgl. ebenda, 155–162.

[17] Vgl. ebenda, 229 ff., 243 f., 254 f.

man inzwischen der päpstlichen Entscheidung für die Legitimität des Königs auch in der Praxis einräumte, mußte König Richard erfahren, als einige Reichsstädte, die vor wenigen Jahren noch als treue Stauferanhänger allen päpstlichen Einflußversuchen auf die Königswahl getrotzt hatten, ihm nun die Zusicherung abnötigten, sie von ihrem Eide zu entbinden, falls der Papst ihn verwerfen und gegen ihn einen rechtmäßigen König aufstellen werde.[18]

Widerstand gegenüber diesen päpstlichen Ansprüchen kam jedoch vor allem aus dem Kreise der neuen Kurfürsten, die durch den päpstlichen Approbationsanspruch mit Recht eine Entwertung ihres gerade errungenen Alleinstimmrechts bei der Königswahl befürchteten. Unter ihrem Einfluß scheinen beide Kandidaten es jeweils zunächst abgelehnt zu haben, ihren Thronanspruch bedingungslos der päpstlichen Entscheidung zu unterwerfen. Erst im Jahre 1263 erklärten sie sich hierzu bereit, wobei allerdings Richard seine entsprechende Erklärung unter den Vorbehalt stellte, daß hierdurch die Rechte des Reiches und der Kurfürsten nicht beeinträchtigt werden sollten.[19]

2. Kandidaten, Wahlverhandlungen, Wahl und Krönung

Am 2. April 1272 starb Richard von Cornwall. Damit wurde – strenggenommen – das Reich keineswegs vakant, da König Alfons von Kastilien nach wie vor an seinen Ansprüchen festhielt, auch wenn er bisher keinerlei Anstalten getroffen hatte, diese auch in der Praxis in Deutschland durchzusetzen. Folgerichtig ordnete Alfons nun eine Gesandtschaft an die päpstliche Kurie ab, die den Auftrag hatte, seine Bestätigung als römischen König und künftigen Kaiser zu betreiben, und die zugleich darauf hinwirken sollte, daß den deutschen Kurfürsten eine Neuwahl untersagt werde.[20] Doch mittlerweile hatten sich die Zeiten geändert. Nachdem Papst Clemens IV. im November 1268 verstorben war, ohne den deutschen Thronstreit entschieden zu haben, gelang es den Kardinälen erst nach dreijähriger Sedisvakanz, sich auf den Archidiakon von Lüttich, Tedaldo Visconti, als Nachfolger zu einigen. Der neue Papst, der sich Gregor X.[21] nannte, war entscheidend geprägt vom Kreuzzugsgedanken und von der „Heilsmächtigkeit der heiligen Stätten",[22] was ihn dazu bewogen hatte, im Früh-

[18] RI V,1, Nrn. 5318, 5320, 5322, 5327a.
[19] Vgl. Kempf, Interregnum, 236 ff., 240.
[20] Vgl. hierzu Redlich, Rudolf, 145 f.; Roberg, Abdankung, 334 f.; Brabänder, Einflußnahme, 65 ff.
[21] Zu seiner Biographie vgl. ausführlich Roberg, Konzil, 17–31.
[22] Ebenda, 21.

ling oder Frühsommer 1271 zu einer Pilgerreise ins Heilige Land aufzubrechen. In Akkon, einer der letzten verbliebenen Bastionen der christlichen Kreuzfahrerherrschaft, erlebte er hautnah die immer bedrohlicher
werdende militärische Übermacht der Muslime unter ihrem fähigen Sul-
tan Baibars I. von Ägypten (1260–1277), der gerade (April 1271) die ge-
waltige, als uneinnehmbar geltende Johanniter-Festung Krak des Cheva-
liers erobert hatte. Nachdem in Akkon die Nachricht von seiner Wahl zum
Papst eingetroffen war, reiste er mit dem festen Vorsatz nach Italien zurück, seinen Pontifikat ganz in den Dienst der Kreuzzugsidee zu stellen
und alles zu tun, um einen allgemeinen abendländischen Kreuzzug zur
Rettung der schwer bedrängten Kreuzfahrerherrschaft im Heiligen Land
in die Wege zu leiten. Ein solcher Kreuzzug versprach aber in den Augen
des neuen Papstes nur Erfolg, wenn er unter der Führung und Autorität
eines allgemein anerkannten römischen Kaisers durchgeführt wurde.
Dabei waren Gregor und seine Berater Realisten genug, um zu erkennen,
daß König Alfons von Kastilien solche Erwartungen kaum erfüllen würde.
Folglich wurde dessen Gesandtschaft mit der salomonischen Antwort abgefertigt, daß mit dem Tode Richards von Cornwall Alfons' Rechte nicht
besser und die der Wähler Richards nicht schlechter geworden seien. Die
von Alfons geforderte Anweisung an die Kurfürsten, von einer Neuwahl
Abstand zu nehmen, unterblieb.[23]

Wie auch schon bei früheren Wahlen, mangelte es nicht an Kandidaten.
Als erster meldete zu Beginn des Jahres 1273 der mächtige König von
Böhmen, Ottokar (Otakar) II. Přemysl,[24] durch eine Gesandtschaft an die
römische Kurie offiziell sein Interesse an der Nachfolge König Richards
an.

In Anbetracht des von Papst Gregor X. in Angriff genommenen Kreuzzugsunternehmens empfahl sich der Přemyslide durchaus für das hohe
Amt. So war an der Kurie sicher bekannt, daß Ottokar im Reich weit und
breit als der mächtigste Fürst und Territorialherr galt, dem die künftige
Kaiserwürde schon deshalb zuzustehen schien. Die Sonderstellung Böhmens als einem besonders wichtigen Bestandteil des Reiches war bereits
in der Stauferzeit durch die Erhebung zum Königreich anerkannt worden.
Außerdem war es Ottokar im Laufe des Interregnums gelungen, durch
eine erfolgreiche Territorialpolitik seine böhmischen Stammlande zu
einem beeindruckenden Großreich auszubauen. Bereits im Jahre 1251
hatte er das seit dem Aussterben des babenbergischen Herrscherhauses

---

[23] Vgl. hierzu MGH Const. 3, Nr. 617, 582–585, bes. 583 und Redlich, Rudolf, 146.
[24] Vgl. zu ihm Hoensch, Otakar II., passim sowie die Beiträge in dem Sammelband Ottokar-Forschungen (jeweils mit weiterer Lit.) und neuerdings Kuthan, Přemysl Ottokar II., passim.

(1246) zunächst von Friedrich II. ans Reich gezogene, nach dessen Tod aber verwaiste Herzogtum Österreich in Besitz genommen. Das gleiche galt für das Herzogtum Steiermark, das er nach der siegreichen Schlacht im (südlichen) Marchfeld in der Nähe von Groissenbrunn (12. Juli 1260) dem Ungarnkönig Bela IV. abgetrotzt hatte. Später waren auch noch Eger und das Egerland (1266) sowie nach dem Tod des verwandten Spanheimer Herzogs Ulrich III. das Herzogtum Kärnten und Krain mit der Windischen Mark und Pordenone (1269/70) Ottokars Reich einverleibt worden, so daß sich dieses nun vom Erzgebirge bis zur Adria erstreckte. Eine straffe Verwaltung, verbunden mit einer energischen Friedenswahrung sowie die Nutzung der Silberminen im böhmischen Kuttenberg sorgten dafür, daß die Zeitgenossen mit dem Königtum Ottokars nicht nur militärische und politische Macht, sondern auch unermeßlichen Reichtum[25] verbanden.

War Ottokar somit von seiner Machtbasis wie auch von seinen finanziellen Möglichkeiten her durchaus in der Lage, als Kaiser an die Spitze eines abendländischen Kreuzzuges zu treten, so galt er zudem an der Kurie als ein verläßlicher Anhänger der päpstlichen Politik, mit dem man in der Vergangenheit beste Beziehungen unterhalten hatte.

Doch Ottokar blieb nicht der einzige Kandidat. Im Sommer 1273 brachte vielmehr Karl von Anjou, der mächtige König von Sizilien und Vasall des Papstes, seinen Neffen, den französischen König Philipp III., dazu, sich ebenfalls um die Nachfolge der 'Interregnums-Könige' und das Kaisertum zu bewerben,[26] so daß sich nun bereits zwei Thronkandidaten gegenüberstanden.

Daß beide Bewerber sich vor allem an die Kurie wandten, um ihre Wahl zu erreichen, läßt erkennen, wie sie den anstehenden Entscheidungsprozeß sahen. In ihren Augen waren es nicht die in der Vergangenheit zu einer einmütigen Wahl unfähigen Kurfürsten, die den künftigen König bestimmten. Vielmehr war ihrer Ansicht nach allein der Papst dazu in der Lage, hier eine rechtlich bindende Entscheidung zu treffen. Diese Sicht der Dinge sollte sich jedoch als eine folgenschwere Fehleinschätzung erweisen. Denn in Rom war man zwar vor dem Hintergrund der drängenden Hilferufe aus dem Heiligen Land an einer baldigen Aufstellung eines Kreuzfahrerheeres und damit auch an einer zügigen Königswahl interessiert. Im übrigen hielt man sich aber zurück und vermied es, den Kurfürsten einen bestimmten Kandidaten zu präsentieren. Der Grund für diese Haltung dürfte zunächst in traditionell-rechtlichen Überlegungen zu su-

---

[25] Bereits von den Zeitgenossen wurde Ottokar wegen seines Reichtums 'der goldene König', *rex aureus*, genannt; vgl. Hoensch, Otakar II., 7.
[26] Vgl. hierzu Redlich, Rudolf, 151 ff.; Brabänder, Einflußnahme, 72 ff.

chen sein. Das Papsttum beanspruchte zwar seit Innocenz III. in der Form der päpstlichen Approbation ein konkretes Mitwirkungsrecht an der Königswahl, war im übrigen aber bereit, das Wahlrecht der Kurfürsten zu respektieren. Hinzu kam, daß man an einem – gerade auch in Deutschland – allseits anerkannten König und künftigen Kaiser interessiert war, was sich kaum erreichen ließ, wenn man die Kurfürsten von der Wahl ausschloß. Endlich war man wohl auch von der Kandidatenkonstellation, wie sie sich nun, nach der Bewerbung Philipps III., darbot, nicht sehr begeistert.

Während man sich mit der Vorstellung Ottokars als künftigem Kaiser noch durchaus anfreunden konnte,[27] dürfte die unter der Regie Karls von Anjou betriebene Kandidatur des französischen Königs auf eine gewisse Skepsis gestoßen sein. Denn längst hatte sich der Anjou von der ihm zugedachten Rolle eines willfährigen päpstlichen Vasallen gelöst und richtete sein Augenmerk nun auch auf Reichsitalien. Außerdem kam Karl mit der Aufnahme der traditionell antibyzantinischen normannischen Expansionspolitik im östlichen Mittelmeerraum den Bestrebungen Papst Gregors X. beträchtlich in die Quere, im Rahmen des großen Kreuzzugsunternehmens auch den byzantinischen Kaiser Michael VIII. Palaiologos einzubinden. Mit einem französisch-römischen Königtum im Hintergrund konnten die Ambitionen des Anjou für die Kurie nicht nur in Ober- und Mittelitalien schnell zu einem an die Stauferzeit erinnernden neuen Alptraum werden. Da Gregor andererseits auf die Unterstützung der französischen Krone wie auch Karls von Anjou für den Kreuzzug angewiesen war, empfahl es sich kaum, beide zu brüskieren, indem man kraft päpstlicher Machtvollkommenheit dem Thronbewerber Ottokar den Vorzug gab. Überließ man den Kurfürsten dagegen die Königswahl, konnte man eher hoffen, den Gewählten – auch wenn es Ottokar von Böhmen war – mit seinem unterlegenen Mitbewerber auszugleichen.

Mit der päpstlichen Entscheidung, die Wahl allein in die Hände der deutschen Kurfürsten zu legen, war allerdings ein Vorbehalt verbunden, den auch diese zu beachten hatten. Denn noch war der Endkampf mit den Staufern an der Kurie in zu frischer Erinnerung, als daß man dort einen Kandidaten aus der 'Vipernbrut' dieses Geschlechts geduldet hätte. Dieser Vorbehalt brachte die Kurfürsten in ein gewisses Dilemma. Einerseits gehörten geblütsrechtliche Vorstellungen, wonach Angehörige der Königssippe vor anderen als Thronbewerber in Frage kamen, noch nicht völlig

---

[27] So wußten Genueser Gesandte Anfang Februar 1273 aus gut unterrichteten Kreisen zu berichten: „Papst und Kurie wollen einen Kaiser, nur nicht Friedrich von Staufen (von Thüringen) oder irgendeinen Gebannten; es mißfalle ihnen nicht, wenn Ottokar von den deutschen Fürsten zum römischen König erwählt werde" (RI VI, 1, 2).

der Vergangenheit an, wie auch ein künftiger König ohne die Unterstützung des immer noch starken Stauferanhangs in Deutschland, der ein Großteil des Reichsguts und der Reichsburgen kontrollierte, kaum in der Lage war, wirksame Königsherrschaft in der Praxis auszuüben. Andererseits war man realistisch genug einzusehen, daß ein Kandidat, der auf entschiedenen Widerspruch der Kurie stieß, ebenfalls nicht durchzusetzen war. Letzteres war zum Beispiel bei der Kandidatur des jungen Landgrafen von Thüringen, Friedrichs des Freidigen, zu befürchten, der über seine Mutter als Enkel Kaiser Friedrichs II. mit dem Stauferhaus nahe verwandt war und auf den die verbliebenen Stauferanhänger in Italien bereits nach dem Tode Konradins ihre Hoffnungen gesetzt hatten,[28] der aber sicher nicht mit der Zustimmung der Kurie rechnen konnte.[29]

König Ottokar von Böhmen schien auf den ersten Blick bei den Kurfürsten keine schlechten Karten zu haben. Als Enkel des Stauferkönigs Philipp von Schwaben wäre bei einer Entscheidung für ihn die staufische Familientradition gewahrt gewesen, ohne daß der Papst an der Wahl hätte Anstoß nehmen können, da der Vater Ottokars, König Wenzel I., sich in der Zeit des staufischen Endkampfes bereits im Jahre 1246 auf die päpstliche Seite geschlagen und auch Ottokar sich stets als getreuer Anhänger der päpstlichen Partei erwiesen hatte. Außerdem verfügte der Böhmenkönig im Vergleich zu den bisher ins Spiel gebrachten Kandidaten Philipp III. und Friedrich dem Freidigen noch über einen weiteren Vorteil, da er selbst für sich in Anspruch nahm, als Kurfürst an der Wahl mitzuwirken.

Nach alledem war der Böhmenkönig nicht nur auf Grund seiner Macht und seines Reichtums ein Kandidat, den man eigentlich kaum übergehen konnte. Vor diesem Hintergrund erscheint die Kernaussage einer böhmischen Quelle, wonach bereits 1271 (zu verbessern in Sommer 1272) der Verbündete aus der Zeit König Wilhelms, Erzbischof Engelbert II. von Köln, Kontakt mit Ottokar aufgenommen habe, durchaus glaubhaft zu sein, wenn auch die Behauptung, daß Engelbert dem Böhmenkönig im Auftrage der Kurfürsten die Krone angeboten, dieser aber auf den Rat seiner Getreuen die Annahme abgelehnt habe, mit Ottokars Verhalten in Widerspruch steht und daher in das Reich der Fabel zu verweisen ist.[30] Vielmehr dürfte Ottokar von Anfang an ein elementares Interesse an der römisch-deutschen Königswürde gehabt haben, das er ja dann auch schon verhältnismäßig früh der römischen Kurie gegenüber artikulierte. Der Grund hierfür lag vor allem darin, daß die Legitimität seiner nach dem Tode Kaiser Friedrichs II. erworbenen Besitzungen angezweifelt werden

---

[28] Vgl. hierzu Becker, Kaisertum, 67 ff.
[29] Vgl. hierzu bereits Anm. 27 und Redlich, Rudolf, 146 ff.
[30] Vgl. Annales Otakariani, 189 f. sowie RI VI,1, S. 1; Hoensch, Otakar, 200.

konnte. Nach dem Erwerb Österreichs hatte er zwar die überlebende babenbergische Prinzessin Margarete geheiratet, später aber wurde auf sein Betreiben – allerdings mit Zustimmung des Papstes – die Ehe wieder aufgelöst. Hiervon abgesehen, handelte es sich jedoch beim Herzogtum Österreich – wie auch bei den anderen erworbenen Territorien – um Reichslehen, die eigentlich an das Reich heimgefallen waren und daher von Ottokar ohne Rechtsgrund besessen wurden. Das Odium der Illegitimität, das somit dem gesamten im Interregnum hinzugewonnnenen Besitzstand anhaftete, ließ sich auch nicht dadurch beseitigen, daß Ottokar im Jahre 1262 von König Richard die Reichsbelehnung mit den Herzogtümern Österreich und Steiermark erlangt hatte.[31] Davon abgesehen, daß das Königtum Richards im Reich nur teilweise anerkannt war, entsprach auch die nur auf schriftlichem Wege erfolgte Belehnung nicht den Rechtsanschauungen der Zeitgenossen. Für Kärnten, Krain und die Windische Mark konnte Ottokar lediglich auf einen Erbvertrag des Kärntner Herzogs Ulrich III. von Spanheim verweisen, der zugunsten des Böhmenkönigs die Nachfolge seines Bruders Philipp, des letzten männlichen Abkömmlings aus dem Spanheimer Herzogshaus, ausgeschlossen hatte. Auch diese Zuwendung war, da kein Kronvasall ohne Zustimmung des Königs in dieser Form über seine Reichslehen verfügen konnte, anfechtbar, so daß König Ottokar auch in diesem Falle über keine tragfähige Rechtsgrundlage verfügte. Alle diese Probleme wären für ihn gelöst, wenn es ihm gelingen würde, selbst die Königswürde und damit die Möglichkeit zu erlangen, im nachhinein den gewonnenen Besitzstand zu legitimieren. Vor diesem Hintergrund scheint der Kölner Erzbischof versucht zu haben, in Erfahrung zu bringen, welche Opfer der Böhmenkönig gegebenenfalls für eine entsprechende Wahlhilfe zu erbringen bereit war und inwieweit sich Möglichkeiten für ein gemeinsames Vorgehen bei der Wahl anboten. Das Ergebnis dieser Mission muß allerdings enttäuschend gewesen sein, da Ottokar wohl auf seinen Einfluß bei der Kurie setzte und nicht bereit war, seinem Mitkurfürsten angesichts der territorialpolitischen Gegensätze innerhalb der Kurfürstengruppe[32] die Bedeutung an der Königswahl zuzugestehen, die dieser für sich in Anspruch nahm. Indem Ottokar die Interessengegensätze innerhalb der Kurfürstengruppe über- und deren Eini-

---

[31] RI V,1, Nr. 5399.

[32] Daß diese Gegensätze von den Zeitgenossen zu Beginn des Jahres 1273 noch als schwerwiegend eingeschätzt wurden, lassen nicht nur die mühsamen Ausgleichsverfahren unter den rheinischen Kurfürsten (vgl. MGH Const. 3, Nrn. 1, 2 und 3–6), sondern auch die Erklärung der rheinischen und Wetterauer Städte, nur einen einhellig gewählten König respektieren zu wollen (MGH Const. 3, Nr. 3), erkennen.

gungswillen unterschätzte, leistete er sich den zweiten entscheidenden
Fehler, der ihm die Möglichkeit nahm, auf die kurfürstliche Wahl Einfluß
zu nehmen. Dies erscheint um so unverständlicher, als er nach den Erfahrungen der Vergangenheit nicht damit rechnen konnte, daß die Kurfürsten
einen so mächtigen Territorialherrn wie ihn ohne weiteres zu ihrem König
wählen würden, zumal seine Beziehungen mindestens zu einem der Kurfürsten, dem Pfalzgrafen Ludwig, aufgrund territorialpolitischer Gegensätze in der jüngsten Vergangenheit geradezu von offener Feindschaft und
militärischen Auseinandersetzungen geprägt waren.[33] Wenn schon die
eigene Erhebung nicht durchsetzbar war, hätte er bei einer aktiven Ein-
schaltung in die Wahlverhandlungen seine Möglichkeiten als Kurfürst nutzen und wenigstens die einmütige Wahl eines anderen, nicht genehmen
Kandidaten verhindern können. Daß auch sein Thronrivale König Philipp
von Frankreich den gleichen Fehler beging, indem er offensichtlich ebenfalls die Kurfürsten negierte und allein auf die Kurie setzte, dürfte für Ottokar am Ende ein schwacher Trost gewesen sein. Denn nun nahm der um-
sichtige Mainzer Erzbischof Werner von Eppstein die Angelegenheit in
die Hand. Wenn er auch erst im Sommer 1273 seine Mitkurfürsten offiziell
zur Wahl nach Frankfurt einberief, hatte er doch schon seit dem Ende des
Jahres 1272 damit begonnen, zielgerichtet auf ein gemeinsames Vorgehen
der rheinischen Kurfürstengruppe hinzuarbeiten. Hierfür mußten allerdings die bestehenden territorialpolitischen Interessengegensätze und die
daraus resultierenden Feindschaften zwischen den einzelnen betroffenen
Kurfürsten ausgeräumt werden. Erzbischof Werner ging diese schwierige
Aufgabe an, indem er sich zunächst selbst mit dem Pfalzgrafen und Herzog von Bayern, Ludwig dem Strengen, wegen der Zollstätten am Rhein
einigte[34] und im folgenden die Initiative ergriff, die übrigen zwischen den
rheinischen Kurfürsten schwelenden Streitfälle in förmlichen Schieds-
gerichtsverfahren[35] auszugleichen. Wenn auch in diesem sich bis in den
Sommer 1273 hinziehenden frühen Stadium des Wahlverfahrens offiziell
kein Kandidat dieser rheinischen Kurfürstengruppe genannt wurde, dürfte
den Beteiligten doch klar gewesen sein, daß sich Pfalzgraf Ludwig Hoffnungen auf eine Wahl machte.[36] Wie König Ottokar sah er sich mit dem
Problem konfrontiert, daß die Rechtmäßigkeit seines Zugriffs auf das
'Konradinische Erbe', die sich auf eine testamentarische Verfügung des
Kaiserenkels stützte, aus den gleichen Gründen wie bei dem Böhmen-

---

[33] Vgl. hierzu Spindler/Kraus, Behauptung der Teilherzogtümer, 82 ff.
[34] Vgl. hierzu Schaab, Kurpfalz, 76.
[35] Vgl. hierzu Kaufhold, Dt. Interregnum, 440 ff.
[36] Zur Kandidatur des Pfalzgrafen Ludwig vgl. im folgenden Redlich, Rudolf,
156; Spindler/Kraus, Behauptung der Teilherzogtümer, 89 f.

könig angezweifelt werden konnte, so daß auch ihm der Erwerb der Königswürde als sicherster Weg erscheinen mußte, allen Komplikationen vorzubeugen. Allerdings war auch seine Wahl schwer durchsetzbar. Hierzu dürfte vor allem der Umstand beigetragen haben, daß sich Ludwig als überzeugter Stauferanhänger, Vormund und tatkräftiger Förderer Konradins in einem solchen Maße gegenüber der Kurie kompromittiert hatte, daß er sich erst unter der Vermittlung des Trierer Kurfürsten im Juli des Jahres 1273 vom Kirchenbann zu lösen vermochte.[37]

Am 1. September 1273 hatten die Verhandlungen bereits ein wesentlich konkreteres Stadium erreicht; denn nun einigte sich Erzbischof Werner von Mainz mit dem Pfalzgrafen darauf, gemeinsam auf die Wahl des Grafen Siegfried von Anhalt oder des Grafen Rudolf von Habsburg hinzuarbeiten, falls die Wahl des Pfalzgrafen nicht möglich sei.[38] Bereits am 11. September verpflichteten sich die drei rheinischen Erzbischöfe und der Pfalzgraf in Boppard gegenseitig, gemeinsam bei der Wahl vorzugehen,[39] und um die gleiche Zeit dürfte auch die Entscheidung der rheinischen Kurfürsten und vielleicht auch des Herzogs von Sachsen gefallen sein, die Krone – unter gewissen Bedingungen – Rudolf von Habsburg anzutragen. Wenn man bedenkt, daß seit dem Tode König Richards bis zum September 1273 immerhin 17 Monate ohne greifbares Ergebnis ins Land gegangen waren, wirkt die Schnelligkeit, mit der ab August/September die Einigung auf einen gemeinsamen Kandidaten erfolgte, bemerkenswert. In der Forschung[40] bestand bisher Einigkeit darüber, daß die auffallende Beschleunigung des Verfahrens durch eine, allerdings nicht als Originalschreiben oder Kopie überlieferte, Anweisung Papst Gregors X. ausgelöst worden sei, der im Sommer 1273 die Kurfürsten ultimativ aufgefordert habe, innerhalb angemessener Frist einen Kandidaten zu wählen, da sonst er – der Papst – den König und künftigen Kaiser unter Hinzuziehung der Kardinäle ähnlich wie bei der päpstlichen Ernennung von Bischöfen *per provisionem* bestellen werde.[41] Wenn diese Sichtweise auch neuerdings

---

[37] Zur Lösung vom Bann vgl. Redlich, Rudolf, 158. – Gegen Ludwig als Thronkandidaten sprach vielleicht auch die Blutschuld, die er durch die von den Zeitgenossen wie auch später von ihm selbst als ungerechtfertigt empfundene Hinrichtung seiner Gemahlin Maria von Brabant im Jahre 1256 auf sich geladen hatte; vgl. in diesem Sinne Schaab, Kurpfalz, 76.

[38] MGH Const. 3, Nr. 5, 11.

[39] Ebenda, Nr. 6, 11.

[40] Vgl. hierzu vor allem v. d. Ropp, Erzbischof Werner, 72 f. und nach ihm z. B. Redlich, Rudolf, 153 f.; Moraw, Verfassung, 212; Gerlich, Kurfürsten, 117; Boberg, Konzil, 37; Krieger, Habsburger, 20; Brabänder, Einflußnahme, 69 f.

[41] Vgl. hierzu den etwa 30 Jahre nach den Ereignissen im Auftrag des Straßbur-

ıngezweifelt wurde,⁴² läßt sie sich doch nach wie vor mit guten Gründen
vertreten, da die vorgetragenen Bedenken meiner Meinung nach nicht
zwingend sind.⁴³

ʒer Bürgers Ellenhard schreibenden Chronisten (Ellenhardi Chronicon, 122 f.:

.. inito consilio precepit principibus Alemanie, electoribus dumtaxat, ut de Romano-
um rege, sicuti sua ab antiqua et approbata consuetudine intererat, providerent infra
empus eis ad hoc a domno papa Gregorio statutum; alias ipse de consensu cardina-
ium Romani imperii providere vellet desolationi).

⁴² Kaufhold, Dt. Interregnum, 436 ff.

⁴³ Kaufhold sieht zunächst „ein erhebliches Quellenproblem" darin, daß „dieser
vermeintliche Ordnungsruf [Papst Gregors X.] in keiner einzigen Abschrift, auch
nicht im päpstlichen Register", im Wortlaut überliefert sei (436 f.). Der am nächsten
an den Ereignissen lebende Chronist sei der Straßburger Bürger Ellenhard gewesen, der jedoch fast dreißig Jahre danach mit der deutlichen Tendenz, „Rudolfs
Stern hell erstrahlen" zu lassen, geschrieben habe (446). Auch wenn der Papst dennoch ein solches Schreiben versandt haben sollte, sei es in der Praxis ohne Wirkung
geblieben, da in der Vergangenheit ähnliche päpstliche Interventionen nicht beachtet worden seien und daher „vor allem erklärt werden [müsse], warum die so
selbstbewußten deutschen Fürsten" sich davon im Sommer 1273 hätten beeindruk-
ken lassen sollen (437). Ein solches Schreiben wäre auch überflüssig gewesen, da
die Kurfürsten im Grundsatz bereits einig gewesen seien und der Papst daher nur
noch „an einem Rad, das bereits mit eigenem Schwung vorwärtsrollte", gedreht
habe (449). Gegen diese Argumentation ist zunächst einzuwenden, daß bei der
päpstlichen Registerüberlieferung keineswegs Vollständigkeit vorausgesetzt werden kann (vgl. hierzu Herde, Beiträge, 241 f.), so daß man dem *argumentum e silen-*
tio keine hohe Beweiskraft einräumen sollte. Entscheidend ist aber, daß die päpstliche Mahnung in mehreren voneinander unabhängigen Quellen überliefert wird
(vgl. die Zusammenstellung bei v. d. Ropp, Werner von Mainz, 72 f., Anm. 3), unter
denen sich auch ein bei v. d. Ropp nicht erwähntes zeitgleiches, unverdächtiges
Zeugnis eines Augenzeugen für das erste Auftreten Rudolfs nach seiner Wahl be-
findet. Bei dieser (von Kaufhold nicht herangezogenen) Quelle handelt sich um ein
zeitgleiches Schreiben des Dominikanerprovinzials Ulrich (wahrscheinlich) an
seine Ordensbrüder, in dem er von der „auf Befehl des Papstes" (*ex mandato*
summi pontificis) durch die Kurfürsten erfolgten Wahl Rudolfs zum König berichtet und sie wegen ihrer Einmütigkeit geradezu als das Ergebnis göttlicher Willensentscheidung rühmt; vgl. Finke, Ungedruckte Dominikanerbriefe, Nr. 59, 87. Im
Gegensatz zu Kaufhold ist außerdem festzuhalten, daß frühere Interventionen des
Papstes ohne weiteres genügten, die deutschen Fürsten etwa von der geplanten
Abwahl König Wilhelms oder der Wahl Konradins abzubringen; vgl. hierzu bereits
oben S. 88. Nachdem seit dem Tode Richards von Cornwall am 2. April 1272 zum
Zeitpunkt des päpstlichen Eingreifens im Sommer 1273 bereits mehr als ein Jahr
verstrichen war, mußten die Kurfürsten zudem um ihr Wahlrecht fürchten, da es
– zumindest nach dem Vorbringen der Partei Richards von Cornwall an der römischen Kurie im Jahre 1263 – zu den seit langem bisher beachteten Gewohnheits-
rechten des Reiches gehöre, daß die Königswahl binnen Jahr und Tag nach Vakanz

Offen bleibt, wer Rudolf von Habsburg bei den Kurfürsten als Kandidaten ins Gespräch gebracht hat. Nach der Überlieferung kommen hierfür Erzbischof Werner von Mainz und der Burggraf Friedrich von Nürnberg, der bereits bei den Vermittlungsbemühungen zwischen den Kurfürsten eine entscheidende Rolle gespielt hatte, in Frage. Dabei dürfte klar sein, daß beide Rudolf persönlich kannten und schätzten, wobei vor allem Burggraf Friedrich als der von König Ottokars Ausdehnungspolitik im Egerland hauptsächlich Betroffene sich von dem 'staufisch' gesinnten Rudolf und dessen in den letzten Jahren geschaffenen Machtbasis am ehesten tatkräftige Unterstützung vor allem gegen die Expansionsbestrebungen Böhmens versprach.[44]

Nachdem sich die rheinischen Kurfürsten wohl auch bereits der Unterstützung des Herzogs von Sachsen und des Markgrafen von Brandenburg versichert hatten und der Burggraf mit der Kunde zurückgekehrt war, daß Rudolf bereit sei, auf die ihm auferlegten Bedingungen[45] einzugehen, war die Königswahl im Grunde schon entschieden, als sich die Kurfürsten in Frankfurt zur feierlichen Wahlhandlung einfanden. Allerdings stellte sich nun das Problem, wie man gegen den zu erwartenden Widerstand des böhmischen Königs Ottokar, der nach seinem ostentativen Desinteresse zu den Beratungen nicht mehr hinzugezogen worden war, zu einer als wünschenswert empfundenen 'einmütigen' Wahlentscheidung der sieben Kurstimmen gelangen konnte. Dabei verfiel man auf die – allerdings rechtlich angreifbare – Lösung, Herzog Heinrich von Niederbayern, der wie sein Bruder, Pfalzgraf Ludwig, Anspruch auf eine Kurstimme erhob, als weiteren Kurfürsten zur Wahl zuzulassen.[46] Daß das problematische Manöver zum Erfolg führte, lag nicht zuletzt an König Ottokar und seinen Beratern, die in dieser Situation wenig glücklich agierten. Offensichtlich war man am böhmischen Hof nach wie vor der verhängnisvollen Fehleinschätzung erlegen, daß die Mitkurfürsten weder die Fähigkeit noch den Willen

des Reiches durchgeführt werden müsse (*infra annum et diem, postquam vacat imperium, talis debet electio celebrari*); vgl. hierzu die Stellungnahme Papst Urbans IV. zur Doppelwahl von 1263, August 27 [Entwurf der Bulle Qui celum], MGH Const. 2, Nr. 405, 522–531. Endlich hatten sich die Kurfürsten zum Zeitpunkt des Eintreffens der päpstlichen Mahnung noch nicht auf Rudolf als künftigen König, sondern allenfalls auf ein bestimmtes Verfahren, zu einer Einigung zu kommen, geeinigt; es ist daher nicht unwahrscheinlich, daß das päpstliche Schreiben zur Beschleunigung der noch ausstehenden Personalentscheidung beigetragen hat.

[44] Vgl. hierzu die Ausführungen bei Redlich, Rudolf, 160 ff.

[45] Zu ihnen siehe unten S. 108 f., 115.

[46] Herzog Heinrich hatte zwar bereits an der Wahl König Richards im Jahre 1257 mitgewirkt; dies geschah jedoch gemeinsam mit seinem Bruder Ludwig und nur mit dem Anspruch, eine, die pfälzische, Kurstimme gemeinsam auszuüben.

zur Verständigung auf einen Kandidaten aufbringen würden. König Ottokar scheint von der Zwietracht seiner Mitwähler so sehr überzeugt gewesen zu sein, daß er es noch nicht einmal für nötig befand, persönlich zur Wahl zu erscheinen, sondern sich vom Bischof von Bamberg vertreten ließ. Eine weitere Fehlleistung bestand darin, daß die böhmische Seite die eigentliche Problematik des Verfahrens, die Hinzuziehung des Herzogs Heinrich von Bayern als weiteren Kurfürsten, zunächst nicht erkannte und deshalb im ersten Protestschreiben an den Papst auch nicht monierte. So begnügte man sich mit einem Protest gegen die Eignung des Kandidaten, den die Kurfürsten „einmütig" (!) gewählt hätten.[47]

Dieses Verhalten wird nur verständlich, wenn man davon ausgeht, daß die Wähler Rudolfs dem böhmischen Gesandten ihr Vorgehen zunächst verheimlichten, was wohl dadurch erleichtert wurde, daß Herzog Heinrich selbst nicht zur Wahl erschien, sondern sich durch bevollmächtigte Gesandte vertreten ließ. Der böhmische Gesandte konnte annehmen, daß die bayerischen Bevollmächtigten – wie bei der Doppelwahl von 1257 – gemeinsam mit Pfalzgraf Ludwig die pfälzische Kurstimme ausüben würden. Als er sich mit der einhelligen Absicht der anderen Kurfürsten, Rudolf von Habsburg zu wählen, konfrontiert sah, erhob er zwar förmlichen, aber wirkungslosen Protest. Am Wahltag, dem 1. Oktober, konnte dann das von Rudolfs Wählern sorgfältig inszenierte Verfahren ungestört ablaufen. Die anwesenden Kurfürsten und die bayerischen Gesandten gaben ihre Stimme für Graf Rudolf ab und bevollmächtigten dann den Pfalzgrafen Ludwig, in ihrer aller Namen die Wahl durch seinen Kürspruch zu vollziehen. Mit der Hinzuziehung Bayerns schien trotz des böhmischen Protests die Einmütigkeit von sieben Kurstimmen gewahrt zu sein.

3. Motive für die Wahlentscheidung

Wenn auch für die Masse der Zeitgenossen die – zumindest nach außen hin – einmütige Wahl Rudolfs, der als Graf noch nicht einmal dem Stande der Reichsfürsten angehörte, völlig überraschend gekommen sein dürfte, erscheint das Wahlergebnis aus der Rückschau weit weniger spektakulär. Da eine 'geblütsrechtliche' Wahl Friedrichs des Freidigen nicht in Frage kam und die 'mächtigen' Bewerber, wie wir gesehen haben, aus unter-

---

[47] Vgl. MGH Const. 3, Nr. 16, 19: ... *Unde cum principes Alemanie, quibus potestas est caesares eligendi, qui ... concorditer in quendam comitem minus ydoneum, solempnibus nostris nuncii, quos Vrankenvurt, ubi celebrari debebat eleccio, nostros procuratores miseramus, contradicentibus et reclamantibus evidenter, vota sua direxerunt ...*; siehe hierzu auch unten S. 116f.

schiedlichen Gründen nicht konsensfähig waren, blieben als Kompromißkandidaten nur der von Sachsen und Brandenburg ins Spiel gebrachte
Graf von Anhalt sowie Rudolf von Habsburg übrig. Daß die Wahl am
Ende auf Rudolf fiel, scheint mir kaum darauf zurückzuführen zu sein, daß
die Wähler in dem bereits 55jährigen lediglich einen 'Übergangskandidaten' gesehen hätten.[48] Gegen eine solche 'Verlegenheitslösung' spricht –
wie neuerdings Martin Kaufhold herausgearbeitet hat[49] – die zielstrebige,
auf der Grundlage formalisierter schiedsgerichtlicher Verfahren erfolgte
Konsensbildung der (tonangebenden) rheinischen Kurfürstengruppe, die
mit Rudolf ihren Wunschkandidaten – vor allem gegen ein drohendes
Doppelkönigtum Ottokars von Böhmen und des französischen Königs –
durchsetzte. Da man sich schon bei dieser Art der Konsensbildung bewußt
war, daß eine militärische Konfrontation vor allem mit dem mächtigen
Böhmenkönig wahrscheinlich war, mußte ein Kandidat gefunden werden,
der die Fähigkeit erwarten ließ, sich nach seiner Wahl – notfalls auch mit
Waffengewalt – gegenüber diesem mächtigen Thronrivalen behaupten zu
können. Nachdem sich abgezeichnet hatte, daß Pfalzgraf Ludwig nicht in
Frage kam, war Rudolf der einzig verbliebene Kandidat, der diese Erwartungen erfüllen konnte.[50] Rudolf war zum mächtigsten Territorialherrn im
Südwesten des Reiches aufgestiegen, er war als harter und erfolgreicher
Kriegsmann bekannt, und – was ganz entscheidend war – er galt als der
'staufischste' der verbliebenen wählbaren Kandidaten,[51] der keine Mühe
haben dürfte, die staufische Reichsministerialität mit den Reichsburgen
und die meist staufisch gesinnten Reichsstädte in Süddeutschland um sich
zu scharen.[52]

[48] Vgl. in diesem Sinne Moraw, Verfassung, 213; Rohr, Přemysl Otakar II., 33.

[49] Kaufhold, Dt. Interregnum, 433 ff.

[50] So vertraten die Annalen von Heilsbronn die Ansicht, daß Pfalzgraf Ludwig
vor allem deshalb für die Wahl Rudolfs eingetreten sei, weil er sich aufgrund von
dessen Kriegserfahrung die Rückführung verschleuderter Güter an das Reich erhofft habe; vgl. Annales Halesbrunnenses maiores, 44.

[51] Thomas, Deutsche Geschichte, 35.

[52] Eine andere Sichtweise zu den Gründen für die Wahl Rudolfs vertritt Wolf,
Rudolf von Habsburg, 48 ff., der auf der Grundlage seiner Theorie von den 'ottonischen Tochterstämmen' davon ausgeht, daß Rudolf nicht nur von den salischen Königen, sondern „über die Mutter Berchtolds IV. von Zähringen (Clementia von
Namur) und die karolingische Stammutter des 1196 agnatisch ausgestorbenen
Hauses Namur direkt von Karl dem Großen abstammte" (91) und deshalb gewissermaßen einen erbrechtlichen Anspruch auf die ihm von den Kurfürsten übertragene Königsherrschaft besessen habe. Die These von den 'Tochterstämmen', die
nach Wolf nicht nur erbrechtliche Ansprüche für das passive, sondern auch das aktive Königswahlrecht der Kurfürsten geliefert haben soll, hat unter Historikern

Abb. 1: Grabmal der Königin Anna
(vor der Königskrönung Gertrud von Hohenberg)
mit ihrem kurz nach der Geburt verstorbenen Sohn Karl.

Foto: Basler Denkmalpflege, n. n., s. a.

Inzwischen war Rudolf, nachdem er mit seinen Fehdegegnern Frieden geschlossen hatte, unter dem allgemeinem Jubel der Bevölkerung rheinabwärts bis Dieburg gezogen, wo er die endgültige Wahlentscheidung abwartete und über den Burggrafen von Nürnberg den in Frankfurt versammelten Kurfürsten seine Bereitschaft erklären ließ, die ihm auferlegten Wahlbedingungen[53] zu akzeptieren. Am Tag nach der Wahl wurde er unter großem Gepränge vom Kölner Erzbischof und anderen Fürsten vor den Toren Frankfurts empfangen und in die Stadt geleitet, wo im Dom der Erzbischof von Mainz eine feierliche Messe zelebrierte. Obwohl noch nicht im Besitz des Zepters als Teil der Reichsinsignien, begann Rudolf bereits unmittelbar danach mit den Belehnungen – wohl, um möglichst schnell auch faktische Königsherrschaft nach außen zu demonstrieren, wobei er kurzerhand an Stelle des fehlenden Zepters auf ein Kruzifix als Investitursymbol zurückgriff.[54]

In der zweiten Oktoberwoche brach man zum Krönungszug nach Aachen auf. Nachdem der Reichsministeriale Reinhard von Hoheneck dem neuen König in Boppard die auf dem Trifels verwahrten Reichskleinodien übergeben hatte und nachdem auch Rudolfs Gattin Gertrud, die sich von nun an Anna nannte, in der alten Krönungsstadt Aachen eingetroffen war, konnte am 24. Oktober in Anwesenheit der Kurfürsten die feierliche Krönung stattfinden. Zuständig hierfür war der Erzbischof von Köln, aus dessen Hand auch der neue König nach altem Brauch die Salbung mit dem heiligen Öl und die Krönung mit der ehrwürdigen Krone des Reiches, die heute noch in der Wiener Schatzkammer verwahrt wird, empfing.

4. Erwartungen und Probleme – Grundbedingungen römisch-deutscher Königsherrschaft beim Regierungsantritt König Rudolfs

Als Graf Rudolf vom Burggrafen von Nürnberg die überraschende Nachricht erhielt, daß die Kurfürsten beabsichtigten, ihn zum König zu wählen, scheint er nicht lange gezögert zu haben, die neue Herausforderung anzunehmen. Doch die Frage sei gestattet: Wußte er wirklich, auf was er sich einließ? War er sich im klaren darüber, daß die Zeitgenossen ande-

---

kaum Zustimmung gefunden; zur Auseinandersetzung mit ihr vgl. bereits Krieger, König, 68f. (mit Lit.) und neuerdings auch Kaufhold, Dt. Interregnum, 470f., Anm. 23 sowie (mit überzeugenden Gründen) Erkens, Kurfürsten, passim und zusammenfassend 94ff.

[53] Zu ihnen siehe unten S. 108f., 115.

[54] Continuatio Altahensis, 408 = Treichler, Nr. 9, 49.

re Erwartungen an den König als an den Grafen Rudolf stellten, und hatte
er überhaupt eine realistische Vorstellung davon, welche Möglichkeiten,
vor allem aber auch welche grundsätzlichen Probleme mit der Ausübung
römisch-deutscher Königsherrschaft in der Praxis verbunden waren? Zweifel scheinen erlaubt, wenn man bedenkt, daß der neue König wie die Masse
seiner adligen Zeitgenossen wohl zum Kreise der *illiterati,* das heißt der des
Lesens und Schreibens Unkundigen, gehörte und sich sein bisheriger Erfahrungshorizont lediglich auf einen kleinen Bruchteil des Reiches beschränkte. Während Rudolf auf seine persönlichen Erfahrungen, die er
als Territorialherr im Umgang mit dem Königtum vor allem am Hofe
Friedrichs II. und Konrads IV. gemacht hatte, und im übrigen auf den Sach-
verstand seiner Berater angewiesen war, ist der moderne Historiker aus
der Rückschau eher in der Lage, einige objektive Grundtatbestände und
-voraussetzungen römisch-deutscher Königsherrschaft und die sich hieraus
in der Praxis ergebenden Probleme zu erkennen und zu analysieren.

a) Königsideal und Krönungseid – allgemeine Erwartungen an den König

Noch am ehesten hatte Rudolf wohl nach seinen bisherigen Erfahrungen als Territorialherr konkrete Vorstellungen darüber, welche Eigenschaften, Fähigkeiten und Verhaltensweisen von einem 'idealen' König
gefordert wurden. Natürlich erwartete man auch und gerade vom König
als der Spitze der Ritterschaft Verhaltensweisen, die sich am Idealbild
des *miles christianus* und am ritterlichen 'Standesethos' orientierten.[55]
Darüber hinaus sind die speziell auf den König bezogenen Erwartungen
quellenmäßig in einer Art 'Tugendkatalog' faßbar, der in der offiziellen
Anzeige der Wahl Rudolfs durch die Kurfürsten an den Papst überliefert
ist.[56] Der toposhafte, von der jeweiligen Person des Herrschers losgelöste
Charakter dieses Katalogs kommt schon darin zum Ausdruck, daß man
„wesentliche Elemente des Königsideals" aus früheren Wahlanzeigen
übernahm und sich auch später noch anläßlich der (zweiten) Königswahl
Albrechts I. an den hier vorgegebenen Wortlaut hielt.[57] Im einzelnen
wurde der König hiernach als „rechtgläubig, Freund der Kirche, Verehrer
der Gerechtigkeit, ausgezeichnet im Rat, glänzend in frommer Recht-
schaffenheit, mächtig aufgrund eigener Mittel und gestützt auf die enge
Verbundenheit mit vielen Mächtigen, von Gott geliebt, dem menschlichen

---

[55] Siehe hierzu oben S. 26 ff.
[56] MGH Const. 3, Nr. 14, 18.
[57] Vgl. Schubert, König, 44 ff.

Anblick gefällig, darüber hinaus körperlich tüchtig und im Krieg gegen die Ungläubigen erfolgreich"[58] gerühmt. Außer dem Umstand, daß der 'Tugendkatalog' kaum Bezug auf die allgemeinen ritterlichen Tugendvorstellungen nimmt,[59] fällt im Vergleich zu anderen Wahlanzeigen auf, daß der Hinweis auf die vornehme Herkunft des Gewählten fehlt[60] und dafür durch die Angabe ersetzt wird, daß dieser aufgrund eigener Mittel und der engen Verbundenheit mit vielen Mächtigen eine entsprechende Machtbasis besitze. Dies ist natürlich kein Zufall, da sich Rudolf, der noch nicht einmal Reichsfürst war, von seiner Abstammung her nicht mit den Vorgängern der Doppelwahl von 1257, Richard von Cornwall und Alfons von Kastilien, messen konnte. Es lag daher nahe, was diesen Passus des 'Tugendkatalogs' anging, fast wörtlich auf das Formular des Schreibens Papst Innocenz' IV. zur Wahl Wilhelms von Holland (1247)[61] zurückzugreifen, der ebenfalls nicht dem Reichsfürstenstand angehört hatte, aber im Gegensatz zu Rudolf mit einem Fürsten, dem Herzog von Brabant, nicht nur in Freundschaft verbunden, sondern wirklich verwandt war.[62]

Eine „der wichtigsten Herrschertugenden"[63] des Mittelalters, die unter dem Einfluß antiker Traditionen[64] und christlicher Vorstellungen in der königlichen Urkundensprache geradezu als Topos verbreitet war (*innata clementia, angeborene kunigliche miltikeit*), wird in dem 'Tugendkatalog'

[58] MGH Const. 3, Nr. 14, 18: ... *idem rex est fide catholicus, ecclesiarum amator, iusticie cultor, pollens consilio, fulgens pietate, propriis potens viribus et multorum potentum affinitate connexus, deo, ut firmiter opinamur, amabilis et humanis aspectibus graciosus ac insuper corpore strennuus et in rebus bellicis contra perfidos fortunatus.*

[59] Dies heißt jedoch nicht, daß man sich davon distanzierte; man setzte die ritterlichen Tugendvorstellungen vielmehr voraus, räumte aber mit Rücksicht auf das als Formular verwandte Schreiben Papst Innocenz' IV. von 1247 (vgl. hierzu Anm. 61) anderen Eigenschaften des Gewählten eine höhere Priorität ein.

[60] Vgl. hierzu die Verkündung der Wahl Richards von Cornwall durch den Kölner Erzbischof (1257, Jan. 13) MGH Const. 2, Nr. 385, 485: ... *dominum Ricardum comitem Cornubie, fratrem domini H(einrici) regis Anglie illustrissimi, tam morum quam generis precipue nobilitate pollentem ...*

[61] MGH Const. 2, Nr. 352, 460: ... *propriis potens viribus, multorum principum consanguinitate et affinitate connexus.*

[62] Da Rudolf im Gegensatz hierzu nicht auf fürstliche Blutsverwandte verweisen konnte, hatte man sich wohl dazu entschlossen, das 'Formular' des päpstlichen Schreibens zur Wahl Wilhelms von Holland insofern abzuändern, als man nicht davon sprach, daß Rudolf *multorum principum consanguinitate et affinitate,* sondern *multorum potentum affinitate* verbunden gewesen sei; vgl. oben Anm. 58 und 61.

[63] Schubert, König, 50.

[64] Vgl. hierzu Adam, Clementia Principis, passim.

allerdings nicht ausdrücklich genannt: die Milde des Königs (*clementia regis*).[65] Die damit verbundene Erwartung, daß der König dem Ungehorsamen, wenn er sich unterwarf, Erbarmen und Gnade gewähren solle, bezog sich zunächst auf die königliche Strafgewalt, die auf diese Weise – vor allem bei hochstehenden Persönlichkeiten – in der Praxis erheblich eingeschränkt wurde. Die *clementia regis* hatte damit zugleich eine wichtige politische Funktion: „Sie war Sicherung angesichts theoretisch ungebundener Strafgewalt, ihr Fehlen beschwört die Gefahr tyrannischer Herrschaft herauf."[66] Im weiteren Sinne schloß die *milte* des Königs auch die – vor allem in der höfischen Dichtung thematisierte – Freigebigkeit gegenüber Bedürftigen ein.

Die aus der Sicht der Zeitgenossen wichtigsten an die Amtsführung des Königs gerichteten Erwartungen wurden endlich im Krönungseid, der dem König während der Krönungszeremonie in Aachen abverlangt wurde, zusammengefaßt. Nach dem Sachsenspiegel sollte der zu Krönende „dem Reich huldigen und schwören, daß er das Recht stärken und das Unrecht schwächen sowie das Reich in seinem Rechte vertreten werde, so gut er dies könne und vermöge".[67] Der erste hier thematisierte Pflichtenkreis betraf nicht nur die Rolle des Königs als oberster Richter, sondern ist in einem umfassenden Sinne als Aufforderung zu verstehen, die gesamte Amtsführung in den Dienst des Rechts zu stellen. Dabei müssen wir uns allerdings vor Augen führen, daß die Zeitgenossen Rudolfs andere Vorstellungen vom Wesen des Rechts hatten[68] als wir heute.

Nach der auch dem Sachsenspiegel[69] zugrunde liegenden Auffassung war das Recht weniger ein Produkt menschlicher Vernunft, sondern un-

---

[65] Vgl. hierzu die Beispiele bei Schubert, König, 50, Anm. 54 und für die Zeit Rudolfs von Habsburg außerdem Urkundenregesten Hofgericht 3, Nr. 218, 170.

[66] Schubert, König, 51.

[67] Sachsenspiegel Landrecht III 54 § 2 = Schott, Sachsenspiegel, 201 [neuhochdeutsche Übersetzung, hiernach zit.].

[68] Vgl. zu dieser wichtigen Frage nach wie vor die bereits zu Beginn des 20. Jh. von F. Kern (Kern, Gottesgnadentum, 140–160 und passim, sowie ders., Recht und Verfassung, passim) begründete Lehre vom 'guten, alten Recht', die zwar – besonders für die Zeit des Frühmittelalters – unter unterschiedlichen Gesichtspunkten vor allem von Rechtshistorikern mit guten Gründen angegriffen wurde, die aber in einem Kernbestand auch heute noch vertreten wird. Zur Kritik und zum Forschungsstand vgl. Herde, Bestrafung des Fälschers, 579ff.; Krieger, König, 11ff. und 71ff.; Liebrecht, Das gute alte Recht, 185–204; Rückert, Rechtswerte, 275–329.

[69] Vgl. hierzu die berühmte Reimvorrede des Sachsenspiegels, und dabei insbesondere Vers 151ff. (ed. Eckhardt, Sachsenspiegel, Landrecht, 41f.): *Dit recht hebbe ek selve nicht irdacht,/it hebbet van aldere an unsik gebracht/Unse guden vorevaren …*

mittelbarer Bestandteil der göttlichen Weltordnung selbst. Wie diese war es daher seinem Wesen nach 'alt', 'gut' und 'ungeschrieben'. In der Praxis konkretisierte es sich in der althergebrachten 'guten Gewohnheit' (*bona consuetudo*), die, wie das göttliche Walten, nicht nur über dem Herrschaftsanspruch der Menschen stand, sondern auch grundsätzlich jeglicher menschlicher Disposition entzogen war. Recht konnte nach dieser Vorstellung von Menschen eigentlich weder gesetzt noch gemacht oder verbessert, sondern allenfalls aufgespürt, 'gefunden' und vor dem Mißbrauch (*abusus*), dem Unrecht (*mala consuetudo*) geschützt und, falls erforderlich, in seinem Bestande wiederhergestellt werden. Aufgabe des Königs war es daher nach dieser Auffassung nicht, neues Recht durch Gesetzgebung zu schaffen, sondern das bereits als *bona consuetudo* existente Recht zu „wahren", zu „handhaben" und zu „stärken". Wenn somit auch theoretisch dem König jede Rechtsneuerung und -fortbildung untersagt war, bot doch die Praxis des 13. Jahrhunderts ein wesentlich differenzierteres Bild. So wurde im Ergebnis das der Idee nach statische Recht einem dauernden Wandlungs- und Fortbildungsprozeß unterworfen, da der König durch zahlreiche Privilegien und Einzelregelungen – wie etwa im Lehnswesen – ganze Normensysteme schuf und damit auch die gesamte Rechtsordnung modifizierte und weiterentwickelte.

Noch komplizierter wurden die Verhältnisse dadurch, daß das Königtum seit der Stauferzeit, in Deutschland allerdings zunächst nur zögernd, auch auf römisch-rechtliche Vorstellungen zurückgriff. Im Gegensatz zu der angesprochenen 'deutschrechtlichen' Auffassung hatten die Römer das Recht als das Ergebnis menschlicher Vernunft betrachtet, dessen Funktion darin bestand, das Zusammenleben der Menschen rational zu regeln und den Herrschaftsanspruch des römischen Reiches zu sichern. Im Rahmen dieser Vorstellungen kam dem römischen Staat – später repräsentiert durch die Person des Kaisers – nicht nur die Aufgabe zu, Recht verbindlich festzustellen, sondern dieses Recht auch durch Gesetze und Einzelanweisungen (*rescripta principis*) zu ändern und weiterzuentwickeln, wie es der Rechtsgelehrte Ulpian in dem bekannten Satz, der später in die berühmte Rechtssammlung Kaiser Justinians, das Corpus iuris civilis, einging, formuliert hat: „Was dem Kaiser gefiel, hat Gesetzeskraft" (*quod principi placuit, legis habet vigorem*).[70] Dazu kamen weitere Rechtssätze aus der gleichen Sammlung, wie z. B. die Behauptung: „Der Kaiser ist an die Gesetze nicht gebunden" (*princeps legibus solutus est*),[71] die den römisch-deutschen König, der sich als legitimer Nachfolger der römischen Kaiser sah, von den Fesseln des 'guten, alten Rechts' zu befreien schien.

---

[70] Dig. 1,3,31, ed. Corpus iuris civilis 1, 35.
[71] Dig. 4,1, ed. Corpus iuris civilis 1, 34.

Mit dem allgemeinen Vordringen römisch-rechtlicher Vorstellungen in die Gebiete nördlich der Alpen wuchs auch für das Königtum die Versuchung, sich gerade auf diese, für ihre Rechtsstellung günstigen Sätze nicht nur in Italien, sondern auch im Bereich des *regnum Teutonicum* zu berufen. Wenngleich sich im 13. Jahrhundert dieser Prozeß noch im Anfangsstadium befand, so läßt doch bereits das Pathos der spätstaufischen Urkundensprache eine erste konsequente Umsetzung dieser Vorstellungen erkennen – etwa wenn z. B. Kaiser Friedrich II. auch gegenüber deutschen Adressaten nicht nur als Wahrer des Rechts, sondern als die Inkarnation des Rechts auf Erden schlechthin (*dominus imperator, qui est animata lex in terris*)[72] verherrlicht wurde.

Neben der Rechtswahrung im umfassenden Sinne wurde im Krönungseid nach dem Sachsenspiegel vom künftigen König erwartet, daß er „das Reich in seinen Rechten vertreten werde, so gut er dies könne und vermöge".[73] Dieser Grundsatz wurde in dem um 1270 entstandenen Schwabenspiegel, der die Bestimmungen des Sachsenspiegels zwar im allgemeinen aufnahm, sie aber den Verhältnissen in Süddeutschland nach dem Ende der Stauferherrschaft anpaßte, dahingehend präzisiert, daß „er das Reich an seinem Rechte versehe und … allezeit mehre und nicht ärmer mache".[74] Die hier zum Ausdruck kommende Erwartungshaltung vom König als 'Mehrer des Reiches' geht auf den römischen Kaisertitel 'Augustus' ('der Erhabene') zurück, der bereits in der Spätantike von Isidor von Sevilla mit dem lateinischen Wort *augere* (vermehren) in Zusammenhang gebracht und durch das Wort *semper* (immer, allezeit) ergänzt wurde. In dieser Form (*semper augustus*), die in deutschen Urkunden später mit *allzit ein merer des riches* wiedergegeben wurde, fand der Titel vereinzelt bereits unter Lothar III.,[75] vor allem dann aber seit Friedrich I. Barbarossa[76] auch Eingang in die Urkundensprache der römisch-deutschen Kanzlei. Diese Auffassung trägt dabei dem besonderen Charakter des Reiches als Wahlreich Rechnung. Nach der Vorstellung der Zeitgenossen erlangte der König mit seiner Wahl und Krönung zwar die Herrschaft über das Reichsgut, in sein Eigentum ging es aber nicht über. Vielmehr setzte sich die Auffassung durch, die der Dichter Reinmar von Zweter († um 1260) in die Worte gefaßt hatte: „Das Reich gehört nicht dem Kaiser, er ist [nur]

---

[72] MGH Const. 2, Nr. 150, 184 (1230), Anm. 1.

[73] Siehe oben Anm. 67.

[74] Schwabenspiegel Landrecht, 122a.

[75] MGH DD Lothar III., Nr. 105: *Lotharius … Romanorum imperator, pius, felix, inclitus triumphator, semper augustus.*

[76] Vgl. z. B. bereits die Wahlanzeige Friedrichs an den Papst MGH DD Friedr. I., Nr. 5.

sein Pfleger und sein Vogt."[77] Die Rechtsstellung des Königs war somit der eines Vormunds gegenüber dem Besitz seines Mündels vergleichbar, sie vermittelte ihm allenfalls eine treuhänderische Funktion am Reichsgut. Wie von einem getreuen Vormund erwartete man daher vom König, daß er die Rechte und Güter des Reiches in ihrem Bestand erhalte und gegebenenfalls wiederherstelle. Die Aufnahme dieses Gebots in den seit Heinrich VII. nachweisbaren Krönungseid der spätmittelalterlichen Könige[78] läßt die grundsätzliche Bedeutung erkennen, die die Zeitgenossen der Erhaltung des Reichsgutes zugemessen haben. Wirkliche oder behauptete Verstöße gegen dieses Prinzip konnten folgerichtig, wie das Beispiel des späteren Königs Wenzel zeigt, auch zur Absetzung als *versumer des riches* führen.

b) Besondere Erwartungen an König Rudolf

Zudem wurde Rudolf noch mit besonderen Erwartungen konfrontiert, die sich aus den unmittelbaren Erfahrungen ergaben, die man in der Zeit des Interregnums gesammelt hatte. Zu den dringlichsten Aufgaben gehörte zunächst eine allgemeine Befriedung des Reiches. Konkret bedeutete dies zunächst nicht nur die Bekämpfung krimineller Gewalt, sondern vor allem auch die Beendigung (mehr oder weniger) legitimer gewaltsamer Rechtsdurchsetzung, wie sie sich in den zahlreichen Fehden im Reich manifestierte. Dazu kam die Forderung nach Abstellung der willkürlich eingerichteten Zölle, die von den Zeitgenossen ebenfalls in engem Zusammenhang mit der königlichen Friedenswahrung gesehen wurde.

Ein weiteres Problem, dessen Lösung von Rudolf als König erwartet wurde, bezog sich auf die Verluste, die das Reichsgut als materielle Basis königlicher Herrschaft seit dem Ende der Stauferzeit hatte hinnehmen müssen. Die Kurfürsten scheinen diese Problematik mit Rudolf bereits vor seiner Königswahl besprochen zu haben, wobei Rudolf nicht nur dazu verpflichtet wurde, in Zukunft keine Vergabungen von Reichsgut ohne Zustimmung der Fürsten, unter denen dann in der späteren Praxis vor allem die Kurfürsten verstanden wurden, vorzunehmen;[79] darüber hinaus wurde

---

[77] Roethe, Reinmar von Zweter, Nr. 146, 484.

[78] Vgl. MGH LL 2, 386: *Item Coloniensis: 'Vis iura regni et imperii, bona eiusdem iniuste dispersa, conservare et recuperare, et fideliter in usus regni et imperii dispensare?' Rex: 'Volo'* ...

[79] Vgl. hierzu RI VI,1, S. 6, wonach Rudolf später selbst erklärte: *nos enim iureiurando firmavimus, quod imperialia bona sine consilio principum prorsus alienare non possumus.* Vgl. auch Reimer, Hessisches UB II,1, Nr. 493 (1274): *quatenus salvo, quod super conservacione bonorum imperii prestitimus, facere possumus iuramento* sowie zur Sache Redlich, Rudolf, 165 f.

ihm wohl schon in diesen Verhandlungen das Versprechen abgenommen, energisch die Rückführung (Revindikation) des seit der Stauferzeit entfremdeten Reichsgutes zu betreiben, wobei allerdings vorausgesetzt wurde, daß entsprechende rechtlich bedenkliche Erwerbungen der Kurfürsten selbst – mit Ausnahme König Ottokars von Böhmen – hiervon nicht berührt sein sollten.[80]

c) Grundsätzliche Probleme und verbleibende Spielräume für die Umsetzung von Königsherrschaft in der Praxis

Den hohen Erwartungen, die die Zeitgenossen mit der Wahl Rudolfs verbunden haben, standen allerdings grundsätzliche Probleme gegenüber, die im Wesen und in der historischen Entwicklung römisch-deutscher Königsherrschaft lagen und die etwa bei den westeuropäischen Nachbarmonarchien nicht in gleichem Maße vorausgesetzt werden können.[81] Wenn Rudolf diese Probleme auch kaum als solche wahrgenommen haben dürfte, da ihm der Erfahrungshorizont und Vergleichsmaßstab fehlten, so muß der Historiker dennoch aus der Rückschau konstatieren, daß sie nicht nur existent waren, sondern auch den Handlungsspielraum des neuen Königs in der Praxis erheblich eingeengt haben.

So ergab sich ein erstes Grundproblem für die Ausübung von Königsherrschaft bereits durch die im Vergleich zu anderen Ländern extreme Größe des römisch-deutschen Reiches, das in seiner Ausdehnung, selbst ohne Burgund und Reichsitalien, die Grenzen des wiedervereinigten Deutschland von heute erheblich überschritt. Wenn auch mit dem dramatischen Bevölkerungsanstieg seit dem 12. Jahrhundert und der dadurch ausgelösten Rodungstätigkeit bereits der Wandlungsprozeß von der frühmittelalterlichen 'Urlandschaft' zur neuzeitlichen 'Kulturlandschaft' eingesetzt hatte, ist doch davon auszugehen, daß die Oberflächenstruktur des Reiches noch in weiten Teilen von unwegsamen Sumpflandschaften und Wäldern geprägt war. Hinzu kommt, daß sich die verkehrstechnische Erschließung noch auf einem äußerst dürftigen Stand befand. Für die Strecken von den Alpen bis an die Ostsee oder von Freiburg nach Wien veranschlagte der unbekannte Chronist aus dem Colmarer Dominikanerkloster zu Beginn des 14. Jahrhunderts jeweils immerhin eine Reisezeit von vier Wochen.[82] Dadurch waren nicht nur die Kommunikationsmög-

[80] Redlich, Rudolf, 166.
[81] Vgl. zum Folgenden vor allem Moraw, Verfassung, bes. 31ff., 149ff., 155ff., 175ff.; ders., Nord und Süd, 51–70; ders., Reichsregierung, 22ff. und zusammenfassend Krieger, König, 1–4, 59ff. (mit weiterer Lit.).
[82] Descriptio Theutoniae, 238.

lichkeiten zwischen den Bewohnern des Reiches, sondern auch zwischen dem Reichsoberhaupt und seinen Untertanen in einem für uns nur schwer vorstellbaren Ausmaß eingeschränkt. Wenn man einmal von dem kleinen Kreis der Fernkaufleute und den Angehörigen der Bettelorden absieht, führte die im Zuge des Landesausbaus beobachtete Mobilität doch kaum zu einem dauerhaften überregionalen Kommunikationsaustausch; der Vorstellungshorizont breiter Bevölkerungsschichten blieb in weiten Teilen des Reiches kleinräumig. Im allgemeinen dachte man nicht in der Größendimension 'Reich', sondern allenfalls in Regionen und Landschaften.

Die Folgen, die sich aus diesem 'Kohärenzproblem'[83] für die Königsherrschaft ergaben, sollte man nicht unterschätzen. So wurde der allgemeine Informationsmangel zu einem Dauerproblem, mit dem jeder deutsche König des Mittelalters konfrontiert wurde. Während sich z. B. das englische Königtum zum Teil bereits seit dem 11. Jahrhundert durch gezielte Untersuchungen vor Ort (*inquests, inquisitiones*) die notwendigen Erkenntnisse über herrschaftsrelevante Tatbestände (Einkünfte der Grundbesitzer, Todesfälle im Bereich der Kronvasallen, Rechte der Krone auf dem Land) beschaffte,[84] war der deutsche König im wesentlichen auf die Informationen angewiesen, die die Betroffenen oder der Zufall an ihn herantrugen. Im Ergebnis war daher das deutsche Königtum nur sehr eingeschränkt in der Lage, durch gestaltendes Agieren aktive Herrschaftspolitik zu betreiben. Meist war es dazu verurteilt, lediglich auf Forderungen und Wünsche anderer zu reagieren. Schon seit dem Frühmittelalter versuchten die Herrscher, dieser Situation durch gesteigerte eigene Mobilität zu begegnen, indem sie ohne feste Dauerresidenz mit ihrem Hof das Reich bereisten, um auf diese Weise die königliche Gewalt vor Ort im Zusammenwirken mit den lokalen oder regionalen Herrschaftsträgern – oder gegen sie – zur Geltung zu bringen.

Für dieses 'Reisekönigtum', das dem Herrscher so manche Strapaze zumutete und damit auch eine gehörige Portion physischer Widerstandskraft

---

[83] Der Begriff stammt von P. Moraw. Vgl. z. B. ders., Verfassung, 175ff.; ders., Verwaltung, 24ff.; ders., Herrschaft, 189.

[84] Zu den *inquests* in England vgl. allgemein Steinberg/Evans, Dictionary, 182; Kluxen, Verfassungsgeschichte, 20, 31ff., 75ff. In die Reihe der *inquests* ist auch Englands berühmteste Quelle des Mittelalters, das *Domesday Book* vom Jahre 1086 einzuordnen, in dem auf der Grundlage vor Ort vorgenommener Untersuchungen der größte Teil des von Wilhelm dem Eroberer zu dieser Zeit beherrschten England in einer Art Grundkataster minutiös erfaßt wurde; vgl. hierzu zusammenfassend Haan/Krieger/Niedhart, Einführung, 154; P. H. Sawyer, Art. 'Domesday Book', in: LexMA 3 (1986), Sp. 1180ff. (jeweils mit Lit.) sowie Fuchs, Domesday Book, passim.

abverlangte,[85] bot sich auch zur Zeit Rudolfs von Habsburg noch keine Alternative an.[86] Verfolgt man den Reiseweg (*Itinerar*) der einzelnen Könige, so wird deutlich, wie „überfordert"[87] noch zu Beginn des Spätmittelalters ein König wie Rudolf bei der Bewältigung seiner Herrschaftsaufgaben war. Wenn man einmal davon absieht, daß bereits die Größe des Reiches jeden Versuch, alle Landschaften und Regionen auf den Reisen erfassen zu wollen, illusorisch machte, ist außerdem zu berücksichtigen, daß auch nicht alle Regionen des Reiches in gleichem Umfange mit Reichsgut als der notwendigen Grundlage für die Ausübung von Königsherrschaft ausgestattet oder überhaupt königlichen Herrschaftsansprüchen gegenüber in gleicher Weise aufgeschlossen waren. Die Konsequenz lag nahe, nur die Regionen zu bereisen, in denen auch eine entsprechend reale Chance zur Ausübung von Königsherrschaft bestand, was in der Praxis bedeutete, daß sich der Aktionsradius in der Regel auf die „königsnahen" und „königsoffenen" Landschaften des süd- und westdeutschen Raumes sowie auf Mitteldeutschland beschränkte; der „königsferne" Norden des Reiches lief dagegen Gefahr, von allen königlichen Reiseaktivitäten ausgespart zu bleiben.[88]

In einem gewissen Zusammenhang mit dieser regionalen Differenzierung des Reiches ist ein weiteres Problem zu sehen, mit dem auch Rudolf konfrontiert wurde: eine – im Vergleich zu anderen Ländern – besondere Struktur der Adelsherrschaft, die ihre Herrschaftsgewalt nicht unbedingt vom König, sondern vor allem von der Verfügungsmacht über Allod- oder Eigengut (*allodium, eigen*) und der damit verbundenen freien ('autogenen') Herrengewalt über Land und Leute ableitete (Allodialismusproblem).[89] Während in den westeuropäischen Monarchien nach dem Grundsatz *nulle terre sans seigneur* ('kein Land ohne [Lehns-]Herr') der König als oberster (Lehns-)Herr von Grund und Boden galt, ging man in Deutschland auch noch im 13. Jahrhundert im Grundsatz vom Allodialcharakter des adligen Grundbesitzes und der damit verbundenen Herrschaftsgewalt aus, wenn nicht im Einzelfall die Reichslehnbarkeit zweifelsfrei feststand. In der Praxis bedeutete dies, daß mancher Adlige in Deutschland den König allenfalls für einzelne Güter oder Rechte als Lehnsherrn anerkannte und im übrigen behauptete, auf der Grundlage des ererbten Allodgutes eigenständige, von niemandem abgeleitete Herrschaft auszuüben. Zwar hatte bereits das staufische Königtum damit be-

---

[85] Vgl. hierzu Drabek, Reisen, 7 ff.

[86] Vgl. hierzu auch Riedmann, Die leere Mitte, 45 ff.

[87] Moraw, Verfassung, 155.

[88] Vgl. hierzu Moraw, Franken, 123–138, bes. 124f.

[89] Vgl. hierzu zusammenfassend Krieger, König, 2, 60.

gonnen, durch eine bewußte 'Feudalisierungspolitik' in Theorie und Praxis den Anteil des Reichslehngutes zu steigern,[90] was vor allem im Bereich der Reichsfürsten auch Wirkung zeigte, da sich nun die Vorstellung durchzusetzen begann, daß das Fürstentum insgesamt als vom König abgeleitetes Reichslehen anzusehen sei. Dennoch zeigt das Beispiel des Zähringererbes, daß diese Auffassung noch zu Beginn des 13. Jahrhunderts allenfalls theoretische Bedeutung erlangt hatte. So wurde der weitaus größte Teil des zähringischen Herzogtums nicht als Reichslehen, sondern als Allodgut betrachtet und fiel deshalb auch nicht an den König, sondern an die Grafen von Freiburg-Urach und Kiburg als Allodialerben. Noch weniger traf die Vorstellung von der Reichslehnbarkeit adliger Herrschaft auf den Bereich des nichtfürstlichen Adels zu, dessen wesentliche Herrschaftszentren nach wie vor grundsätzlich als freier Familienbesitz angesehen wurden, wobei der König allenfalls für einzelne Güter und Rechte, deren Reichsleheneigenschaft feststand, als oberster Lehnsherr Anerkennung fand.[91]

Allodiale adlige Herrengewalt über Grund und Boden und die zugehörigen Menschen bildeten oft auch die entscheidende Grundlage für das Streben der führenden Adelsgeschlechter, in ihrem Bereich 'Landesherrschaft' im Sinne eines weitgehenden Machtmonopols zu erringen. In das Blickfeld des Königs gerieten diese aufstrebenden Gewalten nicht nur dann, wenn sie versuchten, ihre Zielvorstellungen auf Kosten königlicher Rechte durchzusetzen. Die Mächtigsten unter ihnen, seit Rudolfs Königserhebung vor allem die Kurfürsten, traten geradezu als dualistische Gegenkräfte an die Seite des Königs und beanspruchten als 'Glieder' oder 'Säulen' des Reiches Mitteilhabe an der Reichsgewalt, die sich nicht nur in der Zustimmung zu wichtigen Regierungshandlungen, sondern im Extremfall auch im bewaffneten Widerstand gegen den König äußern konnte.

Ein weiteres Grundproblem, mit dem sich Rudolf auseinanderzusetzen hatte, lag darin, daß das römisch-deutsche Königtum nicht auf eine allgemeine Reichsverwaltung zurückgreifen konnte, wie sie etwa dem französischen König in der Form der *baillis* und *prévôts* oder der englischen Krone in Gestalt der *sheriffs* zur Verfügung stand. Das salisch-staufische Königtum hatte bereits dieses Problem erkannt und versucht, im Rahmen einer gezielten Reichsgutpolitik ('Reichslandpolitik') unfreie, im Dienst des Königs stehende Dienstleute (Ministerialen) als personelle Basis zur Ver-

---

[90] Vgl. hierzu neuerdings die Forschung zusammenfassend Hauser, Staufische Lehnspolitik, bes. 395–400, 472 ff. und passim.

[91] Gerade die Besitzstruktur der Habsburgerfamilie bietet mit dem auch später noch einfach als 'Eigen' bezeichneten Herrschaftskomplex zwischen Reuß und Aare mit der Stammburg hierfür ein Beispiel; vgl. bereits oben S. 33.

waltung der Reichsgutkomplexe (*terre imperii*) und vielleicht auch als Grundlage einer später hierauf aufbauenden allgemeinen Reichsverwaltung heranzuziehen. Diese Konzeption war jedoch, als Rudolf seine Königsherrschaft antrat, bereits gescheitert, da sich die ehemals unfreien Reichsdienstmannen spätestens während des Interregnums schon so weit von der königlichen Dienstherrengewalt emanzipiert hatten, daß sie sich praktisch in nichts mehr von den freien, nach Lehnrecht an den König gebundenen 'Normalvasallen' unterschieden und damit für eine Verwendung als weisungsgebundene, jederzeit absetzbare Amtsträger im Grunde nicht mehr in Frage kamen. Da hiermit zugleich die personelle Grundlage für den Aufbau einer allgemeinen Reichsverwaltung entfallen war, bot sich auch für König Rudolf keine Alternative zu dem bereits von seinen Vorgängern praktizierten Verfahren an, durch 'planvolle Zerlegung' der Reichsgewalt in Form von lehnrechtlicher Delegation seinen Herrschaftsauftrag zu erfüllen.

Wie seine Vorgänger aus dem staufischen Haus nannte sich auch Rudolf in seinen Urkunden nicht 'deutscher', sondern 'römischer' König (*rex Romanorum, romischer kunig*) und brachte damit bereits in seiner Titulatur zum Ausdruck, worauf Anspruch und Selbstverständnis dieses Königtums beruhten: auf der Verbindung des *regnum Teutonicum* mit den romanischen Reichsteilen, auf der Verknüpfung zwischen deutscher Königsherrschaft und römischer Kaisertradition. Denn mit seiner Wahl und der anschließenden Krönung in Aachen erlangte der deutsche König zugleich eine Anwartschaft auf den Empfang der Kaiserkrone, woraus er wiederum den Anspruch ableitete, bereits jetzt – nicht erst nach der Kaiserkrönung – auch Kaiserherrschaft auszuüben, was vor allem Herrschaft in Reichsitalien und Burgund bedeutete. Hieraus ergaben sich, vor allem wenn sich die Kaiserkrönung hinauszögerte, schwer lösbare Rechtsprobleme, die entsprechende Auseinandersetzungen mit den betroffenen Herrschaftsträgern in den romanischen Reichsteilen geradezu provozierten, aber auch mit dem Papsttum, das an der Entwertung seines Krönungsrechtes kein Interesse hatte. Während das Papsttum seine Rechte mit dem Approbationsanspruch wahrte, hat schon die ältere Forschung daneben auf sogenannte „reichsfeindliche Theorien" verwiesen, die während des Interregnums aufkamen und die dem König erst beim Vorliegen bestimmter Voraussetzungen das Recht zugestanden, auch außerhalb des *regnum Teutonicum* Reichsherrschaft auszuüben.[92] Hiernach machten einige die Herrschaftsbefugnisse des Königs davon abhängig, daß der Papst der Königswahl durch Approbation förmlich zugestimmt hatte ('Approbationstheorie'), während andere sogar meinten, erst einem in Rom gekrönten Kaiser

---

[92] Vgl. hierzu Kern, Reichsgewalt, passim.

gegenüber verpflichtet zu sein ('Krönungstheorie'). Wieder andere forder-
ten als Voraussetzung für die Ausübung von Reichsherrschaft in diesen
Regionen vertragliche Vereinbarungen zwischen dem Herrscher und den
Betroffenen ('Rezeptionstheorie') oder die Fähigkeit des Königs, seine
Herrschaft mit Waffengewalt zur Geltung zu bringen ('Machttheorie').
Aus diesem brisanten Gemenge unterschiedlicher Rechtsauffassungen
ergab sich somit für Rudolf ein weiteres Konfliktpotential, das die Wahr-
nehmung seines Herrschaftsauftrages nicht gerade erleichterte.

IV. Erste Maßnahmen, Kampf gegen König Ottokar und die Begründung der habsburgischen Herrschaft in den österreichischen Ländern

1. Absicherung der Wahlentscheidung

Wenn auch der Dominikanerprovinzial Ulrich, der als Augenzeuge die ersten Schritte Rudolfs als König und seine begeisterte Aufnahme durch die Bevölkerung miterlebte, die Wahlentscheidung der Kurfürsten als wahrhaft göttliche Fügung pries,[1] so dürfte für Rudolf selbst doch klar gewesen sein, daß nicht alle diese Einschätzung teilten. Angesichts der Proteste der Gesandten Ottokars, des formal noch bestehenden Königtums Alfons' von Kastilien sowie der Enttäuschung, die die Wahl wohl bei Karl von Anjou und dem französischen König ausgelöst hatte, waren vielmehr harte Auseinandersetzungen zu befürchten, in deren Verlauf sich die neu errungene Königsherrschaft in der Realität schnell als eine Fiktion erweisen konnte. Es lag deshalb zunächst im vitalen Interesse Rudolfs, die Wahlentscheidung politisch und juristisch abzusichern.

Rudolf verließ sich mithin nicht allein auf das geschlossene Wahlbündnis, sondern versuchte, die weltlichen Kurfürsten darüber hinaus durch eine gezielte, zum Teil bereits vor der Wahl abgesprochene Heiratspolitik an sich und seine Familie zu binden. So wurden schon am Krönungstage der Pfalzgraf bei Rhein und Herzog von Bayern, Ludwig der Strenge, sowie Herzog Albrecht von Sachsen mit Rudolfs Töchtern Matilde und Agnes vermählt.[2] Diese Heiratspolitik wurde später konsequent fortgesetzt, indem – nach der Niederwerfung Ottokars – zwei weitere Töchter, Hedwig und Guta, jeweils mit dem Markgrafen Otto dem Kleinen von Brandenburg und Ottokars Sohn und Nachfolger als König von Böhmen, Wenzel II., verheiratet wurden, was wiederum bedeutete, daß nun alle Laienkurfürsten als Schwiegersöhne bzw. Schwäger in Rudolfs Familie eingebunden waren.

Noch wichtiger dürfte es allerdings für Rudolf gewesen sein, die Approbation des Papstes zu erlangen, zumal die Gesandten des übergangenen Thronbewerbers Ottokar bereits unmittelbar nach der Wahl gegen das Er-

---

[1] Finke, Dominikanerbriefe, 87.
[2] RI VI,1, Nr. 6a.

gebnis bei der Kurie offiziell Einspruch eingelegt hatten.[3] Die Kurie allein schien außerdem in der Lage zu sein, König Alfons von Kastilien zum Thronverzicht sowie die angiovinisch-französische Partei zur Respektierung der habsburgischen Königsherrschaft zu bewegen. Die Kurfürsten hatten bereits unmittelbar nach der Krönung Rudolfs dem Papst in devoten Ergebenheitsschreiben die angeblich „einstimmig, einmütig und einträchtig" erfolgte Wahl mitgeteilt und ihn um die gnädige Aufnahme des Gewählten sowie, wenn es der päpstlichen Heiligkeit „gefalle und geraten erscheine", um dessen Kaiserkrönung gebeten.[4] Rudolf selbst schloß sich in einem eigenen Schreiben vom 22. Dezember 1273[5] der kurfürstlichen Wahlanzeige an und ordnete eine hochrangige Gesandtschaft unter der Leitung seines Kanzlers Otto, Propst von St. Wido in Speyer, an Papst Gregor ab, die zunächst wohl lediglich den Auftrag hatte, die Haltung der Kurie zur Wahl und mögliche Bedingungen für die Approbation zu sondieren. Der Papst befand sich zu diesem Zeitpunkt bereits in Lyon, wo in Kürze ein allgemeines Konzil vor allem über die Vorbereitung des geplanten Kreuzzuges beraten sollte. So war es sicher ein geschickter Schachzug Rudolfs, im Beglaubigungsschreiben für seine zweite Gesandtschaft an die Kurie den heißen Wunsch zu artikulieren, das Heilige Land, wo die Gebeine seines Vaters ruhten, aufzusuchen und mitzuhelfen, die Kreuzfahrer aus ihrer verzweifelten Lage zu befreien.[6]

Wenn auch Rudolfs Gesandtschaft gnädig aufgenommen wurde, war damit aber in der Sache noch nichts entschieden. Denn mittlerweile hatte König Ottokar in einem Schreiben an den Papst heftige Vorwürfe gegen das Verhalten seiner Mitkurfürsten erhoben, die aus Eigennutz einen „weniger geeigneten Grafen" gewählt und mit der „Hoheit der heiligen Krone ausgezeichnet" hätten, so daß nun das Reich Leuten ausgeliefert sei, „die die Finsternis ihres schlechten Rufes" verberge und die „von der Last ihrer Armut auf elende Weise bedrückt" würden. Da alle, die es verschmähten, „von den Zügeln eines Armen getrieben zu werden", einen solchen König verachteten, habe dies zur Folge, daß im Reich „die Gerechtigkeit

[3] Vgl. ebenda, Nr. 4c.
[4] MGH Const. 3, Nr. 14, 17 f., Zitate 18 (Wahldekret aller Kurfürsten). – Während der Mainzer Erzbischof (MGH Const. 3, Nr. 15, 18 f.) und später auch Rudolf in seiner Wahlanzeige vom 22. Dezember 1273 (vgl. die folgende Anm.) es vermieden, eine offizielle Bitte um Approbation auszusprechen, kamen die Kurfürsten in ihrem Schreiben der Rechtsauffassung vom päpstlichen Approbationsrecht weit entgegen: *Processum vero tam rite, tam provide, tam mature de ipso sic habitum graciose approbacionis applausu benivolo prosequentes* ... (ebenda, Nr. 14, 18).
[5] MGH Const. 3, Nr. 21, 23 f.
[6] Vgl. das Schreiben vom 27. Februar 1274 (MGH Const. 2, Nr. 34, 32 f.) und hierzu auch Roberg, Konzil, 359.

erstickt, die Eintracht verbannt und der Friede bei den herrschenden Verbrechen erlöschen" werde.[7] Obwohl Ottokar seltsamerweise in dem Schreiben den Hauptschwachpunkt des Verfahrens, die Hinzuziehung Heinrichs von Niederbayern als siebten 'Kurfürsten', nicht rügte, mußte man an der Kurie nun doch zur Kenntnis nehmen, daß Rudolf nicht in der „Einmütigkeit" gewählt worden war, wie dies die Kurfürsten in ihrer Wahlanzeige behauptet hatten. Dazu stellte sich die Frage, ob Rudolf aus der Sicht der Kurie auch wirklich der geeignete Kandidat für den Empfang der Kaiserkrone und die Führung des aufzustellenden Kreuzfahrerheeres war. Zur Vorsicht riet dabei zunächst seine lange prostaufische Politik als Graf von Habsburg, die ihm und seinen Landen Exkommunikation und Interdikt eingebracht hatte, während Ottokar in der Vergangenheit immer gute Beziehungen zur Kurie unterhalten hatte. War von Rudolf vielleicht sogar eine Wiederaufnahme staufischer Politik in Italien zu befürchten? Natürlich stand auch die von Ottokar ins Spiel gebrachte Frage im Raum, ob der von den Kurfürsten Gewählte aufgrund seiner beschränkten Machtmittel überhaupt in der Lage sein werde, sich in Deutschland durchzusetzen und an die Spitze des geplanten Kreuzzuges zu treten.[8] Daß trotz aller Anstrengungen der böhmischen Gesandten, die Verhandlungen zu hintertreiben, Rudolf am Ende an sein Ziel gelangte,[9] hatte er zum einen wohl den zahlreichen geistlichen Fürsten aus Deutschland zu verdanken, die sich zum Konzil in Lyon einfanden und in ihrer überwältigenden Mehrheit offensichtlich für Rudolf Partei ergriffen und damit die 'öffentliche Konzilsmeinung' nicht unwesentlich beeinflußten.[10] Auch Rudolf tat alles, um die Bedenken der Kurie zu zerstreuen, indem er nicht nur bereitwillig auf deren Forderungen – Verzicht auf die staufische Italienpolitik und Bestätigung der Zugeständnisse früherer Könige – einging,[11] sondern sich auch in seinem Streit mit dem Grafen Philipp von Savoyen dem päpstlichen Schiedsspruch unterwarf[12] und sich

---

[7] MGH Const. 3, Nr. 16, 19 f.

[8] Bischof Bruno von Olmütz, der enge Vertraute König Ottokars, zeichnete in seinem von Papst Gregor erbetenen 'Gutachten' über die Zustände in Deutschland ein düsteres Bild vom Eigennutz der mächtigen Fürsten, die nur ihre Interessen sähen, die zwar einen guten König wollten, der aber keine Macht haben dürfe. Für den Kreuzzug erforderlich sei aber ein starker Kaiser, wobei nach Ansicht des Verfassers für eine solche Würde natürlich niemand besser geeignet sei als der König von Böhmen; vgl. MGH Const. 3, Nr. 620, 589–594, bes. 590 und Redlich, Rudolf, 213.

[9] Vgl. hierzu und zu den Verhandlungen im einzelnen Redlich, Rudolf, 174 ff.; Roberg, Konzil, 357–371.

[10] RI VI,1, Nrn. 179, 181.

[11] Ebenda, Nrn. 171, 172.

[12] Ebenda, Nr. 107.

zudem dazu bereit erklärte, unter Vermittlung der Kurie einen Ausgleich mit König Karl von Anjou anzustreben, bekräftigt durch ein gemeinsames Heiratsprojekt.[13] So nützte es Ottokar auch nichts, daß seine Gesandten, um die Approbation Rudolfs zu verhindern, offiziell die Ansprüche Alfons' von Kastilien unterstützten. Am 26. September 1274 sprach Papst Gregor vielmehr die feierliche Anerkennung Rudolfs als König aus.[14] Zwar bestand König Alfons von Kastilien – bestärkt und unterstützt von der böhmischen Diplomatie – zunächst noch auf seinen Ansprüchen. Nach langen Verhandlungen gelang es Papst Gregor jedoch, in einem persönlichen Zusammentreffen gegen Ende Juli 1275 in Beaucaire auch den Kastilier zum Verzicht zu bewegen,[15] so daß Rudolfs Königtum nun allgemein anerkannt war, wenn man von Ottokar, der seinen Widerstand nach wie vor fortsetzte, absieht.

2. Erste Maßnahmen
zur Wiederherstellung des Landfriedens und zur Rückführung entfremdeten Reichsgutes

Noch während das päpstliche Approbationsverfahren in Lyon lief, hatte Rudolf damit begonnen, die allgemeine Befriedung des Reiches sowie die Wiederherstellung der materiellen Grundlage der Königsherrschaft durch die Rückführung des während des Interregnums entfremdeten Reichsgutes in Angriff zu nehmen.

Er wandte sich wohl bereits unmittelbar nach seiner Krönung in Aachen mit einem Manifest an seine Untertanen, in dem er versprach, für die Wiederherstellung des so lange gestörten Friedens zu sorgen und sich der Schwachen und Unterdrückten anzunehmen, und in dem er alle Reichsgetreuen seiner Huld versicherte, mit der Erwartung, daß ihm in entsprechender Weise Treue und Gehorsam entgegengebracht wer-

---

[13] Hiernach sollte König Karls gleichnamiger Enkel mit Rudolfs Tochter Guta verheiratet werden. Das Projekt scheiterte jedoch zu Beginn des Jahres 1275 unter anderem deshalb, weil Rudolf die von Karl geforderte Abtretung Piemonts vom Reich ablehnte; vgl. hierzu Redlich, Anfänge, 361 f.; Herde, Karl von Anjou, 90; Roberg, Konzil, 364 f.

[14] Vgl. MGH Const. 3, Nr. 66, 55 f. und zu den entsprechenden päpstlichen Schreiben an zahlreiche Reichsstände, insbesondere auch an König Ottokar, neuerdings Fleuchaus, Briefsammlung, Regesten Nrn. 51–53, 270–272.

[15] Als Hauptquelle für diese Verhandlungen dient die Briefsammlung des Berard von Neapel, eines der bedeutendsten päpstlichen Notare des 13. Jahrhunderts. Zu ihm und seiner Briefsammlung vgl. jetzt Fleuchaus, Briefsammlung, 38 und passim sowie zu den Verhandlungen selbst Roberg, Abdankung, 343–351.

le.[16] Dabei fällt auf, daß Rudolf auf die eigentlich naheliegende Möglichkeit, einfach den Reichslandfrieden Kaiser Friedrichs II. vom Jahre 1235
förmlich zu erneuern, nicht zurückgriff. Statt dessen knüpfte er lediglich in
der Form von Einzelmaßnahmen hieran an, indem er bereits am 26. Ok-
ober 1273 alle seit der Zeit Friedrichs II. unrechtmäßig eingerichteten
Zölle, besonders am Rhein, mit Zustimmung der Fürsten für aufgehoben
erklärte[17] und indem er außerdem das im Reichslandfrieden von 1235 ge-
chaffene Hofrichteramt wieder zum Leben erweckte.[18] Erscheint somit
die Friedenspolitik Rudolfs in seiner Anfangszeit auf den ersten Blick
auch „merkwürdig konturenlos"[19], kann man sich dennoch Gründe vor-
tellen, die ein solches Verhalten erklären. So ist es zunächst einmal denkbar, daß Rudolf – gerade während des laufenden Approbationsverfahrens
an der Kurie – gleich zu Beginn seiner Regierung ein zu deutliches Zeichen der Kontinuität staufischer Herrschaftspoltik für wenig opportun
hielt, zumal auch weder Wilhelm von Holland noch Richard von Cornwall
einen solchen Schritt gewagt hatten. Dazu bot es sich an, als Voraussetzung für eine dauerhafte Befriedung des Reiches zunächst einmal die da-
niederliegende königliche Gewalt insgesamt, und dabei vor allem die königliche Gerichtsbarkeit, in der Praxis wieder zum Leben zu erwecken,[20]
was Rudolf nicht nur mit der Bestellung des Hofrichters, sondern auch
mit Hilfe grundsätzlicher Rechtsentscheidungen auf den Hoftagen von
Hagenau (Ende Februar 1274) und Nürnberg (November 1274) alsbald in
Angriff nahm. Endlich scheint es Rudolf in realistischer Einschätzung der
Machtverhältnisse von Anfang an vorgezogen zu haben, die Herstellung
und Wahrung des Friedens nicht durch einseitiges königliches Rechtsge-
bot, sondern in der Form regional begrenzter Friedensabsprachen anzuge-
hen, auf die die maßgeblichen, dort ansässigen Herrschaftsträger durch
Eid verpflichtet wurden.

[16] MGH Const. 3, Nr. 20, 22 f. Das undatierte, nur als Formular erhaltene Schreiben wurde seinem Inhalt nach von der Forschung den ersten Anfängen der Königsherrschaft Rudolfs zugeordnet und ist wohl in engem Zusammenhang mit der Aufhebung der ungerechtfertigt eingeführten Zölle von 1273 Oktober 26 (RI VI,1,
Nr. 11) zu sehen.
[17] RI VI,1, Nr. 11.
[18] Dies ergibt sich aus der Urkunde Rudolfs für das Kloster Bebenhausen von
1274 Februar 26, in der bereits ein – allerdings nicht namentlich genannter – *iustitia-
rius curie nostre* als Zeuge aufgeführt wird; vgl. hierzu RI VI,1, Nr. 110 in Verbindung mit den Bemerkungen bei Urkundenregesten Hofgericht 3, Nr. 28, 21 f. Zur
Sache vgl. auch Redlich, Rudolf, 432, wobei allerdings die Annahme, Rudolf habe
bereits 1273 den Landfrieden von 1235 erneuert, zu korrigieren ist; vgl. hierzu auch
Angermeier, Landfriede, 57 ff.
[19] Thomas, Deutsche Geschichte, 53.
[20] Vgl. hierzu Angermeier, Landfriede, 57 f.

Diese pragmatische, auf Einzelmaßnahmen beschränkte und vor allen gegen die unberechtigten Zollstätten am Rhein gerichtete Friedenspolitik Rudolfs war offensichtlich – im Gegensatz zu den früheren Maßnahmen Richards von Cornwall – durchaus erfolgreich. Sonst hätten zeitgenössische Chronisten dem neuen König gerade für seine ersten Regierungsjahre kaum bescheinigt, daß er „viel Unrecht zu Wasser und zu Lande abgestellt" habe, wo vorher „Laster und Schande" geherrscht hätten,[21] und daß „voller Friede in Deutschland von den Alpen bis an das britannische Meer" eingekehrt sei.[22] Es scheint, daß bereits die unermüdliche Reisetätigkeit Rudolfs allein schon in hohem Maße „friedensstiftend" gewirkt hat, da unter dem Eindruck der königlichen Präsenz vor Ort mancher dort ansässige Mächtige bewogen werden konnte, die Einhaltung des verkündeten Friedens zu beschwören. Falls gutes Zureden nicht half, war der neue König allerdings auch bereit, gegen Friedensstörer, zu denen auch jene zählten, die sich weigerten, unberechtigte Zollstätten zu schließen, mit militärischer Gewalt vorzugehen. Dies mußte selbst ein mächtiger Territorialherr wie der Markgraf von Baden am eigenen Leib erfahren, als er sich nach einer verlustreichen militärischen Auseinandersetzung mit Rudolf genötigt sah, auf den vom König nicht anerkannten Zoll in der Stadt Selz zu verzichten.[23] Die Erfolgsbilanz, die die Zeitgenossen Rudolf hier bescheinigten, wird allerdings dadurch relativiert, daß sich die königlichen Aktivitäten zunächst nur auf einen Bruchteil des Reiches, die 'königsnahen' Landschaften im Westen und Südwesten, beschränkten.

In engem Zusammenhang mit den Friedensmaßnahmen nahm Rudolf auch die zweite große Aufgabe, die Rückforderung (Revindikation) der dem Reich entfremdeten Güter und Rechte, in Angriff.[24] Die formale Rechtsgrundlage für das weitere Vorgehen wurde durch einen wohl auf dem Speyerer Hoftag im Dezember 1273 unter dem Vorsitz des Königs verkündeten Rechtsspruch geschaffen, wonach unrechtmäßig erworbenes Reichsgut herauszugeben sei.[25] Im Anschluß daran wurde den Vögten und Amtsträgern des Reiches in der Form eines allgemeinen Kommissionsauftrages befohlen, abhanden gekommenes Reichsgut aufzuspüren und fü-

---

[21] Zweite (schwäb.) Fortsetzung der Kaiserchronik, 415.

[22] Ellenhardi chronicon, 124: ... et orta fuit pax magna per Germaniam a montibus Ytalie usque ad lacum Anglicani maris. Vgl. auch Continuatio Claustroneoburgensis, 744 (zu 1275): Per regem Rudolfum pacifice gubernatur tota gens Francorum et Suevorum.

[23] Vgl. hierzu Redlich, Rudolf, 512f.

[24] Vgl. hierzu im folgenden auch Colberg, Reichsreform, 117–209.

[25] Der Rechtsspruch ist nicht im Wortlaut überliefert, kann aber aus chronikalischen Quellen erschlossen werden; vgl. hierzu RI VI,1, Nr. 48a und Battenberg, Herrschaft, 39.

das Reich einzuziehen.[26] Wahrscheinlich schon jetzt,[27] spätestens aber auf dem Nürnberger Hoftag im November 1274 wurde dieser Beschluß dahingehend präzisiert, daß hierunter alle Güter zu verstehen seien, die entweder aus irgendwelchen Gründen inzwischen an das Reich heimgefallen waren oder die Kaiser Friedrich II., „bevor gegen ihn der Absetzungsspruch verkündet wurde, friedlich und unangefochten besessen und innegehabt" hatte, nun aber von anderen usurpiert wurden.[28]

So einleuchtend das hier festgelegte Prinzip auf den ersten Blick auch erscheint, so schwierig war seine Durchführung in der Praxis, wenn man bedenkt, welches Konfliktpotential hiermit verbunden war und welche Mittel dem König zu seiner Durchsetzung zur Verfügung standen. So war zunächst einmal klar, daß die Kurfürsten – mit Ausnahme König Ottokars von Böhmen – von allen Revindikationsmaßnahmen zu verschonen waren, obwohl auch ihre Erwerbungen während des Interregnums keinesfalls alle rechtlich zweifelsfrei waren. Bereits in den Wahlverhandlungen dürfte Rudolf sich dazu verpflichtet haben, die erreichten Besitzstände anzuerkennen, wobei anfechtbare Erwerbungen, wie z. B. das 'Konradinische Erbe' an den Pfalzgrafen, von ihm und den Mitkurfürsten nochmals in besonderen Bestätigungsurkunden verbrieft wurden.[29]

Die allgemeine Durchsetzung wurde durch den Umstand erschwert, daß im Reich keine gesicherte Informationsbasis über die während des Interregnums erfolgten, potentiell rechtswidrigen Besitzveränderungen existierte. Hieran änderte sich auch dadurch nicht viel, daß König Rudolf wahrscheinlich in den Besitz des 'Reichssteuerverzeichnisses' von 1241[30] gelangt ist,[31] das ihm immerhin einen wertvollen Einblick in den staufischen Güterbestand gewährte.

Negativ fiel weiter ins Gewicht, daß König Rudolf weder über eine zentrale Finanzbehörde, vergleichbar mit dem englischen Schatzamt (Exchequer) oder der französischen Rechenkammer (Chambre des Comptes), noch über regionale Verwaltungsinstitutionen verfügte, die das gesamte Reich erfaßten und die mit der Aufspürung und Einziehung der betroffenen Güter hätten beauftragt werden können.

---

[26] Ergibt sich aus RI VI,1, Nr. 105.

[27] Vgl. ebenda, Nr. 73.

[28] MGH Const. 3, Nr. 72, 60 = Weinrich, Quellen 1250–1500, Nr. 26, 110 f. [mit dt. Übersetzung, hiernach auch das Zitat]. – Vgl. zur weiteren Ausdehnung dieses Prinzips auch auf königliche Verfügungen während des Interregnums unten S. 166.

[29] Vgl. RI VI,1, Nr. 116 und zum 'Konradinischen Erbe' Spindler/Kraus, Behauptung der Teilherzogtümer, 82 f.

[30] Vgl. MGH Const. 3, S. 1–5.

[31] Vgl. hierzu den Entdecker der Quelle, J. Schwalm, Eingangsverzeichnis, 551 f., der bereits Entsprechendes vermutete, sowie Metz, Güterverzeichnisse, 98 ff.

Allenfalls konnte er auf die ehemals staufische Verwaltung des Haus und Königsgutes in der Form der Prokurationen zurückzugreifen, di allerdings den Untergang der staufischen Dynastie nicht als Institution sondern wohl nur in der Form allgemeiner Erinnerungen an die staufisch Verwaltungspraxis überdauert hatten. Vielleicht knüpfte Rudolf in Grundsatz an entsprechende Traditionen an. Unter dem Eindruck gewan delter Verhältnisse ist dabei allerdings eine Verwaltungsneuerung ent standen, die auch für spätere Könige noch erhebliche Bedeutung habe sollte[32]: die Einrichtung von Landvogteien.[33] Hierbei handelte es sich un die administrative Zusammenfassung von Reichsgutkomplexen – meis ohne feste Grenzen –, die unter der Leitung eines königlichen Beauftrag ten (Landvogt, lat. *advocatus terre,* auch *advocatus* bzw. *iudex provincialis* standen. Im Laufe der Regierungszeit König Rudolfs wurde ein Großtei des Reichsguts im schwäbisch-fränkischen Raum – mit Ausnahme de Burggrafschaft Nürnberg – in dieser Weise neu organisiert und in entspre chende Reichslandvogteien aufgeteilt. Der Landvogt, der an der Spitze dieser neuen Verwaltungseinheiten stand, übte als Stellvertreter des Kö nigs königliche Rechte in seinem Amtsbereich aus. Hierzu gehörten nich nur die Einziehung von Abgaben und die Bestellung von Amtleuten, son dern auch die Ausübung des Geleitsrechtes und des Kloster- und Juden schutzes bis hin zur Friedenssicherung und zum militärischen Aufgebot Der Landvogt war somit, gestützt auf die personelle und materielle Sub stanz des Reichsguts und seine Kenntnis der regionalen Verhältnisse, be stens dazu in der Lage, auch Revindikationsansprüche innerhalb seine Bereichs wie auch gegen benachbarte Territorialherren durchzusetzen. Zu Landvögten bestellte Rudolf Verwandte und Vertraute aus dem Kreis gräflicher und freiherrlicher Familien, die mit ihren Gütern in den 'königs nahen' und 'königsoffenen' Landschaften des Reiches angesessen waren Diese Bestellung begründete jedoch keinen dauerhaften lehnrechtliche Status, sondern eher ein Amtsverhältnis, das vom König durch den Entzu der Landvogtei jederzeit widerrufen werden konnte.

Ein wichtiges Herrschaftssubstrat, auf das sich der Landvogt im Rah men seiner Revindikations- oder Friedenssicherungspolitik stützen konnte bildeten die in der Salier- und Stauferzeit zum Schutz des Reichsguts an gelegten Burgen, die sich noch immer in der Hand von Reichsministeria len befanden. Die Pflicht zur Bewachung, Wartung und Verteidigung de Burg (Burghut) dürfte wohl ursprünglich auf der persönlichen Unfreihei der königlichen Dienstmannen beruht haben, wobei der materielle Le

---

[32] Hierauf weist mit Recht Schubert, König, 192 f. (mit Beispielen) hin.

[33] Vgl. zur Institution der Landvogtei zusammenfassend F. Schwind, Art. 'Land vogt, -vogtei', in: LexMA 5 (1991), Sp. 1681 f. (mit Lit.)

ensunterhalt dieser 'Burgmannen' (*castrenses*), wie sie seit dem 13. Jahrhundert genannt wurden, zunächst aus 'Dienstgütern' gedeckt wurde, die n der Nähe der Burg gelegen waren. Die Emanzipation der Reichsdienstmannen von der königlichen Dienstherrengewalt zeigte sich zur Zeit König Rudolfs bereits darin, daß inzwischen die Erträge aus den ehemaligen Dienstgütern zu 'Burglehen' und die Burgmannen zu königlichen Vasallen geworden waren. Das Burglehen wurde jetzt als eine Art Rentenlehen aufgefaßt, das dem Burgmann als Gegenleistung für die von ihm zu erbringende Burghut in Form einer festen Geldsumme verliehen wurde.[34]

Eine weitere wichtige Stütze im Rahmen der königlichen Landfriedens- und Revindikationspolitik bildeten schließlich die ehemaligen, auf staufichem Hausgut oder Reichsgut errichteten königlichen Städte, die allerdings im Laufe des Interregnums zunehmende Eigenständigkeit von der königlichen Herrschaftsgewalt erlangt hatten, was sich auch in der seit Rudolf von Habsburg üblich werdenden neuen Bezeichnung als 'Reichsstädte' (*civitates imperii*) niedergeschlagen hat. Trotz des geschwundenen Einflusses auf die innerstädtischen Verhältnisse wurde die Position des Königs als Stadtherr jedoch nicht grundsätzlich in Frage gestellt, so daß dem Reichsoberhaupt doch ein gewisser, in seinem Ausmaß allerdings umstrittener Spielraum verblieb, neben dem militärischen Potential vor allem auch die Finanzkraft der Städte im Rahmen der königlichen Herrschaftspolitik heranzuziehen.

Betrachtet man vor diesem Hintergrund die Umsetzung der königlichen Revindikationspolitik in der rauhen Alltagspraxis, so ist zunächst einmal festzuhalten, daß sich Rudolf auch dieser Aufgabe mit großer Energie und Tatkraft angenommen hat. Hiervon zeugen zahlreiche königliche Anweisungen und Einzelmaßnahmen, die von Vergleichen, Schiedsvereinbarungen bis hin zu militärischen Konflikten mit den betroffenen Herrschaftsträgern reichen. Dabei läßt allerdings auch gerade die Fülle dieser oft lokal begrenzten Einzelaktionen ahnen, wie mühselig es war, Besitzveränderungen wieder rückgängig zu machen, die ja nicht alle durch offenkundiges und für jedermann einsichtiges Unrecht entstanden waren.

Der Erfolg der königlichen Maßnahmen ist daher – auch mit Rücksicht auf die unbefriedigende Quellenlage – in seinem Umfang schwer abzuschätzen. An den geschilderten Umständen gemessen, scheint er aber bereits in den Anfangsjahren der Regierungszeit Rudolfs durchaus respektabel gewesen zu sein. So gelang es dem Habsburger wohl schon auf seinen ersten Reisen, die ihn von Aachen rheinaufwärts bis Basel und Zürich und im Frühjahr 1274 nach Franken und Schwaben führten, zahlreiche königliche Städ-

---

[34] Zu den Reichsburglehen vgl. Krieger, Lehnshoheit, 58 ff. sowie Rödel, Reichslehenswesen, 393 ff.

te, die während des Interregnums unter fremde Herrschaft geraten waren wieder an sich zu ziehen.[35] Das gleiche gilt auch für andere Güter und Rechte des Reiches, wie etwa die Vogteien über die Stadt Augsburg und das Hochstift Chur.[36] Diese energische Revindikationspolitik scheint auch auf manchen Chronisten Eindruck gemacht zu haben, etwa wenn behauptet wurde, daß Rudolf „überall die Herrschaft über das Reichsgut erlangt"[37] habe, wobei ein Teil der Usurpatoren „aus Furcht vor den Drohungen des Königs", andere „von den königlichen Amtsträgern gezwungen" am Ende das unrechtmäßig Besessene herausgegeben hätten.[38]

Völlig anders lagen dagegen die Verhältnisse in den 'königsfernen' nördlichen Regionen des Reiches.[39] Für eine mögliche Revindikationspolitik im Norden boten sich für Rudolf zunächst die Kontakte an, die er bereits bei seiner Wahl mit den sächsischen und brandenburgischen Kurfürsten aus dem Hause der Askanier knüpfen konnte, die beide ihn nicht nur gewählt, sondern auch an der Wahl und Krönung persönlich teilgenommen hatten.

Gute Beziehungen konnte Rudolf zunächst allerdings nur mit dem sächsischen Kurfürsten Albrecht II. herstellen, der noch am Krönungstag Rudolfs Tochter Agnes geheiratet hatte. Im Gegensatz hierzu ging der brandenburgische Inhaber der Kurstimme, Markgraf Johann II., gegenüber Rudolf spürbar auf Distanz, um dann während der großen Auseinandersetzung mit Ottokar sogar offen die Partei des Böhmenkönigs zu ergreifen. Die Gründe für dieses Verhalten sind zum einen vielleicht in einer gewissen Enttäuschung darüber zu sehen, daß Rudolf die brandenburgische Stimmabgabe bei der Wahl nicht entsprechend honorierte. Zum anderen führte aber wohl auch Rudolfs Werben um die Stadt Lübeck, die sich als Ansatzpunkt für seine Revindikationspolitik anbot, zu einer wachsenden Verstimmung mit den brandenburgischen Markgrafen, da diese in ihrem Bestreben, Einfluß auf die aufstrebende Stadt zu erlangen, in einen scharfen politischen Gegensatz zu Lübeck geraten waren und sich nun durch die Politik Rudolfs desavouiert fühlten. Da Rudolf entschlossen war, die Interessen der Stadt Lübeck – auch gegen Brandenburg – zu wahren,[40] bot er

---

[35] Vgl. hierzu im einzelnen Martin, Städtepolitik, 23 ff., 102 ff.

[36] Vgl. hierzu Redlich, Rudolf, 451 ff.; Colberg, Reichsreform, 117 ff.

[37] Zweite (schwäbische) Fortsetzung der Kaiserchronik, 415.

[38] Johannes von Viktring I, 269.

[39] Vgl. hierzu Vogtherr, Norddeutschland, 139 ff., bes. 152 ff.

[40] Die Stadt erhielt bereits im November 1274 eine umfassende Bestätigung aller vor der Absetzung Kaiser Friedrichs II. erhaltenen Privilegien sowie die Zusicherung, sie nie zu verpfänden, sondern ihre Bürger als „besondere Zöglinge des Reiches" (*speciales alumnos imperii*) zu halten; vgl. RI VI,1, Nr. 255.

sich aus seiner Sicht an, im Rahmen der Revindikationspolitik in den nördlichen Regionen zunächst auf die Herzöge von Sachsen und Braunschweig zu setzen. So unterstellte er im Jahre 1277 die Städte Lübeck, Goslar, Mühlhausen und Nordhausen sowie das gesamte Reichsgut in Thüringen, Sachsen und 'Slavien' den Herzögen Albrecht II. von Sachsen und Albrecht I. von Braunschweig, die diese Städte und Besitzungen in seinem und des Reiches Namen regieren sollten. Außerdem wurden die Genannten dazu ermächtigt, in den angesprochenen Gebieten im Namen des Königs die Gerichtsbarkeit auszuüben und alle dem Reich entfremdeten Ministerialen, Eigenleute, Vasallen, Besitzungen, Einkünfte und Rechte wieder an das Reich zurückzubringen.[41] Während es sich bei den Landvögten im Süden um enge Vertraute, meist sogar um Verwandte König Rudolfs aus edelfreien Familien handelte, wurden hier mächtige Territorialherren, die zudem im Gegensatz zu den Landvögten auch noch richterliche Kompetenzen besaßen, nicht nur mit der Verwaltung der Reichsbesitzungen, sondern auch mit der Durchführung der Revindikationen betraut. Es verwundert daher kaum, daß sich die Kontrollmöglichkeiten des Königs in engen Grenzen hielten, so daß bis zum Tode Herzog Albrechts I. von Braunschweig im Jahre 1279 keinerlei greifbare Ergebnisse bekannt geworden sind. Obwohl Rudolf in der Folgezeit von den Dauerquerelen zwischen der johanneischen und ottonischen Linie im Brandenburger Fürstenhaus profitieren konnte und im Jahre 1280 die Brüder der johanneischen Linie mit der Nachfolge des Braunschweiger Herzogs betraute,[42] zeigte sich doch keinerlei Fortschritt. Im Gegenteil: Da die Stadt Lübeck jegliche Zusammenarbeit mit den Brandenburgern verweigerte, sah sich Rudolf bald darauf genötigt, die Statthalterschaft der Brandenburger zugunsten des jüngeren Bruders Herzog Albrechts von Sachsen, Johann, zu widerrufen.[43] Am fehlenden Interesse der Statthalter, sich ernsthaft für die Revindikation der Reichsrechte im Norden zu engagieren, änderte allerdings auch diese Entscheidung nichts.

Energischer scheint dagegen Graf Heinrich von Luxemburg, den König Rudolf – ähnlich wie die sächsischen Herzöge und die Markgrafen von Brandenburg – mit dem Vikariat über Stadt und Diözese Cambrai beauftragt hatte, die Interessen des Königs vertreten zu haben, da sich das Domkapitel von Cambrai wegen der Revindikationspolitik des Grafen bei Rudolf beschwerte.[44] Greifbare Ergebnisse sind allerdings auch hier nicht bekannt geworden.

---

[41] MGH Const. 3, Nr. 180, 165.
[42] RI VI,1, Nr. 1219.
[43] Ebenda, Nr. 1653.
[44] Ebenda, Nrn. 1122 und 1630.

Im Zusammenhang mit der Revindikationspolitik ist auch der Versuch Rudolfs zu sehen, gleich zu Beginn seiner Regierungszeit das früher geübte königliche Gastungsrecht wiederzubeleben, das neben der kurzfristigen Beherbergung des umherreisenden Königs vor allem die Ausrichtung länger andauernder Hoftage in den Bischofsstädten einschloß, was allerdings nach anfänglichen Zugeständnissen auf den erbitterten Widerstand der betroffenen geistlichen Fürsten stieß. Der Konflikt hat sich in den überlieferten Quellen kaum niedergeschlagen, da es Rudolf offensichtlich bald gelang, mit den Bischöfen eine Lösung im Konsens zu finden und die meist prohabsburgisch gesinnten geistlichen Geschichtsschreiber das peinliche Thema, wenn sie von ihm überhaupt Kenntnis erlangten, aussparten. Die schwere Verstimmung zwischen Rudolf und den geistlichen Fürsten läßt sich allerdings – wie bereits die ältere Forschung herausgearbeitet hat[45] – indirekt erschließen. So fällt zunächst auf, daß Rudolf während seiner Reisen ab Januar 1274 bis zum Nürnberger Hoftag im November des gleichen Jahres die Bischofsstädte weitgehend mied. Hatte der Speyerer Bischof noch Ende 1273 der Ausrichtung des Hoftags in seiner Stadt zugestimmt, mehrten sich seit Ende Januar 1274 die Anzeichen dafür, daß die betroffenen Bischöfe nicht gewillt waren, die Erneuerung dieser königlichen Ansprüche, die als bedrückend empfunden wurden, weiter hinzunehmen. Dies wird besonders durch den Umstand deutlich, daß sich Rudolf nach offensichtlich ergebnislosen Verhandlungen mit den Bischöfen von Augsburg und Konstanz gezwungen sah, seinen Königsumritt nicht, wie es nahelag, über Konstanz und Augsburg nach Bayern und Franken fortzusetzen, sondern in ungewöhnlicher Weise zu variieren. So entschloß er sich, im wesentlichen den gleichen Weg, den er gekommen war, über Basel und Hagenau rheinaufwärts bis Oppenheim zurückzureiten, um von dort aus dann nach Franken zu gelangen, wobei es auch kaum auf einem Zufall beruhen dürfte, daß für den nächsten Hoftag nicht eine Bischofsstadt, sondern die Reichsstadt Nürnberg vorgesehen wurde. Dazu kommt, daß in dieser Zeit keinerlei Gunsterweise oder Privilegienbestätigungen an Bischöfe nachweisbar sind, während umgekehrt mehrere, den Interessen der bischöflichen Stadtherren zuwiderlaufende königliche Privilegienvergabungen und -bestätigungen an die bischöflichen Städte ins Auge fallen.[46] Es scheint also, daß Rudolf auf den Widerstand der geistlichen Fürsten mit einer demonstrativen Begünstigung der Städte reagiert

---

[45] Vgl. hierzu bereits Ficker, Entstehungszeit, 816 ff., dem sich auch Redlich, Anfänge, 376–381, 384 f.; ders., RI VI,1, Nr. 261; ders., Rudolf, 218–222, 233 f. angeschlossen hat.

[46] Vgl. z. B. RI VI,1, Nrn. 93 (Konstanz), 118–120, 256 (Köln), 174, 175 (Basel) und außerdem die weiteren Beispiele bei Redlich, Anfänge, 379 ff.

at, die ihrerseits offensichtlich gerne die sich ihnen bietende Gelegenheit
ergriffen, sich von der Herrschaft ihres Stadtherrn zu emanzipieren, und
dafür auch bereit waren, finanzielle Opfer in der Form besonderer, dem
König zugestandener Steuern zu erbringen.[47] Die Tatsache, daß auf dem
Hoftag in Nürnberg dann in Anwesenheit zahlreicher Bischöfe beschlossen wurde, den nächsten Hoftag in der Bischofsstadt Würzburg abzuhalten
und andererseits König Rudolf den geistlichen Fürsten das umfassende
Privileg Kaiser Friedrichs II. vom Jahre 1220 mit seinen städtefeindlichen
Bestimmungen erneuerte,[48] legt den Schluß nahe, daß die Politik Rudolfs
Wirkung zeigte und die Bischöfe für die Bestätigung ihrer Privilegien
ihren Widerstand gegen das königliche Gastungsrecht aufgaben.[49]

3. Der Kampf gegen König Ottokar von Böhmen

a) Juristische, politische und militärische Vorbereitungen

Nach wie vor aber harrte das Hauptproblem der Lösung, die Klärung des
Verhältnisses zu dem mächtigen König Ottokar von Böhmen. Trotz der
päpstlichen Entscheidung zugunsten Rudolfs weigerte sich Ottokar immer
noch, Rudolf als König anzuerkennen. Die Gründe hierfür lagen nicht zuletzt darin, daß sich Ottokars Besitzstand in den österreichischen Ländern
als Hauptziel der königlichen Revindikationsmaßnahmen anbot, da dieser
ja in den Augen des Habsburgers und der übrigen Kurfürsten auf keiner
tragfähigen Rechtsgrundlage beruhte. So dürfte der Böhmenkönig wohl
schon unmittelbar nach dem Grundsatzbeschluß auf dem Hoftag in Speyer
mit entsprechenden Forderungen Rudolfs nach Rückgabe der österreichischen Länder konfrontiert worden sein. Freie Hand, gegen ihn massiv
vorzugehen, erhielt Rudolf jedoch erst, als Papst Gregor im September
1274 trotz des böhmischen Protestes sein Königtum anerkannte. Da Ottokar im Vertrauen auf seine Stärke nicht nur die Rückgabe der geforderten
Länder ablehnte, sondern nach wie vor Rudolf die Anerkennung als König
verweigerte, brachte er sich immer mehr in eine juristisch und politisch
gleichermaßen ungünstige Position. Als er sich zudem auch gegenüber den
päpstlichen Vermittlungsangeboten wenig aufgeschlossen zeigte, hielt der
Habsburger den Zeitpunkt für gekommen, im förmlichen Rechtsverfah-

---

[47] Vgl. hierzu unten S. 185 ff.
[48] RI VI,1, Nr. 261 (mit zusammenfassendem Kommentar Redlichs).
[49] Vgl. hierzu auch die bereits von Ficker, Entstehungszeit, 816 ff. in diesem Zusammenhang herangezogene Schwabenspiegelstelle Landrecht 137a.

ren[50] auf dem Nürnberger Hoftag von 1274 die Weichen für das weitere Vorgehen zu stellen. Auf die Frage Rudolfs, wer Richter sein solle, wenn der König „wegen Reichsgütern sowie anderer ihm und dem Reich zugefügter Rechtsverletzungen gegen einen Reichsfürsten eine Klage vorzubringen habe", wurde durch Urteilsspruch entschieden, daß in diesem Falle der Pfalzgraf bei Rhein schon von alters her zum Richteramt berufen sei. Nachdem daraufhin der Pfalzgraf den Gerichtsvorsitz übernommen hatte, ließ Rudolf anfragen, wie er als König von Rechts wegen mit den Gütern, die Kaiser Friedrich II. vor seiner Absetzung unbestritten besessen habe, sowie mit anderen, dem Reich heimgefallenen, aber gewaltsam entzogenen Besitzungen verfahren könne und müsse. Darauf wurde geurteilt, daß der König sich dieser Güter bemächtigen und sie – auch gegen den Widerstand der Betroffenen – in seine Gewalt zurückbringen solle.[51]

Wenn auch klar war, gegen wen sich diese Ermächtigung vor allem richtete, war doch Ottokars Name im Zusammenhang mit den Urteilssprüchen bisher noch nicht genannt worden. Die Weigerung des Přemysliden, Rudolf trotz erfolgter päpstlicher Approbation als König anzuerkennen, eröffnete letzterem jedoch eine weitere Möglichkeit, gegen seinen Widersacher auf dem Rechtswege vorzugehen. Denn nun ließ Rudolf auf der gleichen Versammlung anfragen, was im Falle des Böhmenkönigs rechtens sei, der bisher aus Ungehorsam seine Lehen vom römischen König weder erbeten noch empfangen habe, obwohl die Krönung in Aachen bereits länger als 'Jahr und Tag'[52] zurückliege. Hierauf erging das Urteil, daß „wer auch immer es ohne Rechtsgrund, aus Nachlässigkeit oder Ungehorsam binnen 'Jahr und Tag' versäume, für seine Lehen um Belehnung zu bitten, nach Ablauf dieser Frist ohne weiteres sein Recht auf alle diese Lehen verloren habe".[53] Auf die weitere Frage nach dem konkreten prozessualen Vorgehen gegen den Böhmenkönig wurde entschieden, daß dieser vom Pfalzgrafen durch einen Edlen mit einer insgesamt neunwöchigen Frist auf einen neuen Reichstag in Würzburg vorzuladen sei, wo ihm Gelegenheit zur Rechtfertigung gegeben werden solle.[54]

---

[50] Vgl. hierzu v. Zeißberg, Rechtsverfahren, 1 ff.; Redlich, Anfänge, 382 ff.; ders., Rudolf, 232 ff.; Battenberg, Herrschaft, bes. 30–52 (mit weiterer Lit.).

[51] MGH Const. 3, Nr. 72 (1) und (2), 59 = Urkundenregesten Hofgericht 3, Nr. 32, 24 f. [Reg. mit starker Anlehnung an den lat. Originaltext; hiernach auch die oben in dt. Übersetzung wiedergegebenen Zitate].

[52] Zur Frist von 'Jahr und Tag' vgl. Krieger, Lehnshoheit, 437, Anm. 261.

[53] MGH Const. 3, Nr. 72 (3), 60: *Et sentenciatum fuit ... quod quicumque sine causa legitima per negligenciam vel contumaciam per annum et diem steterit, quod de feodis suis non pecierit infeodari, ipso lapsu temporis cecidit a iure omnium feodorum suorum.*

[54] Ebenda, Nr. 72 (4), 60.

Mit der von Rudolf gewählten Taktik[55] wurde ein zweites lehnrecht-
liches Verfahren eingeleitet, das nicht nur günstigere Erfolgsaussichten
versprach,[56] sondern dem gesamten Prozeß eine neue juristische Dimension verlieh. Denn nun drohte Ottokar nicht nur der Verlust der rechtlich
problematisch erworbenen österreichischen Länder, jetzt ging es auch um
seine übrigen Reichslehen, das heißt die Stammländer Böhmen und Mäh-
en mit der Kurwürde und dem Schenkenamt, und damit um seine politische Existenz schlechthin. Doch im Vertrauen auf seine Machtstellung
hielt der Přemyslide auch in der Folgezeit an seiner bisherigen Politik fest
und beklagte sich bei Papst Gregor über die in Nürnberg gefaßten Be-
schlüsse.[57] Nachdem er auf dem Hoftag von Würzburg nicht erschienen
war, schickte er zwar zu einem weiteren, im Mai 1275 in Augsburg eröffneten Tag unter der Führung des Bischofs Wernhard von Seckau eine Gesandtschaft, die sich jedoch nicht in das Verfahren einlassen sollte, sondern
lediglich den Auftrag hatte, nochmals den böhmischen Rechtsstandpunkt
darzulegen. Nach der Schilderung des steirischen Reimchronisten ent-
ledigte sich der Bischof dieser Aufgabe, indem er in einer provozierenden
Rede in lateinischer Sprache, die von den Laien nicht verstanden wurde,
Rudolfs Wahl und die kurfürstlichen Wähler angriff und dabei sogar behauptete, daß Rudolf zur Zeit seiner Wahl (noch) im Kirchenbann gewesen sei. Die anwesenden Laien seien hierüber so empört gewesen, daß sie
den Bischof an Leib und Leben bedroht hätten, so daß sich der König genötigt gesehen habe, die Gesandtschaft unter seinen besonderen Schutz zu
stellen.[58] Die Folge war, daß auf dem gleichen Hoftag dem Böhmenkönig

[55] Als Vorbild dürften die unter König Wilhelm von Holland im Jahre 1252 verkündeten Hofgerichtssprüche über die Folgen des verweigerten Lehensempfangs
für Reichsvasallen allgemein und im besonderen für die Gräfin Margarete von
Flandern gedient haben; vgl. MGH Const. 2, Nr. 359, 466 f.

[56] Während man über die Rechtmäßigkeit der Revindikationsforderungen – zumindest was die Herzogtümer Österreich und Steiermark angeht – insofern strei-
ten konnte, als Ottokar ja auf die (allerdings nicht persönliche) Belehnung König
Richards von 1262 VIII 6 verweisen konnte (vgl. RI V,1, Nr. 5399 und zur Sache Kusternig, Probleme, 234 f.), gehörte die Pflicht des Vasallen, binnen Jahr und Tag vom
Herrn die Belehnung zu erbitten, zu den fundamentalen, allgemein anerkannten Le-
henspflichten, deren Nichteinhaltung sowohl nach den Rechtsbüchern als auch in
der Praxis grundsätzlich den Verlust der betroffenen Lehen nach sich ziehen konnte; vgl. hierzu K. Kroeschell, Art. 'Mutung', in: LexMA 6 (1993), Sp. 976 und zum
Reichslehnrecht ausführlich auch Krieger, Lehnshoheit, 426 ff., 437 ff., 439 f.

[57] Emler, Regesta 2, 946 ff.

[58] Vgl. Ottokars österreichische Reimchronik 1, 173 f. – Hiernach soll König Rudolf sich gegenüber dem Bischof mit deutlichen Worten dagegen verwahrt haben,
Laien in lateinischer Sprache anzusprechen. Dies wurde offensichtlich später von

alle Reichslehen einschließlich des Schenkenamts und der österreichischen Länder als dem Reiche heimgefallen aberkannt wurden.[59] Außerdem dürfte kurz danach, jedenfalls noch vor Ende September 1275,[60] auch die Reichsacht über den Widerspenstigen verhängt worden sein.[61]

Das Vorgehen Rudolfs erinnert sowohl von seiner Interessenkonstellation als auch vom Ablauf her stark an die typische Form des 'politischen Prozesses' im Mittelalter, in dem elementare Interessengegensätze zwischen dem König und mächtigen Territorialherren aufeinanderprallten und regelmäßig im Rahmen eines streng formalen Verfahrens als Kontumazprozeß (Nichteinlassung des Angeklagten vor Gericht mit nachfolgendem Säumnisurteil) ausgetragen wurden.[62] Wie bei entsprechenden, aus dem Hochmittelalter bekannten Fällen war allerdings auch bei dieser Auseinandersetzung das förmliche Prozeßverfahren nur *eine* Variante der Konfliktaustragung. Auch hier traten andere Formen, wie der Versuch, in

Johannes von Viktring aufgegriffen, der nun behauptete, daß Rudolf auf seinen Hoftagen ein Dekret erlassen habe, wonach Privilegien in der Volkssprache geschrieben werden sollten, da die Schwierigkeit der lateinischen Sprache in der Vergangenheit zu Irrtümern, Zweifeln und zu Täuschungen der Laien geführt habe (vgl. Johann von Viktring I, 221). Wenn Rudolf wirklich eine solche Anordnung getroffen haben sollte, wurde sie in der Praxis kaum umgesetzt. Abgesehen von wenigen Urkunden an Städte, die meist von den Empfängern ausgefertigt waren, beharrte die königliche Kanzlei nach wie vor im allgemeinen auf der lateinischen Schriftsprache, so daß sich auch mögliche Modernisierungstendenzen, die hiervon hätten ausgehen können, in Grenzen hielten.

[59] Vgl. ebenda, 174 sowie die in RI VI,1, Nr. 372a aufgeführten weiteren Quellenzeugnisse.

[60] Dies ergibt sich aus einem allerdings nur als Formular erhaltenen Schreiben König Rudolfs an Herzog Heinrich von Bayern, in dem Ottokar als offenbarer Feind des Reiches bezeichnet wird, der in der königlichen Acht verharre (*cum manifestus sit hostis imperii et in proscriptione regia perseveret*); vgl. RI VI,1, Nr. 434 und Urkundenregesten Hofgericht 3, Nr. 61.

[61] Wenn auch das Faktum der Verhängung der Reichsacht an sich, da es quellenmäßig ausdrücklich bezeugt ist (vgl. z.B. Anm. 60), kaum angezweifelt werden kann, ist doch der Ablauf des Achtverfahrens sowie die Frage, ob neben der Acht nach einem Jahr auch die Oberacht verhängt wurde, in der Forschung umstritten; vgl. hierzu im einzelnen Battenberg, Herrschaft, 39f., 46ff., der gegen die herrschende Lehre davon ausgeht, daß keine Oberacht, sondern lediglich die Reichsacht als Folge notorischen Ungehorsams durch einfache königliche Feststellung – ohne förmliches Verfahren – ausgesprochen worden sei, wobei hier römischrechtliche Vorstellungen von der Vollgewalt königlicher Macht (*plenitudo potestatis*) eine Rolle gespielt hätten.

[62] Vgl. das klassische Werk von H. Mitteis, Politische Prozesse, 5ff.; Battenberg, Herrschaft, passim, sowie zur Definition auch Krieger, Quelle, 67, Anm. 5.

direkten Verhandlungen durch Vermittlung anderer oder im Wege eines schiedsgerichtlichen Verfahrens einen Ausgleich zwischen den Parteien zu erreichen, hinzu,[63] wobei diese außergerichtlichen Versuche der Streitbeilegung keineswegs auf die Zeit vor dem Beginn des förmlichen Rechtsverfahrens beschränkt waren, sondern dieses vielmehr durchaus überlagern, ergänzen oder fortsetzen konnten. Nachdem Ottokar auf die päpstlichen Vermittlungsbemühungen bisher nur ausweichend reagiert hatte,[64] wurde unmittelbar nach dem Hoftag in Augsburg Burggraf Friedrich von Nürnberg mit der Mission betraut, in direkten Verhandlungen mit dem Böhmenkönig doch noch eine einvernehmliche Lösung des Konflikts zu erreichen.[65] Als auch diese Mission scheiterte, schien sich zur militärischen Entscheidung auf dem Schlachtfeld, in der die Zeitgenossen bereit waren, ein Gottesurteil zu sehen, keine Alternative mehr anzubieten.

Sowohl Rudolf als auch Ottokar hatten schon früh versucht, für den Fall einer militärischen Konfrontation möglichst günstige Ausgangsbedingungen zu schaffen. Dabei profitierte Rudolf davon, daß Ottokar vor allem in den österreichischen Ländern seit der Mitte der sechziger Jahre den Konsens mit dem einheimischen Adel aufgekündigt[66] und mit der Änderung der Gerichtsverfassung von 1254[67] immer deutlicher autoritäre Herrschaftsformen an den Tag gelegt hatte. Denn nun sah manch Unzufriedener in dem sich verschärfenden Konflikt zwischen dem eigenen Landesherrn und der Reichsgewalt eine willkommene Gelegenheit, sich von der übermächtig werdenden Herrschaft des „goldenen Königs" zu emanzipieren. So berichtet der Colmarer Chronist, daß bereits kurz nach der Krönung Rudolfs unter der Herrschaft Ottokars stehende Adlige sich an den neuen König mit der Bitte gewandt hätten, er möge „in ihr Gebiet kommen: sie wollten die zum Reiche gehörigen Lande, welche der König von Böhmen durch Gewalt in Händen habe, seiner Herrschaft unterwerfen".[68]

---

[63] Mit Recht hat die neuere Forschung diesen Gesichtspunkt wieder mehr in das allgemeine Bewußtsein gerückt; vgl. hierzu bereits U. Rödel, Königliche Gerichtsbarkeit, 153–183 und neuerdings vor allem Althoff, Spielregeln, 7f., 21–153, bes. 85–98 [speziell zum Konflikt zwischen Rudolf von Habsburg und Ottokar]; ders. (Hrsg.), Formen und Funktionen, passim sowie Kamp, Vermittler, passim; Kaufhold, Dt. Interregnum, 357–401 [zum Konflikt zwischen Rudolf von Habsburg und Ottokar].

[64] Vgl. hierzu Hoensch, Přemysl Otakar II., 210.

[65] RI VI,1, Nr. 379a.

[66] Vgl. Weltin, Landesherr, 159–225, bes. 168ff., 186ff., 197ff., 215ff.

[67] Vgl. ebenda, 199ff. 176ff.

[68] Vgl. Chronicon Colmariense, 245 [dt. Übersetzung zit. nach Pabst, Annalen, 134].

Auf dem Nürnberger Hoftag von 1274 war außerdem die schon vorher abgesprochene Heiratsverbindung zwischen Rudolfs Sohn Albrecht und Elisabeth von Görz-Tirol in die Tat umgesetzt worden. Hierdurch wurden die beiden mächtigen Grafen Meinhard und Albrecht von Görz-Tirol als Bundesgenossen gewonnen, deren Machtzentrum im südöstlichen Alpenraum, in unmittelbarer Nachbarschaft Kärntens, erhebliche strategische Bedeutung bei einem militärischen Konflikt mit Ottokar erlangen konnte, wobei vor allem Graf Meinhard von Tirol in der Zukunft für Rudolf eine wichtige Rolle als enger Vertrauter und Kampfgefährte spielen sollte.[69] Dazu gelang es Rudolf, die Spannungen zwischen Ottokar und dem 1273 gewählten Patriarchen von Aquileja, Raimund della Torre, zu nutzen. Raimund erkannte Rudolf nicht nur als König an, sondern wies ein Freundschafts- und Bündnisangebot des Böhmenkönigs zurück und forderte diesen noch zusätzlich heraus, indem er unter Androhung der Exkommunikation von allen Amtsträgern in den Besitzungen innerhalb des Patriarchats, die unter Ottokars Herrschaft als Herzog von Kärnten standen, den Vasalleneid einforderte. Endlich trug Rudolf zu einer weiteren Destabilisierung der Stellung Ottokars im südöstlichen Alpenraum bei, indem er am 27. Februar 1275 Philipp von Spanheim, den Bruder des letzten Kärntner Herzogs, der von Ottokar mit dem Titel eines Statthalters von Kärnten (*perpetuus capitaneus Karinthie*) ohne wirkliche Macht abgefunden worden war, feierlich mit dem Herzogtum Kärnten belehnte, wenn auch abzusehen war, daß Philipp aus eigener Kraft nicht in der Lage sein werde, seinen Herrschaftsanspruch in der Realität durchzusetzen.[70] Als weiterer wichtiger Bundesgenosse bot sich für Rudolf der Salzburger Erzbischof Friedrich von Walchen[71] an. Dieser hatte zwar seit seiner Wahl (1270) mit Ottokar zunächst noch relativ gute Beziehungen unterhalten, da der Böhmenkönig ihm in dieser Zeit noch sowohl gegen seine aufsässigen Ministerialen als auch gegenüber Herzog Heinrich von Niederbayern den Rücken gestärkt hatte. Erst als Ottokar mit Herzog Heinrich Frieden schloß (Januar 1273) und damit „das alte Bündnis mit dem Erzstift Salzburg und den bayerischen Bischöfen opferte", scheint es zum Bruch gekommen zu sein, als dessen Folge der Erzbischof in das Lager des neugewählten Königs Rudolf getrieben wurde.[72] Im Januar 1274 nahm

---

[69] Vgl. zu ihm Wiesflecker, Meinhard II., passim und neuerdings den Katalogband Eines Fürsten Traum: Meinhard II., das Werden Tirols, Dorf Tirol 1995.

[70] RI VI,1, Nr. 332.

[71] Vgl. zu ihm Wiedl, Friedrich II., 127–146; F. Ortner, Art. 'Friedrich von Walchen', in: Gatz, 667f.

[72] Zu dieser von den Darstellungen in der älteren Forschung abweichenden Sichtweise vgl. Dopsch, Přemysl Ottokar, 493ff., bes. 500 (hier auch das Zitat).

Erzbischof Friedrich mit Rudolf erste Kontakte auf,[73] um diesen dann auf
seiner Rückreise vom Konzil von Lyon, begleitet von seinen Suffraganen,
den Bischöfen von Regensburg und Passau, in Hagenau persönlich aufzusuchen. Dabei empfingen alle Kirchenfürsten nicht nur ihre Regalien, sondern erhielten von Rudolf auch Hilfszusagen gegen ihre Gegner und
schließlich auch die Vollmacht, mit Adel und Städten in den österreichischen Herzogtümern Verhandlungen aufzunehmen, um sie zum Abfall von
der böhmischen Herrschaft zu bewegen.[74] Vor allem Erzbischof Friedrich
nahm sich dieser Aufgabe nach seiner Rückkehr mit Feuereifer an, indem
er nicht nur Botschaften aussandte, sondern im Oktober 1274 auch selbst
nach Kärnten reiste, um für König Rudolf zu werben.

Alle diese Aktivitäten waren auch König Ottokar nicht gänzlich verbor-
gen geblieben, wenn er auch den Parteiwechsel des Salzburger Erzbischofs
und die sich daran knüpfenden Folgen wohl erst allmählich in ihrem vollen Ausmaß erkannt haben dürfte. Als sich jedoch die Gefährdung seiner
Herrschaft in den österreichischen Ländern konkreter abzuzeichnen begann, reagierte der Böhmenkönig auf diese Herausforderung mit entschlossenen Gegenmaßnahmen, indem er persönliche Präsenz in den betroffenen Gebieten zeigte, die Besatzungen in den Burgen und Städten
verstärkte und zugleich mit politischem und militärischem Druck gegen
die als unzuverlässig geltenden Adligen vorging, die zum Teil auch genötigt wurden, Geiseln als Garanten ihres künftigen Wohlverhaltens zu
stellen. Spätestens im November 1274, als König Rudolf die Salzburger
Ministerialen und Suffragankirchen davor warnte, den Bedrängern des
Salzburger Erzstifts, „die gegen ihn und das Reich rebellierten", beizustehen,[75] richtete sich der Zorn des Böhmenkönigs auch voll gegen Erzbischof Friedrich, der in der Folgezeit mit ansehen mußte, wie seine
Länder von böhmischen Truppen besetzt und verwüstet wurden.

Daneben setzte auch Ottokar auf diplomatische Mittel, um Rudolf
Schwierigkeiten zu bereiten und selbst Bundesgenossen für die zu erwartende militärische Auseinandersetzung zu gewinnen. Hier empfahl sich zunächst der Versuch, den Bruder des Pfalzgrafen Ludwig, Herzog Heinrich
von Niederbayern, auf die böhmische Seite zu ziehen. Dieser war – vielleicht aus Enttäuschung, daß seine Wahlhilfe nicht entsprechend honoriert
worden war – inzwischen gegenüber Rudolf deutlich auf Distanz gegangen und hatte es bisher auch abgelehnt, seine Lehen zu empfangen. Dies
und die Dauerquerelen mit seinem älteren Bruder, die noch von der Lan-

---

[73] RI VI,1, Nr. 98.
[74] Vgl. ebenda, Nrn. 193, 194 und Redlich, Rudolf, 226 ff.; Dopsch, Přemysl Ottokar, 501.
[75] RI VI,1, Nr. 266.

desteilung herrührten, dürften Heinrich dazu bewogen haben, sich dem ehemaligen Hauptgegner bayerischer Territorialpolitik anzunähern. Da der Wittelsbacher mit seinen niederbayerischen Gebieten den Zugang zum Donauraum kontrollierte, war seine Haltung in einem zukünftigen militärischen Konflikt von entscheidender Bedeutung, so daß natürlich auch König Rudolf ein elementares Interesse daran hatte, den unsicheren Kantonisten als Bundesgenossen zu gewinnen oder wenigstens zur Neutralität zu verpflichten.

Es war wieder die wenig geschickte böhmische Diplomatie, die den von beiden Seiten Umworbenen für einen kurzen, aber entscheidenden Zeitraum in das Lager Rudolfs trieb. Indem nämlich der böhmische Gesandte Wernhard von Seckau auf dem Augsburger Hoftag von 1275 in seiner provozierenden Rede vor allem auch das Verfahren der Kurfürsten bei der Königswahl, und dabei insbesondere die Zulassung des Niederbayern als Wähler, angriff, gab er König Rudolf die Möglichkeit, Heinrich mit der Bestätigung zumindest eines niederbayerischen „Mitkurrechts"[76] wieder an sich zu binden, wobei allerdings auch klar war, daß diese Regelung den Widerstand des Pfalzgrafen Ludwig herausforderte und damit auch nur wenig Chancen haben würde, sich auf Dauer durchzusetzen.[77]

Von beiden Parteien umworben wurde endlich auch ein weiterer mächtiger potentieller Bündnispartner: das Königreich Ungarn.[78] Auch hier hatte König Rudolf von Anfang an die besseren Karten, da das Verhältnis Ungarns zum böhmischen Nachbarn schon seit Ende der fünfziger Jahre durch schwere militärische Konflikte belastet war. Die Auseinanderset-

---

[76] Vgl. hierzu die Urkunde König Rudolfs vom 15. Mai 1275 MGH Const. 3, Nr. 83, 71 f. Wenn hier auch erklärt wird, daß bei der Königswahl Rudolfs „die Stimmen dieser beiden Brüder, der Herzöge von Bayern und Pfalzgrafen bei Rhein, aufgrund des Herzogtums als eine einzige gezählt" worden seien (dt. Übersetzung nach Weinrich, Quellen 1250–1500, 117), so wird doch der Eindruck erweckt, daß die damals anwesenden sieben Wähler Rudolfs sich auch als die alleinigen zur Wahl berechtigten Kurfürsten betrachtet haben. Denn an anderer Stelle der Urkunde wird betont, daß die Wahl „in bezug auf Uns" [König Rudolf] damals von allen Fürsten, die das Wahlrecht hatten, einträchtig durchgeführt worden sei (*Deinde vero electionis tempore apud Franchenfurtte de nobis ab omnibus principibus ius in electione habentibus concorditer celebrate* ...), was den Schluß zuläßt, daß den protestierenden böhmischen Gesandten das Wahlrecht abgesprochen wurde; vgl. hierzu ebenda, 116.

[77] In der Tat verweigerten bereits ein Jahr später beide Brüder der königlichen Urkunde vom 15. Mai 1275 ihre Anerkennung; vgl. Mon. Wittelsbacensia 1, Nr. 123, 296–305.

[78] Zum Folgenden vgl. Redlich, Rudolf, 224, 235 ff., 246 f., 247 f., 270, 280; Hoensch, Přemysl Otakar, 217 f.

zungen gingen dabei zunächst um den Besitz der Steiermark, dann aber auch um strategisch wichtige ungarische Grenzburgen, die Anna, Tochter des 1270 verstorbenen Königs Bela IV., dem Schutze König Ottokars unterstellt hatte, als sie kurz nach dem Tode ihres Vaters mit einigen Getreuen und dem ungarischen Staatsschatz vor dem Nachfolger Belas, Stephan V., in das böhmische Exil geflohen war. Auch nach dem Tode König Stephans (1272) hatte die Vormundschaftsregierung für den erst zehnjährigen Nachfolger Ladislaus IV. die böhmenfeindliche Politik fortgesetzt. Wenn es Ottokar im Jahre 1273 auch gelungen war, mit einem starken Heer weit nach Ungarn vorzustoßen und Preßburg zu erobern, blieb das Problem der Grenzburgen doch weiterhin ungelöst, da der Přemyslide wegen Nachschubmangels und auf die Nachricht von der Wahl Rudolfs den Feldzug ohne formalen Friedensschluß abgebrochen hatte und in seine österreichischen Stammlande zurückgeeilt war. Trotz dieser für Rudolf günstigen Vorbedingungen kamen die schon 1274 aufgenommenen Bündnisverhandlungen, die durch ein Eheprojekt ergänzt werden sollten, nur schleppend voran. Dies lag zum einen daran, daß sich am ungarischen Königshof zwei verfeindete Adelsfraktionen einen erbitterten Machtkampf um die Vormundschaft und den Einfluß auf den unmündigen König Ladislaus lieferten und so das Land zeitweise an den Rand der Anarchie brachten. Zum anderen aber glaubte Rudolf, zu dem geplanten Eheprojekt, wonach seine Tochter Clementia den Bruder des ungarischen Königs, Andreas, heiraten sollte, auch die Zustimmung Papst Gregors einholen zu müssen, der mit Rücksicht auf die zur gleichen Zeit mit Karl von Anjou über die Kurie geführten Heiratsverhandlungen zunächst noch mit einer positiven Antwort zögerte. Außerdem hatte in der Zwischenzeit auch König Ottokar die Gefahr erkannt, die ihm durch ein solches Bündnis drohte, und versuchte nun seinerseits, sich den streitenden Adelsparteien als Partner und Bundesgenosse zu empfehlen. Dies schien ihm auch zeitweilig zu gelingen, als im Juni 1275 der Rudolf zuneigende Oberschatzmeister Joachim Guthkeled mit seinen Anhängern gestürzt wurde. Obwohl kurz zuvor das mit Rudolf abgesprochene Eheprojekt bereits in die Tat umgesetzt worden war, erklärte sich die Gegenpartei im Spätsommer 1275 dazu bereit, mit Ottokar gegen den „Grafen Rudolf, der sich erwählter römischer König nennt", ein Bündnis einzugehen und die Entscheidung über die Grenzburgen einem Schiedsgericht zu überlassen.[79] Die getroffenen Vereinbarungen blieben jedoch Makulatur, da kurze Zeit später die Hofpartei um Joachim Guthkeled ihre alte Machtstellung wieder zurückeroberte und nun das von Rudolf vorgeschlagene Bündnis gegen Ottokar im Juni 1276 akzeptierte, wodurch dem Böhmenkönig im Ernstfall ein Zweifrontenkrieg drohte.

---

[79] Hoensch, Přemysl Otakar II., 215.

Obwohl das formaljuristische Verfahren gegen Ottokar im Jahre 1275 mit der Aberkennung der Lehen und der Verhängung der Reichsacht einen ersten Abschluß gefunden hatte, schien eine militärische Durchsetzung dieses Spruches zu diesem Zeitpunkt erst einmal in weite Ferne gerückt zu sein. Schuld hierfür war zunächst, daß sich Rudolf auf Drängen Papst Gregors inzwischen bindend zur Romfahrt mit dem Ziel der Kaiserkrönung verpflichtet hatte.[80]

Bei den Vorbereitungen hierzu wurde ein anderes Problem deutlich, das die Handlungsfähigkeit Rudolfs erheblich einzuschränken drohte: der für das spätmittelalterliche Königtum typisch werdende chronische Geldmangel, der Rudolf sogar dazu nötigte, sich bei der Kurie in Rom Gelder für das geplante Unternehmen zu leihen.[81] Außerdem nahmen die Spannungen mit den Kurfürsten zu, deren Begeisterung für den Romzug sich in engen Grenzen hielt, zumal einige von ihnen, wie die Erzbischöfe von Köln und Trier, immer noch nicht im Besitz der von Rudolf versprochenen 'Wahlkosten' waren und Rudolf zu entsprechenden Zugeständnissen als Gegenleistung für ihre Teilnahme nötigten.[82]

Die Lage änderte sich jedoch grundlegend, als am 10. Januar 1276 Papst Gregor X., der bis zuletzt an den Plänen eines allgemeinen Kreuzzugs unter Führung Rudolfs als Kaiser festgehalten hatte, überraschend in Arezzo starb.

Rudolf scheint sofort nach Eingang dieser Nachricht seine Romzugspläne aufgegeben zu haben,[83] wobei er zu diesem Zeitpunkt natürlich noch nicht ahnen konnte, daß es ihm auch später nicht vergönnt sein sollte, die Kaiserkrone zu erringen. Sollte Rudolf wirklich, wie dies ein Teil der Forschung annimmt,[84] im Rahmen seiner politischen Konzeption während der ersten Jahre nicht der Niederringung Ottokars, sondern der Kaiserkrönung und der Wiederherstellung des Herzogtums Schwaben höchste Priorität zuerkannt haben, so hat er sich überraschend schnell umorientiert. Denn bereits am 29. Januar 1276 stellte Erzbischof Siegfried von Köln in Mainz nach entsprechenden Verhandlungen mit Rudolfs Vertrautem, dem Bischof Heinrich von Basel, einen Revers aus,[85] in dem vom Romzug keine Rede mehr war. Vielmehr versprach der Kölner hier seinem König „bei der Wiedererlangung der Güter des Reiches", das heißt im Kampf gegen Otto-

[80] Vgl. hierzu RI VI,1, Nrn. 279, 281, 288, 327, 328, 329, 331, 340, 370, 391, 402, 438a, 439, 440.

[81] Vgl. ebenda, Nr. 450 und Redlich, Rudolf, 251.

[82] Vgl. Redlich, Rudolf, 254 ff.

[83] Vgl. RI VI,1, Nr. 508.

[84] Vgl. in diesem Sinne z. B. Kaufmann, Beziehungen, 121 f.; Kusternig, Probleme, 231, 234 f.; Hoensch, Přemysl Otakar II., 216.

[85] MGH Const. 2, Nr. 105, 95 f.

kar, beizustehen sowie Rudolfs „Aussichten auf Förderung bezüglich seiner Kinder und auch sonst in allem" zu unterstützen.[86] Auch von den anderen rheinischen Kurfürsten dürfte sich Rudolf Ende März 1276 bei einem Zusammentreffen in Boppard Rückendeckung für den geplanten Feldzug gegen Ottokar verschafft haben.[87] Ende Mai gelang es dem Habsburger auch, die beiden verfeindeten Brüder, Pfalzgraf Ludwig und Herzog Heinrich von Niederbayern, die bald nach dem Augsburger Hoftag wieder in Streit geraten waren, miteinander zu versöhnen, wobei allerdings eine Entscheidung über die wichtigsten Streitpunkte, die Rechtsstellung der beiden Fürstentümer und die Ausübung des Kurrechts, auf später vertagt wurde.[88] Eine weitere Voraussetzung für den Feldzug gegen Ottokar konnte Rudolf im Mai 1276 schaffen, als er den Markgrafen von Baden, der, angeblich mit böhmischem Geld bestochen, gegen ihn rebellierte, mit Waffengewalt zur Unterwerfung zwang.[89]

Wenn auch nicht sicher ist, ob Ottokar nach Ablauf der Jahresfrist seit Verhängung der Reichsacht im Sommer 1276 auch in die Oberacht erklärt wurde, gelang es Rudolf doch, gegen seinen Widersacher auch die geistliche Strafgewalt zu mobilisieren. Während Erzbischof Werner von Mainz und vielleicht auch Papst Johannes XXI. Bann und Interdikt über Ottokar und seine Lande verhängten,[90] erklärte Erzbischof Friedrich von Salzburg die dem Böhmenkönig geleisteten Eide für nichtig und bedrohte alle, die bei ihm verharrten, mit der Exkommunikation.[91] Da Ottokar nach wie vor keinerlei Verhandlungsbereitschaft erkennen ließ, mußten jetzt endgültig die Waffen entscheiden.

---

[86] Der entsprechende Passus der Urkunde, wonach der Erzbischof verspricht, Rudolf *in recuperando bona imperii ac in liberis suis necnon universis aliis auspicia promotionis sue respicientibus* zu unterstützen, ist allerdings nicht eindeutig. Gegen Redlichs Vorschlag, die *auspicia promotionis sue* auf Rudolfs Kaiserkrönung zu beziehen (Redlich, Rudolf, 257, Anm. 4), spricht zunächst der Wortlaut selbst, wonach die Hilfe des Erzbischofs bei der Wiedererlangung des Reichsgutes, also im Kampf gegen Ottokar, in den Vordergrund gerückt und erst nachgeordnet Rudolf auch Unterstützung bei der Förderung „bezüglich seiner Kinder" zugesagt wird. Hinzu kommt die Überlegung, daß die Nachricht vom Tode des Papstes (10. Januar) am 29. Januar, also 19 Tage danach, bereits nach Mainz gelangt sein dürfte. Auch Redlich wirft in diesem Zusammenhang selbst die Frage auf, ob hier nicht bereits ein frühes Zeugnis für Verhandlungen über die Zukunft der österreichischen Länder vorliegt; vgl. RI VI,1, Nr. 505 (Ende).

[87] Ebenda, Nr. 534a.

[88] Mon. Wittelsbacensia 1, Nr. 123, 296–305.

[89] RI VI,1, Nr. 554a.

[90] Ebenda, Nr. 573.

[91] Ebenda, Nr. 565a.

b) Der erste Feldzug gegen Ottokar und der Friede von Wien

Rudolfs strategische Überlegungen[92] zielten zunächst darauf ab, seinen Gegner in einen Mehrfrontenkrieg zu verwickeln. So war ursprünglich vorgesehen, unter Führung Rudolfs und des Pfalzgrafen den Hauptschlag gegen Ottokars Herrschaftsbasis in Böhmen zu führen, wobei diese militärische Operation wahrscheinlich durch einen Vorstoß des Burggrafen von Nürnberg in das Egerland mit der Besetzung der wichtigsten Burgen in diesem Gebiete vorbereitet werden sollte. Zur gleichen Zeit sollte Rudolfs ältester Sohn Albrecht sich gegen Österreich und Steiermark wenden, während die Grafen Meinhard und Albrecht von Görz-Tirol die Aufgabe übernommen hatten, in Kärnten und Krain einzufallen. Im Rahmen dieser Strategie rechnete Rudolf außerdem mit der militärischen Unterstützung des neu gewonnenen ungarischen Bundesgenossen, zumal sich dort inzwischen die Lage zugunsten der habsburgfreundlichen Partei stabilisiert hatte. Da aber bis jetzt noch keine konkrete Zusage zur Waffenhilfe eingetroffen war, wandte sich Rudolf im Juli und gegen Ende August in zwei persönlichen Schreiben an den jungen König Ladislaus und forderte ihn dringend dazu auf, vom Osten her die Länder Ottokars mit Heeresmacht anzugreifen.[93]

Aber schon nach wenigen Tagen ergab sich insofern eine neue Lage, als die böhmische Herrschaft in Kärnten und Krain bereits beim Anrücken der Tiroler Grafen wie ein Kartenhaus in sich zusammenbrach und unter diesem Eindruck auch der Adel in der benachbarten Steiermark in Scharen von Ottokar abfiel und mit der habsburgischen Partei Kontakte aufnahm. Jetzt entschloß sich Rudolf kurzfristig, den Feldzugsplan zu ändern und den Hauptangriff nicht gegen Böhmen, wo ihn Ottokar bei Tepl mit starken Kräften erwartete, sondern gegen die bereits angeschlagene böhmische Herrschaft in Österreich zu führen. Dieses Vorgehen hatte zudem den Vorteil, daß ein gewisses taktisches Risiko, das den Erfolg des bisherigen Kriegsplanes gefährdete, weitgehend ausgeschaltet werden konnte. Ein solches ergab sich aus der nach wie vor zwielichtigen Haltung Herzog Heinrichs von Niederbayern, der trotz der äußerlichen Aussöhnung mit seinem Bruder und König Rudolf immer noch damit liebäugelte, die Partei des Böhmenkönigs zu ergreifen. Während beim alten Feldzugsplan ein Umschwenken Heinrichs auf die Gegenseite die militärischen Operationen Rudolfs und seiner Verbündeten im Rücken bedrohen konnte, bot die neue Konzeption die Möglichkeit, den unsicheren Kantonisten unter dem Druck eines ansehnlichen Heeres zu einer eindeutigen Stellungnahme und künftigem Wohlverhalten zu zwingen.

---

[92] Vgl. zum Folgenden Redlich, Rudolf, 269 ff.; Kusternig, Probleme, 237 ff.
[93] Vgl. RI VI,1, Nr. 622a und Redlich, Rudolf, 270.

Rudolfs Rechnung sollte vollständig aufgehen. Bevor Ottokar die neue militärische Lage richtig erfaßt hatte, war der Habsburger mit seinem Heer schon in Regensburg eingetroffen. Dort wurde er nicht nur von Bischof Leo freudig und mit allen Ehren empfangen,[94] hier traf er auch mit Herzog Heinrich von Niederbayern zusammen, der nun eindeutig auf Rudolfs Seite trat, indem er seine Lehen empfing und mit einer beträchtlichen Anzahl von Rittern das königliche Heer verstärkte. Dieses Entgegenkommen hatte allerdings auch seinen Preis. Rudolf mußte sich dazu bereit erklären, einer Eheverbindung zwischen seiner Tochter Katharina und Heinrichs Sohn Otto zuzustimmen, wobei Heinrich als Pfand für die vereinbarte Mitgift von 40000 Mark Silber das – allerdings noch zu erobernde – Land ob der Enns erhalten sollte.[95] Da Heinrich nun auch die vorher angelegten Donausperren aufhob, konnte Rudolf einen großen Teil seines Heeres zu Schiff donauabwärts weitertransportieren, was ihn in die Lage versetzte, auf dem schnellstmöglichen Wege die österreichischen Länder zu erreichen. Auch auf dem weiteren Vormarsch traf das königliche Heer kaum auf Widerstand, so daß man bereits am 6. Oktober ohne Gegenwehr in die Stadt Linz einrücken konnte. Bereits jetzt scheinen zahlreiche österreichische Ministerialen die Partei Rudolfs ergriffen zu haben, nachdem ihnen Bettelmönche des Franziskaner- und Dominikanerordens hierzu geraten und sie kraft päpstlicher Ermächtigung von den Ottokar geleisteten Eiden entbunden hatten.[96] Diesem Beispiel folgten kurze Zeit später auch die Städte Enns, Ybbs und Tuln.[97] Lediglich das stark befestigte Klosterneuburg schien, ausgestattet mit einer starken böhmischen Besatzung und großen Proviantvorräten, im Verein mit dem gegenüberliegenden Korneuburg in der Lage zu sein, das anrückende Heer an einem weiteren Vordringen zu Wasser und zu Lande zumindest so lange hindern zu können, bis das böhmische Hauptheer, das sich inzwischen unter der Führung Ottokars in Richtung Südosten in Marsch gesetzt hatte, zur Stelle war. Entsprechende Erwartungen des Böhmenkönigs und seiner Berater erfüllten sich jedoch auch hier nicht, da es der Vorhut des gegnerischen Heeres unter dem Befehl des Pfalzgrafen Ludwig gelang, die Stadt durch eine List im Handstreich zu nehmen,[98] so daß Rudolf mit seinen Truppen bereits am 18. Oktober vor den Mauern Wiens erschien. Die

---

[94] Hermanni Altahensis cont. tertia, 54.
[95] RI VI,1, Nrn. 595, 595c, 598a.
[96] Vgl. hierzu die Continuatio Vindobonensis, 708 und zur weiteren Unterstützung Rudolfs durch Minoriten und Dominikaner Freed, Rudolf of Habsburg, 73–103.
[97] RI VI,1, Nrn. 607–610a.
[98] Vgl. ebenda, Nrn. 610b, 610c und Redlich, Rudolf, 277 f.

—— 1276 n. Chr. ——

Belehnung Ottokar's durch König Rudolf.

Gez. v. Plüddemann

Abb. 2: Belehnung König Ottokars durch Rudolf von Habsburg am 25. November 1276 (Holzstich von 1855 nach einer Zeichnung von Hermann Plüddemann). Foto: akg-images.

von Ottokar großzügig privilegierte Stadt war allerdings unter der Führung eines engen Vertrauten des Böhmenkönigs, Paltrams vor dem Freithofe, zum Widerstand bereit, so daß Rudolf nichts anderes übrigblieb als sie einzuschließen und mit der Belagerung zu beginnen. Inzwischen hatte zwar auch Ottokar mit seinem Heer das Marchfeld bei Gänserndorf erreicht. Er kam jedoch zu spät, um den allgemeinen Abfall in Österreich noch aufhalten zu können und vermochte auch dem belagerten Wien keine wirksame Hilfe zu bringen. Im Gegenteil, seine militärische Lage verschlechterte sich von Tag zu Tag. Während Rudolfs Heer dauernd Verstärkungen aus den österreichischen Ländern erhielt, wurde die Versorgungslage für Wien immer kritischer. Außerdem erreichten Ottokar beunruhigende Nachrichten aus Böhmen, wo Teile des Adels die Gunst der Stunde zum Aufstand gegen die harte Přemyslidenherrschaft zu nutzen suchten.

Trotzdem aber gelang es Rudolf nicht, die Stadt Wien, obwohl er sie in die Reichsacht erklärte, zur Aufgabe zu zwingen. Hinzu kam, daß auch er

mit Versorgungsschwierigkeiten zu kämpfen hatte und der Winter nicht
mehr allzu fern war. Die Entscheidung fiel, als die Nachricht eintraf, daß
unter der Führung des jungen Königs Ladislaus ein ungarisches Heer her-
anrückte, dem bereits die Stadt Ödenburg die Tore geöffnet hatte, obwohl
sich noch Geiseln aus dem Kreise der Bürger in Ottokars Gewalt befanden.[99] Unter diesen Umständen sah sich der stolze Böhmenkönig genötigt,
mit seinem Gegner Friedensverhandlungen aufzunehmen, die unter Vermittlung des Markgrafen Otto von Brandenburg im November zu einem
Waffenstillstand führten. Die Bedingungen des Friedensvertrages selbst
wurden – in Anlehnung an bereits im Früh- und Hochmittelalter praktizierte 'Streitschlichtungsmechanismen' – nicht durch direkte Verhandlungen zwischen den beiden Kriegsgegnern, sondern durch den Spruch eines
Schiedsgerichts festgelegt,[100] das sich aus jeweils zwei Vertretern beider
Parteien zusammensetzte (Bischof Berthold von Würzburg und Pfalzgraf
Ludwig für Rudolf und Bischof Bruno von Olmütz und Markgraf Otto
von Brandenburg für Ottokar). Die Entscheidung der Schiedsrichter, die
am 21. November 1276 in Rudolfs Heerlager in Anwesenheit und mit Zustimmung der Erzbischöfe von Mainz und Salzburg sowie mehrerer anderer Bischöfe verkündet[101] und wenige Tage später von Rudolf und Ottokar
ratifiziert wurde,[102] sah vor, daß König Ottokar „klar und eindeutig" auf
alle wirklichen oder scheinbaren Rechte in den Ländern Österreich,
Steiermark, Kärnten, Krain, der (Windischen) Mark, Eger und Pordenone
zu verzichten hatte.[103] Außerdem mußte Ottokar natürlich Rudolfs Königtum anerkennen und für seine übrigen Lehen, Böhmen und Mähren, die
Reichsbelehnung empfangen. Dafür wurden sämtliche gegen ihn ergangenen Urteile und Kirchenstrafen aufgehoben. Der neu geschlossene Friede
sollte außerdem für die Zukunft durch eine Doppeleheverbindung zwischen den bisher verfeindeten Familien in der Form abgesichert werden,
daß Ottokars Tochter einen Sohn König Rudolfs und zudem eine Tochter
Rudolfs den Sohn und Nachfolger Ottokars, Wenzel (II.), heirateten. Als
Aussteuer waren für das erste Paar 40000 Mark Silber vorgesehen, für die
Rudolfs Sohn österreichische Eigengüter Ottokars südlich der Donau als
Pfand erhalten sollte. Das zweite Paar sollte ebenfalls 40000 Mark Silber
an Aussteuer erhalten, die durch eine Verpfändung entsprechender Eigengüter vor allem nördlich der Donau aufzubringen waren. An den verpfän-
deten Gütern südlich der Donau sollte die Tochter Ottokars, an den nörd-

[99] RI VI,1, Nr. 622a.

[100] Vgl. hierzu Althoff, Spielregeln, 90ff.; Kaufhold, Dt. Interregnum, 382f.

[101] MGH Const. 3, Nr. 113, 103–105.

[102] Ebenda, Nr. 114, 105–108.

[103] Ebenda, Nr. 113, 103–105 (hier 104).

lich der Donau gelegenen Rudolfs Tochter kein Erbrecht haben, so daß
die ersteren auf Dauer an Österreich und die letzteren an Böhmen fallen
sollten. In den Frieden wurden nicht nur die Gefolgsleute beider Seiten,
sondern auch der ungarische König Ladislaus eingeschlossen, dem alle
von den Böhmen besetzten Plätze zurückgegeben werden sollten.

c) Die endgültige Niederwerfung Ottokars und der Ausgleich mit Böhmen

Für den Augenblick waren zwar noch beide Parteien am Frieden interessiert. Eine dauerhafte Lösung war jedoch von dem geschlossenen
Kompromiß kaum zu erwarten. Es gehört nicht viel Phantasie dazu, sich
vorzustellen, wie demütigend der stolze Böhmenkönig die Niederlage und
den jähen Sturz von der Höhe der Macht in eine katastrophale Niederlage
empfunden haben muß. Auch die Zeitgenossen waren sich der Symbolik
und der spektakulären Bedeutung bewußt, als Ottokar am 25. November
1276 „mit gebeugtem Sinn und gekrümmten Knien"[104] seine Lehen empfing.[105] Bei dieser Zeremonie hatte Rudolf, wenn die hierüber später in
Umlauf gesetzten Berichte[106] zutreffen, noch eine besondere Demütigung
für seinen Gegner parat. Während nach dieser Überlieferung Ottokar zum
Belehnungsakt mit prunkvollen Gewändern im Königsornat erschien,
nahm Rudolf die Huldigung seines königlichen Vasallen mit einem
schlichten, grauen Lederwams bekleidet und auf einem einfachen Holz-
schemel sitzend entgegen. Die Provokation war nicht zu übersehen: Der
große Böhmenkönig mußte seine Knie vor dem bisher verspotteten
'armen Grafen' im Alltagsgewand beugen.[107] Es verwundert daher kaum,
daß der in seinem Stolz tief getroffene Přemyslide nicht bereit war, sich
mit diesem Ergebnis auf Dauer abzufinden. Doch auch für Rudolf waren
die ausgehandelten Bedingungen nicht ideal. Zwar hatte er sein 'offiziel-
les' Kriegsziel, die Revindikation der österreichischen Länder und die Anerkennung als König, erreicht; dennoch enthielt das Abkommen einen

---

[104] Vgl. hierzu den Augenzeugenbericht des Erzbischofs Friedrich von Salzburg,
wonach *Ottokar nostri domini venit exercitum et ibidem nobis presentibus fracto
quidem animo et genibus incurvatis devote petitam veniam obtinuit* (RI VI,1, Nrn.
625, 629); vgl. auch Continuatio Vindobonensis, 708.

. [105] Anzeige der Belehnung durch Rudolf CDB V, 2, Nr. 824, 523.

[106] Die einzelnen Fassungen sind zusammengestellt und abgedruckt bei Treichler
Nr. 20, 71–74.

[107] Die älteste überlieferte Fassung (Chronicon Colmariense, 248f.) legt dabei
Rudolf die Worte in den Mund: „*Rex Boemie griseam vestem meam saepius derisit,
nunc autem ipsum mea vestis grisea deridebit*" (ebd. 249).

gewichtigen Schönheitsfehler, da die Masse der nördlich der Donau gelegenen Besitzungen auf Dauer ja an Böhmen fallen, das Herzogtum in seinem Bestande daher beträchtlich vermindert werden sollte.

Schon bald folgten dem Friedensschluß daher Auseinandersetzungen über die Auslegung des Spruches sowie gegenseitige Vorwürfe über nicht eingehaltene Zusagen, die auch von schweren bewaffneten Auseinandersetzungen begleitet wurden.[108] Auch zwei weitere Friedensverträge, die zwischen Rudolfs Bevollmächtigtem, dem Burggrafen von Nürnberg, und den böhmischen Gesandten ausgehandelt und am 6. Mai[109] bzw. 12. September 1277[110] von beiden Königen bestätigt worden waren,[111] sprachen Rudolf zwar im Gegensatz zum Wiener Schiedsspruch vom 21. November 1276 auch die nördlich der Donau gelegenen österreichischen Besitzungen zu,[112] konnten aber dennoch den Frieden nicht auf Dauer retten.

[108] Vgl. hierzu Redlich, Rudolf, 284 ff.; Kusternig, Probleme, 244 ff.

[109] MGH Const. 3, Nrn. 129/30, 123–127.

[110] Ebenda, Nr. 139, 132–135.

[111] Ob man aus der Tatsache, daß nur die von Ottokar ausgestellte Fassung des Vertrags überliefert ist, schließen sollte, daß Rudolf den Vertrag überhaupt nicht ratifiziert hat (vgl. in diesem Sinne zuletzt Kusternig, Probleme, 245 f., Anm. 104 und ihm folgend Hoensch, Přemysl Otakar II., 236), wird man nach der Quellenlage kaum mit Sicherheit entscheiden können; vgl. zur Gegenansicht Redlich in RI VI,1, Nr. 860, 213 sowie Stöller, Kampf, 25 f.

[112] Vgl. MGH Const. 3, Nrn. 129/30, 124 (3). Schon diese gravierende Änderung gegenüber dem Wiener Schiedsspruch vom November 1276 macht deutlich, daß es sich hier nicht lediglich, wie Althoff, Spielregeln, 93 meint, um Ausführungsbestimmungen des ersten Schiedsvertrages handelte, so daß also die Schiedsrichter von damals (die Bischöfe Berthold von Würzburg und Bruno von Olmütz sowie Pfalzgraf Ludwig bei Rhein und Markgraf Otto von Brandenburg) „modern gesprochen ... die Herren des Verfahrens" auch in der Folgezeit geblieben seien. Die Argumentation Althoffs überzeugt in diesem Zusammenhang auch sonst nicht, da weder in den von ihm angeführten Passagen ebd. 93, Anm. 27, 28 noch auch im übrigen Vertragswerk in irgendeiner Form auf den ersten Schiedsspruch verwiesen oder dessen Weitergeltung bestätigt wird. Es folgt daher aus dieser Argumentation auch keineswegs „zwingend, daß beide Parteien sich weiterhin an die Bedingungen des [ursprünglichen] Schiedsspruches gebunden fühlten" (Althoff, Spielregeln, 93). Das Gegenteil ist richtig. Die Verträge vom Mai und September 1277 spiegelten das Ergebnis einer neuen, für Rudolf günstigen militärischen und politischen Lage wider, was auch in neuen, für Rudolf vorteilhafteren Bestimmungen zum Ausdruck kam, wobei dieses Abkommen (*forma pacis*) den früheren Schiedsspruch gegenstandslos machte. Das zweite Abkommen vom 12. September bezieht sich zwar auf den bereits geschlossenen „Frieden", meint damit aber nicht den Wiener Schiedsspruch von 1276, sondern das genannte Abkommen vom 6. Mai 1277. Vgl. in diesem Sinne bereits völlig zu Recht die Bemerkungen von Redlich bei RI VI, 1,

Es kann in diesem Zusammenhang dahingestellt bleiben, inwieweit die Behauptung des steirischen Reimchronisten zutraf, wonach Ottokar vor allem von seiner ehrgeizigen Frau Kunigunde von Machov zum Entscheidungskampf aufgestachelt worden sei.[113] Gründe für die Wiederaufnahme des Krieges gab es auf beiden Seiten. Während Rudolf wohl eingesehen hatte, daß wirkliche Sicherheit für die neu erworbenen Länder erst gewährleistet war, wenn es gelang, die Machtstellung des nach wie vor aggressiven böhmischen Vasallen endgültig zu brechen, mußte auf der anderen Seite Ottokar den fortdauernden Kontakt Rudolfs mit dem aufsässigen böhmisch-mährischen Adel, insbesondere mit den Witigonen unter der Führung Zavis' von Falkenstein sowie Bores von Riesenburg in Mähren, neben allen bisherigen Verlusten und Demütigungen noch als eine zusätzliche Provokation und Bedrohung seiner Stellung als Landesherr empfinden.

Als im Juni 1278 der Krieg ausbrach, hatte sich inzwischen die politische und militärische Situation im Vergleich zu 1276 allerdings erheblich zu Ungunsten Rudolfs verändert. Von den Kürfürsten – mit Ausnahme des Pfalzgrafen – war keine Unterstützung zu erwarten. Im Gegenteil, hier begann man die seit dem Wiener Frieden gesteigerte Machtstellung des Habsburgers mit zunehmendem Argwohn zu betrachten. Neben den brandenburgischen Kurfürsten, die bereits im ersten Waffengang Ottokar unterstützt hatten und die sich Anfang 1278 auch im Falle eines neuen Krieges zur Stellung eines Ritterkontingents verpflichteten,[114] scheint vor allem der Kölner Erzbischof freundschaftliche Beziehungen mit Ottokar aufgenommen zu haben,[115] wodurch dessen Position zusätzlich gestärkt wurde. Darüber hinaus gab es Gerüchte über eine allgemeine Verschwörung der geistlichen Kurfürsten mit anderen Bischöfen gegen König Rudolf, die doch immerhin so ernst genommen wurden, daß sich Erzbischof Werner von Mainz Ende November 1277 veranlaßt sah, sich durch Eid gegen entsprechende Verleumdungen ausdrücklich zu verwahren.[116]

Dazu konnte Ottokar mit der Unterstützung der benachbarten schlesischen und polnischen Herzöge rechnen, die wohl im Januar 1278 mit ihm ein enges Waffenbündnis geschlossen hatten.[117] Außerdem war es der böhmischen Diplomatie gelungen, mit beträchtlichen Geldzahlungen Herzog

---

Nr. 753, 193. Kritik an der Darstellung Althoffs übt auch Kaufhold, Dt. Interregnum, 384, Anm. 104, allerdings mit der Begründung, daß ihm die „Stringenz" der Argumentation in diesem Zusammenhang „zu technisch" erscheine.

[113] Ottokars österr. Reimchronik, 195–197; vgl. hierzu auch Treichler, 90.
[114] Emler, Regesta 2, 987 ff.
[115] Vgl. hierzu Redlich, Rudolf, 303 f.
[116] MGH Const. 3, Nr. 156, 150 f.
[117] Vgl. Redlich, Rudolf, 304, Anm. 4.

Abb. 3: König Ladislaus IV. von Ungarn in der Tracht der Kumanen
(Buchmalerei, um 1360).

Foto: Széchényi-Nationalbibliothek.

Heinrich von Niederbayern[118] wenigstens insoweit auf Ottokars Seite zu
ziehen, als der bayerische Herzog nun zwar offiziell seine Neutralität in
dem erwarteten Konflikt erklärte, damit aber auch sein Territorium für
Rudolfs Truppen sperren ließ und außerdem dem Přemysliden erlaubte, in

---

[118] So behauptete der unbekannte Chronist von Fürstenfeld, er habe selbst als
Kind in Prag gesehen, daß König Ottokar einen Wagen mit einem Faß voller Sil-
bergeld nach Straubing abgefertigt habe, um damit Herzog Heinrich von Niederbayern für sich zu gewinnen; vgl. Chronica de gestis principum, 32f. und außerdem
Continuatio Lambacensis, 561 sowie Continuatio Vindobonensis, 709.

seinen Gebieten Soldritter für den bevorstehenden Entscheidungskampf anzuwerben.[119] Wie Rudolf die adlige Opposition in Böhmen und Mähren unterstützte, so hielt endlich auch Ottokar mit seinen früheren Vertrauten in den österreichischen Ländern engen Kontakt. Hierzu gehörten vor allem die Familie der Kuenringer auf Weitra[120] und der Wiener Patrizier Paltram vor dem Freithof mit seinen Verwandten, die schon im ersten Krieg maßgeblich dazu beigetragen hatten, daß die Stadt Wien Ottokar die Treue hielt und daher gegen Rudolfs Heer auch energisch verteidigt wurde.

Dagegen konnte König Rudolf neben der moralischen Unterstützung durch den Papst, der allem Anschein nach alle Gegner Rudolfs im Jahre 1278 exkommunizierte,[121] vor allem auf ein festes Waffenbündnis mit dem ungarischen König Ladislaus IV.[122] bauen, da sich Ottokar törichterweise geweigert hatte, die Friedensbedingungen des Schiedsspruches vom November 1276 zu erfüllen und die strittigen Grenzbefestigungen an die Ungarn herauszugeben.

Zeigte sich damit das Kräfteverhältnis der beiden Parteien noch einigermaßen ausgeglichen, so lag der militärstrategische Vorteil dieses Mal eindeutig bei Ottokar. Wenn auch im Frühjahr 1278 eine gefährliche Verschwörung der Paltram-Familie in Wien, die auch in Verbindung zu Heinrich von Kuenring-Weitra, dem Schwiegersohn Ottokars,[123] sowie zu dem oppositionellen westungarischen Grenzgrafen Johann von Güns stand, noch rechtzeitig entdeckt und niedergeschlagen werden konnte,[124] war Rudolf, der sich zu dieser Zeit selbst in der Stadt aufhielt, doch noch zu schwach gerüstet, um sich hier gegen einen entschlossenen böhmischen Angriff erfolgreich behaupten zu können. Ein Großteil seiner Truppen wurde in Schwaben und Franken sowie in den habsburgischen Hausterritorien angeworben und mußte, da Heinrich von Niederbayern den direkten Donauzugang blockierte, weite Umwege in Kauf nehmen, um in die

[119] Vgl. Redlich, Rudolf, 301f.

[120] Vgl. hierzu Reichert, Landesherrschaft, 87–89.

[121] Vgl. hierzu Kusternig, Probleme, 249.

[122] Vgl. RI VI,1, Nrn. 813–815, 887a, 890 und zur Sache Redlich, Rudolf, 270; Kusternig, Probleme, 251 (mit weiterer Lit.). – Ende 1277/Anfang 1278 ließ Ottokar zwar den Ungarn ein Bündnisangebot unterbreiten, das jedoch Rudolf gemeldet und zurückgewiesen wurde; vgl. hierzu Tillack, Studien, 111, Anm. 8.

[123] Zu ihm vgl. Rössl, Böhmen, 380ff., bes. 401ff.

[124] Paltram und seine Anhänger wurden wegen *crimen lese maiestatis* zum Tod und zum Verlust ihrer Güter verurteilt; vor der Todesstrafe konnte sich Paltram nur durch die Flucht nach Niederbayern retten, wo ihm Herzog Heinrich Aufnahme gewährte; vgl. hierzu die Nachweise bei Reichert, Landesherrschaft, 88, Anm. 367 und Kusternig, Probleme, 251f. mit weiterer Lit.

edrohten österreichischen Länder zu gelangen, wo Rudolf seine Kräfte
dann mit den heranrückenden Ungarn vereinigen wollte. Hinzu kam, daß
eit Ende April oder Anfang Mai auch Heinrich von Kuenring-Weitra mit
einem Teil seiner Verwandtschaft im Norden nahe der böhmischen Grenze
in einem bewaffneten Aufstand versuchte, die habsburgische Herrschaft
abzuschütteln, wobei diese Bestrebungen seit Juni auch durch böhmische
Truppen unterstützt wurden.

Im Gegensatz zu Rudolf hatte Ottokar bis Mitte Juli bereits ein wenn
auch noch nicht vollzähliges, so doch schon beträchtliches Aufgebot gesammelt und war daher in der Lage, die militärische Initiative zu ergrei-
en. Doch seltsamerweise hat der Böhmenkönig die sich bietende Chance,
durch einen schnellen Vorstoß nach Wien die militärische Entscheidung zu
erzwingen, nicht genutzt.[125] Er überschritt zwar mit seinem Heer am
20. Juli die österreichische Grenze, aber angesichts der Schwäche Rudolfs
wirken seine Operationen merkwürdig halbherzig, langsam und planlos.
Wertvolle Wochen wurden mit der Belagerung der relativ unbedeutenden
Städte Drosendorf und Laa, die energisch verteidigt wurden, vergeudet,
während es Rudolf in der Zwischenzeit tatsächlich gelang, bei Marchegg
an der Donau, unweit von Hainburg, seine inzwischen eingetroffenen
Truppenteile mit den ungarischen Verbündeten zu vereinigen. Wenn auch
mit dem Pfalzgrafen Ludwig[126] und Graf Meinhard von Tirol[127] zwei wich-

---

[125] Vgl. zum Folgenden vor allem Redlich, Rudolf, 311–318 und Kusternig, Probleme, 253–261.

[126] Nach dem steirischen Reimchronisten sei Pfalzgraf Ludwig zwar bis zur Enns
gezogen, habe dort aber haltgemacht, um den Ausgang des Krieges abzuwarten
und sich – im Falle einer Niederlage Rudolfs – dann der österreichischen Länder zu
bemächtigen; vgl. Ottokars österr. Reimchronik, 201. – Für eine solche verräterische Verhaltensweise des Pfalzgrafen bieten die Quellen sonst jedoch keinerlei
Hinweise, da auch nach der Schlacht von Dürnkrut das Verhältnis zwischen Rudolf
und dem Pfalzgrafen nicht getrübt war; es dürfte sich daher beim Vorgehen Ludwigs eher um eine mit Rudolf abgesprochene taktische Maßnahme gehandelt
haben, um Rudolfs Operationen vor Heinrich von Niederbayern abzusichern; vgl.
in diesem Sinne bereits Redlich, Rudolf, 316f.

[127] Während sein Bruder, Graf Albrecht von Görz, mit einem Aufgebot Rudolf
zur Hilfe eilte, zog es Meinhard von Tirol vor, sich ganz und gar seinem Streit mit
dem Bischof von Trient zu widmen, so daß nicht nur er, sondern auch sein Gegner
Rudolf in dieser bedrohlichen Situation im Stich ließen. Nach der Schlacht von
Dürnkrut eilte Meinhard allerdings in Eilmärschen mit einem Aufgebot nach Böhmen, wo es ihm gelang, im Gespräch mit Rudolf die wegen seiner Absenz entstandene Mißstimmung auszuräumen; vgl. Wiesflecker, Meinhard, 118. Dagegen äußerte sich der Habsburger gegenüber dem Bischof von Trient, seinem ehemaligen Protonotar, ziemlich ungnädig; vgl. hierzu RI VI,1, Nr. 1040.

tige Kampfgefährten des letzten Krieges von 1276 fehlten, verfügte der Habsburger jetzt mit den Ungarn doch über ein ansehnliches Heer, das es ihm erlaubte, die bisherige Defensivstrategie aufzugeben und die Entscheidung in der Feldschlacht zu suchen. Verstärkt durch ein österreichisches Kontingent, übernahmen dabei die beweglichen ungarisch-kumanischen Reitertruppen die Aufgabe, das Heer Ottokars, das zu dieser Zeit die Stadt Laa an der Thaya belagerte, durch schnelle, sich aber über zwei volle Tage hinziehende Angriffe in seiner Entfaltung zu stören und dabei – was noch wichtiger war – die zahlenmäßige Stärke und Zusammensetzung der gegnerischen Kräfte auszukundschaften. Unter dem Eindruck dieser ersten Feindberührung brach Ottokar die Belagerung ab und rückte mit seinem Heer in südöstlicher Richtung bis zur March vor, wo er in der Nähe des Dorfes Jedenspeigen (ca. 25 km nördlich von Rudolfs Stützpunkt Marchegg) sein Lager aufschlug und den Gegner zur Feldschlacht erwartete. Inzwischen war man auch im Heer Rudolfs und seiner Verbündeten zur Überzeugung gekommen, daß man stark genug sei, den Waffengang zu wagen, so daß man die bisherige, durch die stark befestigte Stadt Marchegg gesicherte Stellung verließ und die March aufwärts bis zum 'Marchfeld', dem nördlichen Plateau des Haspelberges südlich des Dorfes Dürnkrut, marschierte, wo man in Sichtweite des gegnerischen Heeres das letzte Lager bezog.

Die Entscheidungsschlacht fand am 26. August auf der sich zwischen den Dörfern Jedenspeigen, Weidendorf und Dürnkrut erstreckenden Ebene statt, wobei der Ablauf der Schlacht selbst angesichts der widersprüchlichen Quellen nur bedingt rekonstruierbar ist.[128]

Die Kräfteverhältnisse dürften ziemlich ausgeglichen gewesen sein. Ottokar verfügte zwar über eine beträchtliche Übermacht an schweren Panzerreitern, dagegen konnte Rudolf mit den Kumanenverbänden des ungarischen Heeres stark überlegene leichte Reitertruppen ins Feld führen.

Die Schlacht wurde von den beweglichen, im wesentlichen aber nur mit Pfeil und Bogen bewaffneten Kumanentruppen, gefolgt vom ungarischen Ritteradel, eröffnet, denen Rudolf die Ehre des 'Vorstreits'[129] überlassen hatte. Die Attacken der Kumanen, die ihre Pfeile abschossen und sich dann, bevor es zum Nahkampf kam, schnell wieder zurückzogen, sorgten für einige Verwirrung im gegnerischen Heer, so daß es den folgenden ungarischen Rittern gelang, das erste böhmisch-mährische Treffen zu durchbrechen und in die Flucht zu schlagen. Doch während die Ungarn bereits

---

[128] Vgl. hierzu und zum Folgenden Kusternig, Probleme, 262 ff.; ders., Kämpfe 34 ff.; ders., Schlacht bei Dürnkrut, 194–215.

[129] Zur Ehre des Vorstreits vgl. May, Vorstreitrecht, 301 ff., bes. 318; Kusternig Probleme, 284, Anm. 339.

in Hoffnung auf Beute die fliehenden Gegner verfolgten, entbrannte der Hauptkampf in voller Erbitterung, als nun die schweren Panzerreiter der beiden Heere aufeinanderprallten. Hier gelang es der zahlenmäßigen Übermacht der Böhmen, König Rudolfs zweites Treffen bis zum Weidenbach, etwa 1 km südlich von Dürnkrut, zurückzudrängen, so daß sich Rudolf genötigt sah, das von ihm persönlich geführte dritte Treffen schwerer Panzerreiter einzusetzen. Der Ausgang der Schlacht stand auf des Messers Schneide, als der mittlerweile sechzigjährige Habsburger beim Überqueren des Weidenbaches im Kampf mit einem gegnerischen Ritter aus dem Sattel geworfen wurde.[130] Rudolf überstand die lebensbedrohliche Situation nur dadurch, daß er sich mit dem Schild schützen konnte und es einem Ritter aus dem Nordschweizer Raum gelang, ihn im Kampfgewühl auf ein neues Pferd zu setzen.[131] Noch bevor Ottokar sein drittes Treffen einsetzen konnte, wurde die Schlacht jedoch durch eine Reserveeinheit entschieden, die sich auf Befehl Rudolfs in einem der kleinen westlichen Seitentäler versteckt gehalten hatte und nun in einer kritischen Phase der Schlacht die böhmischen Ritter plötzlich von der Flanke her angriff. Obwohl es sich nur um eine relativ kleine Gruppe schwerer Panzerreiter mit ihren Knappen[132] handelte, war die Wirkung ungeheuer. Durch die Wucht des Aufpralls wurde das Heer Ottokars in zwei Teile gerissen, wobei die einsetzende Konfusion nicht zuletzt auch damit zu erklären ist, daß die damaligen Topfhelme der Panzerreiter nur über einen schmalen Sehschlitz nach vorne verfügten. Dies bedeutete für die von der Seite Angegriffenen nicht nur, daß sie kaum eine Möglichkeit hatten, die neue Situation rechtzeitig zu erkennen, sondern daß sie auch, um überhaupt Gegenwehr leisten zu können, ihre Pferde entsprechend wenden mußten. Dies erweckte wiederum bei den in unmittelbarer Nähe Kämpfenden den Anschein, als wolle man die Flucht ergreifen, wobei die entstehende Panik

---

[130] Dieses Ereignis wird von zahlreichen Quellen erwähnt; vgl. die Zusammenstellung bei Kusternig, Probleme, 272, Anm. 275. Dabei soll der Ritter, der Rudolf zu Fall brachte, von Ottokar damit beauftragt worden sein, Rudolf gefangenzunehmen (nicht zu töten!); vgl. Cronica Sancti Petri Erfordensis, 416: ... *ut regem Romanorum sibi subiceret* und hierzu auch Kusternig, Probleme, Anm. 274.

[131] Es handelte sich um den Ritter Walther von Ramschwag, einen Ministerialen des Klosters St. Gallen, der von König Rudolf später hierfür mit 500 Mark Silber belohnt wurde; vgl. hierzu die 1279 von Rudolf augestellte Urkunde, in der der König selbst bekannte, daß Walther von Ramschwag ihn *uf hub uß dem bache, da wir nidergeschlagen lagent, damit er uns des Lebens gehalf* (UB St. Gallen 3, 219).

[132] Nach den Quellen bestand die Einheit zwar nur aus 50–60 schweren Panzerreitern, wobei allerdings die unterstützenden Knappen hinzuzurechnen sind, so daß es sich vielleicht insgesamt um 250–300 Mann gehandelt haben dürfte; vgl. hierzu Kusternig, Probleme, 287.

durch den Ruf aus dem Heere Rudolfs „Sie fliehen, sie fliehen!" noch zu
sätzlich gesteigert wurde. Das dritte böhmische Treffen, das sich bereits
formiert hatte, hatte somit keine Chance mehr, das Blatt noch zu wenden
sondern wurde von der nun einsetzenden allgemeinen Massenflucht mit
gerissen. Für den Großteil der Fliehenden wurde nun zum Verhängnis, daß
sich durch den Flankenangriff die allgemeine Fluchtrichtung nach Oster
und Nordosten verschob, was zur Folge hatte, daß die meisten am Ufer der
March erschlagen wurden oder in den Fluten des Flusses ertranken. Auch
die, die sich nach Norden zur Flucht gewandt hatten, wurden von den Ku
manen und Ungarn unerbittlich verfolgt, so daß bei relativ geringen Ver
lusten Rudolfs wohl von über 10000 Toten und Gefangenen aus dem
Heere Ottokars auszugehen ist.

Es war ein stolzer Triumph, den Rudolf mit seinen Verbündeten errun
gen hatte, allerdings getrübt durch zwei Schönheitsfehler, die doch in den
Augen der Zeitgenossen und der Nachwelt leichte Schatten auf das Er
gebnis warfen. Zum einen verdankte Rudolf seinen Sieg vor allem einer
taktischen Maßnahme, die zwar nach heutiger Auffassung von Umsicht
und kluger Vorausplanung zeugt und Rudolfs „ganze überlegene Kriegs
kunst ins hellste Licht stellt"[133], die aber den mittelalterlichen Vorstel
lungen von Ritterlichkeit und fairem Kampf kaum entsprach. Der Befehl
Rudolfs, unbemerkt vom Gegner eine Reserve zurückzuhalten, die – stun
denlang zur Untätigkeit verdammt – plötzlich aus dem Hinterhalt hervor
brechen sollte, wurde auch von Rudolfs eigenen Gefolgsleuten als eine be
trächtliche Zumutung gegenüber ihrer Ritterehre empfunden. So weigerte
sich der zunächst für diesen Auftrag vorgesehene Graf von Pfannberg
dem Gebot Folge zu leisten. Auch die darauf von Rudolf angesprochenen
Herren Ulrich von Kapellen und Konrad von Sumerau fügten sich nur
widerwillig dieser Anordnung und hielten es für nötig, sich bei den ande
ren Herren im Lager für ihr Verhalten zu entschuldigen.[134] Wenn sich Ru
dolf hier auch über die ritterlichen Spielregeln seiner Zeit hinwegsetzte
konnte er allerdings darauf verweisen, daß er nicht der erste 'Spielverder
ber' war, der auf diese Weise einen entscheidenden Sieg in einer mittel
alterlichen Ritterschlacht errungen hat. Vor ihm hatte dies unter anderem
bereits Karl von Anjou in der Schlacht von Tagliacozzo (1268) demon
striert, in der ebenfalls eine unbemerkt vom Gegner bereitgehaltene
Reserve die Schlacht entschieden und das Schicksal des letzten Staufers
Konradin besiegelt hatte.[135]

[133] Vgl. Redlich, Rudolf, 321.
[134] Vgl. Ottokars österreichische Reimchronik, 209 und hierzu Redlich, Rudolf
321; Kusternig, Probleme, 287.
[135] Siehe hierzu bereits oben S. 42 sowie Kusternig, Probleme, 288ff.

Der zweite Schönheitsfehler an Rudolfs Sieg war die Art und Weise, wie er Böhmenkönig Ottokar in der Schlacht ums Leben gekommen war. Ottokar, der lange noch tapfer inmitten seiner Truppen gefochten hatte, war schließlich von den in Richtung Norden Fliehenden mitgerissen, dann auf der Flucht eingeholt und, nachdem seine letzten Begleiter gefallen waren, verwundet vom Pferd gezerrt und gefangengenommen worden. Der wertvolle Gefangene wurde jedoch nicht vor König Rudolf gebracht, sondern von aufgebrachten österreichischen Adligen aus Rache für die auf seinen Befehl erfolgte Hinrichtung ihres Verwandten Siegfried von Mahrenberg noch an Ort und Stelle umgebracht.[136] Natürlich entsprach ein solches Verhalten weder dem ritterlichen Ehrencodex noch dem materiellen Interesse der anderen an der Gefangennahme beteiligten Ritter, die sich um ihren Anteil an einem potentiellen Lösegeld geprellt sahen; es war aber auch angesichts des aufgestauten Hasses und der Leidenschaften, mit der diese Auseinandersetzung geführt wurde, nicht von vornherein auszuschließen.

Wenn Rudolf auch für die Tat seiner Gefolgsleute nicht persönlich haftbar gemacht werden kann und wenn er dem Toten auch alle Ehren erwies und seine Tapferkeit im Kampfe rühmte,[137] so dürfte ihm dieses Ende doch nicht ungelegen gekommen sein. Jedenfalls sorgte er dafür, daß sich auch jedermann vom Tode seines Rivalen überzeugen konnte, indem er den inzwischen einbalsamierten Leichnam mehrere Wochen lang in Wien öffentlich aufbahren ließ.[138]

Die Kunde vom Ausgang der Schlacht verbreitete sich in Windeseile im gesamten Abendland und wurde von Dichtern und Chronisten mit leidenschaftlicher Anteilnahme kommentiert. Vor allem in der späteren habsburgfreundlichen Geschichtsschreibung wurde die Schlacht als der verdiente Sieg „deutscher Waffen" über den „Hochmut der Slawen" gefeiert. Diese Sichtweise des Konflikts als eine nationale deutsch-slawische Auseinandersetzung scheint durch einen vielzitierten Brief Ottokars an die benachbarten schlesischen und polnischen Herzöge gestützt zu werden, in dem diese unter Berufung auf die gemeinsame Sprache und Blutsverwandtschaft emphatisch aufgefordert wurden, „den nimmersatten Rachen der Deutschen" zu stopfen und deren „unreinen Händen" nicht zu gestatten, sich an slawischem Gut zu vergreifen.[139] Allerdings ist die Authentizität dieses aus der Briefsammlung des Heinrich von Iser-

---

[136] Zum Ende Ottokars vgl. Kusternig, Probleme, 298f., 308ff.

[137] Vgl. Rudolfs Brief an Papst Nikolaus III. RI VI, 1, Nr. 995 = Emler, Regesta 2, Nr. 1138, 488: ... *more et animo gyganteo, virtute mirabili se defendit.*

[138] Vgl. hierzu den Exkurs I bei Kusternig, Probleme, 304ff.

[139] Emler, Regesta 2, Nr. 1106, 466ff.

nia[140] stammenden Schreibens als Dokument der böhmischen Kanzle nach wie vor in der Forschung umstritten.[141] Auch wenn man hierin ledig lich eine Stilübung sehen will, kommt man doch kaum an dem Schluß vor bei, daß am Prager Königshof – vielleicht im Kreise um die Königin – ent sprechende national-slawische Vorstellungen verbreitet waren.[142] Ähnlic wurden auch umgekehrt in zeitgenössischen deutschen Quellen mitunte starke Vorbehalte gegenüber dem 'Slawen' Ottokar geäußert, die ebenfall auf die Existenz entsprechender 'nationaler' Ressentiments hindeuten.[14 Dennoch wird man den Konflikt schon deshalb nicht als 'deutsch-slawi sche' Auseinandersetzung charakterisieren können, weil gerade König Ot tokar als ein besonderer Förderer von deutscher Sprache und Kultur i Böhmen galt, der zudem in seinen Ländern in hohem Maße auf deutsch Kolonisten setzte, die im Zuge des Landesausbaus im Osten ihre ange stammte alte Heimat verlassen hatten. Während er deshalb später in de slawischen Geschichtsschreibung sogar getadelt wurde, waren es bezeich nenderweise vor allem auch deutsche Chronisten, die nach der Schlach von Dürnkrut mit seinem Tode den Verlust eines edlen und großzügige Mäzens beklagten.[144] Das Heer Ottokars bestand zwar zum großen Te aus slawischen Kontingenten, daneben kämpften aber in der Schlacht au dem Marchfeld auch Deutsche aus Böhmen, Brandenburger, Sachse Thüringer und Bayern für Ottokars Sache. Auf der anderen Seite deute auch nichts darauf hin, daß König Rudolf 'national-deutsche' Emotione bewußt in seinem Sinne politisch genutzt hat. Wie die beiden Kriegspar teien ihren Standort in dem Konflikt sahen, wird eher an dem jeweilige Schlachtruf deutlich, mit dem sie in den Kampf zogen. Während die Böh men mit „Praha, Praha!" antraten, wurde im Heere Rudolfs die Losun „Rom, Rom, Christus, Christus!" ausgegeben, was deutlich macht, daß Ru dolf den Konflikt nicht als 'deutscher', sondern als 'römischer' König un künftiger Kaiser des christlich-römischen Reiches führte.

---

[140] Zu Heinrich von Isernia und seiner Briefsammlung vgl. Hampe, Beiträge, pas sim; B. Schaller, Heinrich von Isernia, 113–115. – Ab 1278 tauchte an der Kanzle Ottokars ein gewisser Heinricus Italicus auf, der aber nicht mit Heinrich von Iser nia identisch war; vgl. hierzu Novác, Heinricus Italicus, 253–275; B. Schaller, Hein rich von Isernia, 114 und Sviták, Alltagsleben, 273–283.

[141] Vgl. hierzu bereits Redlich, Rudolf (Anhang), 748 ff. sowie Tillack, Studien 81 ff.; Kusternig, Probleme, 246 f., Anm. 110.

[142] Vgl. hierzu Tillack, Studien, 112; Kusternig, Probleme, 247, Anm. 110.

[143] Vgl. hierzu Redlich, Rudolf, 305; Hoensch, Přemysl Otakar II., 228 f.

[144] Vgl. das in der Colmarer Chronik überlieferte Gedicht eines unbekannte Verfassers, Chronicon Colmariense, 251 f., sowie die Beispiele bei Hoensch, Pře mysl Otakar II., 249 f.

Liegt somit die historische Bedeutung der Schlacht auch kaum in einer Entscheidung zugunsten eines nebulösen 'Deutschtums' gegenüber slawischen Traditionen und Wertvorstellungen, so ist andererseits nicht zu übersehen, daß sie die Grundlage für bedeutsame, weit in die Zukunft reichende politische Veränderungen in Mitteleuropa bildete. Sie ermöglichte nicht nur den Aufstieg der Habsburger zu einer wirklichen Königs- und Großdynastie, sondern legte auch den Grundstein für die Entstehung eines neuen Donaureiches, in dem nicht Böhmen, sondern die österreichischen Länder das machtpolitische Zentrum bilden sollten.

Aber noch war es nicht soweit, als Rudolf nach der Schlacht seine Siegesbotschaften an den Papst, den Dogen von Venedig und andere versandte.[145] Obwohl das feindliche Heer vernichtet war, waren weitere militärische Auseinandersetzungen nicht ausgeschlossen. Da die Witwe Ottokars, Kunigunde, befürchten mußte, daß Rudolf nicht nur die österreichischen Länder, sondern jetzt auch Böhmen und Mähren als verwirkte und heimgefallene Reichslehen beanspruchen werde, rief sie im Einklang mit einer letztwilligen Verfügung Ottokars den Markgrafen Otto den Langen von Brandenburg als Vormund für ihren unmündigen Sohn und Thronerben Wenzel II. ins Land. Der Markgraf war sich mit einem Großteil des böhmischen Adels schnell darin einig, seine eigenen Interessen und die Rechte seines Mündels mit Waffengewalt zu verteidigen, und alles schien so auf eine erneute militärische Konfrontation mit Rudolf hinzusteuern. Anspruch auf die Vormundschaft erhob allerdings auch noch Herzog Heinrich IV. von Breslau, der die Grafschaft Glatz besetzte und mit Kriegsvolk ebenfalls vor Prag erschien und sich dort mit Teilen des ansässigen Adels verbündete.

König Rudolf hatte zwar schon wenige Tage nach der Schlacht auf dem Marchfeld den ungarischen Bundesgenossen, der mit seinen unberechenbaren Kumanentruppen bereits lästig zu werden begann, verabschiedet, worauf dieser mit seinem Heer und reicher Beute beladen den Heimweg nach Ungarn angetreten hatte.[146] Mit seinem Restheer war Rudolf jedoch bereits Ende September/Anfang Oktober in die Markgrafschaft Mähren eingerückt,[147] wo ihm nicht nur die wichtigen Städte die Tore geöffnet, sondern auch der Hochadel und vor allem der frühere enge Vertraute Ottokars, Bischof Bruno von Olmütz, gehuldigt und ihre Zusammenarbeit angeboten hatten.[148] Als Rudolf in Mähren von der verworrenen Lage in Prag erfuhr, bewies er trotz seiner günstigen militärischen Position in be-

---

[145] RI VI,1, Nrn. 994, 995, 997, 998.
[146] Ebenda, Nr. 1002a.
[147] Vgl. hierzu Bláhová, Böhmen, 60 ff.
[148] RI VI,1, Nrn. 1006a, 1007, 1010, 1014–1016.

merkenswerter Weise politisches Augenmaß, indem er sich mit dem Erreichten begnügte. In einem offenen Manifest ließ er erklären, daß er nach
dem Vorbild seiner Vorgänger die Besiegten schonen wolle und den Kindern Ottokars „Gnade, Schutz und Zuflucht" gewähre.[149] Hieraus konnte
die Königin-Witwe entnehmen, daß Rudolf nicht beabsichtigte, den jungen böhmischen Thronfolger um sein väterliches Erbe zu bringen. So führten Verhandlungen um die Überführung des toten Ottokar nach Böhmen
bald zu einer grundsätzlichen Einigung zwischen Rudolf und Kunigunde,[150] der sich Ende Oktober 1278 auch die 'Kriegspartei' unter Markgraf
Otto von Brandenburg sowie Herzog Heinrich von Breslau anschlossen.

Die von vier Vertrauensleuten der beiden Parteien unter dem Vorsitz
des Erzbischofs von Salzburg ausgehandelten Friedensbedingungen[151]
setzten natürlich zunächst voraus, daß die Přemyslidendynastie auf die
gesamten österreichischen Länder einschließlich aller Allodgüter sowie
auf das Egerland verzichtete. Dafür verblieben dem jungen Thronfolger
die Stammterritorien Böhmen und Mähren als Reichslehen. Die Vormundschaft wurde auf fünf Jahre dem Brandenburger Markgrafen Otto
überlassen, während für den gleichen Zeitraum Rudolf die Verwaltung
Mährens als Ersatz für seine Kriegskosten, die 40000 Mark Silber betragen haben sollen,[152] zugesprochen wurde. Herzog Heinrich von Breslau
erhielt die Grafschaft Glatz, während die Königin-Witwe mit Troppau als
Wittumsgut abgefunden wurde. Zur Bekräftigung des Friedens wurde das
frühere Doppel-Eheprojekt wiederaufgenommen, wobei Rudolfs Tochter
Guta mit dem Thronerben Wenzel und die böhmische Königstochter
Agnes mit Rudolf, dem jüngsten Sohn des Habsburgers, vermählt wurden.
Außerdem sollte eine weitere Tochter König Rudolfs, Hedwig, den Bruder
des Markgrafen Otto von Brandenburg, Otto den Kleinen, heiraten, so
daß nun auch die brandenburgischen Kurfürsten mit dem Habsburger verschwägert waren.

---

[149] Ebenda, Nr. 1017.
[150] Ebenda, Nrn. 1021–1023.
[151] Vgl. hierzu die Zusammenstellung der einschlägigen, ausschließlich erzählenden Quellen in ebenda, Nr. 1026a.
[152] Dies berichtet jedenfalls Johannes von Viktring I, 236.

4. Die Begründung der habsburgischen Herrschaft in den österreichischen Ländern

Nachdem in Iglau die verabredete böhmische Doppelhochzeit ins Werk esetzt worden war,[153] trat Rudolf gegen Ende November 1278 die Heimeise nach Österreich an. Er konnte mit dem Erreichten zufrieden sein. Var es ihm doch gelungen, sich nicht nur von einem mächtigen Rivalen nd gefährlichen Opponenten auf Dauer zu befreien, sondern auch die sterreichischen Länder in einem Kampf auf Leben und Tod zu behaupten und dies alles ohne Mithilfe der Kurfürsten, lediglich gestützt auf seine ngsten Anhänger und den ungarischen Bundesgenossen. Dieser Umstand ollte sich jetzt als besonderer Vorteil erweisen, da Rudolf nun, als es um ie Zukunft der österreichischen Territorien ging, auch entsprechend enig Rücksicht nehmen mußte.

De jure waren die dem Böhmenkönig entrissenen Gebiete an das Reich urückgefallen und hätten daher – nach dem Vorbild Friedrichs II. – von kudolf in unmittelbare Reichsverwaltung genommen werden können.[154] is scheint aber, daß sich der Habsburger schon relativ früh dazu entchlossen hatte, die zurückgewonnenen Reichsterritorien in möglichst weiem Umfang seinen eigenen Söhnen zuzuwenden, um auf diese Weise seier Familie eine zweite Machtbasis im Südosten des Reiches zu schaffen. Vielleicht hatte Rudolf bereits Ende Januar 1276, als die Nachricht vom ode Papst Gregors X. eingetroffen und damit der vorgesehene Romzug infällig geworden war, erste vertrauliche Gespräche mit den Kurfürsten n dieser Angelegenheit geführt.[155] Spätestens im Frühjahr 1277 ließ Ruolf seine familiären Ambitionen auch nach außen erkennen, als er zielewußt das Problem der von Ottokar bisher in den österreichischen Länern besessenen Kirchenlehen anging. Mit dem Verzicht Ottokars im Wie-

---

[153] Vgl. RI VI,1, Nr. 1027 a. – Die Hochzeit zwischen Otto dem Kleinen von Branenburg und Rudolfs Tochter Hedwig fand im Februar 1279 in Wien statt; vgl. benda, Nr. 1060 a.

[154] Die ältere Forschung hatte noch die Ansicht vertreten, daß der König in Deutschland von Rechts wegen einem 'Leihezwang' im Sinne einer Verpflichtung, eimgefallene Reichslehen binnen Jahr und Tag wieder nach Lehnrecht zu verleien, unterworfen gewesen sei; vgl. hierzu vor allem Mitteis, Lehnrecht, 441 ff. Obohl sich diese Ansicht auf einige Stellen im Sachsenspiegel (Landrecht III 53 § 3; II 60 § 1; Lehnrecht 71 § 3) und Schwabenspiegel (Landrecht 121c, 132b, 121c) tützen kann, ist sich die neuere Forschung darin einig, daß von einem 'Leihewang' im Sinne einer Rechtspflicht für das Königtum in der Praxis keine Rede ein kann; vgl. hierzu grundlegend Goez, Leihezwang, passim und zusammenfasend Krieger, König, 80–84; Hauser, Staufische Lehnspolitik, 420 ff.

[155] Vgl. hierzu oben S. 136 f.

ner Schiedsspruch vom 21. November 1276 waren die Lehen an die betrof fenen Hochstifte heimgefallen,[156] deren Bischöfe diese nun nach Gutdün ken anderen Personen verleihen oder in eigene Verwaltung nehmen konn ten. Hier gelang es Rudolf nach langwierigen Verhandlungen und entspre chenden Zugeständnissen,[157] die betroffenen geistlichen Fürsten, de Erzbischof von Salzburg sowie die Bischöfe von Passau, Regensburg, Frei sing und Bamberg, dazu zu bringen, die Lehen an seine Söhne zu verlei hen. Dies war nicht nur deshalb von Bedeutung, weil es sich hierbei zur Teil um ansehnliche Güterkomplexe handelte, sondern weil auch di Gefahr bestand, daß diese in den Händen anderer zu lästigen Enklave innerhalb der künftigen habsburgischen Territorien werden konnter Hatte Rudolf somit auch schon gute Vorarbeit geleistet, so waren selbs nach dem endgültigen Sieg über Ottokar im Jahre 1278 noch einige Pro bleme zu lösen und mancher Widerstand zu überwinden, bis der Weg zur Anfall der österreichischen Länder an das Haus Habsburg frei war.

Als schmerzlich dürfte Rudolf zunächst einmal empfunden haben, da sein Verfügungsrecht über die österreichischen Länder durch die Verpfän dung des Landes ob der Enns an Herzog Heinrich von Niederbayer erheblich eingeschränkt war. Angesichts der zwielichtigen Rolle, die Hein rich in der entscheidenden Phase des Endkampfes gespielt hatte, war Ru dolf um so weniger bereit, die einst in der Bedrängnis eingegangenen Ver pflichtungen gegenüber dem unzuverlässigen ehemaligen Bundesgenosse einzuhalten. Nach harten Verhandlungen und der Drohung mit Krie wurde das Problem gelöst, indem sich der politisch und militärisch isolier te Herzog im Mai 1279 gegen eine Zahlung von 2000 Mark Silber zur Verzicht auf die Pfandschaft bereit erklärte.[158]

Ein weiteres Problemfeld ergab sich für Rudolf aus der inneren Verfas sungsstruktur der österreichischen Territorien.[159] Noch in der Babenber gerzeit hatte sich hier aus (wenigen) alten edelfreien Familien und der führenden Ministerialengeschlechtern eine neue Adelsschicht gebildet, fü deren Mitglieder seit der Mitte des 13.Jahrhunderts die Bezeichnun 'Landherren' aufkam und die in der Zeit des 'österreichischen Interre gnums' zwischen dem Tod des letzten Babenbergers Friedrich des Streit baren († 1246) und dem Herrschaftsantritt Ottokars (1251) den Anspruch

---

[156] Dies wurde für Passau in einem Rechtsspruch ausdrücklich festgestellt (vg RI VI,1, Nr. 893), traf aber sinngemäß auch auf die anderen Hochstifte zu; vgl. hier zu Redlich, Rudolf, 343, Anm. 1.

[157] Vgl. hierzu im einzelnen ebenda, 343 ff.

[158] RI VI,1, Nrn. 1078a, 1091a.

[159] Vgl. zum Folgenden grundlegend Reichert, Landesherrschaft, bes. 77–89 90–104; Weltin, Landesherr, 159–225; ders., König Rudolf, 103 ff.

erhob, allein das Land zu repräsentieren. Ottokar hatte sich, nachdem er Österreich in Besitz genommen hatte, mit diesen Kräften arrangiert und im Landfrieden von 1254[160] den österreichischen Landherren in der Form eines Landherrenkollegiums (*consiliarii per Austriam*) und den sich personell aus diesen Kreisen rekrutierenden Landrichtern (*iudices provinciales per Austriam*) weitgehend die faktische Regierungsgewalt im Lande eingeräumt. Später, in den sechziger Jahren, hatte Ottokar, nachdem er inzwischen auch in den Besitz der Steiermark gelangt war, versucht, die gewährten Zugeständnisse wieder rückgängig zu machen, wodurch er vor allem seit 1270, als er diese Politik intensivierte, in scharfen Gegensatz zu den hiervon Betroffenen geriet.[161] Von dieser Situation konnte Rudolf zwar während seines ersten Feldzuges profitieren, als sich ihm die Masse der von Ottokars Politik enttäuschten österreichischen und steirischen Landherren, die auch maßgeblichen Einfluß in den meisten Städten erlangt hatten, anschloß. Das Wohlverhalten dieser Herren hatte allerdings seinen Preis. So lassen der Landfriede von 1276[162] wie auch die sogenannte 'kürzere' Fassung des Österreichischen Landrechts, die – wie in der neueren Forschung klargestellt wurde – nicht in der Babenbergerzeit, sondern erst während Rudolfs Aufenthalt in Wien (1278) aufgezeichnet wurde,[163] erkennen, daß Rudolf den Herren weitreichende Zugeständnisse gemacht hat, die praktisch auf eine Restitution des Verfassungszustands von 1254 hinausliefen. In der Praxis bedeutete dies nicht nur die zumindest faktische Anerkennung der Reichsunmittelbarkeit vieler Landherren[164] sowie der Stadt Wien,[165] sondern auch eine Wiederauflage der *consiliarii per*

---

[160] Druck: MGH Const. 2, Nr. 440, 604 ff. Vgl. zur Datierung auf 1254 Dopsch, Datierung [sic!], 160 ff. und zur Sache Reichert, Landesherrschaft, 79 f.; Weltin, Landesherr, 176 ff.; ders., König Rudolf, 107 f.

[161] Vgl. Reichert, Landesherrschaft, 83 f.; Weltin, Landesherr, 203, 209 ff.; ders., König Rudolf, 108.

[162] Vgl. hierzu unten S. 162 f.

[163] Textgrundlage: Schwind/Dopsch, Nr. 34, 55–73. Zur Neudatierung und Bewertung vgl. vor allem Weltin, Landrecht, 381–424; ders., König Rudolf, 110.

[164] So geht z. B. die später unstrittige unmittelbare Reichsleheneigenschaft der Herrschaften Rossatz, Hardegg, Litschau, Raabs, Seefeld und des Landgerichts Stetteldorf nicht auf die babenbergische Zeit, sondern auf entsprechende Belehnungen durch Rudolf zurück; vgl. Reichert, Landesherrschaft, 102. – Zum Reichsbewußtsein des österreichischen Adels, das sich sehr deutlich auch in den Artikeln 1 und 2 der kürzeren Fassung des österreichischen Landrechts von 1278 niederschlug, vgl. Schwind/Dopsch, Nr. 34, 56 und Reichert, Landesherrschaft, 100 ff.

[165] Wenn auch Rudolf wegen der Anhänger Ottokars im Patriziat (vgl. oben S. 140, 146) Wien gegenüber auch in der Folgezeit mißtrauisch blieb, konnte die Stadt ihren Status als Reichsstadt zunächst noch wahren; vgl. RI VI,1, Nrn. 974, 975.

Austriam und damit die Einrichtung einer ständischen Mitregierung. Es dürfte Rudolf wohl bewußt gewesen sein, daß alle diese Maßnahmen kaum im Interesse künftiger Bestrebungen zum Ausbau der habsburgischen Landesherrschaft in den betroffenen Gebieten lagen. Andererseits sah er wohl auch keine Alternative zu dieser Politik der Zugeständnisse, um nicht das Hauptziel, den Anfall der österreichischen Länder an seine Familie, zu gefährden.

Ein letztes Problem, das Rudolfs volle Verfügungsfreiheit bisher noch eingeschränkt hatte, erledigte sich gewissermaßen von selbst, als im Juli 1279 Philipp, der letzte Herzog von Kärnten aus dem Geschlecht der Spanheimer, verstarb, ohne nach Lehnrecht zur Nachfolge fähige Erben zu hinterlassen, so daß nun auch das Herzogtum Kärnten mit Krain und der Windischen Mark von Rudolf als heimgefallenes Reichslehen betrachtet werden konnte. Der verstorbene Herzog, dessen Anspruch auf Kärnten Rudolf mit der Belehnung vom Jahre 1275 feierlich anerkannt hatte, hatte jedoch nie von seinem Herzogtum Besitz ergriffen, sondern verbrachte vielmehr seine letzten Lebensjahre in Krems – gewissermaßen als 'Pensionär', gestützt auf eine von Rudolf angewiesene Rente. Die faktische Herrschaft im Herzogtum hatte Rudolf schon 1276 seinem Gefolgsmann, dem Grafen Meinhard von Tirol, übertragen, der als 'Hauptmann' (*capitaneus*)[166] Rudolfs die Verwaltung des Herzogtums übernommen hatte und dem außerdem noch als Ersatz für seine Kosten im ersten Krieg der herzogliche Besitz im Lande Krain und der Windischen Mark verpfändet worden war.[167] Die Hauptmannschaft Meinhards änderte zwar nichts daran, daß der König theoretisch frei über das Herzogtum als heimgefallenes Reichslehen verfügen konnte. Realistisch betrachtet dürfte Rudolf sich jedoch darüber im klaren gewesen sein, daß er den wichtigen Weggefährten und Bundesgenossen – trotz seiner wenig hilfreichen Haltung im letzten Krieg gegen Ottokar – kaum übergehen konnte, zumal dieser das Land als Hauptmann und Pfandinhaber ja auch bereits tatsächlich in Besitz hatte. In den nun einsetzenden Verhandlungen mit Meinhard setzte Rudolf allerdings insofern einen Kompromiß durch, als Meinhard sich mit dem eigentlichen Herzogtum Kärnten als unmittelbarem Reichslehen und Fürstentum begnügen mußte. Die in der Vergangenheit mit Kärnten verbundenen Länder Krain und die Windische Mark sollten dagegen in Zukunft mit dem Herzogtum Steiermark vereinigt werden und damit an die

[166] Die Einführung einer 'Landeshauptmannschaft' in Vertretung des Herzogs geht auf den Herrschaftsantritt König Ottokars in Kärnten zurück; vgl. hierzu Ogris, Kampf, 119 und zur Institution der Landeshauptmannschaft in Kärnten allgemein ders., 116–141.

[167] Vgl. hierzu RI VI,1, Nr. 1291 und Redlich, Rudolf, 146.

Söhne Rudolfs fallen, wodurch aber Meinhards Ansprüche aus der Pfand-
chaft nicht beeinträchtigt werden sollten. Diese Modalitäten, die Rudolf
offensichtlich schon jetzt mit Meinhard absprach, sollten allerdings erst
Wirklichkeit werden, wenn es Rudolf gelang, das von ihm angestrebte
Ziel, die Verleihung der Herzogtümer Österreich und Steiermark an seine
Söhne, in die Tat umzusetzen. Eine so weitreichende Verfügung war jedoch nur durchsetzbar, wenn sie von der förmlichen Zustimmung der Kurfürsten abgesichert war. Hier mußte Rudolf zwar noch einiges an 'Über-
zeugungsarbeit' leisten, da insbesondere die rheinischen Kurfürsten den
siegreichen König mit Argwohn empfingen, als er nach längerer Abwesenheit wieder im Westen des Reiches erschien, wobei – wie bereits vor dem
Krieg – der Widerstand vor allem vom Kölner Erzbischof Siegfried von
Westerburg ausging. Am Ende erteilten jedoch alle Kurfürsten in offiziell
beurkundeten Erklärungen ('Willebriefe') ihre Zustimmung zu der von
Rudolf geplanten Neuregelung der österreichischen Verhältnisse.[168]

Kurz vor Weihnachten war es dann endgültig soweit. Nach der einige
Tage später hierüber ausgestellten Urkunde[169] belehnte König Rudolf auf
dem Hoftag in Augsburg seine beiden Söhne Albrecht und Rudolf ge-
meinschaftlich „mit den Fürstentümern oder Herzogtümern Österreich,
Steiermark, Krain und der Windischen Mark" und erhob sie damit – wie
ausdrücklich vermerkt wird – in den Reichsfürstenstand.[170]

Im Einklang mit dem zwischen Rudolf und Graf Meinhard getroffenen
Kompromiß erstreckte sich die Belehnung zwar auf Krain und die Windische Mark, nicht aber auf das Herzogtum Kärnten, das ja an den Tiroler
Grafen verliehen werden sollte. Allerdings stieß die vorgesehene Belehnung Meinhards nicht nur auf den erbitterten Widerstand seines unmittelbaren territorialpolitischen Gegenspielers, Bischof Heinrichs von Trient;
auch Herzog Heinrich von Niederbayern sowie der Erzbischof von Salzburg und der Patriarch von Aquileja setzten alles daran, die Verleihung zu
verhindern, da mit ihr ja die Erhebung Meinhards in den Fürstenstand
und damit eine gefährliche machtpolitische Aufwertung des jetzt schon
unbequemen Grafen verbunden waren. Da die Auseinandersetzungen inzwischen so weit eskalierten, daß die Synode von Aquileja im Dezember
1282 Meinhard exkommunizierte,[171] war im Augenblick an eine Beleh-

---

[168] RI VI,1, Nrn. 1688 und 1711.

[169] Während der Belehnungsakt selbst bereits vor Weihnachten stattfand (vgl.
hierzu RI VI,1, Nr. 1740b), ist die königliche Belehnungsurkunde mit dem Datum
27. Dezember 1282 versehen; Druck: MGH Const. 3, Nr. 339, 325f.

[170] Vgl. MGH Const. 3, Nr. 339, 325: ... *ac principum imperii numero, consorcio et
collegio aggregantes eosdem et ipsis ius principum concedentes* ...

[171] Vgl. Wiesflecker, Meinhard, 122; Fräss-Ehrfeld, Geschichte Kärntens 1, 340.

nung des Gebannten nicht zu denken. Man verfiel daher wohl auf der Ausweg, zunächst die Söhne Rudolfs formal auch mit Kärnten zu belehnen, ohne daß daran gedacht war, an der tatsächlichen Herrschaft über das Land, das heißt an der Hauptmannschaft und den Pfandrechten Meinhards, etwas zu ändern. Erst im Jahre 1286, als es Meinhard gelungen war sich mit seinen Gegnern zu einigen, und nachdem er endgültig auf Krain und die Windische Mark verzichtet hatte,[172] wurde er feierlich mit dem Herzogtum Kärnten belehnt und damit in den Fürstenstand erhoben.[173]

Ungewöhnlich an der Verleihung von 1282 war außerdem die gewählte Form der Gesamthandsbelehnung, die zwar alemannischem Rechtsbrauch entsprach, in Österreich aber auf keine Tradition zurückblicken konnte. Es scheint, daß Rudolf diese Form bewußt gewählt hat, um nicht nur die Erhebung eines Sohnes, sondern der gesamten Familie in den Fürstenstand festzuschreiben. Außerdem hoffte er wohl, auf diese Weise Ausgleichszahlungen an Nachgeborene und Teilungen verhindern zu können. In der Praxis stieß die getroffene Regelung jedoch auf den Widerstand der österreichischen Herren, die mit dem Hinweis, daß man nicht zwei Herren zugleich dienen könne, Rudolf bewogen, in der sogenannten 'Rheinfeldener Hausordnung' vom 1. Juni 1283[174] die österreichischen Herzogtümer alleine seinem ältesten Sohn Albrecht und dessen männlichen Erben zu überlassen, während dem jüngeren Bruder ein Königreich, ein anderes Fürstentum oder eine von Albrecht und seinen Erben aufzubringende Geldsumme als Entschädigung in Aussicht gestellt wurden. Für den Fall, daß Albrecht oder seine Erben ihre Zahlungspflicht nicht erfüllten, wurde bestimmt, daß Herzog Rudolfs Rechte an Österreich dann wiederaufleben sollten.[175]

Die Bedeutung des Belehnungsaktes liegt vor allem in seiner juristisch-konstitutiven Wirkung für die Begründung der habsburgischen Herrschaft in den österreichischen Ländern, die sich zugleich als Fundament eines späteren habsburgischen Großreiches erweisen sollte, das über viele Jahrhunderte hinweg Bestand hatte und dessen Auswirkungen noch bis in unsere Gegenwart hinein spürbar sind. Wenn auch diese glänzende Zukunftsperspektive damals kaum vorauszusehen war, so zeigten sich doch

---

[172] Vgl. MGH Const. 3, Nr. 373, 355 f. und Dopsch, Kärnten-Krainer Frage, 66 ff.
[173] MGH Const. 3, Nr. 375, 356–358.
[174] Ebenda, Nr. 344, 328–330.
[175] Vgl. ebenda, Nr. 344, 328–330, hier 329. Mit Recht hat bereits Redlich in RI VI,1, Nr. 1789, 393 darauf hingewiesen, daß in der Mißachtung dieser Bestimmung durch Albrecht wohl das entscheidende Motiv für seine spätere Ermordung durch Rudolfs Sohn Johann (Parricida) im Jahre 1308 zu finden ist; vgl. hierzu zusammenfassend Krieger, Habsburger, 107 f.

schon die Zeitgenossen beeindruckt von der machtpolitischen und auch standesmäßigen Aufwertung der Habsburgerfamilie, die nicht nur in den Kreis der reichsfürstlichen Dynastien aufgestiegen war, sondern von nun an auch Anspruch auf Königsherrschaft für die Nachkommen Rudolfs erheben konnte.

V. Herrschaftspolitik nach der Niederwerfung König Ottokars und habsburgische Hauspolitik im Südwesten

Mit dem Sieg über Ottokar und dem Erwerb der österreichischen Länder hatte König Rudolf einen glänzenden Erfolg errungen, der allerdings auch seinen Preis hatte. Rudolf mußte sich über Jahre hinweg auf diese, für die Zukunft seiner Familie so wichtige Aufgabe konzentrieren, so daß er andere Herrschaftsziele nicht mit dem gleichen Nachdruck in Angriff nehmen konnte. Wenn auch mit der Niederwerfung Ottokars die Revindikationspolitik einen gewaltigen Schritt vorangekommen war, so war das Problem auf Reichsebene noch keineswegs gelöst. Ebensowenig konnte mit den bisherigen Maßnahmen die allgemeine Befriedung des Reiches erreicht werden. Weitere Anstrengungen waren somit vonnöten, die zudem die persönliche Anwesenheit Rudolfs in den westlichen Ländern des Reiches verlangten.

1. Landfriedenspolitik

Wenden wir uns zunächst dem Problem der Friedenswahrung zu, so ist festzuhalten, daß Rudolfs Landfriedenspolitik im Vergleich zu den eher pragmatischen Maßnahmen der ersten Jahre nach der Niederwerfung Ottokars nun deutlichere Konturen annahm. Allerdings verzichtete Rudolf auch jetzt darauf, einfach den Reichslandfrieden von 1235 zu erneuern. In realistischer Einschätzung der Durchsetzungsmöglichkeiten zog er es vielmehr vor, mit den jeweils angesessenen Territorialherren für bestimmte Regionen zeitlich befristete Landfrieden zu vereinbaren und diese dann in der Form königlicher Satzungen zu verkünden. Den Anfang bildete der österreichische Landfriede, den Rudolf nach entsprechenden Verhandlungen mit den österreichischen Landherren am 3. Dezember 1276 in Wien erließ.[1] Diese Friedenssatzung, die zahlreiche Bestimmungen zugunsten des angesessenen Landadels enthielt, ist natürlich vor dem Hintergrund zu sehen, daß Rudolf bestrebt war, den österreichischen Adel nach dem gerade erfolgten (ersten) Friedensschluß mit Ottokar für die habsburgische Herrschaft zu gewinnen. Der Friede wurde im Jahre 1281 nach Verhand-

---

[1] Vgl. MGH Const. 3, Nr. 122, 116–118 und zur Sache Gerlich, Studien, 16–21.

ungen mit den österreichischen Landherren, Städten, Rittern und Knappen für das Herzogtum Österreich erneuert und unter anderem durch die bemerkenswerte Bestimmung ergänzt, daß 2500 schwere Panzerreiter bereitzuhalten seien, die nicht nur den Landfrieden durchsetzen, sondern auch dem römischen König und seinem Sohn, falls er im Lande sei, bei Bedarf Hilfe leisten sollten.[2]

Im gleichen Jahr 1281 folgten noch ein bayerischer, ein fränkischer und ein rheinischer Landfrieden.[3] Selbst im eher 'königsfernen' Thüringen verkündete Rudolfs enger Vertrauter, Erzbischof Heinrich von Mainz, mit ausdrücklicher Vollmacht des Königs im Januar 1287 eine entsprechende Friedenssatzung, die von König Rudolf unter Einschluß der vom Erzbischof gefällten Strafurteile gegen Friedensbrecher im März 1287 förmlich bestätigt wurde.[4]

Der 'königsferne' Norden des Reiches ließ sich jedoch nicht in dieses System königlicher regionaler Landfrieden einbeziehen. Zwar schlossen sich am 13. Juni 1283 Lübeck, Rostock, Wismar und andere Städte sowie die Herzöge von Pommern, die Herren von Rügen, Mecklenburg und Werle, die Grafen von Schwerin und Danneberg in Rostock zu einem Landfrieden zusammen und bestimmten Herzog Johann von Sachsen zu ihrem Richter und Hauptmann (*iudex und capitaneus*).[5] Dies geschah aber nicht nur ohne Erwähnung der Tatsache, daß der Herzog zusammen mit seinem Bruder Albrecht von König Rudolf zum Reichsvikar im Norden bestimmt worden war,[6] sondern auch ohne jede Mitwirkung oder nur Erwähnung des Königs selbst mit deutlicher Zielrichtung gegen die Markgrafen von Brandenburg, so daß in diesem Zusammenschluß wohl eher „ein gegen Brandenburg gerichtetes Militärbündnis in den Formen eines 'privaten' Landfriedens"[7] als eine königliche Landfriedenssatzung zu sehen ist. Im Ergebnis ist daher festzuhalten, daß im Norden des Reiches von einer aktiven königliche Landfriedenspolitik keine Rede sein konnte. Die Friedenssicherung war vielmehr zur alleinigen Aufgabe der Territorialmächte geworden, die sich hierfür auch aussschließlich zuständig fühlten.

Kehren wir zu den 'königsnahen' und 'königsoffenen' Landschaften des süd- und mitteldeutschen Raumes zurück, so haben wir bereits gesehen,

---

[2] MGH Const. 3, Nr. 273 (1), 265; vgl. auch Gerlich, Studien, 25–33.

[3] MGH Const. 3, Nrn. 278, 268–275 und Nrn. 279 und 280, 280–287.

[4] Ebenda, Nrn. 387, 367 f.; 399, 383 f. und 629, 611.

[5] Ebenda, Nr. 628, 606–610. Zur Echtheit sowie zum Quellenwert und Verständnis der ohne Siegel der beteiligten Aussteller überlieferten Landfriedensurkunde vgl. Mohrmann, Landfriede, 50–69.

[6] MGH Const. 3, Nrn. 330–332, 318 f.

[7] Vogtherr, Norddeutschland, 156.

daß Rudolf während seiner Anfangsjahre im südwestdeutschen Raum durch seine streitschlichtende Tätigkeit, bisweilen unterstützt durch militä rische Maßnahmen, oft wohl auch allein durch seine bloße Präsenz vor Ort in einem Maße 'friedensstiftend' gewirkt hat, daß der Straßburger Chronist behaupten konnte, daß „voller Friede in Deutschland von der Alpen bis an das britannische Meer" eingekehrt sei.[8] Daß König Rudol auch außerhalb des südwestdeutschen Raumes gewillt und in der Lage war, entschieden gegen hartnäckige Friedensbrecher vorzugehen, wurde den Zeitgenossen drastisch vor Augen geführt, als er bei seinem Zug durch Thüringen in den Jahren 1289/90 innerhalb kurzer Zeit über 66 Raubbur gen zerstörte und allein an einem Tag im Dezember 1289 29 Friedens brecher vor den Toren Erfurts enthaupten ließ.[9] Wenn diese Beispiele auch den Schluß nahelegen, daß Rudolf, wo er sich aufhielt, energisch gegen Friedensbrecher vorging und dabei auch beachtliche Erfolge erzielte, sc sollte man das Erreichte aber auch nicht überschätzen. Die Grenzen zeig ten sich schnell, wenn die Konfliktparteien, nachdem der König die ent sprechende Region verlassen hatte, wieder dazu übergingen, ihre Ansprü che mit Gewalt durchzusetzen. Selbst in seinem unmittelbaren Herrschafts bereich im südlichen Elsaß hatte Rudolf offensichtlich erhebliche Mühe den Landfrieden angesichts des unkrontollierten Burgenbaus während des Interregnums zu sichern. So hat Bernhard Metz beobachtet, daß in der Col marer Chronik für die Zeit von 1279 bis 1291 allein im Raum zwischen Schlettstadt und Gebweiler über mindestens siebzehn unterschiedliche Kriege berichtet wird, an denen in sechs Fällen der König oder sein Land vogt beteiligt waren und wobei mindestens dreizehn Burgen belagert und zahlreiche Ortschaften niedergebrannt wurden.[10] Wie mühsam es für Ru dolf war, sich selbst gegen eher unbedeutende Ministerialen durchzusetzen zeigt sein Vorgehen gegen die Herren von Girsberg im Münstertal, die der ehemaligen Colmarer Schultheißen Siegfried von Gundolsheim hatten er morden lassen und von ihrer Burg aus den Widerstand gegen den König fortsetzten. Es gelang Rudolf zwar am Ende, die Burg zu bezwingen, aber der Aufwand erscheint im nachhinein kaum in einem rechten Verhältnis zum Erfolg zu stehen, da die Belagerung fünf Monate in Anspruch nahm und über 1900 Pfund Silber an Kosten verschlang.[11]

Da dem König im Reich keine eigenen Verwaltungsinstitutionen zur

[8] Siehe bereits oben S. 120.

[9] Vgl. hierzu unten S. 220.

[10] Vgl. Metz, Politische Geschichte, 15, basierend auf Annales Colmarienses maiores, 204–218.

[11] Vgl. hierzu Metz, Politische Geschichte, 15, basierend auf Ellenhardi chroni con, 132 f.; Annales Colmarienses maiores, 216–218.

Verfügung standen, mußte auch Rudolf davon ausgehen, daß dauerhafte Erfolge bei der Wahrung des Landfriedens nur in enger Zusammenarbeit mit den jeweiligen Territorialgewalten zu erreichen waren. Vor diesem Hintergrund ist eine wichtige Vereinbarung zu sehen, die der König auf dem Augsburger Hoftag im Jahre 1282 mit dem Pfalzgrafen und Herzog Ludwig traf. Hiernach sollte eine vom König und Herzog gemeinsam eingesetzte Kommission, bestehend aus fünf Mitgliedern jeweils für Bayern und Schwaben, für die Durchsetzung des Landfriedens in den beiden Ländern sorgen, wobei die Mitglieder der Kommission an die Stelle der ordentlichen Richter traten und dazu ermächtigt waren, nicht nur ergriffene Übeltäter abzuurteilen, sondern auch Truppen aufzubieten und im Kampf gegen die Friedensbrecher zu führen.[12] Diese Bestimmungen wurden auf dem nächsten Augsburger Hoftag im Jahre 1286 noch insofern modifiziert und ergänzt, als König Rudolf für den Bereich seiner Mitglieder einfach die schwäbischen Landvögte und den Vogt von Augsburg bestimmte. Die neue Kommission, die außerdem zusätzliche Kompetenzen zur Bekämpfung von Friedensbrechern erhielt[13] und damit eine koordinierte, die territorialen Grenzen überschreitende Landfriedenssicherung ermöglichte, nahm im Ansatz bereits die spätere Kreisverfassung vorweg und wirkte insofern geradezu richtungsweisend für die Zukunft. Zugleich wurde „hier die landfriedensrichterliche Gewalt mit der landvogteilichen vereinigt"[14], was Rudolf im sensiblen schwäbischen Raum eine fast 'herzogsgleiche' Stellung einbrachte, die für ihn auch angesichts seiner hausmachtpolitischen Ambitionen von erheblicher Bedeutung war.

Gegen Ende seiner Regierung, als die Fristen der territorialen Landfrieden vereinbarungsgemäß ausliefen, hielt es Rudolf endlich für angezeigt, auf dem Hoftag von Würzburg Ende März 1287 einen allgemeinen, sich auf das ganze Reich erstreckenden Landfrieden zu verkünden.[15] Als Vorbild diente wieder der Reichslandfrieden von 1235, dessen Rechtssätze allerdings in Einzelheiten modifiziert und ergänzt wurden, etwa durch das Verbot, neue Münzen einzuführen oder gegen Rechtssprüche des Hofgerichts Fehde zu führen. Daß sich die Verhältnisse im Vergleich zur Stauferzeit inzwischen allerdings entscheidend geändert hatten, kommt vor allem im Schlußartikel zum Ausdruck, in dem ausdrücklich bestimmt wurde, daß es den Fürsten unbenommen sein soll, in ihren Ländern mit dem Rat ihrer Herren 'Verbesserungen' vorzunehmen.[16] Wenn somit auch das königliche

---

[12] Vgl. RI VI,1, Nr.1748 und Redlich, Rudolf, 443.
[13] Vgl. ebenda, Nr.1998 und ebenda, 443 f.
[14] Redlich, Rudolf, 444.
[15] MGH Const. 3, Nr.390, 370–377.
[16] Ebenda, Art. 24, 374; 35, 375 und 43, 376f.

Landfriedensgebot nur noch den äußeren Rahmen bildete, in dem die Friedenswahrung erfolgte, bleibt es dennoch das Verdienst Rudolfs, die im Interregnum schon weitgehend aufgegebene königliche Friedensgewalt wieder grundsätzlich aktiviert und – wenigstens in den 'königsnahen' und 'königsoffenen' Landschaften des Reiches – zu neuerlicher Geltung gebracht zu haben.[17]

2. Revindikationsmaßnahmen

Daß Rudolf auch nach der Niederwerfung Ottokars der 'alltäglichen' Revindikation entfremdeten Reichsgutes weiterhin hohe Priorität einräumte, machte er bereits auf seinem Zug von Österreich in den Westen des Reiches deutlich. So wurde im Rahmen eines Hoftages in Nürnberg die Rechtsgrundlage für Revindikationsmaßnahmen erweitert und präzisiert, indem der Habsburger am 9. August 1281 durch förmlichen Rechtsspruch feststellen ließ, daß „alle Schenkungen, Bestätigungen oder Verfügungen irgendwelcher Art", die König Richard und seine Vorgänger nach der Absetzung Kaiser Friedrichs II. aus Reichsgut vorgenommen hatten, nichtig sein sollten, falls sie nicht von der Mehrheit der Kurfürsten gebilligt würden.[18]

In der Alltagspraxis waren es vor allem die Landvögte, die die hierfür erforderlichen mühsamen Nachforschungen, Verhandlungen und möglichen Zwangsmaßnahmen durchzuführen hatten, um das Revindikationsprinzip im Einklang mit dem Nürnberger Spruch von 1281 im konkreten Einzelfall umzusetzen.

Was schon generell für die Anfangsjahre Rudolfs festgestellt wurde, gilt insbesondere auch für die Tätigkeit der Landvögte in der späteren Zeit. Die auf sporadische Einzelhinweise beschränkte Quellenüberlieferung gestattet kein gültiges Urteil über Erfolg oder Mißerfolg der eingeleiteten Revindikationsmaßnahmen. Immerhin erfahren wir, daß der in der Wetterau zumindest faktisch als Landvogt agierende Reinhard von Hanau im Rahmen eines speziellen Revindikationsauftrages im Jahre 1277 das dem Reich zugehörige Freigericht Motten einzog, mit dem er sich dann allerdings selbst vom König belehnen ließ.[19] Nach jahrelangen Kämpfen konnte Rudolfs Landvogt in Niederschwaben, Graf Albrecht von Hohenberg, Hartmann von Grüningen dazu zwingen, 1280 Markgröningen und Brackenheim an das Reich herauszugeben.[20] Etwas besser sind wir über

---

[17] Zum Würzburger Reichslandfrieden vgl. auch Angermeier, Königtum, 78.
[18] MGH Const. 3, Nr. 284, 290.
[19] Vgl. hierzu Schwind, Landvogtei, 101 f. mit den angeführten Quellenbelegen.
[20] Vgl. Martin, Städtepolitik, 105.

Revindikationen unterrichtet, die König Rudolf nach seiner Rückkehr aus Österreich in eigener Person im Südwesten und Westen des Reiches in Angriff nahm. Hier ist zunächst der Feldzug gegen den Grafen Egno von Freiburg im Oktober 1281 zu nennen, der dazu führte, daß der Graf das ihm bereits früher abgenommene, von ihm aber während der Abwesenheit des Königs wieder an sich gezogene Reichsgut in der unmittelbaren Umgebung von Freiburg endgültig zurückgeben mußte.[21] Unter politischem und militärischem Druck des Königs fand sich im Jahre 1282 auch Erzbischof Siegfried von Köln dazu bereit, auf Kaiserswerth, Cochem an der Mosel und die Vogtei der Abtei Essen zu verzichten.[22] 1286 eroberte Rudolf nach über sechswöchiger Belagerung gegen den militärischen Widerstand des Bischofs Friedrich von Speyer das Schloß Lauterburg, das von nun an im Besitz des Reiches verblieb.[23] Ebenso gab Rudolfs Gegner, Graf Philipp von Savoyen, auf militärischen Druck hin im Jahre 1283 die Reichsorte Murten, Gümminen und Peterlingen heraus.[24] Nach dem Tode seines alten Weggefährten, des Erzbischofs Werner von Mainz († 2. 4. 1284), setzte sich Rudolf während der Sedisvakanz gegen das Domkapitel durch und nahm – trotz eines ihm vorgelegten, die Mainzer Ansprüche bestätigenden Privilegs Kaiser Friedrichs II. von 1237[25] – die Stadt Seligenstadt und die Grafschaft im Bachgau für das Reich in Besitz.[26] Nach ersten Verhandlungen im Jahre 1282 gab auch Graf Reinald von Geldern spätestens 1290 die Reichsstädte Duisburg, Nimwegen und Deventer an König Rudolf zurück.[27] Endlich konnte Rudolf während seines Aufenthalts in Thüringen (1289/90) die desolaten Verhältnisse im Fürstenhaus der Wettiner dazu nutzen, das gesamte Pleißnerland, das die Burggrafschaften Altenburg und Leisnitz und wohl auch die Städte Altenburg, Chemnitz und Zwickau mit weiteren Orten umfaßte, wieder an das Reich zu ziehen.[28]

3. Habsburgische Hauspolitik im Südwesten

Nach jahrzehntelanger erfolgreicher Herrschaftspolitik als Graf von Habsburg verwundert es kaum, daß Rudolf auch nach seiner Königswahl die territorialpolitischen Interessen seines Hauses im Südwesten nicht aus

---

[21] Vgl. hierzu Redlich, Rudolf, 465.

[22] Vgl. auch Helbach, Reichsgut, 204 ff. sowie im einzelnen unten S. 182 f.

[23] Vgl. RI VI,1, Nr. 2010 a und zum Streit Rudolfs mit Bischof Friedrich unten S. 184.

[24] Siehe hierzu unten S. 209.

[25] RI V,1, Nr. 2273.

[26] RI VI,1, Nr. 1850.

[27] Vgl. hierzu Martin, Städtepolitik, 104.

[28] Vgl. Redlich, Rudolf, 466 f.

dem Blick verlor, zumal ja angesichts der Wahlverfassung des Reiches keine Garantie dafür bestand, daß die römisch-deutsche Königsherrschaft seiner Familie auch nach seinem Tode erhalten blieb.

Daß Rudolf bereit war, die mit der Königswürde verbundenen neuen Aufgaben und Pflichten zu akzeptieren und entsprechend andere Prioritäten im Rahmen seiner Herrschaftspolitik zu setzen, hatte er bewiesen, als er sofort nach seiner Nomination zum König die Fehden mit den territorialpolitischen Gegnern abstellte und nach seiner Wahl zum Frieden aufrief und auch selbst bereit war, im Zuge früherer Auseinandersetzungen in seine Gewalt gelangte Gegner freizulassen.[29] Interessenkonflikte zwischen der neuen Würde und dem habsburgischen Hausinteresse waren allerdings nicht auszuschließen, wenn es um die Revindikationspolitik ging, die sich – konsequent betrieben – auch gegen manche Ergebnisse der habsburgischen Territorialpolitik seit dem Zusammenbruch der Stauferherrschaft hätte richten müssen.[30] Zum Glück für Rudolf sahen die Zeitgenossen die Dinge nicht so eng. So selbstverständlich wie Rudolf die Kurfürsten, die ihn gewählt hatten, im allgemeinen von Revindikationsmaßnahmen verschonte, so selbstverständlich schien niemand vom König zu fordern, die Grundsätze der Revindikation auch auf den eigenen während des Interregnums erworbenen Hausbesitz anzuwenden, zumal Rudolf klugerweise die nach dem Krieg mit Straßburg (1262) unter seine Herrschaft gebrachten Städte Kaisersberg, Colmar und Mülhausen nach seiner Wahl nicht als habsburgische Landstädte, sondern als Reichsstädte betrachtete. Im Gegenteil scheint der unter dem Vorsitz König Rudolfs im Jahre 1281 zur Präzisierung der Revindikationsforderungen des Reiches ergangene Rechtsspruch, wonach alle nach der Absetzung Kaiser Friedrichs II. erfolgten Verfügungen König Richards und seiner Vorgänger über Reichsgut grundsätzlich unwirksam sein sollten, nicht zuletzt auch von hauspolitischen Überlegungen bestimmt gewesen zu sein. Nur diese Grundsatzentscheidung bot Rudolf eine rechtliche Handhabe, von Graf Philipp von Savoyen, dem mächtigsten Herrschaftskonkurrenten nördlich des Genfer Sees, die Herausgabe der Städte Murten und Gümminen als dem Reich entfremdete Güter zu verlangen, obwohl der Vorgänger des Grafen, Peter II., seinerzeit von König Richard mit diesen Orten als Reichslehen be-

---

[29] Vgl. hierzu den Bericht des Dominikanerprovinzials Ulrich vom Herbst 1273 (Finke, Dominikanerbriefe, 87).

[30] Hierunter fielen vor allem die ehemaligen Kiburger Reichslehen im Nordschweizer Raum, wie die Landgrafschaft im Thurgau, die Grafenrechte im Zürichgau sowie wichtige Vogteirechte über Reichsklöster, die eigentlich ans Reich heimgefallen und von Rudolf ohne Rechtsgrund in Besitz genommen worden waren; siehe hierzu oben S. 75.

lehnt worden war. Wenn die Forderungen Rudolfs sich auch erst nach militärischen Auseinandersetzungen durchsetzen ließen, zeigt das Beispiel doch, wie der Habsburger im Rahmen seiner Revindikationspolitik neben den Belangen des Reiches auch die eigenen Hausinteressen nicht vergaß und schon früh versuchte, die neue Stellung als König auch zur Unterstützung hauspolitischer Ziele einzusetzen.

Auch sonst setzte Rudolf die Territorialpolitik, die er als Graf von Habsburg im Südwesten des Reiches betrieben hatte, nach seiner Königserhebung in gewohnt zielstrebiger Weise fort. In der Praxis bedeutete dies zunächst eine Erwerbspolitik der kleinen und kleinsten Schritte, die im Ergebnis aber zu einer weiteren Abrundung und Konsolidierung der habsburgischen Herrschaft im Oberelsaß und im nordschweizerischen Raum führte.[31]

Nach dem Anfall der österreichischen Länder trat dann eine von Rudolf vielleicht schon vorher ins Auge gefaßte, aber – vor dem Hintergrund der Auseinandersetzungen mit Ottokar – noch nicht ernsthaft verfolgte Zielvorstellung in den Vordergrund: die Errichtung eines neuen fürstlichen Territoriums auf der Grundlage des habsburgischen Besitzstandes im Südwesten des Reiches. Dabei ist allerdings nicht klar, inwieweit Rudolf sich hier am Vorbild des alten Herzogtums Schwaben orientierte oder ob und gegebenenfalls inwieweit er dabei von anderen, den gewandelten Verhältnissen Rechnung tragenden Vorstellungen ausging. Die Notwendigkeit, sich damit konkret zu befassen, ergab sich für Rudolf spätestens ab 1. Juni 1283, als er auf Bitten der österreichischen Landherren die zuvor erfolgte Gesamtbelehnung seiner beiden Söhne Albrecht und Rudolf mit den Herzogtümern Österreich und Steiermark widerrief, seinen ältesten Sohn Albrecht allein mit dem Herzogtum Österreich betraute und dafür dem jüngeren Rudolf versprach, ihm als Ausgleich innerhalb der nächsten vier Jahre ein Königreich oder ein anderes Fürstentum zu verschaffen.[32]

Daß die Vorstellung vom Herzogtum Schwaben als einem nach wie vor existenten besonderen Rechtsbereich noch 1282 lebendig war, geht aus einem Schreiben des Bischofs von Chur an König Rudolf vom 20. Januar des gleichen Jahres hervor, in dem der Bischof bestätigte, daß Graf Meinhard von Tirol weder dem Herzogtum Bayern noch dem Herzogtum Schwaben angehöre.[33] Allerdings ist kaum zu bezweifeln, daß sich das alte Herzogtum Schwaben bereits in der Stauferzeit zu einem Territorialherzogtum gewandelt hatte, das zwar „stammesmäßige Traditionen fortsetz-

---

[31] Vgl. hierzu im einzelnen Redlich, Rudolf, 545–549; Schmidlin, Ursprung, 158 ff.; Baum, Nellenburg, 73–94; ders., Reichs- und Territorialgewalt, 49.

[32] RI VI,1, Nr. 1789.

[33] Vgl. ebenda, Nr. 1617 und Quarthal, Königslandschaft, 134.

te", aber schon zu dieser Zeit tatsächlich nur mehr einen Teil des ehemaligen Stammesherzogtums umfaßte.[34] Für die vor allem von Oswald Redlich vertretene Auffassung, daß Rudolfs Ziel „die Wiederaufrichtung des Herzogtums Schwaben unter habsburgischer Herrschaft"[35] gewesen sei, scheint zunächst zu sprechen, daß Rudolf als König energisch seinen Rechtsanspruch auf das Herzogtum wahrte, indem er bereits zu Beginn seiner Regierung gegenüber Alfons von Kastilien, der Schwaben als mütterliches Erbe beanspruchte, darauf bestand, daß das schon zur Zeit der Staufer dem 'Reich inkorporierte' Herzogtum nach dem Tode Konradins dem Reich heimgefallen sei.[36] Der Umstand, daß (der jüngere) Rudolf in den (erzählenden) Quellen mitunter als 'Herzog von Schwaben' (*dux Sueviae*) bezeichnet wird, deutet darauf hin, daß die Zeitgenossen den jungen Königssohn zumindest de facto als Erben des schwäbischen Herzogtums betrachtet haben. Andererseits wurde in der neueren Forschung darauf hingewiesen, daß König Rudolf die alten Traditionen des Herzogtums Schwaben, wie z. B. das 'Vorstreitrecht', die Tradition um das Führen der 'Reichssturmfahne' oder die Bedeutung der 'Vororte',[37] praktisch nicht zur Kenntnis nahm und noch weniger versuchte, in symbolisch wirkungsvoller Weise hieran anzuknüpfen.[38] Dazu kommt, daß Rudolf seinem jüngsten Sohn Rudolf ab 1281 zwar die Verwaltung des habsburgischen Hausbesitzes im Südwesten überlassen hatte, ihm aber darüber hinaus keinerlei übergeordnete Kompetenz gegenüber den Landvögten und dem von diesen verwalteten Reichsgut einräumte, welches vielmehr nach dem Willen des Vaters „offensichtlich nicht als Grundlage eines erneuerten Herzogtums Schwaben angesehen" wurde.[39] Es scheint vielmehr, daß dem Habsburger eine einfache Wiedererrichtung des staufischen Herzogtums Schwaben – wohl mit Rücksicht auf die römische Kurie, die Kurfürsten und die inzwischen eingetretenen Wandlungen – nicht mehr opportun erschien. Als Vorbild für das von ihm angestrebte fürstliche Territorium dürfte vielmehr das ehemals zähringische Herzogtum, vielleicht auch nur „die während seiner Dynastenzeit entwickelte Form der Landgrafschaft"[40]

---

[34] Quarthal, Königslandschaft, 134. – Zum späteren Begriff des 'Landes' Schwaben vgl. Graf, „Land" Schwaben, 127 ff.

[35] Redlich, Rudolf, 550 ff. – Vgl. in diesem Sinne auch Th. Mayer, Schwaben, 261–278, hier 263.

[36] Vgl. Bärwald, Baumgartenberger Formelbuch, 112 f. und hierzu Hofacker, Reichslandvogteien, 155 sowie Quarthal, Königslandschaft, 135.

[37] Vgl. zu den schwäbischen Herzogstraditionen Maurer, 33 ff.

[38] Vgl. hierzu Hofacker, Reichslandvogteien, 153; Quarthal, Königslandschaft, 134; ders., Residenz, 69 f.

[39] Quarthal, Königslandschaft, 135.

[40] Vgl. Hofacker, Reichslandvogteien, 154 und ihm folgend Quarthal, Königs-

gedient haben, die dem Inhaber eine 'übergräfliche' Position in einer bestimmten Region vermittelte.

Nachdem es Rudolf bereits im südlichen Elsaß und im Nordschweizer Raum gelungen war, eine solche Position aufzubauen, versuchte er seit dem Beginn der achtziger Jahre verstärkt, die substantiellen Voraussetzungen hierfür auch im innerschwäbischen Raum zu schaffen.[41] Als Anknüpfungspunkt bot sich hierfür der bereits bestehende habsburgische Streubesitz an der oberen Donau im Eritgau an, der sich um den Bussen mit seinen zwei Burgen gruppierte, von denen eine den Habsburgern bereits gehörte und die andere vorerst noch gemeinsam mit den Grafen von Veringen genutzt wurde. Im Rahmen systematisch betriebener Kaufgeschäfte mit den ansässigen Grafen- und Herrenfamilien gelang es Rudolf und seinen Söhnen in der Zeit von 1282 bis 1291, hier einen neuen habsburgischen Territorialkomplex um den Verwaltungsmittelpunkt Mengen aufzubauen, der am Ende die Grafschaftsrechte im Dingau und Eritgau mit dem Schloß Friedberg sowie die Grafschaft Sigmaringen, die Burg Kallenberg bei Fridingen, Herrschaft und Stadt Scher an der Donau sowie die Grafschaft Veringen umfaßte. Hatte Rudolf somit bis zum Ende seiner Regierungszeit auch in diesem Raum die Voraussetzungen für eine weitere 'übergräfliche' Basis der habsburgischen Territorialmacht geschaffen, so mußte dieses Ergebnis doch teuer bezahlt werden. Dabei ging es nicht nur um die Summen, die für die entsprechenden Erwerbungen beschafft werden mußten.[42] Mehr noch fiel ins Gewicht, daß das Bestreben der Habsburger, sich in diesem Gebiet festzusetzen, den erbitterten Widerstand einer Reihe benachbarter schwäbischer Dynasten unter der Führung des Grafen Eberhard von Württemberg herausforderte, den Rudolf auch in jahrelangen verheerenden Fehden am Ende nicht wirklich und auf Dauer zu brechen vermochte.[43]

Günstigere Voraussetzungen traf Rudolf dagegen im Nordschweizer Raum an, da hier die desolaten Verhältnisse in der Reichsabtei St. Gallen[44] der habsburgischen Hauspolitik attraktive Möglichkeiten eröffneten.

landschaft, 135. – Für die These vom Modellcharakter der 'Landgrafschaft' für das von König Rudolf angestrebte fürstliche Territorium spricht auch der Umstand, daß der mit der Verwaltung des habsburgischen Hausbesitzes betraute Sohn Rudolf in den Quellen sowohl als 'Herzog des Elsaß' (*dux Alsatie*) als auch als 'Landgraf des Elsaß' (*lantgravius Alsatie*) bezeichnet wird; vgl. Annales Colmarienses minores, 192 (zu 1290) und Annales Colmarienses maiores, 215 (zu 1288) und hierzu Hofacker, Reichslandvogteien, 154.

[41] Zum Folgenden vgl. Redlich, Rudolf, 551 ff.; Feine, Territorialbildung, 194–202.

[42] Siehe hierzu auch unten S. 173.

[43] Vgl. hierzu im einzelnen Redlich, Rudolf, 556–562.

Nachdem Rudolf bereits zu Beginn seiner Regierungszeit die Geldnot des in zwiespältiger Wahl gewählten Abts Ulrich von Gütingen dazu genutzt hatte, für nur 2000 Mark Silber die bedeutende Herrschaft Grüningen an sich zu bringen, gelang es ihm in den achtziger Jahren nicht nur, die Herrschaft gegen den verzweifelten Widerstand des späteren Abtes Wilhelm von Montfort[45] zu behaupten, sondern auch vom weiteren Niedergang der Reichsabtei als Territorialmacht zu profitieren. Dabei kam ihm allerdings auch der 'biologische Zufall' zu Hilfe, als im Jahre 1283 das bedeutende Grafenhaus der Rapperswiler im Mannesstamm ausstarb. Nachdem Rudolf bereits im Jahre 1285 die an sich dem Reich heimgefallene Rapperswiler Vogtei in Ursern, die den Zugang zum Gotthardpaß sicherte, seinen Söhnen als Reichslehen verliehen hatte,[46] nötigte er im gleichen Jahr den Abt Heinrich von Einsiedeln sowie zwei Jahre später auch den Abt Wilhelm von St. Gallen, die Habsburgersöhne mit den vom Rapperswiler Grafen bisher in ihren jeweiligen Stiften besessenen Kirchengütern zu belehnen.[47] Hinzu kamen weitere Erwerbungen im Zürich- und im Aargau, das vom Kloster Säckingen lehnbare Maieramt im Lande Glarus, der Besitz der Herren von Rothenburg nordwestlich von Luzern[48] sowie endlich auch die Stadt Luzern selbst, die zum Außenbesitz der Abtei Murbach im Elsaß gehörte und vom Abt des Klosters Berthold von Falkenstein in seiner Geldnot an Rudolf verkauft wurde (1291).[49]

Wenn Rudolf auch mit der allmählichen Ausbildung einer Ämterverfassung bereits die ersten Grundlagen für eine einheitliche Verwaltung des habsburgischen Hausbesitzes schuf,[50] ist es ihm dennoch bis zum Ende seines Lebens nicht annähernd gelungen, die zahlreichen rechtlich unterschiedlich strukturierten Besitzungen zu einem einheitlichen Territorium von der Qualität eines Fürstentums zu verschmelzen. Aus heutiger Sicht überrascht dieses ernüchternde Ergebnis kaum. Allein der Umstand, daß die bis zum Ende der Regierungszeit Rudolfs geschaffenen habsburgischen Herrschaftszentren im Oberelsaß, in Innerschwaben und im Nordschweizer Raum trotz umsichtiger Erwerbspolitik nach wie vor von zahl-

---

[44] Vgl. hierzu im einzelnen ebenda, 559–561, 563 f.

[45] Der Abt büßte seine Opposition gegen Rudolf am Ende mit seiner Absetzung und Vertreibung aus dem Stift, während der von Rudolf geförderte Gegenabt Konrad im Jahre 1291 Herzog Albrecht endgültig mit Grüningen belehnte; vgl. hierzu RI VI,1, Nr. 2421.

[46] Vgl. ebenda, Nr. 1947 a und Redlich, Rudolf, 565; Stadler, Rapperswil, 66 ff.

[47] Vgl. hierzu Redlich, Rudolf, 564 f.

[48] Vgl. zu diesen Erwerbungen ebenda, 565 ff.

[49] Vgl. RI VI,1, Nr. 2442.

[50] Vgl. in diesem Sinne auch Quarthal, Königslandschaft, 136.

reichen eigenständigen Herrschaften durchsetzt waren und überdies keine
sichere Verbindung zwischen den drei großen Machtzentren existierte, lassen die Schwierigkeiten ahnen, die einer einheitlichen Habsburgerherr-
schaft im Südwesten des Reiches entgegenstanden. Hinzu kam nicht nur
der erbitterte Widerstand der oppositionellen schwäbischen Grafenge-
schlechter, auch der Umstand, daß es nicht gelungen war, „eines der großen städtischen Gemeinwesen – Zürich, Bern, Basel, Straßburg, Ulm,
Augsburg … unter habsburgische Botmäßigkeit" zu bringen,[51] dürfte entscheidend mit dazu beigetragen haben, daß sich die Pläne Rudolfs zu seinen Lebzeiten nicht realisieren ließen und nach seinem Tode – schon
durch den Wegfall der Herrschaftsgewalt über das Reichsgut – ganz uto-
pisch wurden.

Endlich hatte die habsburgische Haus- und Erwerbspolitik im Westen
insofern auch ihre Kehrseite, als sich in den österreichischen Territorien
gerade in den achtziger Jahren eine zunehmende Mißstimmung gegen die
österreichische Herrschaft breitmachte, da man – wohl nicht ganz zu Unrecht – argwöhnte, daß die reichen landesherrlichen Einkünfte vor allem
dazu dienten, die habsburgischen Erwerbungen im Westen zu finanzieren.
Wenn sich der wachsende Unmut auch in erster Linie gegen Herzog
Albrecht[52] richtete, der mit harter Hand versuchte, seine landesherrlichen
Ansprüche durchzusetzen, blieb auch König Rudolf nicht von Kritik verschont, dem der unbekannte Verfasser einer unter dem Namen 'Seifried
Helbling' oder 'Kleiner Lucidarius' bekannt gewordenen Sammlung von
15 satirischen Gedichten um 1286 vorwarf, vier Jahre auf österreichische
Kosten gelebt zu haben.[53]

4. Enge Vertraute, Partner und Opponenten

Wie bereits deutlich wurde, konnte Rudolf bei der Ausübung seiner Königsherrschaft nicht auf Dauer mit der breiten, geradezu euphorischen Zustimmung rechnen, mit der seine Wahl noch im Jahre 1273 begrüßt worden

---

[51] Ebenda, 137.

[52] Vgl. z.B. Continuatio Vindobonensis, 718: … *et quod omnes proventus terrarum
suarum transmitteret ad Sueviam et inde compararet ibi civitates et castra et posses-
siones diversas* … und zum Problem des 'Einkünftetransfers' in den Westen auch
Lhotsky, Geschichte Österreichs, 45; Hödl, Habsburg, 37. – Zur energischen Herrschaftspolitik Herzog Albrechts und zu der sich hiergegen artikulierenden Opposition vgl. auch Wenzel, 'Helmbrecht', 230–249, bes. 239 ff.

[53] Vgl. hierzu Liebertz-Grün, Seifried Helbling, 46; dies., Mittelalter, 45 und Scharer, Schweiz, 244.

war. Nach der Niederwerfung seines Gegners Ottokar von Böhmen mußte er vielmehr die nüchterne Erfahrung machen, daß mit dem Wegfall der unmittelbaren Bedrohung seiner Königsherrschaft das Regieren für ihn nicht leichter wurde. Seine Landfriedens- und Revindikationsmaßnahmen, aber auch seine hauspolitischen und fiskalischen Interessen trafen nicht nur auf Zustimmung oder zumindest Einsicht in das Unvermeidbare, sondern vielmehr oft auch auf erbitterten Widerstand der Betroffenen.

Vor diesem Hintergrund erscheint es angebracht, sowohl die Kräfte im Reich, auf die sich Rudolf im Rahmen seiner Herrschaftspolitik stützen konnte, als auch die oppositionellen Gruppierungen, die versuchten, ihm das Leben schwerzumachen, im Zusammenhang zu betrachten.

a) Der königliche Hof
und die Träger habsburgischer Herrschaftspropaganda

Fragen wir uns zunächst, wer die engsten Vertrauten waren, die Rudolf im Alltag umgaben, ihn berieten und unterstützten, so stoßen wir auf die einzige zentrale Institution, über die Rudolf verfügte: den königlichen Hof. Daß der Begriff 'Institution' das Wesen des Königshofes zur Zeit Rudolfs nicht im Kern erfaßt, wird schon deutlich, wenn man fragt, an welchem Ort dieser Hof eigentlich angesiedelt war. Kaiser Friedrich II. hat hierauf bereits die Antwort gegeben, die das ganze Mittelalter über Bestand haben sollte: „Der deutsche Königshof ist da, wo sich unsere Person und die Fürsten des Reiches gerade aufhalten."[54] Der Hof war zwar das einzige Herrschaftszentrum des Königs, der ja im übrigen über keine Reichsverwaltung verfügte, er war aber keine festangesiedelte Behörde, sondern an die Person des im Reich umherreisenden Königs gebunden, wie umgekehrt auch der Herrscher ohne seinen Hof nicht vorstellbar war. Seinem Wesen nach war der Hof daher eher „ein komplexes Herrschafts- und Sozialgebilde"[55], das unterschiedliche Funktionen in sich vereinte. Als wichtige 'Institution' gehörte zum Hof zunächst die königliche Kanzlei.[56] An ihrer Spitze stand der Kanzler, wobei dieses Amt, das ein enges Vertrauensverhältnis zum König voraussetzte, zur Zeit Rudolfs von Otto, Propst von St. Wido in Speyer († 1274), und Rudolf von Hoheneck, Pfleger des Stifts Kempten († 1290), ausgeübt wurde. Unter dem Kanzler amtier-

---

[54] MGH Const. 2, Nr. 106, 135: ... *cum ibi sit Alemannie curia ubi persona nostra et principes imperii nostri consistunt.*

[55] W. Rösener, Art. 'Hof', in: LexMA 5 (1991), Sp. 66.

[56] Vgl. hierzu Herzberg-Fränkel, Reichskanzlei 1, 254–297, bes. 272, 280, 287 und die Bemerkungen bei RI VI,1, S. 12f.

Abb. 4: König Rudolf überreicht eine Urkunde (Federzeichnung, um 1310).

Foto: Stiftsbibliothek St. Florian.

en noch höchstens zwei Protonotare als oberste Schreiber, von denen iner den Kanzler vertrat, sowie einige Notare, wobei die Gesamtzahl der n der Kanzlei jeweils zu gleicher Zeit Tätigen kaum zehn Personen er- eicht haben dürfte.

Eine gewisse Kontinuität zu den Kanzleien der Vorgänger verbürgte vohl lediglich die Person des Notars und Propsts von Werden, Andreas on Rode, der bereits der Kanzlei König Richards angehört hatte. Wäh- end sich Rudolfs Kanzlei zunächst auch noch an der König Wilhelms von Holland orientiert hatte, knüpfte man seit dem langen Aufenthalt Rudolfs n Österreich verstärkt an die Tradition der staufischen Kanzlei unter Friedrich II. an.[57]

Neben der Kanzlei war wohl bereits unter König Rudolf am Hof ein tändiger Rat angesiedelt, dessen Mitglieder dem König vielleicht schon lurch einen besonderen Amtseid verbunden waren,[58] über dessen Organi- ation im einzelnen allerdings nichts bekannt ist.

Mitglieder der Kanzlei wie auch des Rates wurden bevorzugt auch zu

---

[57] Vgl. hierzu Erkens, Tradition, 36 (mit der angegebenen Lit.).

[58] Vgl. hierzu Redlich, Rudolf, 754.

diplomatischen Missionen herangezogen. Das meist gute Verhältnis zur römischen Kurie ermöglichte es Rudolf, mit der Förderung seiner Kanzlei- und Ratsangehörigen zugleich auch eine erfolgreiche Personalpolitik bei der Besetzung höherer Kirchenämter zu betreiben. Während der erste Kanzler Otto bereits kurze Zeit nach seiner Bestellung im Amt verstarb, wurde sein Nachfolger Erzbischof von Salzburg. Ebenso wurden die Protonotare Heinrich und Gottfried zu Bischöfen von Trient bzw. von Passau erhoben, und auch für den späteren Protonotar Heinrich von Klingenberg bemühte sich Rudolf nach Gottfrieds Tod um das Bistum Passau und dann um ein anderes Bistum.[59] Aus dem Kreise der Rudolf nahestehenden Minoriten wurde Heinrich von Isny Bischof von Basel und später Erzbischof von Mainz,[60] Konrad Probus wurde Bischof von Toul.

Der Hof war nicht nur das entscheidende königliche Herrschaftszentrum nach außen, sondern spiegelte auch ein getreues Abbild adliger Hausherrschaft nach innen wider. So übte der König – wie jeder freie Familienvater – als Hausherr eine umfassende Zuchtgewalt an der Spitze eines besonderen Sozialverbandes aus, der nicht nur die Ehefrau und Kinder, sondern alle am Hof ständig lebenden Personen einschloß. Die Mitglieder dieses Verbandes, die in den Quellen als *familiares regis* oder *unser hausgesind* bezeichnet werden, standen unter dem besonderen Schutz des Königs und genossen besondere Privilegien, wie den exklusiven Gerichtsstand vor dem König, und wohl auch gewisse finanzielle Vorteile durch die Befreiung von Abgaben. Die sich hieraus ergebende Attraktivität bot dem König wiederum die Möglichkeit, durch eine fiktive Ausweitung der königlichen *familia* über den engeren Bereich des Hofes hinaus mit der Bestellung zum *familiaris* wichtige Persönlichkeiten zu ehren und als zusätzliche Berater zu gewinnen und damit auch „die schwindenden Bande der Vasallität und die Abnahme des Besuches bei Hof von Seite der Fürsten und Großen"[61] zumindest teilweise auszugleichen.

Eine weitere Möglichkeit, die Beratung auf eine breitere Grundlage zu stellen und damit auch die Akzeptanz wichtiger Entscheidungen bei den Betroffenen zu erhöhen, bot sich für den König, wenn er Hoftage ausschrieb, was in der Praxis nichts anderes bedeutete, als den alltäglichen Hof durch die Einladung zusätzlicher Teilnehmer zu erweitern und damit auch die hier gefaßten Entscheidungen politisch aufzuwerten.

Anläßlich der Hoftage, in den Quellen oft als 'festlicher Hof' (*curia solemnis*) bezeichnet, trat meist auch eine weitere wichtige Funktion des Hofes in den Vordergrund: seine Rolle als Medium königlicher Selbstdar-

---

[59] Vgl. ebenda, 755.
[60] Zu Heinrich von Isny siehe unten S. 179.
[61] Redlich, Rudolf, 754.

tellung nach außen. Durch den Glanz seines Hofes und Hoflebens konnte
der König die Gelegenheit einer verbreiterten 'Öffentlichkeit' in besonderem Maße dazu nutzen, die Macht und Autorität seiner Königsherrschaft
wirkungsvoll nach außen zu demonstrieren.

Wenn manche Zeitgenossen angesichts der böhmischen Propaganda,
die Rudolf wegen seiner 'dunklen Herkunft' die Eignung zur Königswürde abgesprochen hatte, von ihm als 'Aufsteiger' eine besonders glänzende
Hofhaltung erwartet haben sollten, wurden sie sicher enttäuscht. Im Vergleich zum Hofe Kaiser Friedrichs II.,[62] aber auch zu dem Ottokars[63] oder
des französischen Königs[64] wirkte Rudolfs Hof eher nüchtern und bieder,
in jedem Falle aber bescheidener. Die Gründe hierfür lagen zum einen in
der – gemessen am adligen Ideal der höfischen Gesellschaft – eher atypi-
schen Persönlichkeit Rudolfs,[65] zum andern aber auch in schlichten 'Sach-
zwängen', da Rudolf nicht über die entsprechenden finanziellen Res-
sourcen verfügte, die ihm eine aufwendige Hofhaltung erlaubt hätten.

Diese Feststellung bedeutet allerdings nicht, daß Rudolf und seine Umgebung die wirkungsvolle Selbstdarstellung bzw. eine gezielte Herrschaftspropaganda in ihrer Bedeutung für die königliche Herrschaftspolitik nicht
erkannt hätten. Vielmehr ist das Gegenteil richtig.

Dabei fiel weniger ins Gewicht, daß die königliche Kanzlei im Anschluß
an die Praxis zur Zeit Kaiser Friedrichs II. die allgemeinen Einleitungen
(Arengen) der Königsurkunden dazu nutzte, um in vergleichbarem Pathos
die überragende Stellung und Würde Rudolfs als römisch-deutscher König
zu preisen.[66] Wesentlich bedeutsamer war wohl, daß Rudolf sich nicht nur
am Königshof, sondern im weiteren Umkreis der habsburgischen Haus-
machtzentren im Nordschweizer Raum und im Elsaß – neben einem kleinen Kreis von Klerikern um das habsburgische Hauskloster Muri[67] – vor
allem auf zwei Gruppppen von engen Verbündeten stützen konnte, die für
ihren König so etwas wie eine 'aktive Herrschaftspropaganda' betrieben.

Hierbei handelte es sich zunächst um die bürgerlichen Eliten der Stadt
Straßburg, die in Rudolf seit den Kämpfen mit dem Straßburger Bischof

---

[62] Vgl. hierzu ausführlich Stürner, Friedrich II. 2, 342 ff.

[63] Vgl. hierzu Kuthan, Přemysl Ottokar II., 29–53.

[64] Vgl. die Bemerkungen zum Hofe König Philipps III. bei Ehlers, Geschichte
Frankreichs, 168.

[65] Siehe hierzu unten S. 240 f.

[66] Vgl. hierzu Spannring, Auffassung, passim.

[67] Hierbei handelte es sich vor allem um den aus Muri stammenden, später in
Zürich lebenden Konrad von Mure (1210–1281) und andere, wohl seinem Umkreis
angehörige (anonyme) Gesinnungsgenossen, die in der Form lateinischer Gedichte
Rudolf als König verherrlichten; vgl. hierzu zusammenfassend mit den Quellen und
der älteren Literatur Ritscher, Literatur, 9–12, 22–28.

Abb. 5: Rudolf von Habsburg. Zeitgenössisches, heute nicht mehr erhaltenes Reiter
standbild an der Westfassade des Straßburger Münsters.
(Nach einer Zeichnung von Marquard Herrgott [1694–1762].)

1262) ihren natürlichen Schutzherrn und Verbündeten sahen.[68] Noch wichtiger für Rudolf war die zweite Gruppe, die im südwestdeutschen Raum angesessenen Minoriten[69] und Dominikaner,[70] die sich ebenfalls schon seit Rudolfs Grafenzeit eng mit diesem und seiner Familie verbunden fühlten und die sich durch die große Fluktuation und Mobilität innerhalb ihrer Orden bestens als Multiplikatoren habsburgfreundlicher Vorstellungen eigneten, aber auch zur Ausspähung des Gegners oder einfach zur Übermittlung von Nachrichten.[71] Rudolf revanchierte sich für die tatkräftige Unterstützung, indem er ihre Orden insgesamt förderte, aber auch dadurch, daß er einzelnen Persönlichkeiten, die in besonderer Weise sein Vertrauen genossen, atemberaubende Karrieren innerhalb der kirchlichen Hierarchie ermöglichte, wie das Beispiel des Minoriten Heinrich Knoderer von Isny[72] eindrucksvoll belegt. Der Sohn eines Handwerkers, der „schnell der geheimste Vertraute König Rudolfs und sein treuester und gewandtester Diplomat, sein erster Staatsmann"[73] wurde, stieg zunächst zum Bischof von Basel und dann sogar zum Erzbischof von Mainz und Kurfürsten des Reiches auf.

Die von beiden Gruppen betriebene 'Herrschaftspropaganda' läßt sich vor allem in der von ihnen ausgehenden, der Habsburgerfamilie eng verbundenen Chronistik erschließen. Hier ist zunächst der Straßburger Bürger Ellenhard[74] zu nennen, der in seiner Heimatstadt die Abfassung mehrerer zeitgenössischer Geschichtsaufzeichnungen zur Stadt- und Reichsgeschichte anregte, die zwischen 1291 und 1299 mit den Kopien anderer Schriften in einem Codex zusammengefaßt wurden. Die Herrschaftspro-

---

[68] Siehe bereits oben S. 68 ff.

[69] Daß die Franziskaner sich König Rudolf und seiner Familie auf das engste verbunden fühlten, läßt bereits die Bemerkung des (späteren) franziskanischen Chronisten Johann von Winterthur erkennen, der über Rudolf schrieb: *Vir erat strennuus et sapiens, de confessione fratrum Minorum …*; vgl. Chronik Johanns von Winterthur, 25. Zu den engen Beziehungen zwischen den Minoriten und der Familie Rudolfs vgl. auch Rössler, König, 70 ff.

[70] Siehe hierzu unten S. 180.

[71] Zur Bedeutung der Bettelmönche für Rudolfs Herrschaftspolitik vgl. bereits oben S. 139 sowie Redlich, Rudolf, 205; Kusternig, Probleme, 249 ff.

[72] Vgl. zu ihm Klutz, Einfluß, 70–101 und A. Gerlich, Art. 'Heinrich II. von Isny', in: LexMA 4 (1989), Sp. 2080 (mit weiterer Lit.); F. Jürgensmeier, Art. 'Heinrich Knoderer von Isny', in: Gatz, 403 f.

[73] Redlich, Rudolf, 205.

[74] Zu ihm und zum Ellenharder Codex vgl. D. Mertens, Art. 'Ellenhard', in: VL 2 1980), Sp. 501–503; ders., Ellenharder Codex, 543–580; K. Schnith, Art. 'Ellenhard d. Große', in: LexMA 3 (186), 1847 f.; J. Schmid, Studien, 27 ff.; Ritscher, Literatur, 97–127.

paganda zugunsten der Habsburger hat sich hier insbesondere in de
Gesta Rudolfi, einer im Auftrag Ellenhards von dem bischöflichen Nota
Gottfried von Ensmingen verfaßten lateinischen Chronik,[75] niedergeschla
gen.[76] Weiterhin lassen mehrere in Colmar von Mitgliedern des Domini
kanerordens gegen Ende des 13. Jahrhunderts bzw. unmittelbar nach den
Tode Rudolfs abgefaßte Annalen und Chroniken deutliche Anzeiche
einer prohabsburgischen Herrschaftspropaganda erkennen.[77] Setzte di
Verbreitung dieser Chronistik auch erst unmittelbar nach dem Tode de
Königs ein, so lassen doch die hier eingestreuten 'Anekdoten' über Rudo
erkennen, daß ein großer Teil dieser umlaufenden Geschichten ursprüng
lich als Predigtexempel dienten und als solche schon zu Lebzeiten Rudolf
von den Bettelmönchen verbreitet wurden. Der Propagandacharakte
wird schnell deutlich, wenn man vor allem die Beispiele betrachtet, i
denen Rudolf als der 'arme' und vor Gott 'demütige' und damit den
kirchlichen Armutsideal entsprechende König dem 'stolzen' und 'hoffärti
gen' Tyrannen, wie ihn Ottokar zu verkörpern schien, gegenübergestel
wurde.[78]

Ebenfalls im Rahmen der prohabsburgischen Herrschaftspropagand
sind auch die wahrscheinlich schon zu Lebzeiten Rudolfs einsetzende
und vielleicht von Rudolfs Gemahlinnen initiierten Bestrebungen z
sehen, dem Makel der nichtköniglichen Abstammung durch eine neu

---

[75] Zu Gottfried von Ensmingen und den Gesta Rudolfi vgl. D. Mertens, Ar
'Gottfried von Ensmingen', in: VL 3 (1981), Sp. 123–125; Kleinschmidt, Herrscher
darstellung, 122–127; Ritscher, Literatur, 109–120.

[76] In der Forschung wurde außerdem vermutet, daß die Errichtung dreier (heut
nicht mehr erhaltener) Reiterstandbilder an der Westfassade des Straßburger Mün
sters, die neben den 'Stifterkönigen' des Münsters, Chlodwig und Dagobert, al
dritten König Rudolf von Habsburg zeigten, auf eine entsprechende Initiative El
lenhards zurückzuführen sei, der „als *procurator fabricae* zweifellos die Kompe
tenz" gehabt habe, „Vorschläge solcher Art zu machen". Auch wenn diese Vermu
tung kaum zu beweisen ist, bedeutete die (sicher bezeugte) Aufnahme Rudolfs i
die Reihe dieser 'Stifterkönige' eine außerordentliche Ehrung und zeitlose Ver
herrlichung des Habsburgers, die vielleicht auch im Rahmen dieser prohabsburgi
schen 'Propaganda' zu sehen ist; vgl. hierzu die Abbildung 5, oben S. 178, und zu
Sache bereits v. Sacken, Porträts, 129 sowie jetzt vor allem Kurmann, Deutsche Kai
ser, 154–169, bes. 164 ff. (Zitat 165).

[77] Vgl. hierzu Köster, Geschichtsschreibung, passim. – Neue Handschrifte
gegenüber der Ausgabe von Ph. Jaffé in MGH SS XVII, 183–270 hat E. Klein
schmidt entdeckt und 1972 publiziert; vgl. hierzu ders., Dominikanergeschichts
schreibung, 388–395, Texte: 438–496.

[78] Vgl. hierzu bereits oben S. 142 die anekdotische Ausschmückung des Bericht
über die Belehnung Ottokars und außerdem unten S. 236 ff.

„Herkunfts- und Abstammungsmystik"[79] der habsburgischen Dynastie zu
begegnen. So brachten die Dominikaner der Colmarer Chronistik Rudolfs Geburt im Jahre 1218 in einen engen Zusammenhang mit dem Aus-
terben der mächtigen Herzöge von Zähringen,[80] wodurch der Eindruck
dynastischer Kontinuität erweckt wurde. Die hier suggerierte 'Abstam-
mungstheorie' wurde vielleicht von Rudolf nach seiner Königswahl bewußt aufgegriffen, um mit ihrer Hilfe an die zähringische Herzogstradition
anknüpfen zu können.[81] Mit der zunehmenden Verlagerung der politischen Ambitionen der Habsburger auf Österreich wurde allem Anschein
nach zu Beginn des 14. Jahrhunderts die These von der zähringischen Herkunft durch andere Abstammungstheorien ersetzt, die im Laufe des Mit-
elalters weiter modifiziert wurden.[82]

b) *Partner und Opponenten*

Wenn wir uns im folgenden fragen, welche Gruppen außer dem Hof
und seinem prohabsburgischen Umfeld König Rudolfs Politik nach der
Niederwerfung Ottokars unterstützten und welche dagegen opponierten,
so bietet es sich an, zunächst mit der mächtigsten Gruppe, mit den Kurfür-
ten zu beginnen.

Auf den ersten Blick sah die Bilanz nach der Niederwerfung des Böhmenkönigs für Rudolf recht günstig aus. Nachdem bereits im Wahljahr
Pfalzgraf Ludwig und Herzog Albrecht II. von Sachsen Töchter Rudolfs
geheiratet hatten, gelang es Rudolf in den Jahren 1279 und 1285, den brandenburgischen Markgrafen Otto den Kleinen sowie den Sohn Ottokars,
König Wenzel II. von Böhmen, mit weiteren Töchtern zu verheiraten und
somit zu Schwiegersöhnen zu machen. Allerdings zahlten sich die verwandtschaftlichen Bindungen für Rudolf nur im Falle des Pfalzgrafen
Ludwig wirklich aus. Dieser suchte selbst über den Tod des Königs hinaus
dessen Interessen zu wahren, während die anderen Schwiegersöhne sich
vor allem ihren eigenen Angelegenheiten widmeten und der königlichen
Politik gegenüber allenfalls freundliche Neutralität entgegenbrachten.
Schwieriger war die Situation für Rudolf, wenn man die geistlichen Kurfürsten betrachtet. Hier unterhielt er zwar zum Mainzer Erzbischof Wer-

---

[79] Vgl. Hödl, Habsburg, 18.
[80] Annales Colmarienses minores, 189f.; vgl. auch Chronicon Colmariense, 240
und Annales Colmarienses maiores, 224f.
[81] Vgl. hierzu Mertens, Habsburger, 156f.
[82] Vgl. Lhotsky, Apis Colonna, 7–102, bes. 20ff.; Busch, Mathias von Neuenburg,
103–116.

ner von Eppstein und vor allem zu dessen Nachfolger Heinrich von Isny[83] beste Beziehungen. Dagegen entpuppte sich Siegfried von Westerburg, dessen Erhebung zum Erzbischof von Köln Rudolf seinerzeit mit Hilfe des Papstes gegen den fast geschlossenen Widerstand des Domkapitels durchgesetzt hatte,[84] nicht als der erhoffte Parteigänger, sondern als ein Mann, der rücksichtslos – auch gegen seinen königlichen Förderer – seine Interessen als Territorialherr am Niederrhein durchzusetzen versuchte. Zum Stein des Anstoßes war für Rudolf die Weigerung des Erzbischofs geworden, die Reichsburg Kaiserswerth mit dem zugehörigen Zoll herauszugeben, die Rudolf dessen Vorgänger, Erzbischof Engelbert, im Rahmen seiner 'Wahlaufwendungen' im Jahre 1273 überlassen hatte – allerdings nur auf dessen Lebenszeit.[85] Dazu hatte sich Siegfried in der Zwischenzeit weiteren Reichsbesitz angeeignet, wie die Burg Cochem an der Mosel und die Vogtei über die Abtei Essen, und außerdem – trotz des allgemeinen Verbotes – neue Zölle errichtet. Besonders ärgerlich war für Rudolf, daß der frühere Günstling nicht nur seine Forderungen zur Rückgabe des Reichsgutes schroff zurückwies, sondern darüber hinaus versuchte, andere Opponenten der königlichen Politik für seine Ziele einzuspannen. So war es ihm in der Vergangenheit immer wieder gelungen, nicht nur den Erzbischof von Trier auf seine Seite zu ziehen und bisweilen sogar Mißtrauen zwischen dem Mainzer Erzbischof und Rudolf zu säen, sondern auch mit Ottokar von Böhmen und dem unberechenbaren Herzog Heinrich von Niederbayern enge Kontakte zu knüpfen. Nach Ottokars Tod entschloß sich Rudolf schließlich dazu, den ehrgeizigen Kirchenfürsten ein für alle mal in seine Schranken zu verweisen. Zu diesem Vorgehen sah er sich wohl auch deshalb veranlaßt, weil er zu der noch ausstehenden endgültigen Regelung der österreichischen Frage auch die Zustimmung des Kölner Kurfürsten benötigte, die, davon war er mittlerweile wohl überzeugt, nur durch den Einsatz politischen und militärischen Drucks zu erhalten war. Nachdem es Rudolf gelungen war, im Frühjahr 1282 nicht nur den Trierer Erzbischof, sondern auch zahlreiche niederrheinische, lothringische und westfälische Fürsten, Grafen und Herren, mit denen der Kölner in Fehde lag, auf seine Seite zu ziehen und nun Anstalten traf, selbst mit einem starken Heer an den Niederrhein zu ziehen, lenkte der streitbare Kirchenfürst ein. Unter der Vermittlung des Mainzer Erzbischofs und des Bischofs von Basel kam es in Oppenheim zu einem Ausgleich, wonach sich Erzbischof Siegfried dazu bereit erklärte, Kaiserswerth an Rudolf auszuliefern und die unrechtmäßige Erhöhung der Zölle von Bonn und Ander-

---

[83] Zu ihm siehe bereits oben S. 179.
[84] Vgl. zu ihm Erkens, Siegfried von Westerburg, passim.
[85] RI VI,1, Nr. 10 (1273).

nach wieder rückgängig zu machen.[86] Außerdem gab der Kölner als Kurfürst seinen 'Willebrief' dazu, daß Rudolf seinen Söhnen, wann immer er wolle, ein Fürstentum seiner Wahl verleihen könne.[87] Als Siegfried von Westerburg wohl zögerte, Kaiserswerth tatsächlich herauszugeben, zog Rudolf mit seinem Heer vor die von ihm beanspruchte Burg Cochem und brachte sie bereits nach wenigen Tagen in seine Gewalt.[88] Auf dem folgenden Hoftag in Boppard mußte der persönlich erschienene Kölner Erzbischof nicht nur den Ausgleich von Oppenheim feierlich bestätigen, sondern nun auch auf Cochem endgültig verzichten und dem beschlossenen Landfrieden beitreten.

Bereits bei der Betrachtung der Landfriedens- und Revindikationspolitik ist deutlich geworden, daß Rudolf mit den im nord- und mitteldeutschen Raum ansässigen Fürsten praktisch nicht rechnen konnte. Dies gilt gleichermaßen für die weltlichen und geistlichen Fürsten, die kaum die Hoftage besuchten und die sich auch in aller Regel zum Regalienempfang nicht mehr persönlich am Königshof einfanden. Dagegen fand Rudolf in den 'königsnahen' und 'königsoffenen' Kernlandschaften des west- und süddeutschen Raumes bessere Voraussetzungen für seine Herrschaftspolitik vor. Der nach der Niederwerfung Ottokars einzige verbliebene Opponent unter den weltlichen Reichsfürsten, Herzog Heinrich von Niederbayern, wurde bereits durch die enge Zusammenarbeit Rudolfs mit dem Pfalzgrafen Ludwig in engen Schranken gehalten und durch die von Rudolf gestiftete Eheschließung seiner Tochter Katharina mit Heinrichs Sohn Otto III. weiter neutralisiert. Im Bereich der geistlichen Fürsten fiel für Rudolf zudem positiv ins Gewicht, daß es ihm infolge einer klugen Personalpolitik im Zusammenwirken mit der römischen Kurie immer wieder gelang, in zahlreichen süddeutschen Bistümern ihm genehme Kandidaten durchzusetzen.[89] Andere suchten bewußt beim König Rückhalt gegen benachbarte Territorialgewalten, so daß Rudolf auf einen breiten Kreis von Bischöfen und Äbten bauen konnte, die seine Politik aktiv unterstützten. Lediglich Abt Wilhelm von St. Gallen und Bischof Friedrich von Speyer machten als Opponenten gegen ihn auf sich aufmerksam.

---

[86] Text: MGH Const. 3, Nr. 333, 319f.; vgl. auch RI VI,1, Nrn. 1685a, 1686 und hierzu Redlich, Rudolf, 517ff., bes. 520; Erkens, Siegfried von Westerburg, 172ff. und zu den Auswirkungen auf die politischen Kräfteverhältnisse am Niederrhein Ritscher, Recht, 239–250, bes. 244ff.

[87] RI VI,1, Nr. 1688.

[88] Vgl. hierzu Schrohe, Bestrebungen, 37ff. mit Berichtigung der Angaben in RI VI,1, Nrn. 1685a und 1695a sowie Redlich, Rudolf, 520f.

[89] Zu Rudolfs Bistums- und Kirchenpolitik vgl. bereits oben S. 176 und Klutz, Einfluß, passim.

Während sich die Opposition des ersteren gegen Rudolfs Hauspoliti richtete,[90] sind die Gründe für das schwere Zerwürfnis zwischen der Habsburger und dem Speyerer Bischof, das zu dessen Absetzung und Ver bannung führte, nicht klar zu erkennen.[91]

Die Grafen und Herren des nord- und mitteldeutschen Raumes lasse die gleichen Verhaltensmuster wie die Fürsten erkennen. Wie bei diese blieben die Kontakte zum königlichen Hof – wenn man vom Erfurter Hof tag[92] absieht – minimal. In den westlichen und südlichen Kernlandschafte des Reiches gehörten dagegen Grafen und freie Herren zu den Hauptstüt zen der königlichen Herrschaftspolitik. Aus ihren Reihen suchte sich Ru dolf seine wichtigsten Vertrauten, die Landvögte, wobei er deutlich auf m seinem Haus verwandte Dynasten setzte, wie z. b. seinen Schwager Gra Albrecht von Hohenberg (Landvogtei Niederschwaben), seinen Vette Graf Hugo von Werdenberg (Landvogtei Oberschwaben), seinen Neffe Otto von Ochsenstein (Landvogtei Elsaß) sowie den mit ihm ebenfall verschwägerten Grafen Friedrich von Leiningen (Landvogtei im Speyer gau). Allerdings stieß Rudolf gerade auch bei den Grafen und Herren zur Teil auf erbitterte Opposition, wenn die betroffenen Dynasten durch di königliche Herrschaftspolitik ihre elementaren Interessen tangiert sahen Dies galt nicht nur für den Grafen von Savoyen mit seinen Verbündeten sondern vor allem auch für den Markgrafen von Baden und den Grafe von Württemberg über den Grafen von Freiburg bis hin zu den Herre von Rappoltstein sowie für einzelne aufmüpfige Ministerialenfamilien, di sich alle durch die königliche Landfriedens- und Revindikationspoliti oder durch Rudolfs Hauspolitik mit den Ambitionen auf eine herzogsglei che Stellung im elsässisch-schwäbischen Raum bedroht fühlten.

Für die Herrschaftspolitik König Rudolfs spielten endlich auch die Bür ger der aufstrebenden Städte eine zentrale Rolle.

Hierbei handelte es sich zunächst um die ehemaligen Königsstädte, vo denen Rudolf im Rahmen seiner Revindikationspolitik einen Großteil al

---

[90] Siehe hierzu oben S. 172.

[91] Nach einer in anekdotischer Form berichteten zeitgenössischen Version so das Verhalten des jungen Bischofs Friedrich von Speyer, der Rudolfs zweite Ge mahlin, die burgundische Prinzessin Agnes-Isabelle beim Herunterheben vo einem Wagen auf den Mund geküßt habe, zu dem Zerwürfnis geführt haben; vg hierzu die Erste bayr. Fortsetzung der sächs. Weltchronik, 329f. = Treichler, Nr. 3! 104. Wahrscheinlicher ist die Verwicklung des Bischofs in die Verschwörung eine gewissen Dieter Nessel von Mauer gegen das Leben des Königs (vgl. RI VI,1 Nr. 1999), was dazu geführt haben dürfte, daß Rudolf militärisch gegen den Bischo vorging, dessen Stadt Lauterburg einnahm und ihn schließlich aus seinem Bistu vertrieb; vgl. hierzu Redlich, Rudolf, 542 f.

[92] Siehe hierzu unten S. 220 ff.

Reichsstädte' wieder der unmittelbaren Königsherrschaft unterwerfen
konnte. Daß die Revindikationspolitik hier im wesentlichen erfolgreich
war, lag nicht nur am Reichsbewußtsein der Städte, sondern auch an der
geschickten Städtepolitik Rudolfs, die sich in wesentlichen Punkten von
der seiner staufischen Vorgänger unterschied. Hatte noch Friedrich II.
das Ideal einer herrschaftlichen Stadtverfassung" verfochten, akzeptierte
Rudolf mit der Legitimierung der Ratsverfassung „bewußt genossen-
chaftliche Verfassungselemente"[93], wobei allerdings der Schultheiß als
absetzbarer Amtsträger des Königs eine starke Position einnahm. Ihm
waren nicht nur die Polizeigewalt in der Stadt anvertraut, sondern auch
die Aufsicht über das Markt- und Gewerbewesen, die niedere Gerichtsbarkeit und die Wahrnehmung der finanziellen Interessen des Königs.
Zudem war bei bedeutsamen Verwaltungsentscheidungen seine Zustimmung erforderlich. Wenn man außerdem bedenkt, daß die Blutgerichtsbarkeit in der Stadt und der militärische Oberbefehl im Kriegsfall in der
Regel von besonderen Reichsvögten ausgeübt wurden, so blieb der Wirkungsbereich, der dem Rat in der Praxis zugestanden wurde, doch relativ
beschränkt.

Noch deutlicher treten die Unterschiede zwischen Rudolfs Städtepolitik
und der Friedrichs II. zutage, wenn man die Gruppe der Bürger in den Bischofsstädten betrachtet, die in ihrem Bestreben, sich von ihrem bischöflichen Stadtherrn zu emanzipieren, unter Berufung auf die königliche
Herrschaft über das Reichskirchengut Rückhalt beim König suchte.[94]
Während Friedrich II. noch allein auf die bischöflichen Stadtherren gesetzt hatte, erkannte Rudolf die Möglichkeiten, die sich im Zusammenwirken zwischen dem König und der bürgerlichen Autonomiebewegung in
den Bischofsstädten boten, zumal diese Bewegung im Laufe des Interregnums in manchen Städten – wie in Straßburg, Worms und Speyer – bereits den Sieg über den Stadtherrn davongetragen hatte. Wenn sich Rudolf
auch unter dem Eindruck der bevorstehenden Auseinandersetzung mit
König Ottokar und der Zugeständnisse der Bischöfe in der Beherber-
gungsfrage zunächst noch genötigt sah, die Privilegien Friedrichs II. zugunsten der geistlichen Fürsten zu bestätigen,[95] so war damit doch keine
grundsätzliche Entscheidung zugunsten der bischöflichen Stadtherren verbunden. Vielmehr war Rudolf entschlossen, die ehemaligen Bischofsstädte
unter den Schutz und damit faktisch unter die Herrschaft des Königs zu
stellen und dafür notfalls auch schwere Verstimmungen mit bisher der königlichen Politik nahestehenden Partnern, wie etwa Erzbischof Werner

---

[93] Martin, Städtepolitik, 139.
[94] Vgl. hierzu im folgenden ebenda, 125 ff.
[95] RI VI,1, Nrn. 261, 338 f.

von Mainz, in Kauf zu nehmen, der sich dann auch zeitweise dem Kölne Opponenten anschloß. Am Ende ging jedoch Rudolfs Rechnung auf Nachdem es ihm von Wien aus gelungen war, mit Hilfe des Pfalzgrafe und seines Landvogts im Speyergau, Friedrich III. von Leiningen, sein Anhänger und siebzehn Städte – an der Spitze Mainz – im Rahmen eine in Hagenau am 24. Juni 1278 abgeschlossenen Landfriedensbündnisses[96] gegen Erzbischof Werner zu mobilisieren, zog dieser es vor, einzulenken Rudolfs Städtepolitik hinzunehmen und im Jahre 1281 dann auf den Mainzer Hoftag auch dem dort verkündeten rheinischen Landfrieden bei zutreten.

Auf der anderen Seite war es natürlich nicht im Sinne der ehemalige Bischofsstädte, die sich nach der Entmachtung ihrer Stadtherren nu 'freie' Städte nannten, daß an die Stelle der bischöflichen nun einfach di königliche Stadtherrschaft trat. Ihnen schwebte vielmehr der Sonderstatu einer 'Freistadt' vor, die ohne konkrete Verpflichtungen gegenüber einen Stadtherrn dennoch unter der Schutzherrschaft des Königs stand.[97] Wen auch diese behauptete Sonderstellung in der Zukunft immer wieder Anla zu Konflikten mit dem König gab, nahm Rudolf offensichtlich auf di Empfindlichkeit der Freistädte Rücksicht, indem er z. B. keine Einwen dungen erhob, als die Stadt Worms bei ihrer Huldigung schwor, den König so hold und getreu zu sein, wie eine freie Stadt, „die vom Reich ge fürstet ist", dies tun solle.[98] Dazu kam Rudolf der Auffassung der Freistäd te auch insoweit entgegen, als er nur von den Städten reguläre Stadt steuern verlangte, innerhalb deren Mauern der König über besonder Herrschaftsrechte verfügte, und sich bei den übrigen mit freiwilligen Lei stungen begnügte. Die Freistädte Worms, Speyer und Mainz dankten e Rudolf, indem sie später, als ein Großteil der Reichsstädte sich gegen ih empörte, treu zu ihm standen und ihn gegen die rebellischen Standes genossen unterstützten.[99]

Wenn Rudolf sich bereits als Graf von Habsburg um gute Beziehunge zu den Städten im südwestdeutschen und Nordschweizer Raum bemüh hatte und auch als König seine Herrschaftspolitik entscheidend auf di Reichs- und Freistädte stützte, hatte er vielleicht schon erkannt oder ahnt es zumindest, daß er dabei zugleich auf „die wirtschaftlich fortschrittlich ste und stärkste Macht" setzte, die ihm im damaligen Reich zur Verfügun stand.[100] Neben ihrer Funktion als bevorzugte Beherbergungsorte für de

---

[96] Vgl. hierzu MGH Const. 3, Nr. 157, 151 sowie Gerlich, Studien, 61 ff.; Martin Städtepolitik, 130 f.
[97] Vgl. hierzu Sydow, Stellung, 305 ff.
[98] Annales Wormatienses, 162.
[99] Siehe unten S. 191 ff.
[100] Martin, Städtepolitik, 152.

König und seinen Hof während der Reisen durch das Reich und neben
ihrem nicht zu unterschätzenden militärischen Potential war es vor allem
ihre finanzielle Leistungsfähigkeit, die die Reichs- und Freistädte zu un-
ntbehrlichen Stützen der königlichen Herrschaftspolitik machte. Bereits
unter Friedrich II. hatten die königlichen Städte regelmäßige Geldleistun-
,en in Form jeweils jährlich zahlbarer, dem wirtschaftlichen Vermögen an-
,epaßter Stadtsteuern (*precaria, bede*) erbracht, die allerdings während
les Interregnums außer Übung gekommen waren. Hieran knüpfte Rudolf
n, indem er die Steuern nun wieder von allen Reichs- und Freistädten, in
lenen königliche Rechte nachweisbar waren, einforderte und in den
meisten Fällen die einzelnen Pauschalsummen drastisch erhöhte.[101]

Allerdings zeigte sich bereits im Jahre 1274, daß die auf diese Weise ein-
;ehenden Mittel nicht ausreichten, um – vor allem wegen der Weigerung
ler geistlichen Fürsten, die königlichen Hoftage zu finanzieren – den stei-
enden Geldbedarf zu decken, so daß sich Rudolf genötigt sah, die regel-
näßigen Leistungen durch die Anforderung außerordentlicher Steuern zu
rgänzen. Eine erste derartige Steuer scheint der Habsburger bereits im
rühjahr 1274 zur Finanzierung des Speyerer Hoftages von den Städten
rhoben zu haben.[102] Besser unterrichtet sind wir über eine weitere außer-
rdentliche Abgabe von 1274, wohl auch deshalb, weil Rudolf hier erst-
nals völlig neue Wege bei der Besteuerung beschritt, indem er vom Prin-
ip der pauschalen Gesamtbesteuerung einzelner Städte oder Territo-
ialherrschaften abrückte und statt dessen versuchte, in der Form einer
lreiprozentigen Vermögenssteuer unmittelbar auf die Reichsuntertanen
urückzugreifen.[103] Dies hatte aus der Sicht Rudolfs den Vorteil, daß nicht
ur insgesamt ein größeres Aufkommen zu erwarten war, sondern daß das
,ystem bei der Masse der Betroffenen auch als gerechter empfunden
vurde, da es sich an der finanziellen Leistungsfähigkeit des einzelnen
rientierte. So berichtet der Colmarer Chronist, daß der König eine neue
Abgabe erfunden habe, die „zwar den Armen gefiel, den Reichen aber
icht behagte", da letztere es gewohnt waren, die ihnen bisher auferlegten
pauschalen) Gesamtsumme einfach auf die Armen abzuwälzen.[104] Wenn
u dieser unmittelbaren Vermögenssteuer grundsätzlich auch alle Reichsuntertanen verpflichtet wurden,[105] so besteht doch kaum ein Zweifel dar-

---

[101] Vgl. hierzu ebenda, 153.

[102] Das Anforderungsschreiben ist nur als (undatiertes) Formular erhalten; vgl.
ierzu die Bemerkungen bei RI VI, 1, Nr. 30.

[103] Vgl. hierzu die Quellenangaben in ebenda, Nr. 317a und zur Sache Martin,
tädtepolitik, 157f.

[104] Vgl. Chronicon Colmariense, 244 (zu 1274).

[105] Dies ergibt sich aus dem Umstand, daß die Befreiung von der Steuer, die Ru-

über, daß die Reichs- und Freistädte den Löwenanteil der eingegangene
Summe erbrachten,[106] von denen die meisten ja im gleichen Jahr außer
dem mit der bereits angesprochenen Hofsteuer wie auch mit der regel
mäßigen Stadtsteuer belastet wurden und somit innerhalb dieses kurze
Zeitraums immerhin drei Besteuerungen durch den König verkrafte
mußten.

Schon kurze Zeit später, in den Jahren 1276/77, scheint Rudolf vor de
Hintergrund der Kriegsrüstungen gegen Ottokar mit neuen Steuerforde
rungen an die Reichs- und Freistädte herangetreten zu sein,[107] aber auc
an die habsburgischen Hausterritorien, vor allem nun in Österreich[108].

Eine weitere Neuerung in der Besteuerungspolitik führte Rudolf dan
1279 ein, indem er sich direkt an die inzwischen vielerorts zu Reichtum ge
langte Kaufmannsschicht in den Reichs- und Freistädten wandte und vo
ihr den achten Teil (= 12,5%) des jeweiligen Handelskapitals verlangte.[10]

Wenn auch der Colmarer Chronist beim ersten Versuch des Königs, di
direkte Einzelbesteuerung einzuführen, noch gemeint hatte, daß Rudo
dabei „viel Geld ohne großen Schaden für die Menschen" eingenomme
habe,[110] sind leider keinerlei Reaktionen über Erfolg oder Mißerfolg de
anderen königlichen Steuermaßnahmen überliefert. Das Schweigen de
Quellen über Opposition und Widerstand dürfte allerdings für die Annah
me sprechen, daß die hiervon vor allem betroffenen Städte zu dieser Zei
noch zähneknirschend die königliche Steuerpolitik hinnahmen, obwohl si
sicher schon damals von der Methode der direkten Besteuerung der ein
zelnen Stadtbürger, die die Regelungsbefugnis der Stadtobrigkeit un
damit die städtische Autonomie insgesamt in Frage stellte, nicht begeister
waren. Andererseits wurde den Städten ihre Loyalität gegenüber der un
geliebten königlichen Steuerpolitik dadurch erleichtert, daß Rudolf in an
deren strittigen Fragen, wie bei der Besteuerung von Klerus und Ade
innerhalb der Stadtmauern[111] oder beim Pfahlbürgerproblem,[112] – in

dolf den Dominikanerinnen zugestand, sich auf das gesamte Reichsgebiet bezo
(vgl. RI VI,1, Nr. 240); in der Praxis dürfte sich die Aktion allerdings auf die 'kö
nigsnahen' Landschaften, also vor allem auf den Süden und Südwesten des Reiche
beschränkt haben.

[106] Vgl. hierzu Martin, Städtepolitik, 157 f.

[107] Vgl. hierzu Redlich, Rudolf, 490 f.; Martin, Städtepolitik, 158.

[108] Vgl. RI VI,1, Nr. 904a und zur Sache Redlich, Rudolf, 354 ff.; Martin, Städte
politik, 158.

[109] Vgl. RI VI,1, Nr. 1152 und zur Sache Zeumer, Städtesteuern, 131 und Martin
Städtepolitik, 158 f.

[110] Siehe oben Anm. 104.

[111] Vgl. hierzu Redlich, Rudolf, 495 ff.; Martin, Städtepolitik, 153 ff.

[112] Vgl. hierzu Martin, Städtepolitik, 145 ff.

Gegensatz zu Friedrich II. – Partei für die Interessen der Städte ergriff oder zumindest eine differenzierte Haltung einnahm. Trotzdem aber gab es auch vor den achtziger Jahren Widerstand gegen die königliche Städtepolitik. Dieser richtete sich allerdings zunächst weniger gegen die Abgabenforderungen als gegen eine bereits von den Staufern praktizierte und von Rudolf fortgeführte Herrschaftspolitik: die Neigung des Königs, seinen Herrschaftsanspruch über die Stadt durch die Errichtung einer königlichen Burg innerhalb der Stadtmauern, die von adligen Burgmannen besetzt war, zu unterstreichen.[113] Die selbstbewußten Städte fühlten sich hierdurch offensichtlich in elementarer Weise in ihrer Autonomie bedroht. Hinzu kam, daß die adligen Burgmannen, die nicht nur von der städtischen Gerichtsbarkeit, sondern auch von den allgemeinen Steuerlasten befreit waren, die Stadt öfter in ihre mit anderen Standesgenossen vor den Toren der Stadt geführten Fehden verwickelten und damit nicht gerade zu ihrer eigenen sozialen Integration beitrugen. Die Folge waren immer wieder ausbrechende Konflikte, die sich spätestens dann auch offensichtlich gegen den König als Stadtherrn richteten, wenn sie zur Zerstörung der Burg führten. Nachdem in einigen Städten bereits während des Interregnums die königlichen Burgen gebrochen worden waren,[114] kam es im Jahre 1275/76 in Oppenheim, Friedberg und Frankfurt, vielleicht auch noch in anderen Städten, zu Gewaltausbrüchen und offenem Aufruhr, der sich darin äußerte, daß die königlichen Burgen zerstört wurden.[115] Der Aufstand brach jedoch – nicht zuletzt wohl auch infolge der maßvollen Reaktion Rudolfs – schnell in sich zusammen. Gegen die Verpflichtung, die zerstörten Burgen wieder aufzubauen und die geforderten Abgaben zu zahlen, verzieh der König den 'reuigen' Bürgern ihr Vorgehen und nahm sie wieder in seine Gnade auf.[116]

Wesentlich gefährlicher wurde die Situation allerdings für Rudolf, als sein Versuch, in den Jahren 1284/85 die direkte Einzelbesteuerung in der Form einer Vermögensabgabe in Höhe eines Dreißigstels (= 3,3%) auf

---

[113] Vgl. hierzu Brühl, Fodrum, 217ff.; Martin, Städtepolitik, 160.

[114] So wurde die 1244 in Oppenheim erbaute Burg bereits 1257 von den Stadtbürgern zerstört. Nachdem noch König Richard den Stadtbürgern ihr Vorgehen nicht nur verziehen, sondern ihnen, wie auch anderen Städten, außerdem versprochen hatte, solange er lebe, keine neuen Burgen zu erbauen, hatte Rudolf im Zuge der Wiedererrichtung der Reichsburgenverfassung den Neuaufbau der Burg befohlen; vgl. hierzu RI V, Nr. 5318ff. und Redlich, Rudolf, 523f. Auch in Bern und Zürich wurden die Reichsburgen bereits während des Interregnums zerstört; vgl. Redlich, Rudolf, 467f., 523f.

[115] Vgl. hierzu Redlich, Rudolf, 524f.; Martin, Städtepolitik, 160f.

[116] RI VI,1, Nrn. 540 (Friedberg), 541 (Oppenheim), 587 (Frankfurt).

breiter Grundlage durchzusetzen, einen Städteaufstand auslöste, der über-
regionale Ausmaße annahm.

Bedenklich und gewissermaßen symptomatisch für Rudolfs geschwun-
denes Ansehen war dabei, daß die Aufstandsbewegung ausgerechnet im
Elsässer und Nordschweizer Raum, also im Bereich der beiden alten habsburgischen Herrschaftszentren, ausbrach. So kündigten nicht nur die Städte Bern und Freiburg im Üchtland Rudolf offiziell den Gehorsam auf,[11]
auch die bisher habsburgfreundliche Stadt Colmar befand sich unter
ihrem Schultheißen Walter Rösselmann[118] seit dem Frühjahr 1275 in hellem Aufruhr. Da man bereits im Vorjahr dem König 30 000 Mark Silber
gezahlt hatte, verweigerte man verbittert weitere Leistungen und provozierte Rudolf, indem man Deinheim und andere zum habsburgischer
Hausbesitz gehörige Dörfer oder Besitzungen in der Umgebung nieder-
brannte.[119] Die vom König verfügte Absetzung des Schultheißen Rösselmann wurde weder von diesem noch von der Stadtobrigkeit beachtet.[120]
Auch in Hagenau kam es zu schweren Ausschreitungen, in deren Verlauf
die Bürger der Stadt Rudolfs Neffen und Landvogt im Speyergau, Otto
von Ochsenstein, „schimpflich" aus der königlichen Burg und der Stadt
vertrieben und dem König ebenfalls den Gehorsam aufkündigten.[121]

Etwa zur gleichen Zeit formierten sich auch in der Wetterau die Städte
Frankfurt, Wetzlar und Friedberg zum Widerstand gegen Rudolfs Besteue-
rungsversuche, indem sie am 9. Mai 1285 ein Waffenbündnis mit deutlicher
Tendenz gegen den König schlossen.[122]

Rudolf, der sich noch Anfang April 1275 in Franken aufgehalten hatte,
zog, als ihn die beunruhigenden Nachrichten erreichten, über Schwaben,
wo er mit Hilfe seines Landvogts Albrecht von Hohenberg Teile der
schwäbischen Ritterschaft zur militärischen Hilfeleistung aufbot, in den

[117] Annales Colmarienses maiores, 212 (zu 1285): *Civitas Fryburgensis in Oetlan-
din et civitas Bernnensis obedire regi Rudolpho minime voluerunt.*
[118] Nach der Chronik von Colmar war Walter Rösselmann der Sohn des Johann
Rösselmann, der nach seiner Absetzung als Schultheiß von Colmar in die Dienste
des damaligen Grafen Rudolf getreten und diesem durch eine verräterische List
die Stadt Colmar in die Hände gespielt hatte (1261). Wohl in dankbarer Erinnerung an die Tat des Vaters bestellte Rudolf im Jahre 1281 Walter Rösselmann zum
Schultheißen. Im Jahre 1285 geriet der neue Schultheiß jedoch in heftigen Streit
mit dem Landvogt Otto von Ochsenstein, da er in der Frage der Besteuerung mit
Nachdruck die Position der Stadtbürger vertrat; vgl. hierzu Annales Colmarienses
maiores, 205–208 sowie Chronicon Colmariense, 254 und Redlich, Rudolf, 527.
[119] Annales Colmarienses maiores, 211 f.
[120] Chronicon Colmariense, 254.
[121] Annales Colmarienses maiores, 212.
[122] Vgl. UB Frankfurt 1, Nr. 498, 239 f. sowie Martin, Städtepolitik, 161 f.

Speyergau. Dieses taktische Vorgehen empfahl sich wohl nicht nur deshalb, weil diese Region bisher vom Aufstand verschont geblieben war, sondern auch, weil Rudolf hier zudem auf die militärische Hilfe der ihm loyal ergebenen Freistädte Mainz, Speyer und Worms rechnen konnte, die ihm dann auch gewährt wurde. Außerdem konnte hierdurch die direkte Kommunikation zwischen den beiden Aufstandszentren in Hessen und am Oberrhein, wenn auch nicht gänzlich blockiert, so doch weitgehend behindert werden.

Vom Speyergau rückte Rudolf dann mit Heeresmacht ins Elsaß vor und begann am 14. Juni – unterstützt von Bischof Heinrich von Basel – mit der Belagerung der Stadt Colmar. Doch bereits wenige Tage später brach er das Unternehmen ab und eilte mit seinem Heer in Richtung Wetterau, während der Burggraf von Nürnberg und der Bischof von Basel im Namen des Königs mit Colmar einen relativ glimpflichen Ausgleich aushandelten, der die Zahlung einer ermäßigten Steuer und einer Buße sowie Regelungen über den Ausgleich zwischen den aus der Stadt ausgezogenen und den verbliebenen Bürgern vorsah.[123]

Warum verzichtete Rudolf darauf, an der aufständischen Stadt, die ihn schwer provoziert hatte, ein Exempel zu statuieren? Der Grund war eine neue unerfreuliche Nachricht, die die Grafen Friedrich von Leiningen und Eberhard von Katzenelnbogen persönlich überbrachten. In der Zwischenzeit hatte die Stadt Wetzlar einen Mann, der behauptete, der Stauferkaiser Friedrich II. zu sein, nicht nur in ihre Mauern aufgenommen, sondern als ihren Herrscher anerkannt, so daß dieser – wie bereits zuvor in der Stadt Neuss – als 'Thronrivale' Rudolfs regelrecht hofhielt und zunehmende Unterstützung fand. Dieser Mann war nicht der erste, der sich als Friedrich II. ausgab. Schon bald nach dem Tod des Stauferkaisers (1250) kursierten in Italien, vor allem aber auch in Deutschland Gerüchte und Prophezeiungen, daß der Kaiser immer noch am Leben sei und bald zurückkommen werde, um – je nach Standpunkt des Betrachters – als ein neuer Tyrann die Kirche zu unterdrücken oder aber sie mit starker Hand zu läutern und den Klerus zu einem gottgefälligen Leben zu zwingen.[124] Vor diesem Hintergrund war es kein Wunder, daß bald Hochstapler oder auch geistig verwirrte Neurotiker sich für den von vielen ersehnten Kaiser Friedrich ausgaben. Ab 1284 setzte in Deutschland geradezu „eine förmliche Epidemie der falschen Friedriche"[125] ein, von denen allerdings die meisten im 'königsfernen' Norden oder Nordwesten des Reiches auftauch-

---

[123] RI VI,1, Nr. 1914.
[124] Vgl. hierzu wie zum Auftauchen der 'falschen Friedriche' ausführlich Redlich, Rudolf, 529–540 und neuerdings Struve, Die falschen Friedriche, 317–337.
[125] Redlich, Rudolf, 532.

ten. Allerdings wurde von diesen Pseudokaisern für Rudolf nur einer wirklich gefährlich. Es handelte sich um einen Mann, der bereits 1284 in Köln vergeblich versucht hatte, als Kaiser Friedrich Anerkennung zu finden. Die Stadtobrigkeit sah in ihm wohl eher einen Geisteskranken als einen Kriminellen. Obwohl er auf dem Markt zur Schau gestellt, vom Pöbel verhöhnt und schließlich aus der Stadt getrieben worden war, fand er kurz danach Aufnahme und Anerkennung in der Stadt Neuss, wo er bald ungestört hofhielt, sich eine Kanzlei mit einem 'kaiserlichen' Siegel zulegte und immer mehr Anhänger fand, die ihm seine neue Rolle abnahmen. Als er allerdings damit begann, sich auch in die niederrheinische Territorialpolitik einzuschalten und sogar die Äbtissin der Reichsabtei Essen sich an ihn wandte, um im Wege der Privilegienbestätigung die freie Vogtwahl zu erreichen, entschloß sich der Kölner Erzbischof, dem Spuk ein Ende zu machen und gegen die – auch sonst in Opposition zu ihm stehende – Stadt Neuss vorzugehen. Doch bevor der Erzbischof mit der Belagerung begann, begab sich der Pseudokaiser nach Wetzlar, wo ihm nicht nur Zuflucht gewährt wurde, sondern wo er auch weiter hofhalten konnte. Mit der offiziellen Anerkennung des Usurpators durch eine Reichsstadt erhielt der Aufstand eine neue, gefährliche Dimension, die von Rudolf auch sofort erkannt wurde. Bei aller Verbitterung über das Verhalten der von ihm so geförderten Städte handelte er nicht nur schnell und entschlossen, sondern auch mit Umsicht und Augenmaß. Indem er seinen Vertrauten, Graf Eberhard von Katzenelnbogen, mit Vertretern der Freistädte Mainz, Worms und Speyer eiligst zu Verhandlungen nach Wetzlar voraussandte, signalisierte er seine Bereitschaft zu einer Kompromißlösung, die mit dem Colmarer Abkommen bereits angedeutet war, während er selbst an der Spitze seines Heeres, unterstützt vom Kölner Erzbischof, nachfolgte. Rudolfs Rechnung sollte aufgehen. Jetzt, als es ernst wurde und die militärische Konfrontation drohte, setzten sich die besonnenen Stimmen durch, so daß unter Vermittlung der Freistädte schnell eine Verhandlungslösung gefunden wurde, die vorsah, daß Wetzlar die umstrittene Steuer zahlte, während Rudolf von Strafmaßnahmen absah und die Privilegien der Stadt bestätigte.[126] Obwohl der Pseudokaiser in dem Abkommen mit keinem Wort erwähnt wurde, war sein Schicksal besiegelt, als wenig später König Rudolf mit seinem Heer vor den Mauern der Stadt erschien. Der 'falsche Friedrich', der bereits seinen Anhang in der Stadt verloren hatte, wurde in Haft genommen und an den Reichsmarschall Heinrich von Pappenheim ausgeliefert, der ihn – an den Sattel seines Pferdes gebunden – aus der Stadt führte. Auf der Folter nach seiner wahren Herkunft befragt, soll der Unglückliche als seinen Namen Dietrich Holzschuh (niederdeutsch Tile

---

[126] RI VI,1, Nr. 1915.

Kolup) angegeben,[127] nach anderen Quellen aber bis zuletzt an seiner Behauptung, Kaiser Friedrich II. zu sein, festgehalten haben.[128] Wohl unter dem Vorsitz des Kölner Erzbischofs wurde er durch Rechtsspruch als Betrüger und, da er sich für einen von der Kirche gebannten Ketzer ausgegeben hatte, auch als ein solcher zum Tode verurteilt und am 7. Juli 1285 vor den Toren Wetzlars – auf einen Wagen gefesselt – verbrannt.[129]

Das Abkommen mit der Stadt Wetzlar machte für Rudolf wohl auch den Weg für eine Aussöhnung mit den übrigen rebellischen Städten der Wetterau frei,[130] wenn auch die Modalitäten im einzelnen nicht überliefert sind. Allerdings mußte Rudolf nach den Colmarer Quellen die Stadt Colmar nach der Hinrichtung des 'falschen Friedrichs' ein zweites Mal belagern.[131] Jetzt war Rudolf nur unter erschwerten Bedingungen bereit, die Stadt wieder in Gnaden aufzunehmen. Die Bürger mußten nicht nur ein hohes Bußgeld und andere Auflagen, sondern auch die endgültige Absetzung des Schultheißen Walter Rösselmann hinnehmen, wobei letzterer die nächsten Jahre in „bitterer Armut" gelebt und erst nach dem Tode des Königs im Jahre 1291 das Schultheißenamt wieder in seine Gewalt gebracht habe.[132]

Mit Entschlossenheit und Umsicht war es Rudolf am Ende zwar gelungen, nicht nur den 'falschen Friedrich' auszuschalten, sondern sich – zumindest formal – auch gegenüber den rebellischen Städten durchzusetzen, die sich wohl alle dazu bereit erklären mußten, die umstrittene Steuer zu zahlen. Dennoch mußte Rudolf erkennen, daß sein Hauptanliegen, die direkte Einzelbesteuerung der Stadtbürger durchzusetzen, am erbitterten Widerstand der Betroffenen gescheitert und auf Dauer nicht zu realisieren war. Für die Zukunft zog der Habsburger hieraus auch die Konsequenzen, indem er „künftig die Verwaltungshoheit und Finanzautonomie der Kommunen" respektierte[133] und auf die Einzelbesteuerung verzichtete. Statt dessen versuchte er nun, auf einem allgemeinen Städtetag in Nürnberg[134]

---

[127] Vgl. Johannes von Viktring I, 246, 285. – Zu Tile Kolup vgl. auch Kluger, Friedrich, 98–103 und vor allem Struve, Die falschen Friedriche, 319 ff.

[128] Vgl. hierzu Ottokars österr. Reimchronik, 426.

[129] RI VI,1, Nr. 1920 a.

[130] Vgl. Martin, Städtepolitik, 165.

[131] Vgl. Chronicon Colmariense, 254. – Dies wird von Martin, Städtepolitik, 163 ff. übersehen; seine Darstellung der Ereignisse ist also entsprechend zu ergänzen. Als möglicher Zeitraum für die zweite Belagerung ergibt sich nach dem Itinerar Rudolfs die Zeit vom 13. August bis 15. September 1285; vgl. RI VI,1, Nrn. 1932–1936.

[132] Chronicon Colmariense, 254.

[133] Martin, Städtepolitik, 167.

[134] RI VI,1, Nr. 2397 a.

mit dem dort versammelten 'Städteparlament'[135] seine Steuerforderungen
zu verhandeln, was die spätere Reichsstandschaft der Städte bereits de
facto vorwegnahm.[136]

Obwohl die Frei- und Reichsstädte insgesamt gesehen enorme Summen
für den königlichen Haushalt aufbrachten und obwohl Rudolf auch versuchte, die Finanzkraft der landesherrlichen Städte für sich zu nutzen,[137]
sah er sich bis zum Ende seines Lebens mit dem Problem eines permanenten Defizits konfrontiert. Die notorische Geldknappheit des Königs, die
auch in die Anekdotenüberlieferung eingegangen ist[138] und sogar bei der
Kurie schon Befremden ausgelöst hatte, verwies Rudolf fast zwangsläufig
auf einen Weg, den bereits seine Vorgänger beschritten hatten, der sich
aber auf Dauer als Sackgasse erweisen sollte: die Verpfändung von
Reichsgut und dabei insbesondere von Frei- und Reichsstädten und deren
Stadtsteuern gegen Bargeld oder – was eher zum Normalfall wurde – als
Entgelt für erwartete oder bereits geleistete Dienstleistungen von Reichsangehörigen. Wenn es sich bei der Verpfändung theoretisch auch nur um
eine Sicherstellung für gewährte Darlehen handelte, die jederzeit durch
die Rückzahlung beendet werden konnte, so hatte dieses an sich normale
Rechtsgeschäft doch aus der Sicht des Königs zwei entscheidende Nach-
teile. Da mit der Verpfändung des Objekts dessen Einkünfte wegfielen,
ohne daß der König als Pfandgeber in aller Regel eine entsprechende materielle, regelmäßige Erträge abwerfende Gegenleistung erhielt, führten
die mit der Substanzminderung verbundenen geringeren Einnahmen
zwangsläufig dazu, daß sein Defizit noch mehr anwuchs. Bestand also zunächst bei jeder Verpfändung die Gefahr, daß der König über seine Verhältnisse lebte und seine Geldprobleme im Ergebnis auf Kosten seiner
Nachfolger löste, so kam noch ein entscheidender zweiter Nachteil hinzu:
Da nach mittelalterlicher Auffassung der Pfandnehmer mit der Verpfändung nicht nur ein Sicherungsmittel für seine Forderung erhielt, sondern
voll in die Position des Königs als Eigner und Herrschaftsberechtigter einrückte, hatte dies zur Folge, daß der König – etwa bei der Verpfändung
einer ganzen Stadt – nicht nur die bisherigen Einnahmen, sondern auch
politischen Einfluß und wertvolle Herrschaftsrechte einbüßte. Wie in der
Forschung bereits betont wurde,[139] fiel dieser Nachteil aus der Sicht der

---

[135] Der Begriff stammt von K. Zeumer (Städtesteuern, 138) und wurde von Martin, Städtepolitik, 167 übernommen.

[136] Vgl. in diesem Sinne bereits Redlich, Rudolf, 496 sowie jetzt auch Martin,
Städtepolitik, 167.

[137] Vgl. hierzu Martin, Städtepolitik, 168.

[138] Siehe hierzu unten S. 237.

[139] Vgl. Thomas, Deutsche Geschichte, 52.

königlichen Herrschaftspolitik dann besonders schwer ins Gewicht, wenn die verpfändete Stadt im unmittelbaren territorialen Interessenfeld des Pfandnehmers lag und die Verpfändung damit diesem zusätzlich einen gravierenden Vorteil auf dem Wege zur Landesherrschaft verschaffte, der sich meist nicht mehr rückgängig machen ließ.

Auf den ersten Blick hat Rudolf von der Verpfändungsmöglichkeit gegenüber den Reichsstädten in geradezu extensiver Weise Gebrauch gemacht. Schon zu Beginn seiner Regierung sah er sich genötigt, für die Wahlaufwendungen' der Kurfürsten und die Krönungskosten zahlreiche Reichsstädte zu verpfänden, und am Ende schlugen insgesamt 110 Pfandgeschäfte mit der enormen Gesamtsumme von 173 000 Mark Silber und 19 000 Pfund Heller zu Buche.[140] Der negative Eindruck, den diese absolute Summe für sich allein genommen erweckt, wird allerdings relativiert, wenn man die von Rudolf vorgenommenen Pfandgeschäfte im einzelnen aufschlüsselt. So hat bereits Heinz Thomas darauf hingewiesen, daß – abgesehen davon, daß ein Großteil der von Rudolf beurkundeten Pfandgeschäfte noch zu Lebzeiten des Königs rückgängig gemacht werden konnte oder gar nicht zustande kam – der Anteil der herrschaftspolitisch ins Gewicht fallenden Verpfändungen ganzer Städte bei Rudolf relativ gering und „politisch bedeutungslos" war.[141] Auch wenn man Rudolfs Pfandschaftspolitk mit der anderer spätmittelalterlicher Herrscher, wie etwa Karls IV., vergleicht, wird man ihm bescheinigen können, daß er mit diesem gefährlichen Finanzierungsinstrument eher behutsam und – im Einklang mit seinem Krönungseid – verantwortungsbewußt gegenüber den Interessen des Reiches umgegangen ist.

---

[140] Vgl. Landwehr, Verpfändung, 455; ders., Reichspfandschaften, 100.
[141] Thomas, Deutsche Geschichte, 52 f.

VI. Das Problem der Kaiserkrönung und die Beziehungen zur römischen Kurie, Burgundpolitik und das Verhältnis zu Frankreich

1. Die Kaiserkrönung aus der Sicht Rudolfs

Nach der um 1320 in Bayern niedergeschriebenen Fortsetzung der Sächsischen Weltchronik soll Rudolf, als die Herren seiner Umgebung ihn nach dem Sieg über Ottokar dazu aufforderten, nach Rom zu ziehen, um die Kaiserkrone zu erringen, dies abgelehnt haben. Zur Begründung habe der König, „ein weiser und kundiger Mann", ihnen die Geschichte vom Fuchs erzählt, der auf die Einladung, den „Berg" (*perch*) zu betreten, beschlossen habe, so lange zu warten, bis die anderen Tiere, die der Einladung gefolgt waren, wieder zurückkamen. Als niemand zurückgekommen sei, habe er auf die Reise verzichtet. Mit diesem Beispiel habe Rudolf den Herren zu verstehen gegeben, daß mancher König vor ihm in das welsche Land gezogen und nicht mehr wiedergekehrt sei, weshalb auch er – wie der kluge Fuchs – es vorziehe, zu Hause zu bleiben.[1] Wenn der Chronist – vielleicht unter dem Eindruck des Schicksals Kaiser Heinrichs VII.[2] – diese Worte auch Rudolf in den Mund gelegt hat, so ist sich doch die Forschung weitgehend darin einig, daß die berichtete Anekdote weder mit den objektiven Fakten noch den Intentionen des Habsburgers in Einklang zu bringen ist. Im Gegenteil wird aus zahllosen Zeugnissen deutlich, daß Rudolf nichts unversucht ließ, um die Kaiserkrone zu erlangen. Ein Dutzend Termine waren für das große Ereignis in Aussicht genommen und dreimal war sogar bereits ein bestimmter Tag für die Kaiserkrönung definitiv festgesetzt worden,[3] so daß es nicht einer gewissen Tragik entbehrt,

---

[1] Erste bayr. Fortsetzung der Sächsischen Weltchronik, 328 = Treichler, 101. Die der Anekdote zugrunde liegende Aesopsche Fabel ist leicht abgeändert.

[2] Kaiser Heinrich VII. starb bekanntlich nach seiner Kaiserkrönung am 24. 8. 1313 nach dem vergeblichen Versuch, die Stadt Siena zu stürmen, in Buonconvento (in der Nähe von Siena) wohl an der Malaria, wobei allerdings Gerüchte kursierten, wonach er vergiftet worden sei; vgl. hierzu Browe, Vergiftung, 481 ff. und neuerdings Herde, Mortalis pestilentia, 52 ff.

[3] Vgl. hierzu Frenz, „Kaisertum" Rudolfs, 87 ff. sowie auch bereits Redlich, Rudolf, 709 f. – Die hiervon abweichende Ansicht B. Meyers, Rudolf habe nach der Niederwerfung Ottokars die Kaiserkrönung nicht mehr angestrebt (vgl. ders., Rudolf, 4 ff.), kann nicht überzeugen.

wenn er sich am Ende seines Lebens eingestehen mußte, daß alle Anstrengungen vergeblich waren.

Zwar verzichtete Rudolf – im Gegensatz zu Friedrich II. – unter dem Druck der gewandelten Verhältnisse auf eine aktive Italienpolitik, dennoch aber sprachen gewichtige Gründe dafür, der Kaiserkrönung selbst eine hohe Priorität einzuräumen. So hatte die Kaiserkrone, die auch die 'Interregnums-Könige' vergeblich angestrebt hatten, in der Zwischenzeit noch keinesfalls ihren Glanz verloren. Nach wie vor vermittelte sie ihrem Träger zwar keinen meßbaren Zuwachs an realer Macht, wohl aber ein schwer faßbares 'Mehr' an Autorität gegenüber den eigenen Untertanen wie auch im Verhältnis zu den anderen Königen Europas, was für den Habsburger, der ja nicht aus einer Königsfamilie abstammte, durchaus erstrebenswert sein mußte. Vor dem Hintergrund der zeitgenössischen Vorstellungen dürfte Rudolf im übrigen die Kaiserwürde nicht nur als eine persönliche Standeserhöhung, sondern deren Erwerb geradezu als eine mit seinem Amt verbundene „selbstverständliche Pflicht" empfunden haben.[4] Dazu kam ein zweiter handfester Vorteil. Nach zeitgenössischer Auffassung, von der auch Rudolf und die Kurfürsten ausgingen,[5] war eine Königswahl eines der Söhne des amtierenden Königs zu dessen Lebzeiten an die Voraussetzung gebunden, daß der Vater bereits Kaiser war, sei es, weil die Vorstellung vertreten wurde, daß mit der Kaiserkrönung die bisherige Königsherrschaft des bisherigen Inhabers vakant werde oder weil man es einfach nicht als glücklich empfand, von zwei Königen regiert zu werden. Diese Möglichkeit, über die Kaiserkrönung das römisch-deutsche Königtum der eigenen Familie auch in der nächsten Generation zu sichern, dürfte im Rahmen der Zielvorstellungen Rudolfs eine erhebliche Rolle gespielt und ihn darin bestärkt haben, die Romfahrt so bald wie möglich auf sich zu nehmen.

---

[4] Vgl. in diesem Sinne auch bereits Redlich, Rudolf, 710.

[5] Vgl. hierzu ausführlich Köhler, Heiratsverhandlungen, II. Exkurs, 109–112, bes. 110f. (mit Quellenbelegen). Wenn Rudolf und die Kurfürsten wirklich – und davon ist auszugehen – die Kaiserkrönung des amtierenden Königs zur Bedingung für die Königswahl eines seiner Söhne zu seinen Lebzeiten gemacht haben, wird man dagegen kaum überzeugend argumentieren können, daß Präjudizien aus der Zeit des Früh- und Hochmittelalters nachweisbar seien, wonach man sich bisweilen nicht an diese Bedingung gehalten habe; vgl. hierzu Frenz, „Kaisertum", 100.

2. Die römische Kurie, das Problem der Kaiserkrönung
und die Heiratsverhandlungen Rudolfs mit Eduard I.
und Karl von Anjou

Die Chancen für die Kaiserkrönung schienen für Rudolf zunächst sehr vielversprechend zu sein, da der Habsburger sich gerade zu Beginn seiner Regierungszeit der besonderen Gunst des amtierenden Papstes Gregor X. erfreute, der ihn selbst zur Romfahrt drängte, um auf diese Weise eine zentrale Voraussetzung für sein Hauptanliegen zu schaffen: den abendländischen Kreuzzug. Nach dem plötzlichen Tod Gregors im Jahre 1276 rückten der Romzug und die Kaiserkrönung allerdings wieder in weite Ferne, zum einen, weil die Auseinandersetzungen mit Ottokar zunächst die ganze Kraft Rudolfs in Anspruch nahmen, zum anderen aber auch, weil in der kurzen Zeitspanne von Januar 1276 bis Mitte Mai 1277 allein drei neue Päpste (Innocenz V., Hadrian V., Johannes XXI.)[6] nachfolgten und starben, bevor die bereits unter Gregor X. aufgenommenen Verhandlungen weitergeführt werden konnten. Erst unter Papst Nikolaus III. (1277–1280) schien sich für Rudolf wieder eine realistische Chance für den Empfang der Kaiserkrone zu eröffnen.[7] Der neue Papst, der aus dem stadtrömischen Geschlecht der Orsini stammte, wurde von Zeitgenossen als ein Mann von integrem Lebenswandel gepriesen,[8] der nicht nur gewinnende Umgangsformen an den Tag legte, sondern auch über eine hohe Bildung, diplomatische Fähigkeiten und staatsmännische Begabung verfügte. Im Gegensatz zum unmittelbaren Nachfolger Gregors X., Innocenz V., war er nicht gewillt, einseitig auf eine enge Zusammenarbeit mit seinem Vasallen, dem König von Sizilien Karl von Anjou, zu setzen, da er wohl die Gefahr erkannt hatte, die von der faktischen Machtstellung des Anjou in Mittel- und Süditalien für den Kirchenstaat ausging. Zu dieser gefährlichen Machtkonstellation hatten allerdings die Vorgänger des neuen Papstes selbst entscheidend beigetragen, als unter dem Eindruck der Bedrohung durch den letzten Staufer Konradin Karl von Anjou im Jahre 1267 von Papst Clemens IV. mit dem Titel eines 'Friedensstifters' (*pacificator*) zu einer Art Reichsverweser in der Toskana[9] und ein Jahr später auch zum

---

[6] Vgl. hierzu jetzt Herde, Papi, 26–35 (mit Quellen und Lit.).

[7] Zu ihm vgl. Demski, Nikolaus III., passim; Haller, Papsttum 5, 46–57; Herde, Papi, 35–45.

[8] Vgl. hierzu die Annalen des Tholomeus von Lucca, 186 und Redlich, Rudolf, 388; Demski, Nikolaus III., 349ff.; Haller, Papsttum 5, 47; Herde, Papi, 37. – Allerdings wurde auch sein Nepotismus bereits von den Zeitgenossen getadelt; vgl. hierzu Herde, Papi, 37f.

[9] Les registres de Clement IV, Nr. 589.

Senator von Rom[10] bestellt worden war. An dem faktischen Reichsvikariat Karls in der Toskana hatte sich auch nach der Wahl und Approbation König Rudolfs nichts geändert, obwohl die Toskana unbestritten zum Reich gehörte. Vor diesem Hintergrund bot es sich für den neuen Papst an, die bereits von Gregor X. betriebene Politik wiederaufzunehmen, den Kirchenstaat sowohl gegenüber dem Anjou als auch dem Reich zu stärken und darüber hinaus durch einen grundsätzlichen Interessenausgleich zwischen Rudolf und den Anjous die Voraussetzungen für einen Kreuzzug ins Heilige Land zu schaffen. Beide Aufgaben nahm Papst Nikolaus nach seiner Wahl unverzüglich in Angriff. Bereits anläßlich seiner Belehnung mit Sizilien (24. 5. 1278) mußte Karl dem Papst versprechen, das auf zehn Jahre befristete und daher im September 1278 auslaufende Senatorenamt in Rom wie auch das Reichsvikariat in der Toskana aufzugeben. Beides wurde von Karl zu dem vorgesehenen Zeitpunkt auch ohne Widerstand in die Tat umgesetzt,[11] woraufhin der Papst seinen Bruder, den Kardinal Matthäus Orsini, auf ein Jahr befristet[12] mit der Senatorenwürde in Rom betraute. Das Reichsvikariat in der Toskana scheint er dagegen im Namen und mit dem Einverständnis König Rudolfs an seinen Neffen, den Kardinallegaten Latinus, verliehen zu haben.[13]

Doch auch der zukünftige Kaiser sollte Opfer bringen. Bereits unmittelbar nach seiner Wahl hatte Papst Nikolaus erste Kontakte mit Rudolf aufgenommen und von ihm den feierlichen Verzicht auf die Romagna sowie den Widerruf aller in seinem Namen dort inzwischen getroffenen Regierungsmaßnahmen einschließlich der bereits auf König und Reich geleisteten Eide gefordert.[14] Diese Forderungen waren zu diesem Zeitpunkt weder aus der Sicht des Historikers neu, noch kamen sie für Rudolf überraschend. So hatte die Kurie bereits unter Papst Innocenz III. die Romagna als Teil des Exarchats von Ravenna betrachtet und ihre Einverleibung in den Kirchenstaat gefordert,[15] und sowohl Otto IV. als auch Friedrich II. hatten der päpstlichen Forderung zumindest nicht ausdrücklich widersprochen, als sie alle Privilegien der Kirche bestätigten. Tatsächlich war aber das Reich in der Folgezeit unbehelligt im Besitz dieser Landschaft geblieben, bis kurz vor dem geplanten Romzug Rudolfs im Dezem-

---

[10] Ebenda, Nr. 1345.

[11] Zum Verzicht Karls von Anjou auf die beiden Ämter vgl. Redlich, Rudolf, 396 f.; Haller, Papsttum 5, 47; Herde, Papi, 38 f.

[12] Bereits am 18. Juli 1278 hatte der Papst hierzu eine entsprechende Verordnung erlassen; vgl. Les registres de Nicolas III, Nr. 296 und Herde, Papi, 38.

[13] Redlich, Rudolf, 397.

[14] Vgl. RI VI,1, Nrn. 533, 534 und Redlich, Rudolf, 385 ff.

[15] Vgl. hierzu Waley, Papal State, 43 ff., 57 ff.; Partner, Lands, 229 ff.

ber 1275 im Kardinalskollegium darüber Klage geführt worden war, daß
die königlichen Gesandten in der Romagna, die zum Gebiet der römischen Kirche gehöre, Amtshandlungen vornähmen. Papst Gregor X. hatte
daraufhin Rudolfs Gesandte aufgefordert, von diesen Maßnahmen Abstand zu nehmen, und war dann verstorben, bevor Rudolf eine Möglichkeit hatte, hierzu Stellung zu beziehen.[16] Der Nachfolger Innocenz V., der
schon im Kardinalskollegium der 'angiovinischen' Partei angehört hatte,
erwies sich dann auch in der kurzen Zeit seines Pontifikats als Förderer
Karls von Anjou, indem er nicht nur diesem die Senatorwürde in Rom
und das Reichsvikariat in der Toskana bestätigte, sondern auch Rudolf
gegenüber die Abtretung der Romagna und die Klärung seines Verhältnisses zu Karl von Anjou zur Vorbedingung für Verhandlungen über die Kaiserkrönung machte.[17]

Rudolf wußte also, was auf ihn zukam, und entschloß sich, um die Kaiserkrönung nicht zu gefährden, bedingungslos auf die päpstlichen Forderungen einzugehen. Dabei begnügte er sich nicht damit, durch seine Gesandten, den Minoritenordensmeister in Oberdeutschland, Konrad Probus, und seinen Protonotar Gottfried, in feierlicher Form im päpstlichen
Konsistorium in Rom (4. Mai 1278) und in Viterbo (30. Juni 1278) die entsprechenden Erklärungen abzugeben.[18] Um jeden Zweifel an der Rechtmäßigkeit und Endgültigkeit der Abtretung auszuschließen, stellte er auf
Wunsch der Kurie weitere mit Goldbullen besiegelte Urkunden aus und
sorgte schließlich noch dafür, daß nicht nur die Kurfürsten, sondern darüber hinaus noch zahlreiche andere geistliche und weltliche Fürsten des
Reiches auf der Grundlage eines päpstlichen Formulars entsprechende
Konsenserklärungen abgaben, die von einer päpstlichen Gesandtschaft,
die zu diesem Zweck quer durch Deutschland reiste, in Empfang genommen wurden.[19]

Bei den Zeitgenossen scheint diese Abtretung und der damit verbundene außergewöhnliche Aufwand an feierlich beurkundeten Erklärungen
und Bestätigungen einiges Aufsehen erregt zu haben, was wiederum wohl
Anlaß zu allerlei Gerüchten gab. So berichtete der Chronist Tholomaeus
von Lucca[20] von einem Projekt, das, „wie die Geschichten erzählen", Papst

---

[16] Vgl. Redlich, Rudolf, 200.

[17] Vgl. RI VI,1, Nrn. 533, 534 und Redlich, Rudolf, 202.

[18] Vgl. RI VI,1, Nrn. 944, 955, 970, 977 und Redlich, Rudolf, 390 ff.

[19] Vgl. hierzu ausführlich Redlich, Rudolf, 392 ff. sowie Herde, Begleitschreiben,
152–158 mit einem bisher unbekannten Schreiben König Rudolfs an den Erzbischof Werner von Mainz, in dem der Erzbischof ermahnt wurde, den Wünschen
des Papstes zu entsprechen (Abdruck ebenda, 158).

[20] Tholomaeus von Lucca, Historia ecclesiastica, Sp. 1183 (cap. 34).

Abb. 6: Karl von Anjou, König von Sizilien, als Senator von Rom
(Rom, Konservatorenpalast).
Foto: Peter Herde, Alzenau.

Nikolaus III. König Rudolf als Gegenleistung für die Abtretung der Romagna angeboten habe. Hiernach sollte das Reich in vier Teilreiche (Deutschland, Burgund, Lombardei und Toskana) aufgeteilt und das deutsche Teilreich König Rudolf und seiner Familie als erbliches Königreich überlassen werden.[21] In der 'offiziellen' Überlieferung deutet jedoch nichts auf derartige Pläne hin, die auch schon wegen des zu erwartenden Widerstands der Kurfürsten wohl kaum durchsetzbar gewesen wären. Bezeugt ist dagegen ein umfassendes Bündnis- und Eheprojekt zwischen den Häusern Habsburg und Anjou, das von Papst Nikolaus III. im Rahmen seiner bereits angesprochenen politischen Zielvorstellungen[22] im Jahre 1279 initiiert wurde und das die bisher bestehende Rivalität zwischen den beiden Mächten in einen dauerhaften Interessenausgleich umwandeln sollte.[23]

Hiernach sollte Rudolf Karl von Anjou nicht nur das Königreich Sizilien, sondern auch die von Karl als Erbschaft seiner Gemahlin Beatrix in Besitz genommenen Grafschaften Provence und Forcalquier bestätigen, obwohl die Grafschaften auch von Beatrix' Schwestern, Margarete, der Witwe des französischen Königs Ludwig IX. (des Heiligen), und Eleonore, der Mutter König Eduards I. von England, als Erbe beansprucht wurden und obwohl Rudolf Margarete hiermit bereits belehnt hatte.[24] Die auf diese Weise durch das Reich bekräftigte Legitimation des Anjou-Besitzstandes in Sizilien und Südfrankreich sollte noch durch ein Eheprojekt ergänzt werden, wonach Clementia, eine Tochter Rudolfs, den Enkel Karls von Anjou, Karl Martell,[25] heiraten sollte. Als Mitgift war dabei die Verleihung des Königreichs Burgund (Vienne und Arelat) an Karl Martell und, da dieser noch minderjährig war, auch an dessen Vater, Karl von Salerno, vorgesehen, wobei allerdings die Hochstifte und Städte Besançon und

---

[21] Zu weiteren Quellenhinweisen über entsprechende Teilungsvorstellungen vgl. die Zusammenstellung in RI VI,1, Nr. 1156a und zu diesem 'Vierstaatenprojekt' vgl. Witt, „Erbreichsplan" und „Vierstaatenprojekt", passim sowie die weitere, hierzu einschlägige Lit. bei Herde, Papi, 40, Anm. 87.

[22] Siehe oben S. 198 ff. Auch hier knüpfte Papst Nikolaus III. an die Politik seines Vorgängers Gregor X. an, der bereits versucht hatte, ein entsprechendes Ehebündnis zwischen Rudolf und Karl von Anjou zu vermitteln; vgl. oben S. 118.

[23] Vgl. hierzu im folgenden Redlich, Rudolf, 397 ff.; Resmini, Arelat, 149–156; Thomas, Deutsche Geschichte, 69 ff.; Kiesewetter, Anfänge, 54–58.

[24] RI VI,1, Nr. 141. Die Belehnung war jedoch unter dem Vorbehalt erfolgt, daß sie nur für das gültig sei, was die Belehnte mit Recht beanspruchen könne; vgl. die Bemerkungen ebenda und Redlich, Rudolf, 410.

[25] Zu ihm vgl. M. Schipa, Carlo Martello, in: ASPN 14 (1889), 17 ff., 204 ff., 432 ff. und 15 (1890), 5 ff. (= ders., Un principe napoletano amico di Dante. Carlo Martello angiovino, Neapel ²1926 [Sonderausgabe mit gekürztem Apparat].

ausanne sowie die Pfalzgrafschaft Burgund von dieser Verleihung ausge-
chlossen sein sollten.[26] Komplikationen ergaben sich allerdings dadurch,
laß das von Papst Nikolaus nachdrücklich unterstützte Projekt mit einem
nderen Ehebündnis konkurrierte, über das Rudolf bereits seit 1277 mit
lem englischen König Eduard I. verhandelte.[27]

Nachdem König Eduard I., der 1272 seinem Vater Heinrich III. als
König von England nachgefolgt war, der Königsherrschaft Rudolfs zunächst noch ablehnend gegenübergestanden und statt dessen die Ansprü-
he des mit ihm verschwägerten Königs Alfons von Kastilien unterstützt
latte, hatte er – unter dem Eindruck des inzwischen erfolgten Verzichts
Alfons' und der ersten Erfolge Rudolfs gegen Ottokar – wohl zu Beginn
les Jahres 1277 seine Haltung geändert und erste Kontakte mit Rudolf
aufgenommen. Vielleicht auf die Initiative Rudolfs hin[28] folgten nun Verhandlungen über ein Eheprojekt zwischen den beiden Häusern, die auch
bald zu einem, von Rudolf zwischen Ende April und Anfang Mai 1278 in
mehreren Urkunden festgehaltenen Ergebnis führten. Hiernach sollte
Hartmann, der zweitälteste Sohn Rudolfs, Eduards Tochter Johanna heira-
en. Dabei wurde erwartet, daß König Rudolf bei den Kurfürsten die Wahl
Hartmanns zu seinem Nachfolger und römisch-deutschen König betreiben
werde. Falls sich dies als nicht durchführbar erweisen sollte, war die Belehnung Hartmanns mit dem Königreich Burgund vorgesehen. Außerdem erklärte sich Rudolf dazu bereit, in seinem Streit mit Graf Philipp von
savoyen die Vermittlung König Eduards anzunehmen.[29]

Die Interessenkonstellation, die diesem Ergebnis zugrunde lag, dürfte
ür Rudolf vor allem darin bestanden haben, daß mit der vorgesehenen
Einheirat seines Sohnes in das englische Königshaus der Plantagenets eine
willkommene Aufwertung seiner Familie zu einer ebenbürtigen Königs-

---

[26] Dies ergibt sich aus einem in der der sächsischen Kanzlei ausgefertigten
schreiben Herzog Johanns von Sachsen, in dem dieser seine Zustimmung zu dem
habsburgisch-angiovinischen Projekt erklärte und das wohl als kurfürstlicher Willebrief gedacht war. Zu den ausdrücklich dem Reich vorbehaltenen Gebieten dürfte
auch die Diözese Basel gehört haben, die hier wohl deshalb nicht genannt wurde,
weil sie aus (nord-)deutscher Sicht wohl gar nicht mehr zu Burgund gerechnet
wurde; vgl. MGH Const. 3, Nr. 258, 253 und hierzu auch Resmini, Arelat, 154,
Anm. 49; Thomas, Deutsche Geschichte, 71.

[27] Vgl. hierzu im folgenden Redlich, Rudolf, 410 ff.; Trautz, Könige, 117–127; Köh-
er, Heiratsverhandlungen, passim; Resmini, Arelat, 135–149.

[28] Wenn auch die deutsche Forschung Rudolf die Initiative zu dem Projekt zu-
schreibt, erscheint dies aufgrund der schwierigen Quellenlage keineswegs als
icher; vgl. hierzu Resmini, Arelat, 137 f.

[29] Vgl. MGH Const. 3, Nrn. 164–172 und Redlich, Rudolf, 413 f.; Köhler, Heirats-
erhandlungen, 31 ff.

dynastie verbunden war. Daneben versprach die neue verwandtschaftliche Bindung aber auch Einflußmöglichkeiten auf den immer noch gefährlichen Herrschaftskonkurrenten im Süden des habsburgischen Herrschaftsbereichs, den Grafen von Savoyen, da die englische Krone auch unter Eduard I. an den traditionell engen Beziehungen zur Grafschaft Savoyen festhielt, wie sie durch die Heirat Heinrichs III. mit Eleonore von der Provence begründet worden waren[30]. Gerade im Jahre 1277, als die Entscheidung im Kampf gegen König Ottokar noch ausstand, war König Rudolf mehr denn je darauf angewiesen, daß sich der unberechenbare savoyardische Nachbar an den Grenzen der habsburgischen Stammlande zurückhielt. Umgekehrt lag der Vorteil für König Eduard zunächst darin, mit dem Ehebündnis einen neuen potentiellen Verbündeten im bereits chronisch gewordenen Dauerkonflikt mit der französischen Krone um die englischen Festlandsbesitzungen in Südwestfrankeich gewonnen zu haben. Außerdem erhoffte sich Eduard von der Eheverbindung mit dem künftigen römischen oder burgundischen König wohl auch eine Förderung der von seiner Mutter Eleonore erhobenen Ansprüche auf die Grafschaften Provence und Forcalquier, die Karl von Anjou im Namen seiner Gattin Beatrix in Besitz genommen hatte. Als Rudolf nach der Schlacht von Dürnkrut freie Hand gewonnen hatte, die Vereinbarungen in die Tat umzusetzen, schien allerdings sein Interesse hieran spürbar nachzulassen, während auf der anderen Seite König Eduard immer wieder darauf drängte, die noch bestehenden Hindernisse für die Hochzeit auszuräumen und die getroffenen Absprachen zu erfüllen.[31] Der Grund für diese Hinhaltetaktik dürfte im Bestreben Rudolfs gelegen haben, sich für die bereits in Aussicht genommenen Verhandlungen mit Karl von Anjou die Hände freizuhalten. Da Papst Nikolaus nicht nur die Abtretung der Romagna, sondern auch ein tragfähiges Abkommen mit Karl von Anjou zur Voraussetzung für die Kaiserkrönung gemacht hatte, verwundert es kaum, daß Rudolf, nachdem er bereits die erste Auflage erfüllt hatte, sich für das vom Papst ausdrücklich geförderte Eheprojekt mit der Anjou-Familie entschied, als dieses ihm im Sommer 1279 offiziell unterbreitet wurde. Allerdings sah Rudolf auch nach dieser Entscheidung keinen Anlaß, nun die Verhandlungen mit König Eduard I. über die getroffene Heiratsabrede zu beenden. Vielmehr blieb er mit ihm im Gespräch, vielleicht, um sich alle Türen offenzuhalten, vielleicht aber auch, weil er hoffte, daß der englische König mit Rücksicht auf die veränderte Lage auch einer Heirat ohne die ursprünglich vorgesehene Eventualausstattung des jungen Hartmann mit dem Königreich Burgund zustimmen würde.[32]

---

[30] Vgl. hierzu bereits oben S. 71 ff.
[31] Vgl. hierzu Köhler, Heiratsverhandlungen, 67 ff.; Resmini, Arelat, 138 ff.
[32] Vgl. hierzu Resmini, Arelat, 147 ff.

Am Ende fürten jedoch drei Ereignisse dazu, daß weder die Kaiserkrönung noch die in Aussicht genommene Übertragung Burgunds, noch die
englische Heiratsabrede in die Tat umgesetzt werden konnten. Zum einen
war es der plötzliche Tod des Papstes Nikolaus III. am 22. August 1280, der
Rudolfs Hoffnungen auf eine schnelle Kaiserkrönung zunichte machte.
Zwar stand der Nachfolger, Papst Martin IV. (1281–1285),[33] dem römisch-
deutschen König nicht prinzipiell ablehnend gegenüber, unterstützte auch
das von seinem Vorgänger zwischen Rudolf und Karl von Anjou geschlossene Abkommen und vermittelte schließlich am 24. Mai 1281 den offiziellen Austausch der bei der Kurie hinterlegten Vertragsurkunden zwischen
den Beteiligten.[34] Im Vergleich zu seinem Vorgänger setzte er jedoch andere Prioritäten, indem er sein Pontifikat wieder ganz in den Dienst der
byzanzfeindlichen Politik Karls von Anjou stellte, in deren Rahmen die
Kaiserkrönung Rudolfs völlig entbehrlich, ja sogar wenig wünschenswert
erschien.[35] Zum anderen waren es der Zusammenbruch der Anjou-Herr-
schaft auf der Insel Sizilien als Folge eines Volksaufstandes gegen die französischen Besatzungstruppen (Sizilianische Vesper am 31. März 1282)[36]
und der sich hieraus entwickelnde Krieg mit König Peter von Aragón, die
von nun an die Kräfte des Anjou banden. Zwar waren noch die Ehe zwischen Karl Martell und Clementia sowie die Belehnung Karls von Anjou
mit den beiden Grafschaften Provence und Forcalquier vollzogen worden;
die Übertragung des Arelats, die die Kaiserkrönung Rudolfs voraussetzte,
kam jedoch nicht mehr zustande. Endlich führte auch der unerwartete Tod
Hartmanns, der im Jahre 1281 bei einem Schiffsunfall im Rhein ums
Leben kam,[37] dazu, daß auch die Heirat zwischen ihm und der englischen
Prinzessin Johanna nicht zustande kam.

Wenn auch Rudolf in der Folgezeit nochmals unter Papst Honorius IV.
(1285–1287) ernsthafte Verhandlungen über die Kaiserkrönung führte,[38]
kam er am Ende doch nicht zum Ziel und erhielt somit auch nicht die
Chance, die Nachfolgefrage im Reich durch eine vorgezogene Königswahl
in seinem Sinne zu lösen.

---

[33] Zu ihm vgl. jetzt Herde, Papi, 45–58 (mit Quellen und Lit.).

[34] RI VI,1, Nr. 1298a.

[35] Vgl. hierzu Redlich, Rudolf, 685 ff.; Herde, Papi, 47 ff.

[36] Vgl. Herde, Karl von Anjou, 99–107; ders., Papi, 52 f. (mit Lit.).

[37] RI VI,1, Nr. 1427a.

[38] Vgl. hierzu Redlich, Rudolf, 694 ff.; Herde, Papi, 64 f.

3. Das Königreich Burgund –
Rudolfs Interessenlage und Zielvorstellungen

Das seit 1033 nominell zum Reich gehörende Königreich Burgund (Arelat) war zur Zeit König Rudolfs – wie Heinz Thomas es treffend formuliert hat – „nicht mehr, aber auch nicht weniger als ein Rechtstitel"[39]. Da der römisch-deutsche König hier, wenn man von einigen Reichsstädten im Norden des Landes absieht, über keinerlei Reichsgut als Voraussetzung für eine aktive königliche Herrschaftspolitik verfügte, verwundert es auch kaum, daß die unmittelbaren Vorgänger Rudolfs diesem Teil des Imperiums kaum mehr ihre Aufmerksamkeit geschenkt hatten. Wie 'königsfern' sich diese Region bereits unter Kaiser Friedrich II. entwickelt hatte, wird nicht zuletzt daran deutlich, daß Papst Innocenz IV. in der burgundischen, offiziell noch immer zum Reich gehörenden Stadt Lyon im Jahre 1245 die Absetzungssentenz gegen den Kaiser verkünden konnte.

Wenn man also davon ausgehen muß, daß hier „weder die Salier noch die Staufer ... eine eigentliche politische Tradition hinterlassen [hatten], auf die sich Rudolf von Habsburg hätte stützen können"[40], so stellt sich die Frage, wie der Habsburger dennoch dazu kam, sich wie keiner seiner Vorgänger und Nachfolger in dieser Region politisch und militärisch zu engagieren. Die Antwort ist zunächst in der Interessenlage der Habsburgerfamilie und den Erfahrungen Rudolfs als Graf von Habsburg mit seinem erbitterten Herrschaftsrivalen Graf Peter II. von Savoyen zu suchen, der durch sein Vordringen vom Genfer See nach Norden und seinen Einfluß auf den Kiburger Grafen Ende der fünfziger und Anfang der sechziger Jahre den habsburgischen Herrschaftsinteressen in elementarer Weise in die Quere kam. Wenn es Rudolf auch gelungen war, den Streit um die kiburgische Erbschaft weitgehend für sich zu entscheiden, blieb Savoyen doch auch nach der Königswahl ein gefährlicher Gegner, der die Erfolge der habsburgischen Territorialpolitik vor allem im Waadtland nördlich des Genfer Sees nach wie vor bedrohte. Schon um diesen Gegner in Schranken zu halten, bot es sich für Rudolf an, seinen Einfluß im gesamtburgundischen Raum sowohl als Territorialherr als auch als König zu Lasten Savoyens zu stärken. Wenn damit auch die hauspolitische Motivation zunächst einmal im Vordergrund stand, zeigt das Vorgehen Rudolfs, daß mit diesen Zielen auch die Förderung der Reichsinteressen voll vereinbar war, die vor allem in der späteren Zeit bisweilen sogar die hauspolitischen Motive in den Hintergrund drängte.

---

[39] Thomas, Deutsche Geschichte, 68.
[40] Resmini, Arelat, 13.

4. Rudolfs Burgundpolitik von seiner Königswahl bis zur Lösung der österreichischen Frage (1273–ca. 1282)

Wie angedeutet, blieb das Verhältnis zwischen Rudolf und dem Nachfolger Peters II., Graf Philipp von Savoyen, auch nach der Königswahl gespannt. Der konkrete Grund hierfür dürfte darin gelegen haben, daß Rudolf im Rahmen seiner Revindikationspolitik von Savoyen die Herausgabe der Reichsfestungen Murten, Peterlingen (Payerne) und Gümminen forderte,[41] mit denen einst Graf Peter II. von König Richard von Cornwall belehnt worden war.[42] Wenn man hiervon ausgeht,[43] hat Rudolf die Belange des Reiches geschickt mit dem habsburgischen Hausinteresse verbunden, da die beanspruchten Reichsfestungen auch für Rudolfs Territorialpolitik von erheblicher Bedeutung waren, zumal es Rudolf ja bereits im Rahmen des Kiburger Erbstreites gelungen war, die Stadt Freiburg im Üchtland als 'Außenposten' im Grenzgebiet savoyischer und habsburgischer Herrschaftsinteressen unter habsburgische Kontrolle zu bringen und auch die Stadt Bern inzwischen das savoyische Schutzverhältnis aufgekündigt und sich als Reichsstadt der Herrschaft des neuen Königs unterstellt hatte.

Andererseits war Rudolf vor allem wegen der prekären politischen Situation zu Beginn seiner Regierungszeit als König, die ganz im Zeichen der Sicherung der erworbenen neuen Würde stand, nicht in der Lage, gegen Savoyen militärisch offensiv vorzugehen. Er begnügte sich vielmehr damit, einen der bedeutenden Gegner der Savoyer Territorialpolitik, den Bischof Wilhelm von Lausanne,[44] demonstrativ zu unterstützen[45] – im Gegensatz zu seiner sonstigen Städtepolitik auch gegen die Emanzipationsbestrebungen der Stadtbürger von Lausanne, die ihr Heil in einem Bündnis mit Graf Philipp von Savoyen gesucht hatten.[46] Im übrigen dürfte es durchaus im Sinne Rudolfs gewesen sein, daß unter dem Druck Papst Gregors X. beide Kontrahenten sich dazu verpflichten mußten, Frieden zu halten und ihren Streit der schiedsrichterlichen Entscheidung der römischen Kurie zu unterwerfen.[47] Als nach dem Tode Papst Gregors X. nicht mehr der Romzug,

---

[41] Vgl. in diesem Sinne auch Kaltenbrunner, Actenstücke, Nr. 91, 104.

[42] Siehe oben S. 74.

[43] Dies ist zwar nicht sicher, da der Grund des Streits mit Savoyen zu Beginn von Rudolfs Regierungszeit in den Akten nicht genannt wird, liegt aber aufgrund der späteren Entwicklung nahe.

[44] Zu Bischof Wilhelm von Champvent (1273–1302) und seinem familiären Umfeld vgl. ausführlich Resmini, Arelat, 76f., Anm. 117 und M. Ries, Art. 'Wilhelm von (Guillaume de) Champvent', in: Gatz, 327.

[45] Vgl. Resmini, Arelat, 122–125.

[46] Vgl. hierzu Martin, Städtepolitik, 134 und unten S. 209.

[47] Vgl. hierzu RI VI,1, Nr. 107.

sondern die militärische Auseinandersetzung mit Ottokar von Böhmen in
den Vordergrund rückte, versuchte Rudolf auch die Verhandlungen über
sein englisches Eheprojekt dazu zu nutzen, Graf Philipp von einem Einfall
in die habsburgischen Lande während des Kriegs im Osten abzuhalten –
im Ergebnis mit Erfolg, wenn auch keineswegs sicher ist, ob das Stillhalten
Philipps in dieser Zeit wirklich auf die englisch-habsburgischen Heiratsverhandlungen zurückzuführen ist oder aber einfach auf die Tatsache, daß
auch ihm die Möglichkeiten zu einer offensiven Kriegführung fehlten.[48]
Daß Rudolf auch in den von Papst Nikolaus III. initiierten Verhandlungen, in denen es um die Abtretung des Königreichs Burgunds an die
Anjou-Familie ging, seine elementaren Hausinteressen nicht aus dem
Blick verlor, zeigte sich darin, daß von der künftigen Anjouherrschaft
in Burgund die Hochstifte und Städte Besançon und Lausanne ausgenommen sein sollten, die weiterhin als zum Reich gehörend angesehen wurden.[49]

5. Rudolfs Burgundpolitik nach 1282
und sein Verhältnis zu Frankreich

Nach der Lösung der österreichischen Frage im habsburgischen Sinne
sah Rudolf nun die Zeit für eine offensive Politik in Burgund gekommen.
Hierbei scheint es ihm nicht mehr vorrangig um die eher kleinräumige
Förderung der habsburgischen Hausinteressen gegangen zu sein; vielmehr
dürfte er als Zielvorstellung eine umfassende Stärkung der Reichsgewalt
im gesamten burgundischen Raum angestrebt haben, die sich allerdings
angesichts der fehlenden Unterstützung aus dem Reich nur verwirklichen
ließ, wenn es gelang, unter den ansässigen Territorialgewalten Verbündete
zu finden. Die Voraussetzungen hierzu waren im Sommer 1282 günstig, da
sich gegen die Herrschaftsambitionen des traditionellen Hauptwider-
sachers der königlich-habsburgischen Politik, des Gafen von Savoyen, eine
Liga von Opponenten gebildet hatte, die sich am 2. Juni 1282 in Versoix
gegen den gemeinsamen Gegner auch zu einem förmlichen Bündnis zu-
sammenschloß.[50] Mit dieser antisavoyardischen Koalition, der neben dem
Dauphin Johann von Vienne und Humbert, dem Inhaber der Herrschaft
La Tour, auch der Graf Amadeus von Genf und dessen Onkel Robert, Bischof von Genf, angehörten, bot sich für Rudolf nun die Möglichkeit, den
Krieg, der spätestens im November 1282 wieder ausbrach, gegen Savoyen
an zwei Fronten zu führen bzw. von anderen führen zu lassen.

[48] Vgl. in diesem Sinne Resmini, Arelat, 139.
[49] Siehe oben S. 202 f.
[50] Vgl. hierzu Resmini, Arelat, 181 ff.

Die erste größere militärische Operation des Habsburgers richtete sich allerdings zunächst nicht gegen seinen Hauptgegner Savoyen, sondern gegen den Grafen Reinald von Mömpelgard, der dem Basler Bischof Heinrich von Isny, einem der engsten Vertrauten des Königs, den Elsgau entrissen hatte und mit Gewalt vorenthielt. Da die Beherrschung dieses Gebietes elementare Bedeutung für den Zugang zur burgundischen Pfalzgrafschaft besaß, entschloß sich der Habsburger an der Seite des Bischofs zum militärischen Eingreifen. Nach einmonatiger Belagerung der Stadt Pruntrut (Porrentruy) sah sich Graf Reinald, der sich hier verschanzt hatte, genötigt, den Widerstand aufzugeben und im April 1283 auf seine Ansprüche zu verzichten.[51] Im Sommer des gleichen Jahres ging Rudolf dann an der Spitze eines beachtlichen Heeres – allerdings von seinen Verbündeten kaum unterstützt – gegen Graf Philipp vor, wobei er mit der Wahl des Kriegsschauplatzes bei Peterlingen (Payerne) und Murten auch sein Kriegsziel erkennen ließ, nämlich „die Kontrolle des Reiches über den Straßenzug von Basel bis Lausanne" zu gewinnen.[52] Erreicht wurde dieses Ziel erst, als nach langer Belagerung die Stadt Peterlingen in seine Hände fiel. Unter dem Eindruck dieses Erfolgs mußte sich Graf Philipp am 27. Dezember 1283 zum Friedensschluß bequemen und die von Rudolf beanspruchten drei Reichsfesten Peterlingen, Murten und Gümminen an diesen herausgeben und außerdem eine Kriegsentschädigung in Höhe von 2000 Mark Silber an den Sieger bezahlen.[53] Außerdem stellte Rudolf kurz darauf die Rechte des Bischofs von Lausanne gegenüber den Stadtbürgern wieder her[54] und zog die bisher von Savoyen ausgeübte Vogtei über das Hochstift Lausanne als entfremdete Reichsvogtei an sich, wobei er die Vogteigewalt an seinen Vertrauten übertrug, den Freiherrn Richard von Corbières,[55] der in der Folgezeit wie ein Landvogt in den Gebieten nördlich des Genfer Sees amtierte.[56] Unter dem Eindruck der Niederlage Sa-

---

[51] Vgl. das Abkommen vom 17. April 1283 bei Trouillat, Monuments 2, Nr. 284.

[52] Resmini, Arelat, 186. – Rechtlich dürfte Rudolf sein Vorgehen vor allem auf den am 9. August 1281 in Nürnberg ergangenen Rechtsspruch gestützt haben, wonach alle von König Richard und seinen Vorgängern seit der Absetzung Kaiser Friedrichs II. getroffenen Verfügungen über Reichsgut nichtig sein sollten; vgl. MGH Const. 3, Nr. 284, 290.

[53] Vgl. RI VI,1, Nrn. 1804a, 1805–1808, 1810–1812 und Redlich, Rudolf, 607 ff.

[54] Ebenda, Nr. 1830 (1284 Mai 14). Bischof Wilhelm von Champvent hatte Rudolf seit seinem Amtsantritt gegen Savoyen unterstützt; vgl. bereits oben, Anm. 44 und hierzu auch Morerod, L'évêque de Lausanne, 76 ff.

[55] Vgl. Resmini, Arelat, 202.

[56] Zu Richard von Corbières und seiner Stellung vgl. Redlich, Rudolf, 609 f.; Resmini, Arelat, 82, Anm. 136 und 202, Anm. 60–62; Morerod, L'évêque, 79 ff.

voyens entschloß sich auch Amadeus von Neuenburg, seine im oberen Jura gelegene, an das Hochstift Basel grenzende Herrschaft dem Schutze Rudolfs und des Reiches zu unterstellen.[57] Die bereits durch diese Erfolge des Habsburgers in der Waadt-Landschaft nördlich des Genfer Sees stark geschwächte Grafschaft Savoyen verlor noch weiter an Bedeutung, als noch zu Lebzeiten des Grafen Philipp unter seinen Neffen Amadeus und Ludwig ein Erbfolgestreit ausbrach, der sich nach dem Tode des Grafen (1285) fortsetzte.[58] Obwohl Rudolf diesen Umstand für sich kaum nutzen konnte und das Verhältnis zu Savoyen auch in der Folgezeit gespannt blieb, waren von nun ab offensichtlich beide Mächte bestrebt, den Status quo zu wahren und militärische Auseinandersetzungen zu vermeiden.

Rudolf versuchte statt dessen, nachdem seine erste Ehefrau Anna im Jahre 1281 verstorben war, seinen Einfluß im Arelat durch eine neue Eheverbindung zu steigern, indem er Anfang Februar 1284 die erst vierzehnjährige burgundische Prinzessin Elisabeth (Isabelle), eine Schwester des Herzogs Robert II. von Burgund und Schwagers des französischen Königs Philipp III., heiratete.[59] Wenn auch die Zeitgenossen die Schönheit der Braut priesen und man sich erzählte, daß die Kurfürsten dem mittlerweile fast sechsundsechzigjährigen König die Heirat empfohlen hätten, um seine Trauer und Melancholie nach dem Tode seiner ersten Frau zu vertreiben,[60] scheinen für Rudolf doch andere Motive im Vordergrund gestanden zu haben. So dürfte er sich von dem nun mit ihm verschwägerten Herzog Robert von Burgund nicht nur tatkräftige Unterstützung für seine künftige Arelatpolitik, sondern auch eine wohlwollend vermittelnde Rolle im bisher kühlen Verhältnis zum französischen König versprochen haben. Vielleicht spielte auch die Hoffnung eine Rolle, über den Streit, den Herzog Robert mit Humbert von La Tour über das von beiden beanspruchte Delphinat von Vienne ausfocht,[61] auch Einfluß auf die Verhältnisse im mittleren Arelat zu gewinnen. Dabei sah sich Rudolf allerdings genötigt, seine bisherige Politik gegenüber dem Bundesgenossen Humbert von La Tour, den er in dieser Frage unterstützt und auf Bitten seiner Großmutter, der Gräfin Beatrix, unter seinen persönlichen Schutz gestellt hatte,[62] radikal zugunsten seines neugewonnenen Schwagers zu ändern, der noch während der Hochzeit feierlich mit dem Erbe des Dauphins von Vienne belehnt wurde.[63]

---

[57] Vgl. hierzu RI VI,1, Nr. 1825 und Resmini, Arelat, 228 f.
[58] Vgl. Redlich, Rudolf, 610 ff.; Resmini, Arelat, 195 ff.
[59] RI VI,1, Nr. 1814 a.
[60] Vgl. Ottokars österr. Reimchronik, 342 f. und Redlich, Rudolf, 613.
[61] Vgl. hierzu Resmini, Arelat, 184 f., 192 ff.
[62] Vgl. hierzu Redlich, Rudolf, 614.
[63] RI VI,1, Nrn. 1814, 1816 (1284 Februar 6).

Die an die Heirat geknüpften Hoffnungen erfüllten sich jedoch für Rudolf nicht. Weder gelang es ihm, mit Hilfe des neugewonnenen Schwagers seine traditionellen politischen Gegner in Nordburgund, die Grafen von Savoyen, den Pfalzgrafen Otto von Burgund und den Grafen Reinald von Mömpelgard, zu isolieren, noch seinen Einfluß auf das mittlere Arelat auszudehnen. Nach dem Tode Karls von Anjou (1285) war nicht Rudolf, sondern der neue französische König Philipp IV., der Schöne, der im gleichen Jahre seinem verstorbenen Vater Philipp III. nachfolgte, in der Lage, das entstandene Machtvakuum im Arelat politisch aufzufüllen. So brachte die erfolgte Belehnung Herzog Roberts mit dem Erbe des Dauphins weder eine faktische Aufwertung der Reichsrechte in dieser Region mit sich, noch führte sie zu der erhofften Annäherung an das kapetingische Königshaus. Vielmehr einigte sich Herzog Robert, ohne auf Rudolf und die königliche Oberlehnsherrschaft Rücksicht zu nehmen, unter Vermittlung des französischen Königs mit seinem Rivalen Humbert von La Tour über das Delphinat[64] und schloß sich, nachdem er schon zuvor die Unterstützung Savoyens gesucht hatte, nun auch verstärkt den Gegnern Rudolfs an.

Mit dem Regierungsantritt König Philipps IV. verschlechterte sich auch das bisher zwar distanzierte, aber nicht feindselige[65] Verhältnis Frankreichs zu König Rudolf und dem Reich. Wenn auch die Quellenüberlieferung nur sporadische Einblicke in die französisch-deutschen Beziehungen zur Zeit Rudolfs erlaubt,[66] so scheinen doch vor allem seit den endenden achtziger Jahren Übergriffe französischer Amtsträger im Grenzbereich zugenommen zu haben, weshalb sich Rudolf zu Gegenmaßnahmen veranlaßt sah.[67] So setzte er im April 1288 eine Kommission von zwei Rittern und einem Geistlichen ein, die an der Maas, im Bereich des Klosters Beaulieu und des Stifts Montfaucon, den Verlauf der Reichsgrenze und mögliche Verletzungen durch französische Kronbeamte untersuchen sollten, wobei die Kommission versuchte, durch Befragung von 84 Zeugen ihren Auftrag zu erfüllen. Nachdem sich alle Zeugen für die Zugehörigkeit der

---

[64] Vgl. Resmini, Arelat, 193f.

[65] Zu der bereits in der älteren Forschung (vgl. Kern, Anfänge, 78) diskutierten Bitte König Rudolfs an den französischen König Philipp III. vom Jahre 1281, Bischof und Kirche von Toul in seinen Schutz zu nehmen (Winkelmann, Acta 2, Nr. 133, 107f.), vgl. jetzt Thomas, Kirche von Toul, 145ff., der diese Maßnahme Rudolfs erstmals im konkreten politischen Zusammenhang interpretiert und zeigt, daß das Beispiel nicht als Beweis für die 'Ohnmacht' des Reiches unter Rudolf von Habsburg gegenüber französischen Expansionsbestrebungen dienen kann.

[66] Vgl. hierzu für die gesamte Regierungszeit Rudolfs ausführlich die quellenkritischen Bemerkungen bei Resmini, Arelat, 119f., Anm. 13.

[67] Vgl. MGH Const. 3, Nrn. 408–411, 390–406 und zur Sache Redlich, Rudolf, 519ff.; Thomas, Deutsche Geschichte, 72ff.

beiden Stifte zum Reich ausgesprochen hatten, wandte sich König Rudolf
– allerdings erst ein Jahr später – mit einem Protestbrief an den französischen König, der sich hiervon allerdings in keiner Weise beeindrucken
ließ. Das Beispiel läßt bereits erkennen, daß Rudolf ohne institutionali-
sierte Reichsverwaltung der Nachbarmonarchie nicht gewachsen war. Mit
dem Erwerb der Champagne, die König Philipps Gattin, Johanna von Na-
varra, bereits 1284 in die Ehe eingebracht hatte, war König Philipp in der
Lage, seine Kronbeamten auch im deutsch-französischen Grenzbereich
einzusetzen, die weniger mit spektakulären Aktionen als vielmehr durch
ihre „alltäglichen Verwaltungs- und Justizmaßnahmen" dazu beitrugen,
daß ihr Herr und König allmählich „zur überlegenen Macht im Grenzgebiet zwischen Regnum und Imperium" wurde.[68] Allerdings kann man
für die Zeit Rudolfs kaum von einer systematisch betriebenen französischen Expansionspolitik auf Kosten des Reiches ausgehen.[69] Gegen eine
solche Sichtweise spricht zunächst, daß die Gebietsverluste des Reiches
– trotz massiver 'institutioneller' Unterlegenheit – nur minimal waren, was
eher auf Einzelfälle schließen läßt, die sich im Rahmen üblicher Konflikte
hielten. Hinzu kommt, daß angesichts des sich unter Philipp dem Schönen
permanent verschärfenden Spannungszustandes mit England das Reich
und seine Grenze für die französische Politik relativ uninteressant erschien, was auch indirekt durch die spärliche Quellenüberlieferung bestätigt wird.[70]
    Nach der Enttäuschung über das Verhalten seines neuen Schwagers
richtete König Rudolf nun sein Augenmerk wieder verstärkt auf den nord-
burgundischen Raum, und dabei insbesondere auf die sich zwischen Saône
und Jura erstreckende burgundische Pfalzgrafschaft, die durch ihre Nachbarschaft mit dem Hochstift Basel, aber auch als Knotenpunkt wichtiger
Handelsstraßen, im unmittelbaren Interessenbereich der habsburgischen
Hauspolitik lag. Der amtierende Pfalzgraf Otto IV., verwandtschaftlich mit
dem Haus Savoyen verbunden und der Politik Rudolfs gegenüber eher ablehnend eingestellt, hatte sich bisher in den Auseinandersetzungen zwischen Rudolf und Savoyen allerdings zurückgehalten. Diese Abstinenz
hatte vor allem ihren Grund im persönlichen Lebensstil des Pfalzgrafen,[71]
der, statt im Rahmen einer entsprechenden Territorialpolitik die Interessen

---

[68] Vgl. Thomas, Deutsche Geschichte, 73 f. – Zu dem kurze Zeit später begründe-
ten Schutzverhältnis der französischen Krone über die Kirche von Toul, das auch in
diesem Zusammenhang zu sehen ist, vgl. Thomas, Kirche von Toul, 156.
[69] Vgl. in diesem Sinne bereits Lizerand, Philippe le Bel, 161–191, bes. 190 f.
[70] Vgl. hierzu Resmini, Arelat, 20, Anm. 2, 115 ff., der sich auch kritisch mit der
Grundthese des berühmten Werkes von F. Kern, Anfänge, auseinandersetzt.
[71] Vgl. hierzu ebenda, 208 ff.

eines Landes wahrzunehmen, es vorzog, den alten Ritteridealen nachzu-
eifern, das Leben an einem anspruchsvollen Hof zu genießen und im
Dienste hoher Herren sich auf fremden Kriegsschauplätzen im ritterlichen
Kampf zu bewähren. Erfüllung dieser Lebensmaxime schien vor allem der
französische Königshof mit seinen Verbindungen zum Anjoukönigtum zu
bieten, an dem er sich regelmäßig aufhielt, wenn er nicht im Dienste Karls
von Anjou oder des französischen Königs in Unteritalien (1283/84) oder
Nordspanien (1285) gerade Krieg führte. Die Folgen dieses Lebensstils äußerten sich in permanentem Geldmangel, der den Pfalzgrafen nötigte, sich
noch fester an seinen wichtigsten 'Finanzier', den französischen König, zu
binden. Die hierdurch bereits bestehende Abhängigkeit zur französischen
Krone wurde noch weiter verstärkt, als Otto im Jahre 1289 in zweiter Ehe
Mathilde von Artois, eine Nichte des Königs, heiratete, wodurch auch der
frühere Versuch des Pfalzgrafen, durch einen gegenseitigen Bündnis- und
Erbvertag mit Robert II., Herzog von Burgund und seit 1284 auch Schwager König Rudolfs, ein Gegengewicht zu schaffen, praktisch zum Scheitern
verurteilt war.

Wenngleich es Rudolf auch bisher weder gelungen war, Erzbistum und
Stadt Besançon noch die Masse des in der Pfalzgrafschaft ansässigen
Adels an sich zu binden, so verfügte er doch in der Person des seit der burgundischen Heirat auch mit ihm verschwägerten Johann von Chalon-
Arlay über einen wichtigen und fähigen Verbündeten. In verhältnismäßig
kurzer Zeit hatte dieser im Südosten der Pfalzgrafschaft, in einer wegen
der Beherrschung des Jougne-Passes wirtschaftlich wie auch strategisch
wichtigen Lage, ein relativ geschlossenes Territorium aufgebaut[72] und
zudem seinen Einfluß auf Teile des übrigen Adels ausgedehnt, die in ihm
wohl „nicht allein den Gegenspieler des Pfalzgrafen, sondern auch den
Bewahrer der traditionellen Ungebundenheit" sahen.[73]

Nachdem im Sommer 1288 die seit 1285 – unterstützt von Savoyen – im
Aufruhr gegen den König verharrende Stadt Bern nach langer Belagerung
zur Unterwerfung gezwungen war und gleichzeitig auch ein erneuter Feldzug gegen den Bruder des Pfalzgrafen, Graf Reinald von Mömpelgard,
und den mit ihm verbündeten Grafen Theobald von Pfirt mit Erfolg beendet werden konnte,[74] sah Rudolf die Zeit für gekommen, mit militärischer
Gewalt die Rechte des Reiches auch in der burgundischen Pfalzgrafschaft
zur Geltung zu bringen. Den Anlaß zum Krieg bot der Pfalzgraf selbst,
der, obwohl die Pfalzgrafschaft unbestritten Reichslehen war, die bereits
seit 1279 fällige Lehnshuldigung verweigerte, indem er sich wohl auf die

[72] Vgl. hierzu im einzelnen ebenda, 215–232.
[73] Vgl. ebenda, 216.
[74] Vgl. Redlich, Rudolf, 623–627.

'Krönungstheorie'[75] berief und behauptete, nur einem gekrönten Kaiser zur Leistung des Lehenseides verpflichtet zu sein.[76] Außerdem lehnte er die Forderung Rudolfs ab, einen 1277 mit den Bürgern der Stadt Besançon geschlossenen Schirmvertrag rückgängig zu machen. Gegen den mittlerweile auch mit der Reichsacht Belegten zog Rudolf im Frühsommer des Jahres 1289 ein stattliches Heer zusammen, dessen beeindruckende Größe wohl allen Eventualitäten Rechnung tragen sollte – einschließlich der Ausweitung des Krieges auf den französischen Verbündeten und Schutzherrn des Grafen. Hierzu kam es allerdings nicht. Obwohl zahlreiche einzelne Adlige aus Burgund und Frankreich dem Pfalzgrafen zu Hilfe geeilt waren, hielten sich sowohl König Philipp und Herzog Robert II. als auch die Grafen von Savoyen offiziell aus dem Konflikt heraus, so daß Pfalzgraf Otto bald seine Hoffnungen auf militärische Unterstützung begraben mußte. Als Rudolf, unterstützt von Johann von Chalon-Arlay und den mit ihm verbündeten Adligen, ohne auf Widerstand zu stoßen mit seiner Streitmacht vor Besançon erschien, zog es der Pfalzgraf unter den gegebenen Umständen vor, ohne Entscheidungsschlacht zu kapitulieren[77] und den geforderten Lehenseid nicht nur unverzüglich zu leisten, sondern diesen sogar kurz danach auf Verlangen Rudolfs, um jedes Mißverständnis auszuschließen, in einer anderen Form zu wiederholen. Nachdem der Pfalzgraf wohl auch auf den Schutzvertrag mit Besançon verzichtet hatte, gelang es Johann von Chalon-Arlay wenig später, auch die auf diese Weise isolierte und von ihm eingeschlossene Stadt Besançon zu Friedensverhandlungen zu bewegen. Da sich die Stadt bereits in einem gesonderten Vertrag zu Bußzahlungen und Schadensersatz bereit erklärt hatte,[78] scheint das eigentliche Friedensabkommen, in dem die Unterstellung unter die Herrschaft des Reiches geregelt wurde,[79] von Rudolf nicht mehr ratifiziert worden zu sein.[80]

Mit dem Krieg, der bei den Zeitgenossen im Reich starke antifranzösische Emotionen ausgelöst hatte,[81] hatte Rudolf sein Ziel erreicht, durch eine Demonstration der Stärke die Rechte des Reiches auch in diesem Raum wieder zur Geltung zu bringen und seine Gegner einzuschüchtern.

---

[75] Siehe hierzu bereits oben S. 113f.

[76] Vgl. hierzu Kern, Reichsgewalt, 10ff.; Resmini, Arelat, 214f., Anm. 87.

[77] Vgl. hierzu Resmini, Arelat, 257ff.

[78] MGH Const. 3, Nr. 449, 430f.

[79] Ebenda, Nrn. 450, 451, 431–438.

[80] Vgl. in diesem Sinne Resmini, Arelat, 264ff.

[81] Vgl. hierzu Thomas, Deutsche Geschichte, 76. – Zu den Frühformen nationalen Bewußtseins vgl. auch am Beispiel der Schlacht von Tagliacozzo Herde, Schlacht 422ff.

Wenn auch Graf Amadeus von Savoyen in seiner feindseligen Haltung
verharrte und wenn auch Pfalzgraf Otto im Abkommen von Evreux
1291) bereits den späteren Anfall seiner Länder an Frankreich vorberei-
ete, so konnte Rudolf doch, als er im Mai 1291 noch einmal einen Hoftag
n Murten[82] abhielt, eine beeindruckende Koalition von burgundischen
Großen um sich scharen, die bereit schien, gemeinsam mit dem Habsburger gegen Savoyen und andere verbleibende Gegner vorzugehen. Daß sich
die Verhältnisse später anders entwickelten, wird man Rudolf kaum an-
asten können, der wie kaum einer seiner Vorgänger und wie keiner seiner
Nachfolger die Reichsrechte in diesem Teil des Imperiums wahrgenommen hat.

---

[82] Zum Hoftag von Murten vgl. RI VI,1, Nrn. 2445–2451 sowie Resmini, Arelat,
67–281, bes. 273 ff.

VII. Die letzten Jahre – Eingreifen in Thüringen, Nachfolgeprobleme, Tod in Speyer und Bilanz

1. Die Auseinandersetzungen im wettinischen Fürstenhaus und das Eingreifen Rudolfs auf dem Erfurter Hoftag

Kurz vor seinem Tode war es König Rudolf nochmals vergönnt, seine Königsherrschaft auf eindrucksvolle Weise in einem eher 'königsfernen' Gebiet des Reiches, der Landgrafschaft Thüringen, zur Geltung zu bringen. Das Eingreifen Rudolfs in dieser Region wurde vor allem durch die permanenten Querelen im Wettiner Fürstenhaus ausgelöst, dessen Mitglieder in einer erbitterten Familienfehde um ihre Erbanteile an den Markgrafschaften Meißen, Landsberg und Lausitz sowie der Landgrafschaft Thüringen stritten.[1]

Nach dem Tode des Landgrafen (und Gegenkönigs) Heinrich Raspe (1247) war es schließlich dessen Neffen, dem Wettiner Markgrafen Heinrich dem Erlauchten von Meißen, nach langen Kämpfen gegen seine Mitkonkurrenten und den widerspenstigen einheimischen Adel gelungen, die vakante Landgrafschaft Thüringen an sich zu ziehen (1249). Noch zu seinen Lebzeiten hatte Markgraf Heinrich seinem ältesten Sohn Albrecht, der mit einer Tochter Kaiser Friedrichs II. verheiratet war, die Landgrafschaft Thüringen und dem jüngeren Bruder Dietrich die Markgrafschaft Landsberg überlassen, während er sich selbst die Markgrafschaften Meißen und Lausitz vorbehielt.

Der Schlüssel für die folgenden familiären Auseinandersetzungen dürfte in der problematischen Persönlichkeit des neuen Landgrafen Albrecht von Thüringen zu suchen sein, wie bereits dessen Beiname *degener* (= „der Entartete" oder „der Unartige") erahnen läßt. Wenn ihm dieses Attribut auch erst später und vor allem wohl deshalb verliehen wurde, weil er seine Gattin, immerhin die staufische Kaisertochter Margarete, in übler Weise behandelte,[2] so hielten ihn auch bereits die unmittelbaren Zeitgenossen

---

[1] Vgl. hierzu im folgenden Redlich, Rudolf, 644–648, 670–682; Wegele, Friedrich der Freidige, 61 ff., 67 ff.; Wagenführer, Friedrich der Freidige, 11–33; Leist, Landesherr, 27–47; Patze, Politische Geschichte, 48–57.

[2] Nachdem ihm seine langjährige Mätresse, die Hofdame Kunigunde von Eisenberg, einen unehelichen Sohn, genannt Apitz (Kosename für Albrecht), geboren hatte, floh seine Gattin 1269 von der Wartburg in die Reichsstadt Frankfurt, wo si

ür einen zügellosen Egoisten, der ohne Rücksicht auf die eigene Familie
ein verschwenderisches und ausschweifendes Leben führte. Dieses wenig
schmeichelhafte Urteil wurde auch von der neueren Forschung bestätigt,
die dem Landgrafen die zweifelhafte Ehre zuerkannte, „die wohl uner-
reulichste Gestalt der thüringischen Geschichte" verkörpert zu haben.[3]
Der exzessive Lebensstil brachte den Wettiner in permanente Geldnot, so
daß seine beiden Söhne Friedrich der Freidige (= der Verwegene, der Tap-
fere)[4] und Diezmann (Kosename für Dietrich) um ihr Erbe fürchteten,
zumal der Vater die beunruhigende Neigung an den Tag legte, seinen unehelichen Lieblingssohn Apitz mit allen Mitteln zu fördern, was unweiger-
lich auf Kosten seiner anderen Söhne gehen mußte. Die Folge waren erbitterte Kämpfe zwischen Vater und Söhnen, aber auch zwischen den Brüdern, was auch den Adel des Landes in entsprechende, sich gegenseitig
befehdende Gruppierungen spaltete. In dieser Situation wandte sich im
Jahre 1277 sogar eine Adelspartei unter Führung des Grafen von Orlamünde an König Rudolf mit der Aufforderung, die Landgrafschaft Thüringen im Rahmen der Revindikationspolitik einzuziehen, da sie nach dem
Tode Heinrich Raspes, der ohne Söhne zu hinterlassen verstorben war,
dem Reich heimgefallen sei.[5] König Rudolf machte allerdings von diesem
Angebot keinen Gebrauch. Der Grund hierfür lag zunächst darin, daß die
Rechtslage nicht so eindeutig war, wie es auf den ersten Blick schien.
Denn Markgraf Heinrich der Erlauchte von Meißen hatte von Kaiser
Friedrich II. im Jahre 1243 – also noch vor dessen Absetzung – eine Even-
ualbelehnung mit Thüringen und der Pfalzgrafschaft Sachsen nach dem
Tode des Landgrafen erwirkt,[6] so daß die Inbesitznahme Thüringens
durch Heinrich ganz im Einklang mit der bereits vorweggenommenen kaiserlichen Entscheidung stand und außerdem auch noch durch die förmliche Belehnung König Wilhelms im April 1252[7] bestätigt wurde. Außerdem
sah Rudolf sich im Jahre 1277, als die Auseinandersetzung mit Ottokar in
die letzte entscheidende Phase trat, mit wichtigeren Problemen konfron-

---

bereits ein Jahr später verstarb. Wahrscheinlich noch im Jahre 1270 heiratete der
Landgraf Kunigunde von Eisenberg; vgl. Wegele, Friedrich der Freidige, 68 ff.; Wa-
genführer, Friedrich der Freidige, 16; Patze, Politische Geschichte, 50; Marquis,
Meißnische Geschichtsschreibung, 256 ff.

[3] Vgl. W. Leist, Art. 'Albrecht der Entartete', in: LexMA 1 (1980), Sp. 323 f. (Zitat
324).

[4] Der Beiname taucht erst im 15. Jahrhundert auf; vgl. Wagenführer, Friedrich
der Freidige, 11, Anm. 1.

[5] Vgl. das Schreiben Ottos von Orlamünde an den Burggrafen Friedrich von
Nürnberg in Wiener Briefsammlung, Nr. 104, 114 f., bes. 115 = RI VI,1, Nr. 909.

[6] RI V,1, Nr. 3372.

[7] Vgl. hierzu Wegele, Friedrich der Freidige, 24.

tiert und zog es daher vor, Landgraf Albrecht durch die Verpfändung der Stadt Mühlhausen entgegenzukommen,[8] um ihn wenigstens zur Neutralität in dem bevorstehenden Endkampf mit dem Böhmenkönig zu verpflichten. Hierdurch konnte allerdings nicht verhindert werden, daß später in der Schlacht von Dürnkrut auch einzelne Adelskontingente aus Thüringen und Meißen auf der Seite Ottokars kämpften. Wenn sich Rudolf auch zunächst zurückhielt, verlor er die Verhältnisse in Thüringen dennoch nicht aus den Augen. So ergriff er die nächste Gelegenheit, um die Stellung des Reiches in dieser Region zu festigen. Eine solche bot sich, als Papst Honorius IV. auf Bitten Rudolfs die nach dem Tode des Mainzer Erzbischofs Werner von Eppstein eingetretene Vakanz des Erzstifts dadurch beendete, daß er einen der engsten Vertrauten Rudolfs, den bisherigen Basler Bischof Heinrich von Isny, auf den Mainzer Erzstuhl transferierte und damit zum Kurfürsten erhob (1286). Da die Mainzer Kirche über beträchtlichen Besitz und Einfluß in Thüringen verfügte, war es kein schlechter Schachzug, als Rudolf noch im gleichen Jahr seinen ergebenen Parteigänger zum Hauptmann (*capitaneus*) und Rektor des Landfriedens in Thüringen und Meißen ernannte und mit der Wiederherstellung des Landfriedens beauftragte.[9] Erzbischof Heinrich nahm sich auch mit Umsicht und Energie der neuen Aufgabe an, indem er im Jahre 1287 zunächst einen allgemeinen Landfrieden für Thüringen errichtete, der vom Landgrafen Albrecht, seinen beiden Söhnen Friedrich und Diezmann sowie von Friedrich Tuto von Landsberg und den Bischöfen von Naumburg und Merseburg beschworen und später auch auf das Osterland und Meißen ausgedehnt wurde.[10] Ein Landfriedensgericht wurde eingerichtet, dessen Vorsitz der Erzbischof im Namen des Königs übernahm, und zur Finanzierung wurde eine einmalige Landfriedenssteuer in Höhe von einem Achtel des jeweiligen Einkommens im ländlichen Bereich erhoben.[11] Selbst der 'entartete' Landgraf zeigte sich den Interessen des Reiches und den Wünschen des Mainzer Erzbischofs gegenüber erstaunlich aufgeschlossen, indem er letzterem seine vom Reich stammenden Rechte an der Stadt Mühlhausen abtrat[12] und ihm außerdem – angeblich aus Dankbarkeit für seine Friedensbemühungen – erlaubte, innerhalb Thüringens Burgen und Befestigungen zu erwerben, zu verstärken und auch neue auf den Mainzer Besitzungen zu errichten.[13]

---

[8] Vgl. Patze, Politische Geschichte, 52.
[9] MGH Const. 3, Nr. 387, 367 f.
[10] Vgl. hierzu und im folgenden Leist, Landesherr, 31 ff.
[11] MGH Const. 3, Nr. 629 f., 611 f.
[12] Dobenecker, Regesta 4, Nr. 2648.
[13] Ebenda, Nr. 2650.

Eine neue Situation trat allerdings ein, als zu Beginn des Jahres 1288 der alte Markgraf Heinrich der Erlauchte und kurze Zeit später auch Erzbischof Heinrich von Mainz verstarben, was zum einen dazu führte, daß König Rudolf mit dem Erzbischof nicht nur einen treuen Parteigänger, sondern auch seine Hauptstütze in Thüringen verlor, zumal sein Verhältnis mit dem Nachfolger, Erzbischof Gerhard II. von Eppstein,[14] bis zu seinem Tode distanziert und kühl blieb. Zum andern lebten nun die Familienquerelen im Hause Wettin wieder auf und wurden mit großer Erbitterung zwischen den potentiellen Erben ausgefochten.[15] Die Söhne des Landgrafen Albrecht fühlten sich vor allem dadurch herausgefordert, daß dieser und ein Neffe Friedrich Tuto, der Sohn des 1285 verstorbenen Markgrafen Dietrich von Landsberg, die Markgrafschaft Meißen in Besitz nahmen und untereinander aufteilten. Da die Söhne Friedrich und Diezmann nicht leer ausgehen wollten, gingen sie gemeinsam gegen ihren Vetter Friedrich Tuto vor, um ihm die Markgrafschaft Lausitz zu entreißen. In der Tat gelang es auch Diezmann, die Lausitz für sich zu erwerben, während sein Bruder und Bundesgenosse Friedrich der Freidige sich zunächst mit der Anwartschaft auf den Anteil seines Vaters an der Markgrafschaft Meißen begnügte. Als er allerdings bemerkte, daß der Vater hinter seinem Rücken im Begriff war, den ihm versprochenen Anteil an Friedrich Tuto zu veräußern, um seinen aufwendigen Lebenswandel zu finanzieren, erhob er sich gegen ihn und nahm ihn in Haft, bis dieser sich unter demütigenden Umständen im Rochlitzer Vertrag vom 1. Januar 1289 zu weitgehenden Zugeständnissen bereitfand.[16] Am Ende konnte sich allerdings Friedrich Tuto, nachdem ihm der 'entartete' Landgraf unter Mißachtung des mit seinem Sohn geschlossenen Vertrages seinen Anteil verkauft hatte, dennoch in den Besitz der gesamten Markgrafschaft Meißen setzen – einschließlich der Stadt und Herrschaft Dresden, die Heinrich der Erlauchte noch zu Lebzeiten seinem unehelichen Sohn Friedrich Clem abgetreten und die dieser ebenfalls an ihn verkauft hatte. Die hierfür erforderlichen Geldsummen brachte Friedrich Tuto zum Teil „in sehr unfrommer Weise zusammen", indem er den in der Meißner Diözese eingesammelten Kreuzzugszehnten beschlagnahmte.[17] Friedrich der Freidige scheint sich dafür an den thüringischen Pfandschaften schadlos gehalten haben.

Zwar war auf diese Weise für den Augenblick der Familienzwist been-

---

[14] Vgl. zu ihm F. Jürgensmeier, Art. 'Gerhard von Eppstein', in: Gatz, 404–406.

[15] Vgl. hierzu im folgenden Redlich, Rudolf, 670 ff.; Leist, Landesherr, 38 ff.; Patze, Politische Geschichte, 55.

[16] Vgl. hierzu im einzelnen Wagenführer, Friedrich der Freidige, 28; Leist, Landesherr, 40.

[17] Vgl. hierzu Leist, Landesherr, 40, Anm. 82.

det, aber die beteiligten Akteure hatten dabei geflissentlich übersehen, daß es sich bei den betroffenen Ländern durchweg um Reichslehen oder -pfandschaften handelte und somit auch Interessen des Reiches tangiert waren. So hatte König Rudolf neben der Wiederherstellung des Landfriedens auch die Wahrung der Reichsinteressen im Blick, als er sich nach Beendigung des Krieges gegen den Pfalzgrafen Otto von Burgund am 14. Dezember 1289 mit einem beachtlichen Gefolge zu einem glänzenden Hoftag in der auf kurmainzischem Gebiet gelegenen Stadt Erfurt einfand.[18]

Zunächst stand allerdings der Hoftag ganz unter dem Eindruck der Wiedererrichtung des Landfriedens. Daß Rudolf entschlossen war, nicht nur den Landfrieden zu verkünden, sondern ihn auch mit allen Mitteln durchzusetzen, demonstrierte er bereits nach wenigen Tagen auf spektakuläre Weise, als er selbst den Vorsitz in einer Gerichtsverhandlung führte, in der 29 'Räuber' (*praedones*), die im Rahmen eines gemeinsamen Streifzuges königlicher und städtischer Truppen in der Umgebung der Stadt aufgegriffen worden waren, als Friedensbrecher zum Tode verurteilt und vor den Mauern der Stadt enthauptet wurden.[19]

Im Rahmen des an Weihnachten zusammengetretenen Hoftages wurde der bereits 1287 in Würzburg verabschiedete allgemeine Landfriede feierlich bestätigt[20] und durch entsprechende Einzelverordnungen, wie die Erhebung einer neuen Landfriedenssteuer,[21] die Ernennung von Verantwortlichen für die Durchsetzung (*conservatores pacis*)[22] und zahlreiche Rechtssprüche und sonstige Maßnahmen,[23] ergänzt.

Indem Rudolf das Amt des Landeshauptmanns mit dem Vorsitz im Landfriedensgericht selbst übernahm, machte er zugleich deutlich, welche Bedeutung er der praktischen Durchsetzung des Landfriedens in dieser Region beimaß. Dabei versuchte er, dieses Ziel, soweit möglich, im Wege der Streitschlichtung zwischen den verfeindeten Parteien zu erreichen.

---

[18] Vgl. hierzu RI VI,1, Nrn. 2261a, 2263a und Redlich, Rudolf, 672ff.

[19] Hierfür wie überhaupt zum Aufenthalt Rudolfs in Thüringen bietet die Chronik des Benediktinerklosters St. Peter auf dem Petersberg, in dem König Rudolf auch die Hochzeit seiner Tochter Margarete mit dem Grafen Dietrich von Kleve feierte, eine wertvolle zeitgenössische Quelle; vgl. Cronica S. Petri Erfordensis moderna, 117–398, zur Hinrichtung der Landfriedensbrecher 293.

[20] RI VI,1, Nr. 2264.

[21] Dies geht aus einer Urkunde des Königs für das Kloster Walkenried von 1290 Februar 25 hervor; vgl. hierzu RI VI,1, Nr. 2280 und Leist, Landesherr, 43.

[22] Von ihnen ist namentlich nur der bereits 1287 in Thüringen nachweisbare enge Vertraute des Königs, Gerlach von Breuberg, bekannt; vgl. hierzu Leist, Landesherr, 33f., 43.

[23] MGH Const. 3, Nrn. 422–447, 413–428.

Führten entsprechende Vermittlungsbemühungen nicht zum Erfolg, schreckte er jedoch nicht davor zurück, gegen unbelehrbare Friedensbrecher auch mit aller Härte vorzugehen. So sollen auf Befehl Rudolfs während seines Aufenthalts in Türingen nach der Peterschronik fast 66,[24] nach der von Ellenhard in Auftrag gegebenen Chronik sogar 70 Burgen[25] von den königlichen Aufgeboten zerstört oder besetzt worden sein, was bei den Zeitgenossen beträchtliches Aufsehen erregte.

Neben der Landfriedenswahrung vergaß Rudolf jedoch nicht, auch die materiellen Interessen des Reiches in dieser Region wahrzunehmen. Hierzu galt es zunächst, den Wettiner Familienstreit auf Dauer und unter Berücksichtigung der Rechte des Reiches beizulegen. Zunächst wurde das Pleißnerland, das den Wettinern ursprünglich wohl als Reichspfandschaft zu Sicherung der Mitgift für die Kaisertochter Margarete überlassen worden war und das inzwischen Diezmann, der jüngere Sohn des 'entarteten' Landgrafen Albrecht, in Besitz hatte, von Rudolf ausgelöst und wieder an das Reich gezogen. Diezmann wurde für diesen Verlust mit der Anerkennung seines übrigen Besitzstandes entschädigt und feierlich mit der Markgrafschaft Lausitz belehnt.[26] Ohne Widerspruch mußten es die Wettiner außerdem hinnehmen, daß Rudolf, als in der ersten Hälfte des Jahres 1290 die wettinische Seitenlinie der Grafen von Brehna ausstarb, die dem Reich heimgefallenen Lehen nicht an die Wettiner als die nächsten Verwandten, sondern an seinen Enkel Rudolf, den Sohn des Herzogs Albrecht von Sachsen, verlieh.[27] Zudem wurde der Graf Friedrich von Beichlingen, der vom König das Burggrafenamt von Kyffhausen zu Lehen hatte, von Rudolf beauftragt, in seinem Gebiet nach entfremdeten Reichslehen zu forschen und diese für das Reich einzuziehen.[28]

Endlich wurden in einem Ausgleich die noch offenen Ansprüche zwischen den übrigen Akteuren im Wettiner Familiendrama geregelt und ihre Stellung gegenüber dem Reich legitimiert.[29] Während Friedrich Tuto als alleiniger Herr der Markgrafschaft Meißen bestätigt wurde, erfüllte sich für Landgraf Albrecht mit der nun erfolgenden Legitimierung seines unehelichen Sohnes Apitz und dessen Ausstattung mit der Herrschaft Tenneberg wohl ein Herzenswunsch. In einem Zusatzabkommen mußte er sich allerdings gegenüber seinem Sohn Friedrich dem Freidigen verpflichten, niemals ohne dessen Zustimmung etwas von seinen Ländern zu ver-

---

[24] Cronica S. Petri Erfordensis moderna, 295.
[25] Ellenhardi chronicon, 132.
[26] RI VI,1, Nr. 2290.
[27] Ebenda, Nrn. 2332, 2365.
[28] Ebenda, Nr. 2393.
[29] Vgl. Redlich, Rudolf, 675 f.

äußern, wobei er schon jetzt als Sicherheit für die Einhaltung dieser Verpflichtung einige Burgen und Städte an die Vermittler dieses Abkommens ausliefern sollte, was allerdings nicht realisiert wurde. Wie berechtigt das Mißtrauen Friedrichs des Freidigen gegenüber dem Landgrafen war, sollte sich wenige Jahre später zeigen, als der 'entartete' Vater Thüringen – ohne Rücksicht auf die getroffenen Vereinbarungen und das Erbrecht der Söhne – König Adolf von Nassau zum Kauf anbot.[30] Diese Entwicklung war jedoch zur Zeit, als Rudolf in Erfurt hofhielt und mit starker Hand ordnend in die Geschicke des Landes und der dazugehörenden Reichsstädte eingriff, auf die er sich in besonderem Maße stützen konnte,[31] nicht vorauszusehen. Als der König nach fast einjährigem Aufenthalt Anfang November 1290 Erfurt wieder verließ, konnte er dies in der tröstlichen Gewißheit tun, die Rechte des Reiches in dieser Region wieder zur Geltung gebracht und das Land, wie der Chronist des Erfurter Petersklosters rühmte, „in festem Frieden"[32] zurückgelassen zu haben.

2. Das Nachfolgeproblem

War es Rudolf auch auf den beiden Hoftagen in Murten und Erfurt gelungen, seine Königsherrschaft noch einmal in eindrucksvoller Weise nach außen zu demonstrieren, so trat mit vorrückendem Alter doch ein Problem immer mehr in den Vordergrund: die Nachfolgefrage im römisch-deutschen Reich. Angesichts des zu erwartenden Widerstandes der Kurfürsten und der römischen Kurie dürfte die Etablierung eines Erbkönigtums, wie es einst Kaiser Heinrich VI. angestrebt hatte,[33] zu Rudolfs Zeit bereits illusorisch geworden sein, und es scheint, daß Rudolf solche Pläne auch nicht ernsthaft verfolgt hat. Als mögliche Lösung bot es sich vielmehr an, die Kurfürsten dazu zu bringen, die künftige Königswahl bereits vorwegzunehmen und einen von Rudolfs Söhnen schon zu Lebzeiten des Vaters zum König und Nachfolger zu wählen, was allerdings nach allgemeiner Anschauung voraussetzte, daß der amtierende König zuvor die Kaiserkrone empfangen hatte. Nachdem entsprechende Bemühungen Rudolfs, die Romfahrt zum Erwerb der Kaiserkrone anzutreten, bereits unter Gregor X. und Nikolaus III. jeweils durch deren plötzlichen Tod gescheitert

---

[30] Vgl. hierzu Krieger, Die Habsburger, 81 ff.

[31] Vgl. hierzu Leist, Landesherr, 46.

[32] Vgl. Cronica S. Petri Erfordensis moderna, 299 [zu 1290]: ... *terram in firma pace reliquit.*

[33] Zum 'Erbreichsplan' Heinrichs VI. vgl. Perels, Erbreichsplan, passim; Jakobs, Thronfolgerecht, 269–282 und Csendes, Heinrich VI., 171–178.

waren, schien sich unter Papst Honorius IV. (1285–1287)[34] für Rudolf
nochmals eine Möglichkeit zu ergeben, das bisher Versäumte nachholen
zu können.[35] Auch hier deutet alles darauf hin, daß der Papst Rudolf wohl-
gesinnt und zu dessen baldiger Kaiserkrönung auch grundsätzlich bereit
war. Im vollen Einvernehmen mit Rudolf, vielleicht sogar auf dessen aus-
drücklichen Wunsch hin, entsandte er im Jahre 1286 einen seiner Verwandten, Johannes Boccamazza, den er kurz zuvor zum Kardinalbischof
von Tusculum erhoben hatte, als bevollmächtigten Legaten ins Reich,
nicht nur, um Rudolf in allen Fragen des Romzugs zu beraten, sondern
auch, um den König bei der Eintreibung der zur Finanzierung des Unternehmens erforderlichen Gelder zu unterstützen. Daß gerade diese, auch
den Wünschen des Königs entsprechende päpstliche Maßnahme „zum
Verhängnis für die ganzen großen Pläne"[36] werden sollte, lag vor allem an
der Persönlichkeit des hierzu Auserwählten, der in keiner Weise der ihm
aufgetragenen Mission gewachsen war und bei seinem Auftreten in
Deutschland von Anfang an die für seine nicht einfache Mission erforder-
liche Besonnenheit und Sensibilität vermissen ließ. Wo auch immer er hin-
kam, nachdem er im September 1286 mit großem Gefolge deutschen
Boden betreten hatte, provozierte er gleichermaßen Kleriker und Laien
nicht nur durch sein übertriebenes Selbstbewußtsein, sondern vor allem
auch durch die Selbstverständlichkeit, mit der er unter Androhung der
höchsten Kirchenstrafen von seiner jeweiligen Umgebung erhebliche finanzielle und sonstige Leistungen für sich und die Beherbergung seines
Gefolges einforderte. Die Erbitterung über dieses Verhalten, die sich nicht
nur in der zeitgenössischen Chronistik,[37] sondern auch in mehreren Be-
schwerden und Appellationen an den Papst niedergeschlagen hat,[38] stei-
gerte sich noch, als man im deutschen Klerus nicht zu Unrecht argwöhnte,
daß der Legat zur Unterstützung der Romzugspläne Rudolfs einen neuen
Kirchenzehnt im Reich erheben wolle. Dazu kursierten außerdem Ge-

---

[34] Vgl. zu ihm Pawlicki, Honorius IV., passim; Haller, Papsttum 5, 72 ff.; Herde,
Papi, 58–68.
[35] Vgl. zum Folgenden ausführlich Redlich, Rudolf, 693 ff.
[36] Ebenda, 698.
[37] So nannte der Straßburger Chronist, der im Auftrag Ellenhards die Chronik
schrieb, den Legaten einen Drachen, der die Alpen überschritten und nur nach
Gold und Silber getrachtet und deshalb mit frecher Stirn sogar das Erbe des Ge-
kreuzigten verschachert habe; vgl. Ellenhardi chronicon, 129. Auch Alexander von
Roes warf Johannes Boccamazza vor, für seine Aufgabe wenig befähigt gewesen zu
sein und durch seine eigene Schuld ganz Deutschland provoziert zu haben; vgl.
Alexander von Roes, Schriften, 164.
[38] Vgl. hierzu im einzelnen Redlich, Rudolf, 699 f.

rüchte, wonach man beabsichtige, das kurfürstliche Wahlrecht zu beseitigen und ein habsburgisches Erbkönigtum zu schaffen. Diese Gerüchte wurden bezeichnenderweise vom Kölner Erzbischof Siegfried von Westerburg, der vielleicht um sein Wahlrecht fürchtete und sicher kein Interesse an einer vorgezogenen Königswahl eines der Söhne Rudolfs hatte, aufgegriffen und in einer an den Papst gerichteten Kölner Appellationsschrift vom Januar 1287 erwähnt, wobei die Schrift allerdings den Protest gegen die finanziellen Forderungen des Legaten in den Vordergrund rückte.[39] Die Appellation, die an zahlreiche andere Kirchen in Deutschland versandt wurde, konnte zwar den von König Rudolf und dem Legaten für den März 1287 in Aussicht genommenen Hoftag[40] nicht mehr verhindern, erfüllte am Ende aber doch ihren Zweck. Denn schon aufgrund der hier betriebenen Agitation war die Stimmung auf dem Tag in Würzburg unter den versammelten Prälaten so explosiv, daß die entscheidende Sitzung am 26. März 1287, in der über die Finanzierung des Romzuges beraten werden sollte, für Rudolf mit einem Fiasko endete. Denn als Johannes Boccamazza Anstalten machte, seine Forderungen vorzutragen, wurde die Kölner Appellation verlesen, worauf wütende Proteste der anwesenden Bischöfe und Äbte den Legaten nötigten, fluchtartig den Versammlungsort zu verlassen, Der König mußte persönlich eingreifen, um ihn vor dem allgemeinen Volkszorn zu schützen. Da kurze Zeit nach dieser Katastrophe auch noch Papst Honorius IV. verstarb (4. 4. 1287), mußte sich Rudolf damit abfinden, daß auch dieses Mal die Hoffnung getrogen hatte und die Kaiserkrönung am Ende wieder in weite Ferne gerückt war.

Trotz dieser Rückschläge gab der Habsburger jedoch seine Absicht nicht auf, einem seiner Söhne die Nachfolge im Reich zu sichern, sondern versuchte nun, die Kurfürsten auf bindende Erklärungen für die Königswahl nach seinem Tode festzulegen.[41] Nach dem tödlichen Unfall des ursprünglich für das römische Königtum vorgesehenen Sohnes Hartmann (1281) scheint Rudolf zunächst den ältesten Sohn Albrecht als Nachfolger ins Auge gefaßt zu haben. In den Verhandlungen mit den Kurfürsten, die seit Ende der achtziger Jahre intensiviert wurden, sah er jedoch bald ein, daß der jüngste Sohn Rudolf wesentlich bessere Chancen hatte, als König akzeptiert zu werden, als der mächtige ältere Bruder, dessen energisches Durchgreifen als Herzog von Österreich und Steiermark nicht nach jedermanns Geschmack war. Die Aussichten für eine Wahl des jungen Habsburgers waren insofern nicht ungünstig, als es Rudolf offensichtlich ge-

[39] Vgl. MGH Const. 3, Nr. 623, 597–599 und zur Sache vor allem Erkens, Siegfried von Westerburg, 269 ff.

[40] Vgl. hierzu v. Gaisberg-Schöckingen, Würzburg, passim.

[41] Vgl. zum Folgenden Redlich, Rudolf, 711 ff.

ang, die weltlichen Kurfürsten, die ja alle mit seiner Familie verschwägert waren, für diese Lösung zu erwärmen, wobei sich Rudolf vor allem gegenüber dem böhmischen König Wenzel II. durch eine förmliche Anerkennung des immer noch umstrittenen böhmischen Kurrechts und andere Gunstbeweise erkenntlich zeigte.[42] So lag es durchaus im Bereich des Möglichen, daß es der beharrlichen Diplomatie des Habsburgers gelingen werde, auch noch die geistlichen Kurfürsten auf seine Linie einzuschwören, als ein neuerlicher Schicksalschlag alle Verhandlungen des bereits beagten Königs zunichte machte. Kurz nachdem König Wenzel II. sich auf dem Hoftag in Erfurt feierlich zur Wahl des jungen Rudolfs verpflichtet hatte,[43] starb der Thronkandidat nach kurzer Krankheit am Prager Königshof (10. Mai 1290). Doch auch jetzt scheint König Rudolf nicht resigniert zu haben. Nun versuchte er doch, die Kurfürsten auf seinen einzig überlebenden ältesten Sohn Albrecht als Nachfolger und künftigen König einzuschwören. Dieses Ansinnen stieß jedoch nicht nur bei den geistlichen Kurfürsten auf starke Vorbehalte, sondern auch bei König Wenzel II. von Böhmen, dessen Verhältnis zu Albrecht als Herzog von Österreich bereits seit den letzten Jahren gespannt war. Wenn auch Rudolf versuchte, durch weitere Zugeständnisse an den Böhmenkönig im Sommer 1290 in Erfurt[44] und Verhandlungen mit den übrigen Kurfürsten auf seinem letzten Hoftag in Frankfurt im Frühjahr 1291[45] verbindliche Zusagen für die Wahl seines Sohnes Albrecht zu erhalten, so war das Ergebnis am Ende doch enttäuschend. Lediglich Rudolfs treuer Bundesgenosse, der alte Pfalzgraf und

---

[42] Vgl. zum böhmischen Kurrecht bereits oben S. 134 und Redlich, Rudolf, 717 f.

[43] RI VI,1, Nr. 2296.

[44] Vgl. ebenda, Nrn. 2346, 2374, 2375. – Im Zusammenhang mit diesen hektischen Verhandlungen ist wohl auch die Entscheidung König Rudolfs zu sehen, das Königreich Ungarn nach der Ermordung König Ladislaus' IV. als dem Reiche heimgefallenes Lehen in Anspruch zu nehmen und an seinen Sohn Herzog Albrecht von Österreich zu verleihen; vgl. hierzu MGH Const. 3, Nr. 440, 424 f. Rudolf glaubte hierzu berechtigt zu sein, da er seinerzeit selbst anwesend war, als König Bela IV. Kaiser Friedrich II. sein Land zu Lehen aufgetragen hatte, um auf diese Weise die Waffenhilfe des Kaisers gegen die Tataren zu erlangen; vgl. MGH Const. 3, Nr. 439, 424 und bereits oben S. 64. In Anbetracht der Tatsache, daß mehrere Erbprätendenten und sogar die römische Kurie Ansprüche auf das Land anmeldeten, war die Belehnung Albrechts wohl nicht so ernst gemeint, wie dies auf den ersten Blick aussah. Beabsichtigt war wohl eher die Dokumentierung eines Anspruchs, auf den man gegen entsprechende Gegenleistung auch verzichten konnte; vgl. hierzu Redlich, Rudolf, 721 ff. und zum weiteren Verlauf der Auseinandersetzungen um die ungarische Erbfolge Kaufmann, Beziehungen, 8 ff. (wenig ergiebig) und jetzt vor allem Kiesewetter, Anfänge, 371–384.

[45] Vgl. hierzu die Zusammenstellung der Quellen in RI VI,1, Nr. 2453 b.

Abb. 7: Rudolf von Habsburg, Grabplatte (heute) im Dom zu Speyer.
Foto: Renate Hahn, Speyer.

Bayernherzog Ludwig, erklärte sich dazu bereit, für die Nachfolge des Habsburgers als König einzutreten. Im übrigen führten die Verhandlungen zu keinem greifbaren Ergebnis.

3. Tod und Begräbnis

Im Frühsommer des Jahres 1291 verschlechterte sich der Gesundheitszustand des mittlerweile über dreiundsiebzigjährigen Königs, der in seinen letzten Lebensjahren wohl an einer „gichtischen Erkrankung" und Arthrose im Bereich der Hüftgelenke litt,[46] dramatisch. Nachdem er in Vorahnung seines nahenden Todes sich bereits von den Bürgern der treuen Stadt Straßburg verabschiedet hatte,[47] zog er im Juni über Hagenau weiter nach Germersheim. Dort entschloß er sich zu einem für sein Herrschaftsverständnis bezeichnenden letzten Schritt. Bereits vom Tode gezeichnet, nahm er Abschied von seinem Hof und reiste mit einer kleinen Schar engster Angehöriger und Vertrauter nach Speyer, um, wie er sagte, dort sein Leben zu beenden, „wo mehr meiner Vorfahren sind, die auch Könige waren"[48]. Schon am Tag nach seiner Ankunft in Speyer, am 15. Juli 1291,

---

[46] Dies hat man aus entsprechenden Altersdeformationen an den erhaltenen Skeletteilen geschlossen, die anläßlich der Öffnung des Speyerer Grabes im Jahre 1900 geborgen und medizinisch untersucht wurden; vgl. Grauert, Kaisergräber, 581 (Zitat) und Kubach/Haas, Dom zu Speyer, 1041, 1089.

[47] Ellenhardi chronicon, 134.

[48] Vgl. ebenda und Ottokars österr. Reimchronik, 507. – Mit dieser von der Straßburger Chronistik, die den Habsburgern sehr verbunden war, überlieferten Version ist allerdings eine neuerdings von H. M. Schaller edierte, den Ereignissen zeitlich wohl am nächsten stehende Quelle zu konfrontieren. Es handelt sich um ein Schreiben des päpstlichen Kapellans und Collectors Theoderich (von Orvieto), in dem dieser mit Datum 1291 August 15 wahrscheinlich von Rheinau (südöstl. von Schaffhausen) aus dem Kardinalbischof von Sabina über den Tod Rudolfs berichtete. Hiernach habe der König sich schon längere Zeit schwach gefühlt, da er an einer unbekannten Krankheit gelitten habe, die dazu geführt habe, daß er nicht im Bett gelegen, sondern auf einem Sessel Platz genommen habe. Der Entschluß, nach Speyer aufzubrechen, wird in diesem Bericht allerdings viel nüchterner begründet, nämlich mit dem Glauben Rudolfs, dort „bessere Luft" für seine Genesung (... *in civitate Spiren(si), ad quam de Gemersichim per Renum, qui inibi labitur, venerat, credens invenire aerem meliorem ...*) zu finden; vgl. Schaller, Brief, 575–581 (Druck des Schreibens ebenda, 580f. mit der zit. Passage). – Der Vergleich mit der 'habsburgischen' Überlieferung läßt zwar erkennen, wie die Intentionen Rudolfs hier (vor allem in der Reimchronik) publikumswirksam ausgeschmückt wurden. Dennoch dürfte die Grundaussage, daß Rudolf sich nach Speyer (allerdings nicht auf dem Pferd, sondern per Schiff auf dem Rhein) bringen ließ, um damit ein Zeichen

verstarb König Rudolf und wurde einen Tag später seinem Wunsch gemäß im Speyerer Dom neben dem einzigen hier bestatteten Stauferkönig, Philipp von Schwaben, in einem einfachen Sarg aus „Tannenbrettern"[49] – aber mit dem für einen König angemessenem Trauergepränge[50] und unter großer Anteilnahme der Bevölkerung – beigesetzt.

Bereits einige Zeit vor seinem Tode hatte Rudolf einen Künstler mit der Ausgestaltung der heute noch erhaltenen Grabplatte aus Sandstein beauftragt, die den Habsburger mit Krone und Zepter zeigt und als erstes realistisches Porträt eines römisch-deutschen Königs gilt. Nach der Schilderung des steirischen Reimchronisten soll der Künstler in seinem Bestreben nach Realitätsnähe so weit gegangen sein, daß er dem König ins Elsaß nachgereist sei, um eine zusätzliche Runzel in dessen Antlitz nachzuzeichnen und dann in das Werk nachzutragen.[51]

zu setzen, durch die neue Quelle nicht erschüttert worden sein. Dafür spricht, daß der Briefschreiber kein Augenzeuge war und die Rudolf (und seiner ortskundigen Umgebung) unterstellte Hoffnung, in dem nur wenige Kilometer nördlich, ebenfalls am Rhein gelegenen Speyer bessere Luftverhältnisse zu finden, einfach illusorisch war; hätte man so gedacht, wäre man in der Julihitze nicht im Rheintal geblieben, sondern hätte sich von Germersheim aus in Richtung Pfälzerwald, Vogesen oder Schwarzwald in Bewegung gesetzt.

[49] Dies wurde bei der Öffnung des Grabes im Jahre 1900 zweifelsfrei festgestellt; vgl. hierzu Grauert, Kaisergräber, 558 und Kubach/Haas, Dom zu Speyer, 966, 1041, 1055 (Zitat). Die Vermutung Grauerts, daß die Kurfürsten gegenüber Albrecht I. auf dem schlichten Sarg bestanden hätten (die anderen Könige und Kaiser waren durchweg in Stein- bzw. Bleisärgen beigesetzt worden), da beim Tode Rudolfs noch keine „habsburgische Königsdynastie" existiert habe, dürfte allerdings kaum zutreffen; vgl. hierzu auch R. J. Meyer, Königs- und Kaiserbegräbnisse, 24 f., der die Maßnahme damit erklären will, daß „ein wertvoller Steinsarkophag ... nicht zur Hand war und in der Kürze auch nicht beschafft werden konnte", wobei „auch die Sparsamkeit des Habsburgers hierfür verantwortlich gemacht" werden könne (25). Durchaus möglich ist allerdings auch, daß die einfache Bestattung von Rudolf ausdrücklich selbst angeordnet wurde, um im Einklang mit seinem Selbstverständnis und einer schon zu seinen Lebzeiten einsetzenden entsprechenden 'Herrschaftspropaganda' seine 'Armut' und 'Demut' vor Gott im Sinne des kirchlichen Armutsideals zu demonstrieren; siehe hierzu auch unten S. 236 ff.

[50] Vgl. hierzu R. J. Meyer, Königs- und Kaiserbegräbnisse, 22 mit den aufgeführten Belegen aus der zeitgenössischen Chronistik.

[51] Ottokars österr. Reimchronik, 508 f. – Zum Motiv Rudolfs, ein – bisher nicht übliches – naturgetreues Porträt seiner Person als Grabmonument in Auftrag zu geben, vgl. neuerdings Körner, Grabmonumente, 130 ff., der die Auffassung vertritt, „daß das realistische Bildnis Rudolfs ... ein politisches Vermächtnis" darstelle, „das angesichts der ungesicherten und nicht zu sichernden Erbfolge den habsburgischen Thronanspruch im Bild" festschreibe. Hierfür spreche auch das ungewöhnliche

4. Äußere Erscheinung und Persönlichkeit

Wenn man bedenkt, daß wir praktisch keine Vorstellung von dem äußeren Erscheinungsbild der meisten hochmittelalterlichen römisch-deutschen Könige und oft nur verhältnismäßig wenige Hinweise haben, die
Schlüsse auf deren Charakter und individuelle Vorlieben und Verhaltensweisen zulassen, werden wir im Falle Rudolfs – was die Fülle der Quellen
angeht – geradezu verwöhnt. So sind neben anderen zeitgenössischen
Zeugnissen vor allem um die fünfzig Legenden und anekdotenhaft-volks-
tümliche Erzählungen über Rudolf überliefert, die einen plastischen Eindruck von der Persönlichkeit, einzelnen Charaktereigenschaften und besonderen Verhaltensweisen des Habsburgers vermitteln.[52] Allerdings
bietet gerade diese 'Anekdotenliteratur' besondere quellenkritische Probleme, die in vielen Fällen kein gesichertes Urteil über die Authentizität
des beschriebenen Ereignisses gestatten. Dabei mahnt bereits der 'Wan-
dercharakter' dieser Berichte, die immer wieder mit Auslassungen oder
Zutaten weitererzählt und damit schon in ihrer Entstehungszeit in unterschiedlichen Fassungen verbreitet waren, zur besonderen Vorsicht im Umgang mit dieser Überlieferung. Hinzu kommt, daß eigentlich alle bisher
bekannt gewordenen Anekdoten, auch wenn sie bereits zu Lebzeiten Rudolfs im Umlauf waren, doch erst nach seinem Tode aufgezeichnet wurden. Dies bedeutet wiederum, daß mit zunehmendem zeitlichen Abstand
auch damit gerechnet werden muß, daß die Anekdoten weniger 'Volkes
Stimme' ungeschminkt wiedergeben als vielmehr von den meist der habsburgischen Dynastie nahestehenden Autoren dazu benutzt wurden, um im

---

Motiv der Salbbüchse in des Königs linker Hand: „Die Salbbüchse enthält das
Salböl der Königskrönung. Rudolf nimmt, so wird man dieses Attribut lesen müssen, im wörtlichen wie übertragenen Sinne die Salbung des Nachfolgers selbst in
die Hand" (ebenda, 132). Man wird wohl davon ausgehen müssen, daß Rudolf in
dem Monument ursprünglich nicht, wie später restauriert wurde, einen Reichsapfel, sondern ein „Deckelgefäß" in der linken Hand haltend dargestellt wurde (siehe
unten Anm. 62), das auch bereits O. Redlich, Rudolf 731, als eine „Salbbüchse"
identifiziert hat. Das Motiv ist zwar selten, aber dennoch über diesen Einzelfall
hinaus bezeugt; vgl. hierzu Schramm/Fillitz, Denkmale, 50, die annehmen, daß das
Gefäß die Funktion des Reichsapfels übernommen habe. In jedem Fall scheinen
mir aber die weitreichenden Folgerungen, die Körner hieraus wie auch aus der
„veristischen" Abbildung Rudolfs gezogen hat, zu weit zu gehen. Sie sind auch
kaum mit dem Selbstverständnis Rudolfs als 'demütiger König' in Einklang zu
bringen (vgl. unten S. 236 ff.), das es ihm wohl kaum erlaubt hätte, das Krönungs-
und Salbungsrecht des Kölner Erzbischofs „selbst in die Hand" zu nehmen, um seinem Sohn die Nachfolge zu sichern.

[52] Vgl. hierzu Treichler, passim und Martin, Bild Rudolfs, 212–216 (mit Lit.).

Abb. 8: Rudolf von Habsburg. Gemälde der Grabplatte von Hans Knoderer
im Auftrag König Maximilians I. (ca. 1508).
Foto: Kunsthistorisches Museum, Wien.

nachhinein entweder im Sinne einer gezielten habsburgischen 'Herrschaftspropaganda' ein bestimmtes Persönlichkeitsbild des königlichen Ahnherrn
der Familie zu zeichnen und zu verbreiten oder auch um eigene Wertvorstellungen in die Person Rudolfs zu projizieren. Dennoch bietet diese
Überlieferung, wenn man die methodischen Probleme im Auge behält, in
Verbindung mit anderen Quellen eine Chance, der individuellen Persönlichkeit Rudolfs so nahe wie der kaum eines anderen Königs des 13. Jahrhunderts zu kommen.
      Relativ festen Boden scheinen wir unter den Füßen zu haben, wenn wir

uns die Frage nach der äußeren Erscheinung Rudolfs stellen. Wie oben bereits beschrieben,[53] besitzen wir in der berühmten Grabplatte im Speyerer Dom ein Porträt des Königs, dessen Wirklichkeitsnähe sogar von einem Zeitgenossen ausdrücklich gerühmt wurde[54] und das uns daher, so sollte man annehmen, eine realistische Vorstellung von der äußeren Erscheinung Rudolfs vermittelt. Dennoch schien einem Betrachter der „müde" und „fast klägliche" Gesichtsausdruck des hier Abgebildeten in einem solchen Widerspruch zur Persönlichkeit Rudolfs zu stehen, wie sie in anderen Quellen bezeugt ist, daß er meinte dem Bildhauer unterstellen zu müssen, vor dem Geschmack seiner Zeit zu Lasten der Porträttreue kapituliert zu haben.[55]

Hierzu ist zunächst zu sagen, daß das einmalige Bilddokument leider nicht unbeschädigt überliefert ist. Die Grabplatte war ursprünglich vielleicht gar nicht für den Speyerer Dom, sondern für die Kapelle des Speyerer Johanniterhofs bestimmt,[56] in dem Rudolf gestorben sein soll. Jedenfalls befand sie sich zu Beginn des 16. Jahrhunderts hier, als auf Wunsch König Maximilians I. mit der Planung einer – am Ende nicht realisierten – monumentalen Grabanlage für die hier bestatteten Kaiser und Könige begonnen wurde.[57] Nach der Zerstörung des Speyerer Domes und des Johanniterhofes durch die Franzosen im Jahre 1689 galt das Monument über Jahrhunderte hinweg als verschollen und gelangte erst nach einer geradezu grotesk anmutenden 'Irrfahrt'[58] an seinen jetzigen Standort, die

---

[53] Siehe oben S. 4, 228.

[54] Siehe oben, Anm. 51.

[55] Vgl. Wolf, Ikonographie, 104.

[56] So vertraten die Bearbeiter des entsprechenden Bandes der Kunstdenkmäler von Rheinland-Pfalz die Ansicht, daß das Monument vor dem 19. Jahrhundert nie im Speyerer Dom gewesen sei, sondern „als Epitaph oder Kenotaph in der Kapelle des Johanniterhofes" gedient habe; vgl. Kubach/Haas, Der Dom zu Speyer 1, 612.

[57] Vgl. hierzu Lhotsky, Zur Geschichte, 103–105, der allerdings davon ausging, daß das Monument im Zuge dieser Planungen vom Dom in den Johanniterhof gebracht worden sei.

[58] Die Grabplatte wurde erst im Jahre 1812 im Johanniterhof aufgefunden, wo sie unter dem Kellergewölbe „als Deckstein eines Wasserabzugsgrabens" gedient hatte. Nachdem sich zunächst „ein Liebhaber" gefunden hatte, der sie in seinem Kuhstall verwandte, wurde sie von einem in Speyer wohnhaften ehemaligen französischen Unterpräfekten wiederentdeckt und dem Grafen Dalberg in Herrnsheim verehrt, bis sie auf Veranlassung des Dombauamts im Jahre 1815 anläßlich eines Besuches Kaiser Franz' I. zunächst nur provisorisch, dann ab 1858 auf Dauer in den Dom gebracht wurde. Dort fand sie ihren Platz zunächst in der Mittelnische der Westwand der Vierungskrypta, dann am östlichen Grufteingang und schließlich (ab 1961) an der Westwand der erneuerten Vorkrypta; vgl. hierzu v. Sacken, Porträts, 123 f. (Zitat 123); Tiemann, Grabplatte, 99 (Zitat ebenda) und jetzt Schramm/Fillitz, Denkmale der deutschen Könige, 50.

erneuerte Vorkrypta im Speyerer Dom, an deren Westwand es heute noch bewundert werden kann. Die abenteuerliche Zwischenzeit hatte deutliche Spuren an dem Werk hinterlassen: Die Hände fehlten ganz, Nase, Mund und Kinn waren weggeschlagen, vom Zepter war nur noch ein Teil der Spitze erhalten, so daß nach Ansicht eines Sachkenners aus dem 19. Jahrhundert der Grabstein bei seinem Erhaltungszustand, in dem er aufgefunden wurde, „nicht geeignet [war], uns eine deutliche Vorstellung vom Aussehen König Rudolfs, besonders von seiner Physiognomie zu geben"[59]. Bei der Restaurierung konnte sich der hiermit beauftragte Bildhauer Gottfried Renn zwar auf eine im Kunsthistorischen Museum in Wien überlieferte, im Jahre 1508 im Auftrag Kaiser Maximilians von dem Maler Hans Knoderer angefertigte Kopie[60] der (damals wohl noch unversehrten) Grabplatte stützen,[61] wobei allerdings offenbleiben muß, inwieweit der Kopist mit dem auch in seinem Bild eher 'grämlich' erscheinenden Gesichtsausdruck die Originalvorlage wirklich zutreffend wiedergegeben hat.[62]

Dennoch werden die markanten Merkmale der äußeren Erscheinung des Königs deutlich, die sich zudem mit dem medizinischen Befund anläßlich der Öffnung des Grabes im Jahre 1900[63] wie auch mit einer überlieferten zeitgenössischen Schilderung decken: Rudolf war ein Mann von hoher Statur, sieben Fuß hoch, schlank, mit kleinem Kopf, blassem Gesicht, einer langen Nase und dünnen Haaren.[64]

Als sich König Ottokar kurz nach der Wahl Rudolfs im Jahre 1273 bei einem Dominikaner über die Persönlichkeit seines Rivalen erkundigte,

[59] v. Sacken, Porträts, 125.

[60] Vgl. Abbildung 8, S. 230.

[61] Der Erhaltungszustand des mit Wasserfarben auf Leinwand gemalten Bildes ließ allerdings bereits Ende des 19. Jahrhunderts infolge von Feuchtigkeit und Abrieb sehr zu wünschen übrig; vgl. hierzu v. Sacken, Porträts, 27: „Im Gesichte fehlen alle Details, die Schärfe der Zeichnung ist dahin, die Züge erscheinen nur mehr in allgemeinen Umrissen, obschon noch deutlich genug, um von dem Aussehen des Dargestellten eine ziemlich klare Vorstellung zu erhalten …"

[62] Vgl. hierzu auch die Zweifel bei Tiemann, Grabplatte, 100: „Der Maler trifft im Ausdruck nicht ganz den richtigen Ton, die Mundwinkel sind allzu grämlich verzogen; immerhin doch großartige Bitterkeit wandelt er in verdrießliche Schläfrigkeit und kraftvollen Schmerz in unangenehme Sentimentalität um." – Auch die Restaurierung scheint im Vergleich mit der überlieferten Kopie nicht völlig gelungen. So geht aus der Kopie Knoderes hervor, daß der König ursprünglich in der linken Hand nicht einen Reichsapfel (wie nach der Restaurierung), sondern ein „Deckelgefäß" hielt, das in der Forschung zum Teil als „Salbbüchse" (vgl. in diesem Sinne bereits Redlich, Rudolf, 731 und Körner, Grabmonumente, 132) gedeutet wird.

[63] Vgl. hierzu Grauert, Kaisergräber, 539ff., hier 581; Kubach/Haas, Dom zu Speyer, 1024–1089, bes. 1088f.

[64] Chronicon Colmariense, 240.

wurde Rudolf ihm ebenfalls als ein Mann von magerer, langer Gestalt geschildert, ausgestattet mit einer Adlernase, der sich im Essen mäßige, von Jugend an in Armut gelebt, den Seinen gegenüber immer Treue bewiesen und mehr durch Weisheit als durch Gewalt seine Siege errungen habe.[65] Diese kurze Charakteristik wird durch die angesprochene 'Anekdotenliteratur' nicht nur im Grundsatz bestätigt, sondern darüber hinaus durch viele Einzelheiten ergänzt.

Hierher gehört die bereits oben angesprochene Anekdote von dem Witzbold, der behauptet hatte, wegen der langen Nase des Königs nicht an diesem vorbeigehen zu können.[66] Wenn auch bereits die unterschiedliche Lokalisierung des angeblichen Ereignisses durch die Chronisten kaum dafür spricht, daß es sich hierbei um einen authentischen Vorfall handelte, so erscheint es doch bemerkenswert, daß man über Rudolf überhaupt solche Geschichten erzählte und daß offensichtlich viele Leute ihm das hier beschriebene Verhalten durchaus zutrauten. Gegenüber der von Johann von Winterthur überlieferten Fassung hat der gelehrte Abt Johann von Viktring um 1340/41 die Geschichte weiter ausgeschmückt. Als er dabei Rudolf mit den bereits oben zitierten Worten des Kaisers Tiberius in Verbindung brachte,[67] hat er natürlich nicht an das spätere Grundrecht der Meinungsfreiheit gedacht, sondern lediglich seine frühhumanistische Bil-

---

[65] Ebenda, 246f.

[66] Siehe hierzu bereits oben S. 4.

[67] Vgl. Johannes von Viktring I, 290 = Treichler, 38, b: *Et iocundum ridiculum audientibus faciens se alterum Tyberium exhibebat, qui huiusmodi convicia pacientissime pertransivit, dicens: 'Oportet in civitate libera mentes hominum et lingwas liberas esse', et Prudencius: 'Vidua est virtus, quam non paciencia firmat.'* Bei dem angesprochenen Kaiser Tiberius handelt es sich nicht um den Nachfolger des Augustus aus dem claudischen Herrscherhaus, wie der Herausgeber F. Schneider mit dem Hinweis auf Johann von Salisburys Polycraticus, III, cap. 14 unterstellt (vgl. Johannes von Viktring I, 290, Anm. 3). Abgesehen davon, daß ein solches Zitat für den genannten Tiberius kaum vorstellbar ist, ist auch die angeführte Quelle hierfür nicht einschlägig, da sie keinerlei Anspielung auf das Zitat bei Johannes von Viktring enthält und zudem hier Tiberius gerade nicht als der 'Geduldige' erscheint, sondern von Augustus dazu ermahnt wird, gegenüber abschätzigem Gerede anderer Nachsicht walten zu lassen. Unter 'Tiberius' verstand Johannes von Viktring in diesem Zusammenhang vielmehr den oströmischen Kaiser Tiberius mit dem Beinamen *Constantinus* (Caesar 574, Augustus 578–582), zu dem das Zitat und die entsprechende Verhaltenweise wesentlich besser passen; vgl. Art. 'Tiberius II.', in: RE II, 11 (1936), Sp. 535 und Martindale, Prosopography 3, 1323–1326, bes. 1326. Die Annahme, daß es sich hier in der Tat um Kaiser Tiberius Constantinus handelt, wird auch dadurch gestützt, daß Johann von Viktring, wenn er an anderen Stellen auf 'Tiberius' verweist, den Beinamen *Constantinus* anfügt; vgl. hierzu z. B. Johannes von Viktring I, 218, 268.

dung unter Beweis stellen und nur die im Verhalten Rudolfs zum Ausdruck kommende Grundtugend der „Geduld" (*patientia*) – auch gegenüber Hohn und Spott – preisen wollen.[68] Daß Rudolf zwar keine Berührungsängste mit einfachen Leuten hatte, als König jedoch keineswegs immer beliebt war, läßt eine weitere, in Mainz spielende Anekdote erkennen. Hiernach soll er eine zänkische Bäckerin, die ihn, ohne ihn zu erkennen, aus ihrem Hause gejagt habe und zudem in seiner Gegenwart mit Beschimpfungen über den König hergezogen sei, durch Geschenke beschämt und gezwungen haben, unter dem Gelächter der Anwesenden ihre Schmähreden vor dem ganzen Hof zu wiederholen.[69] In Erfurt (oder nach einer anderen Fassung in Nürnberg) habe er durch List einen betrügerischen Wirt entlarvt,[70] und in Basel habe er sich von einem Gerber über den Sinn und Nutzen seines als roh und schmutzig verachteten Gewerbes belehren lassen.[71] In Straßburg soll Rudolf einen Kaufmann gefragt haben, ob er ihn zum Teilhaber in seinen Geschäften annehmen wolle, und ihm dann, nachdem dieser zugestimmt und jeder von ihnen eine Kapitaleinlage von 100 Mark Silber geleistet hatte, gute Ratschläge über den gewinnbringenden Ein- und Verkauf seiner Waren gegeben haben.[72] In Erfurt soll er sogar Reklame für das Bier des hier ansässigen Bürgers Siegfried von Buttstädt gemacht haben.[73]

Auch über Rudolfs bescheidene, genügsame Lebensweise waren zahlreiche Erzählungen im Umlauf, wonach etwa der König als *ein diemutiger, weiser herre* sein zerschlissenes Wams selbst geflickt[74] und angesichts der allgemeinen Lebensmittelknappheit im Heer es nicht verschmäht habe, eigenhändig Rüben aus dem Feld zu ziehen und diese zu verzehren.[75]

In der bereits angeführten Kurzcharakteristik Rudolfs, wie sie im Jahre 1273 ein Dominikaner König Ottokar von Böhmen übermittelte,[76] findet sich auch der Hinweis, daß Rudolf mehr durch Weisheit als durch Gewalt seine Siege errungen habe. Diese Aussage, die durch die allgemeine Herrschaftspolitik Rudolfs vor und nach seiner Königswahl bestätigt wird,

---

[68] Zu Johannes von Viktring als Geschichtsschreiber vgl. in diesem Zusammenhang auch Kleinschmidt, Herrscherdarstellung, 185–189 und Hillenbrand, Johann von Viktring, 437–453, die beide allerdings diese Stelle nicht ansprechen.

[69] Chronicon Colmariense [zu 1288], 255 = Treichler, Nr. 40, 107 f.

[70] Ellenhardi Chronicon, 133 = Treichler, Nr. 50, 114 f.

[71] Chronik Johanns von Winterthur, 25 f. = Treichler, Nr. 46, 111 f.

[72] Chronik des Mathias von Neuenburg, 43 = Treichler, Nr. 47, 112 f.

[73] Chronica S. Petri Erfordensis moderna, 298 f. = Treichler, Nr. 41, 108 f.

[74] Chronik des Mathias von Neuenburg, 40 = Treichler, Nr. 24, 76 (mit weiteren Überlieferungen).

[75] Ebenda, 40 = Treichler, Nr. 23, 5 f. (mit weiterer Überlieferung).

[76] Siehe oben Anm. 64.

wurde darüber hinaus auch in der Anekdotenliteratur thematisiert und an einzelnen Beispielen konkretisiert. So soll Rudolf nach dem Chronisten Mathias von Neuenburg, als die Spannungen zwischen ihm und dem Abt Berthold von St. Gallen (1244–1272) einen Höhepunkt erreichten, erklärt haben, daß, wer drei Fehden am Halse habe, zwei davon beilegen solle.[77] Ähnlich stellte Johann von Winterthur Rudolfs 'Weisheit' heraus, indem er ihm die Äußerung in den Mund legte, daß er es eher vorziehe, eine Burg durch Aushungerung einzunehmen, als durch einen überstürzten Angriff das Leben seiner Kämpfer aufs Spiel zu setzen.[78]

Mit der 'Weisheit' (*sapientia*) konnte in den Augen der Zeitgenossen auch die 'List' eng verwandt sein, wenn ihre Anwendung gerechtfertigt erschien. Sie konnte aber auch als untreues und unehrenhaftes Verhalten erscheinen und den, der sie einsetzte, moralisch disqualifizieren. Nicht nur die umlaufenden Anekdoten, sondern auch andere Quellen lassen erkennen, daß Rudolf öfter die 'List' im Sinne der Täuschung als Mittel einsetzte, um seine Ziele zu verwirklichen. Während in der bereits angesprochenen Anekdote von der Entlarvung des betrügerischen Wirtes[79] die von Rudolf angewandte List als Ausdruck königlicher Weisheit und Gerechtigkeit gepriesen wurde, wird das Verhalten Rudolfs in einer anderen Anekdote, die bezeichnenderweise mit der Überschrift 'Von der größten Hinterlist und Tücke, die König Rudolf jemals beging'[80] versehen ist, auch von dem habsburgfreundlichen Chronisten Mathias von Neuenburg scharf gerügt. Hiernach soll Rudolf den Grafen 'Iwan' (Johann von Güssing), der ihn ständig bekämpft und mehrere zwischen ihnen geschlossene Verträge gebrochen hatte, unter Vorspiegelung friedlicher Unterhandlungen 'arglistig' nach Wien gelockt und befohlen haben, ihn nach dem Gastmahl trotz des erteilten Geleits zu ertränken.[81] Inwieweit die Geschichte einen authentischen Hintergrund hat, ist nicht geklärt. Zwar spielte Johann von Güssing im Jahre 1278 in den Augen Rudolfs eine verhängnisvolle Rolle, da er mit den Verschwörern der Paltram-Familie und Heinrich von Kuenring in enger Verbindung stand.[82] Gegen den hier geschilderten Mord auf Rudolfs Befehl spricht jedoch, daß keine andere Quelle über diesen spektakulären Vorfall berichtet und ein (mit dem angeblich Ermordeten iden-

---

[77] Chronik des Mathias von Neuenburg, 14 = Treichler, Nr. 29: *Dixit enim comes Rudolf als Graf von Habsburg]: 'Quicunque tres lites habeat, duas reformet.'*
[78] Chronik Johanns von Winterthur, 32 f.
[79] Siehe oben Anm. 70.
[80] Chronik des Mathias von Neuenburg, 34 = Treichler, Nr. 31, 81: *De maximo dolo et fraude, quod rex Rudolfus unquam fecit.*
[81] Ebenda.
[82] Vgl. Redlich, Rudolf, 307 f. und oben S. 146.

tischer?) Graf Johann von Güssing auch noch lange nach 1278, sogar über den Tod Rudolfs hinaus die österreichische Grenze unsicher machte.[83]

Die anekdotische Überlieferung wie auch andere Quellen lassen erkennen, daß Rudolf auch gerne zur 'Kriegslist' griff, um militärische Auseinandersetzungen für sich zu entscheiden. Was heute als kluges Verhalten erscheint, konnte zu Rudolfs Zeiten noch mit alten ritterlichen Ehrvorstellungen kollidieren, die allerdings schon erheblich an Bedeutung eingebüßt hatten. Während der entscheidende Einsatz einer Ritterreserve in der Schlacht auf dem Marchfeld im eigenen Heer noch als ehrenrührig empfunden wurde,[84] stießen andere Formen der von Rudolf praktizierten Kriegslist bei den Zeitgenossen offenbar auf keinerlei Widerspruch.[85] Daß sich Rudolf dennoch nicht gänzlich über die ritterlichen Verhaltensweisen hinwegsetzte, macht eine andere, etwas derbe, noch vor der Königswahl Rudolfs angesiedelte Anekdote deutlich.[86] Hiernach soll Rudolf den mit ihm stark verfeindeten Züricher Ritter Mülner in einem Hohlweg überrascht haben. Dieser habe sich aber vor dem sicheren Tod gerettet, indem er an Ort und Stelle seine Notdurft verrichtete und dem Grafen und seinen Begleitern, die bereits die Schwerter gezogen hatten, entgegenhielt, daß es sich nicht zieme, ihn bei dieser Tätigkeit zu töten.[87] Darauf sei Rudolf 'wuterfüllt' weggeritten. Der Gerettete sei später zu einem seiner engsten Diener geworden.

Wenn es sich bei den bisher angesprochenen Anekdoten und Erzählungen auch vorwiegend um umlaufende Geschichten handelte, die in gewisser Weise 'Volkes Simme' wiedergaben und von den Chronisten aufgegriffen wurden, um ihre Leser zu erheitern oder zu belehren, so trifft eine solche Einschätzung jedoch nur auf einen Teil des Materials zu. Neben dieser mehr oder weniger ungesteuerten, zufälligen Überlieferung erscheinen andere, meist im oberrheinischen Raum entstandene und vor allem von den Bettelmönchen verbreitete Erzählungen eher als Teil einer neuen Herrschaftspropaganda, die bewußt im Sinne der kirchlichen Armutsbewegung an das Ideal des in seiner Lebensführung anspruchslosen,

---

[83] Vgl. hierzu Chronik des Mathias von Neuenburg, 34, Anm. 1.

[84] Siehe oben S. 150.

[85] Vgl. z. B. die Anekdote bei Johann von Winterthur, 23 f. = Treichler, Nr. 10, 61 f.

[86] Vgl. Chronik des Mathias von Neuenburg, 311 = Treichler, Nr. 12, 65 f.

[87] Vgl. ebenda: *Ille* [der Mülner] *vero extensis manibus clamavit comiti: 'Non decet dominacioni et honestati vestre occidere hominem merdantem ...'* – In einem englischen [mir leider nicht vorliegenden] 'Anstandsbuch' aus dem 12. Jahrhundert dem *Urbanus* ('der zivilisierte Mann') von Daniel Beccles, wird die gleiche Auffassung vertreten; vgl. Bartlett, England, 582 ff., der hieraus die entsprechende Stelle in engl. Übersetzung zitiert: „Do not attack your enemy, while he is squatting to defecate" (ebenda, 582).

egenüber Gott und der Kirche demütigen Königs anknüpfte. Vor diesem
Hintergrund erschien auch die von dessen Gegnern thematisierte 'Armut'
es Habsburgers keineswegs als ein Mangel, so daß Rudolfs Bild als armer
nd demütiger König noch heller erstrahlte, wenn man es mit dem Typus
es reichen und hoffärtigen Königs, wie ihn Ottokar zu verkörpern schien,
onfrontierte.

Bezeichnend für diese Sichtweise ist neben den ebenfalls in Anekdoten-
orm kolportierten Berichten über die Belehnung Ottokars im Feldlager
or Wien[88] vor allem auch die durch Schillers Ballade noch heute populäre
Erzählung, wonach Rudolf einem Priester, der eine Hostie bei sich trug
nd an einer Furt einen Fluß überqueren wollte, sein Pferd überlassen und
ann sogar auf die Rückgabe mit der Begründung verzichtet habe, daß er
icht mehr auf einem Pferd reiten könne, das den Herrn und Schöpfer
ller Dinge selbst getragen habe.[89] In diesen Zusammenhang dürfte auch
ie oben bereits angesprochene Anekdote[90] aus der Colmarer Überliefe-
ung zu sehen sein, wonach Rudolf auf die Frage des Herrn von Klingen
ach seinem Schatzmeister geantwortet habe, daß er weder einen Schatz
och außer einigen schlechten Münzen Geld habe und bei dem bevorste-
enden Feldzug allein auf Gott vertraue, der ihn – wie bisher – auch in Zu-
unft versorgen werde. Wenn auch in extremer Armut, so habe der König
och frohgemut seinen Marsch fortgesetzt, und ohne Widerspruch hätten
ich ihm alle Reichsangehörigen mit ihren Burgen freiwillig unterworfen,
a sie keine Aussicht auf erfolgreichen Widerstand gesehen hätten. Die
Botschaft der Erzählung war vor dem geschilderten Hintergrund klar: Der
ohne Geld allein auf Gott vertrauende Rudolf wurde geradezu mit einem
Wunder belohnt, indem alle sich ihm freiwillig unterwarfen. In Wirklich-
eit war Rudolf natürlich nicht ganz so arm, wie dies hier dargestellt wird.
o hatte Papst Gregor X. noch kurz vor seinem Tod Anfang 1276 Rudolf
inanzielle Unterstützung in Höhe von insgesamt 15000 Mark Silber
ukommen lassen, die Rudolf nun für die Rüstungen gegen Ottokar, die
ereits im Frühjahr 1276 begannen, zur Verfügung standen. Zudem hatte
Rudolf mit den rheinischen Kurfürsten bereits Absprachen wegen der
ruppengestellung zum Römerzug getroffen, wobei zumindest Erzbischof
Werner von Mainz und der rheinische Pfalzgraf Rudolf mit den dafür vor-
esehenen Truppenkontingenten kraft ihrer lehnrechtlichen Verpflichtung
ohl den Krieg gegen Ottokar unterstützten. Auch dürfte die Masse der
chwäbischen und fränkischen Herren – unter ihnen vor allem Burggraf

---

[88] Siehe hierzu oben S. 142.

[89] Chronik des Johann von Winterthur, 21 = Treichler, Nr. 1, 41 f.; vgl. hierzu auch
Martin, Bild Rudolfs, 213.

[90] Vgl. oben S. 4 f.

Friedrich von Nürnberg – Rudolf ihre Kontingente nicht gegen Sold
zahlungen, sondern ebenfalls im Rahmen ihrer Vasallenpflichten zuge
führt haben. Natürlich war der permanente Geldmangel Rudolfs gegen
über den finanziellen Möglichkeiten des 'goldenen Königs' offenkundig
so daß Rudolf sich in einigen Fällen auch zu Reichsgutverpfändungen ge
nötigt sah, um einzelne von ihm umworbene Herren zur Unterstützung z
bewegen.[91] Daß dieses Heer im Grunde erst vor Wien auf den erste
ernsthaften Widerstand des so mächtig eingeschätzten Königs Ottoka
und seiner Verbündeten stieß, mochte zwar manchem Zeitgenossen wi
ein göttliches Wunder erschienen sein. Dieses Ergebnis läßt sich allerding
auch ohne ein überirdisches Eingreifen durch den militärischen Druc
und die geschickte Verhandlungsführung schlüssig erklären, die König Ru
dolf gegenüber dem unsicheren Kantonisten und potentiellen Bundes
genossen Ottokars, Herzog Heinrich von Niederbayern, an den Tag legte
sowie durch militärische Fehlentscheidungen Ottokars und den schnelle
Zusammenbruch der böhmischen Stellung in Österreich.[92]

Vielleicht ist auch die 'Bearbeitung' einer 'Wandererzählung' durch de
von Ellenhard beauftragten Straßburger Chronisten im Rahmen diese
habsburgischen Herrschaftspropaganda zu sehen. Es handelt sich um di
bereits angesprochene Anekdote vom betrügerischen Wirt, den Rudo
nach der Straßburger Fassung in Erfurt durch eine List überführt habe
soll.[93] Nach dieser Version soll der König nach Klärung des Sachverhalt
mit den anwesenden Adligen über die Strafe des Betrügers beraten haben
wobei man einstimmig den vergeblich um Gnade Flehenden dazu verur
teilt habe, am Schweif eines Rosses zum Ort seiner Marter geschleift un
dort auf grausame Weise hingerichtet zu werden. Nach Vollstreckung de
Urteils sei dem Betrogenen das ihm vorenthaltene Geld zurückerstatte
worden, der hierfür den König geradezu als einen „Heiligen" gepriese
habe, durch den Gott noch viele Wundertaten vollbringen werde.[94]

Die barbarische Strafe, die hier unter entscheidender Mitwirkung Ru
dolfs für das betrügerische Delikt verhängt worden sein soll, erschein

---

[91] Vgl. RI VI,1, Nrn. 583, 585, 593 und Redlich, Rudolf, 268.

[92] Siehe hierzu bereits oben S. 139 ff.

[93] Siehe bereits oben Anm. 70.

[94] Vgl. Chronicon Ellenhardi, 133 = Treichler, Nr. 50, Fassung a, 114 f.: *Civis ill*
[der Betrüger] *stupefactus obmutuit; demum confessus fuit, ita esse actum, et proci
dens ad pedes regis misericordiam petiit et recepit miseriam. Dominus autem rex pre
dictus, inito cum nobilibus qui ibidem aderant consilio, quod de tanto calumpniator
foret ordinandum, qui omnes simul et una clamaverunt voce, eum secundum sui de
licti merita fore trucidandum, et in cauda equi debere trahi usque ad locum tormen
torum eius ...*

icht nur nach unserem Rechtsempfinden, sondern selbst im Vergleich zur
rutalen Härte des damaligen Strafrechts überzogen. Diese Einschätzung
vird bestätigt, wenn man hiermit die zweite Überlieferung dieser Ge-
chichte durch Mathias von Neuenburg vergleicht, der – bei sonst weit-
ehender Übereinstimmung mit der Straßburger Fassung – nur lapidar
rwähnt, daß Rudolf den „überaus reichen" Schuldigen mit dem Verlust
einer Güter bestraft habe.[95]

Die grausame Ausschmückung der Geschichte in der Straßburger Fas-
ung sollte wohl dazu dienen, Rudolf dem Idealbild nicht nur des weisen,
ondern auch des strengen Richters, vor dem alle Übeltäter erzittern, an-
unähern, wobei auch bereits die Kanzlei unter Friedrich II. die formelhaf-
en Einleitungen (Arengen) der ausgehenden Urkunden dazu genutzt
atte, ihren kaiserlichen Herrn ebenfalls in diesem Sinne darzustellen.[96]
Ohne jeden Anflug von Kritik, sondern eher in positiver Hervorhebung
vurde auch sonst in der Chronistik darüber berichtet, wenn König Rudolf
ein Richteramt mit unbarmherziger Strenge ausübte. Daß er dies auch
at, wenn adlige Standesgenossen die Übeltäter waren, zeigte sich nicht
ur bei seinem Vorgehen gegen die Landfriedensbrecher in Thüringen;[97]
ach einer kurzen Notiz in den Jahrbüchern von Basel wurde 1277 ein
Ierr von *Haspisperch* auf Befehl König Rudolfs wegen eines ihm ange-
asteten Delikts der 'Sodomie', worunter man im Mittelalter meist homo-
exuelle Handlungen verstand, verbrannt.[98]

Das hier wohl bewußt Rudolf zugeschriebene Bild vom strengen Richter
vird allerdings durch eine andere Anekdote geradezu ins Gegenteil ver-
:ehrt. Nach dieser Erzählung soll Rudolf auf die Vorhaltungen seiner Ratge-
er, daß er es an der nötigen Strenge fehlen lasse, erklärt haben, daß es ihn
iemals gereut habe, sanft und mild gegenüber anderen gewesen zu sein.[99]

Zur Interpretation dieser Geschichte ist auch der Umstand heranzuzie-
en, daß sie im Stadtarchiv Köln in einer Sammlung von Notizen und Auf-
eichnungen für den Handgebrauch eines Geistlichen überliefert ist. Auch
venn für ihre Entstehung und Verbreitung die Chronistik in Straßburg
ind Colmar kaum verantwortlich gemacht werden kann, so paßt sie den-
och ebenfalls in das Bestreben der habsburgischen Herrschaftspropagan-

[95] Chronik des Mathias von Neuenburg, 44 = Treichler, Nr. 50, b, 115: ... *rex* ...
edditoque mercatori argento hospitem predivitem in substancia bonorum mulc-
avit.

[96] Vgl. hierzu bereits oben S. 51.

[97] Siehe oben S. 220.

[98] Annales Basileenses, 201: *Rex Rudolphus dominum Haspisperch ob vicium so-*
omiticum combussit.

[99] Hofmeister, Anekdoten, Nr. 6, 21 = Treichler, Nr. 51, 116.

da, Rudolfs Erscheinungsbild dem Ideal des mittelalterlichen Königs an
zugleichen. Dieser Idealvorstellung entsprechend erwartete man ja vor
König, daß er nicht nur mit richterlicher Strenge gegen überführte Übel
täter vorging, sondern daß er auf der anderen Seite auch – vor aller
gegenüber besiegten Gegnern – Nachsicht und Milde walten ließ.[100]

Inwieweit der Anekdote ein historischer Kern zugrunde lag, ist auc
hier schwer zu beantworten. Vielleicht spiegelt der erhobene Vorwur
mangelnder Strenge eine gewisse an die königlichen Räte herangetragen
Enttäuschung der Kölner Stadtbürger über die – in ihren Augen – z
große Rücksichtnahme wider, die Rudolf trotz aller Auseinandersetzun
gen im Umgang mit dem aufmüpfigen Kölner Erzbischof[101] an den Ta
legte. Möglicherweise hat dann ein dem König nahestehender Geistliche
vielleicht ein Bettelmönch, den wirklichen oder frei erfundenen Aus
spruch Rudolfs in die Kölner Sammlung aufgenommen, um das Verhalte
Rudolfs moralisch zu rechtfertigen.

Fassen wir die Eindrücke zusammen, die die 'Anekdotenliteratur' un
sonstige Quellen uns bisher von der Persönlichkeit Rudolfs vermittel
haben, so tritt uns dieser zunächst als ein bescheidener, leutseliger un
weithin populärer König entgegen, der gerade bei den unteren Schichte
durch sein persönliches Vorbild wirkte und im Dialog mit diesen keinerl
Berührungsängste, sondern vielmehr Schlagfertigkeit und volkstümliche
Witz erkennen ließ. Dazu rückten – zum Teil im Rahmen einer zielgerich
teten Herrschaftspropaganda – noch weitere Eigenschaften Rudolfs i
den Vordergrund, die ihn sowohl nach hergebrachten adlig-ritterliche
Vorstellungen als auch nach dem neuen Armutsideal der Kirche zum idea
len christlichen Herrscher schlechthin stilisierten: Demut gegenüber Got
und der Kirche, Armut und Gottvertrauen statt Reichtum und Stolz, daz
Weisheit im Frieden und im Krieg, gepaart mit richterlicher Strenge un
gütiger Nachsicht. So beeindruckend dieses nicht zuletzt auch von de
habsburgischen Propaganda gezeichnete Bild auch gewirkt haben mag, s
ist doch andererseits das charismatische Defizit nicht zu übersehen, da
der eher nüchterne Herrschaftsstil des Habsburgers hinterließ. Währen
es für Friedrich II. einst genügt hatte, ohne Heer, nur begleitet von seine
exotischen Hofstaat, nach Deutschland zu kommen, um die Empörun
seines Sohnes Heinrich niederzuschlagen,[102] sah sich Rudolf immer wiede

---

[100] Siehe oben S. 104.

[101] Siehe hierzu oben S. 182f.

[102] Vgl. hierzu Continuatio Funiacensis et Eberbacensis, 348 und zur Sach
Schönbauer, Imperiumspolitik, 557; Kantorowicz, Friedrich der Zweite, 370, un
außerdem Annales Colmarienses, 189; Konrad von Pfäfers, Continuatio Casuu
Sancti Galli, 220f.

nit einer diffusen Sehnsucht weiter Bevölkerungskreise nach der glanz-
ollen Zeit der Stauferkaiser konfrontiert, was sich nicht zuletzt im Pro-
•lem der 'falschen Friedriche' niederschlug, von denen einer Rudolfs
Herrschaft auch in der Praxis bedrohte.[103] Zudem widersprach der sparsam-haushälterische Stil des Königs diame-
ral einer anderen königlichen Idealtugend, der Freigebigkeit (*liberalitas
egis*), die bezeichnenderweise in der habsburgischen Herrschaftspropa-
,anda nicht thematisiert wurde und von der vor allem die Gruppe der von
*ürstenhof zu Fürstenhof reisenden Dichter, Sänger und Spielleute lebten.
*Vie Rudolf nach einer (allerdings erst spät) überlieferten Anekdote es
*erstanden haben soll, mit schlauen Worten einen aufdringlichen Bettler
ıbzufertigen,[104] so ließ er offensichtlich auch wenig Sinn für ein großzügi-
;es Mäzenatentum zugunsten von Kunst, Dichtung und Wissenschaft er-
.ennen. Wenn er auch nichts dagegen hatte, daß Spruchdichter und Spiel-
eute an seinem Hof auftraten und die Anwesenden mit ihren Darbietun-
;en unterhielten, so scheint er sich doch bei deren Entlohnung – gelinde
,esagt – sehr zurückgehalten zu haben[105] – vor allem, wenn sie nicht zum
ngeren Kreis der habsburgischen Familie nahestehenden 'Hofdichter' ge-
ıörten.[106] Einige der Betroffenen haben sich hierfür auf ihre Weise ge-
ächt, indem sie nicht nur den Geiz Rudolfs beklagten,[107] sondern sich
ıuch zum Sprachrohr seiner politischen Gegner machten und ihm generell
lie Eignung als König absprachen.[108]

[103] Siehe oben S. 191ff.

[104] Vgl. Andreas von Regensburg, 67 [als Zusatz von Konrad Derrer später ein-
,efügt] = Treichler, Nr. 42, 109f.

[105] So hat der als *der Unverzagte* in die Literaturgeschichte eingegangene
;pruchdichter sein im übrigen positives Gedicht auf Rudolf mit den ironisch-bitte-
en Versen abgeschlossen: *ich gan im wol, daz im nach siner milte heil geschiht: / der
neister singen, gigen, sagen, daz hoert er gerne, und git in darümbe niht (Druck: Poli-
ısche Lyrik, Nr. XXVIII, III 1, 86; zum *Unverzagten* allgemein vgl. F. Schanze, Art.
Der Unverzagte', in: VL 10 (1999), Sp. 107f.

[106] Vgl. hierzu oben S. 177f.

[107] Vgl. hierzu Redlich in: RI VI,1, 11: „… dagegen klagten die Dichter, daß er,
ıer wohl ein Kamel und einen Papageien mit sich führte, dennoch feinerer Bildung
remd ihnen nichts gebe" (ohne Quellenangabe). Vgl. auch den *Meister Stolle*, in:
Politische Lyrik, Nr. XXVII, 11, S. 84f. und zu *Meister Stolle* G. Kornrumpf, Art.
Stolle', in: VL 9 (1995), Sp. 356–359.

[108] Hier ist vor allem der Schulmeister von Esslingen zu nennen, der Rudolfs ver-
,ebliche Bemühungen um den Erwerb der Kaiserkrone verspottete, indem er ihn
ıls *keiser umb den Rein* bezeichnet (Politische Lyrik, Nr. XXIX, II 1, S. 87), ihm
wohl in Anlehnung an die Revindikationspolitik) vorwirft, schlimmer als der Teu-
el zu sein, da er noch mehr Leute als dieser um ihr Hab und Gut gebracht habe
ebenda, Nr. XXIX, III 2, S. 87f.) sowie in keiner Weise den Insignien seines Wap-

5. Herrschaftskonzeption und Herrschaftspolitik
zwischen staufischer Tradition und neuen Wegen

a) Persönlicher Anteil Rudolfs

Versuchen wir im folgenden, Rudolfs Herrschaftskonzeption und ihr‹
Umsetzung in der täglichen Politik zusammenfassend zu würdigen, s‹
stellt sich zunächst die Frage, inwieweit es überhaupt möglich ist, eine ge›
gebenfalls aus den königlichen Erklärungen und Maßnahmen erschließ‹
bare Herrschaftskonzeption und -politik auch Rudolf persönlich zuzu‹
rechnen, der ja kaum allein entschied, sondern regelmäßig von andere›
beraten und damit auch beeinflußt wurde. Das Problem wurde bereits vo›
Rudolfs großem Biographen Oswald Redlich gesehen, der eingestehe›
mußte, daß es nach den Quellen nur in bescheidenem Umfang möglich se›
den Anteil der Berater, Verwandten und Freunde Rudolfs bei seinen Ent‹
scheidungen zu bestimmen.[109] Sicher hat z. B. Burggraf Friedrich vo›
Nürnberg als langjähriger Vertrauter und Ratgeber so manche Entschei‹
dung Rudolfs mitbeeinflußt. Wenn der Graf von Orlamünde sich um 127›
an den Burgrafen „als an denjenigen" wandte, „der beim König alles ver‹
möge und durch dessen Rat und Wink der König gelenkt werde",[110] s‹
sollte man allerdings diese dem Adressaten schmeichelnde Bemerkun‹
nicht unbedingt wörtlich nehmen. Vielmehr sprechen mehrere Gründ‹
dafür, daß die im Namen Rudolfs als König ergangenen Entscheidunge›
in hohem Maße auch ihm persönlich zuzurechnen sind. So deutet scho›
die energische Persönlichkeit Rudolfs, der, als er mit 55 Jahren die Königs‹
würde übernahm, bereits genügend eigene Erfahrungen im Rahmen terri‹
torialer Herrschaftspolitik gesammelt und dabei – bei aller persönliche›
Bescheidenheit – auch genügend Selbstbewußtsein aufgebaut hatte, kaun‹
darauf hin, daß er einzelnen Beratern einen bestimmenden Einfluß au‹
seine Herrschaftspolitik eingeräumt hätte. Außerdem nötigte ihn gerad‹
das Fehlen eines institutionalisierten Beamtenapparats viel mehr als sein‹
zeitgenössischen 'Kollegen' in Frankreich und England dazu, Regierungs‹

---

penschildes entspreche und nicht dem Adler, sondern dem Specht gleiche (ebend‹
Nr. XXIX, V, S. 89); vgl. zu ihm G. Kornrumpf, Art. 'Der Schulmeister', in: VL
(1992), Sp. 869–872 und zur Sache auch Müller, Untersuchungen, 142–146; Marti›
Bild Rudolfs, 216–221 (mit weiteren, auch für Rudolf positiven Beispielen) sowi‹
Ritscher, Literatur, 44 ff.

[109] Redlich, Rudolf, 733.

[110] Vgl. Wiener Briefsammlung, Nr. 104, 114: … .idcirco cum vos aput serenissi›
mum dominum nostrum regem sciamus omnia posse tamquam eum, cuius arbitri
idem dominus noster rex regitur atque nutu … = RI VI,1, Nr. 909.

ntscheidungen persönlich zu treffen. Die höhnische Kommentierung des
egierungsstils König Philipps IV. durch einen Zeitgenossen – „Das ist
eder ein Mensch noch eine Bestie, das ist eine Statue ..." und „Unser
önig gleicht dem Uhu, dem prächtigsten der Vögel, der aber zu nichts
utz ist. Er tut nichts anderes als die Menschen anstarren, ohne ein Wort
ι reden"[111] – wäre wohl gegenüber Rudolf kaum denkbar gewesen.

b) Herrschaftsziele und Herrschaftsvorstellungen

Können wir also davon ausgehen, daß die in den Quellen faßbaren Re-
ierungsentscheidungen und Erklärungen auch weitgehend Rudolf per-
önlich zuzuordnen sind, so stellt sich als nächstes die Frage, inwieweit sich
us diesen Zeugnissen das Selbstverständnis und damit die Zielvorstellun-
en Rudolfs für seine Herrschaftspolitik als König erschließen lassen.
Vor allem aus den Arengen der unter Rudolf ausgestellten Königsur-
unden hat Ernst Spannring als Hauptziel der Herrschaftspolitik des
absburgers die *reformatio imperii*, die 'Wiederherstellung' des Reiches
erausgearbeitet, das in Rudolfs Augen während des Interregnums keinen
vahren König' besessen und deshalb schwer gelitten habe.[112] Entschei-
ende Voraussetzung für eine solche *reformatio imperii* war aus der Sicht
udolfs die Wiederherstellung der königlichen Gewalt. Dabei sah der
absburger seine wichtigsten Aufgaben darin, zunächst Frieden und
echt sicherzustellen, was in der Praxis die Verkündung und Durchset-
ung des Landfriedens einerseits und die Wiederaufrichtung der könig-
chen Gerichtsbarkeit andererseits bedeutete. Zu diesen Vorhaben kam
it gleicher Priorität der Auftrag, die entfremdeten Güter wieder an das
eich zu bringen (Revindikationspolitik).[113]
Eine weitere Zielvorstellung Rudolfs, die ihn bis zu seinem Tode in
tem hielt, ist weniger aus den Arengen der Urkunden als vielmehr aus

---

[111] Zit. nach E. Lalou, Art. 'Philipp IV. der Schöne', in: LexMA 6 (1993),
p. 2061–2063, Zit. 2063. Aus dieser Äußerung sollte man allerdings nicht vor-
chnell schließen, daß Philipp der Schöne eine Marionette in der Hand seiner Rat-
eber gewesen sei. Die neuere Forschung ist vielmehr in ihrer überwiegenden
1ehrheit der Meinung, daß der König – trotz seines zurückhaltenden Auftretens in
er Öffentlichkeit – sich bei wichtigen Angelegenheiten stets die letzte Entschei-
ung persönlich vorbehalten habe; vgl. hierzu z. B. Ehlers, Geschichte Frankreichs,
31 ff.; Miethke, Philipp IV., 206 f.
[112] Vgl. Spannring, Auffassung, 34 ff. und dazu als Quellenbelege z. B. MGH
onst. 3, Nrn. 26, 28; 56, 50; 59, 51; 67, 57 u. a.
[113] Vgl. hierzu besonders Spannring, Auffassung, 35 ff., 44 ff., 81 ff.

seinem faktischen Verhalten zu erschließen: das Bestreben, seiner Famili
nicht nur die Herrschaft in den österreichischen Ländern, sondern auc
die Königsherrschaft im Reich im Sinne einer 'faktischen' Erbfolge z
erhalten.[114]

Lassen diese Vorstellungen auch eine grundsätzlich rückwärtsgewandt(
an die Traditionen der Staufer anknüpfende Herrschaftskonzeption erken
nen, so konnte und wollte Rudolf die Politik der Staufer nicht einfach fort
setzen. Wenn er auch in schon fast spektakulärer Weise die Könige de
Interregnums als rechtlich nicht existent betrachtete[115] und damit in An
spruch nahm, mit seinem Königtum unmittelbar an Kaiser Friedrich II. an
zuschließen, machte er dabei aber doch eine entscheidende Einschrän
kung: Indem er – entgegen der von ihm noch früher vertretenen Auffas
sung – als König davon ausging, daß mit der Absetzung des Staufers ir
Jahre 1245 auch dessen legitime Herrschaft endete, erkannte er zugleic
die gewandelten machtpolitischen Verhältnisse an, die sich vor allem i
der neuen politischen Führungsrolle der römischen Kurie manifestierter
Dies bedeutete wiederum aus der Sicht Rudolfs, daß nicht nur die Kaiser
krönung, sondern im Grunde jede Form der Italienpolitik nur im Einver
nehmen mit der Kurie durchsetzbar schien und daß daher schon vor die
sem Hintergrund an eine Wiederaufnahme der Italienpolitik Friedrichs I
gar nicht zu denken war.

Einen Bruch mit der staufischen Tradition glaubte die ältere Forschun
bei Rudolf auch insoweit zu erkennen, als man in ihm den ersten Herr
scher sah, der dem dynastischen Hausinteresse seiner Familie höchst
Priorität eingeräumt habe, hinter dem im Kollisionsfall notfalls auch da
Interesse des Reiches zurückzutreten hatte. Aus dieser Sichtweise erschie
Rudolf geradezu als der erste 'Hausmachtkönig' im Mittelalter, der – zu
gespitzt formuliert – sein Amt als König vor allem dazu genutzt habe, di
eigene Familie zu fördern. In diesem Sinne tadelte zum Beispiel Theodo
Lindner die Politik Rudolfs – allerdings erst die ab den achtziger Jahren
mit den harten Worten: „Der König hätte sich damals begnügen könne
mit den wahrhaft großartigen Erfolgen, welche er bis dahin für seine Fa
milie erzielt hatte. Aber nun will er seine beiden jüngeren Söhne ebens
ausstatten wie den älteren. So wird er geradezu zum politischen Abenteu
rer; ein Plan jagt den andern und mehrere gleichzeitig betriebene hemme
den Erfolg eines einzelnen ... Zwar nimmt er sich der Reichsregierung a
aber bei ihr schielt er immer seitwärts, ob nicht ein Vorteil für seine Fam
lie einzuheimsen ist ...“[116]

---

[114] Vgl. ebenda, 83–90, bes. 88f.

[115] Siehe oben S. 166.

[116] Lindner, Deutsche Geschichte 1, 84. – Vgl. im Ergebnis ähnlich auch Lorenz
Deutsche Geschichte 2, 284.

Dagegen wies Oswald Redlich darauf hin, daß aus der Sicht Rudolfs in
Anbetracht der Stärke der „großgewordenen fürstlichen Territorien" der
Erwerb der österreichischen Herzogtümer für seine Söhne „das Fundament eines machtvollen neuen deutschen Königtums" werden sollte,[117]
wobei man nicht sagen könne, „daß Rudolf über der Fürsorge für sein
Haus das Reich ernstlich und so sehr vernachlässigt habe, daß irgend Un-
wiederbringliches versäumt worden wäre"[118]. Nach Redlich soll „Rudolfs
Bedeutung und sein Verdienst um Deutschland" vielmehr darin gelegen
haben, „daß er mit klarem Blick den Untergang des alten Kaisertums erkannte, daß er in mutiger Entschlossenheit alle jene staufischen Ansprüche fallen ließ, daß er das neue Königtum und Kaisertum wesentlich auf
deutschen Boden beschränken wollte".[119]
    Die unmittelbar nachfolgende Forschung hat sich mit den vorgetrage-
nen Ansichten nicht wirklich auseinandergesetzt, sondern damit begnügt,
in Rudolf insofern den ersten 'Hausmachtkönig' zu sehen, als er der erste
Herrscher gewesen sei, der seine Königsherrschaft vorwiegend auf die
eigene Hausmacht gestützt habe, da angesichts der gewandelten Verhältnisse nur so eine Chance bestanden habe, sich als König gegenüber den
mächtigen Territorialgewalten zu behaupten.[120] Wenn diese Deutung auch
durch die neuere Forschung in Frage gestellt wurde, da zu Rudolfs Zeit die
neugewonnene österreichische Hausmacht und die Königsherrschaft nicht
in einer Hand vereint waren und nach Rudolfs Herrschaftskonzeption
auch in Zukunft nicht zusammengeführt werden sollten,[121] so ändert dies
grundsätzlich nichts an der Tatsache, daß Rudolf, als er 1282 seine Söhne
mit den österreichischen Ländern belehnte, in deutlicher Form mit der
Politik des letzten Stauferkaisers brach. Im Gegensatz zu diesem, der sich
zwar ebenfalls dieser Länder bemächtigt hatte, sie aber in unmittelbare
Reichsverwaltung nehmen wollte,[122] entschied sich Rudolf dafür, diese
Gebiete an seine Familie zu bringen, wobei er mit diesem Schritt in erster
Linie sein Haus,[123] daneben aber, allerdings mit nachgeordneter Priorität,
auch seine Autorität als König stärken wollte. Dabei sollte man Rudolf

---

[117] Redlich, Rudolf, 736.
[118] Ebenda, 739.
[119] Ebenda, 740.
[120] Vgl. z. B. Haller, Epochen, 101; Hampe, Herrschergestalten, 231; Haller/Dan-
nenbauer, Von den Staufern zu den Habsburgern, 24.
[121] Vgl. hierzu Thomas, Deutsche Geschichte, 65 f.
[122] Vgl. hierzu Erkens, Königtum, 48 ff.
[123] Mit Recht hat auch Erkens, Königtum, 47 diesen Tatbestand klar heraus-
gestellt: „Die feierliche Einweisung der Königssöhne in die südostdeutschen Herzogtümer besitzt deshalb eindeutig den Charakter eines hausmachtpolitischen
Aktes." – Vgl. hierzu auch Grabmayer, Überlegungen, 49.

gegen den Vorwurf in Schutz nehmen, durch diese Entscheidung sow
seine als König weiter betriebene habsburgische Territorialpolitik di
Interessen des Reiches geschädigt oder gröblich vernachlässigt zu habe
Durch die Verleihung der österreichischen Herzogtümer an Rudol
Söhne wurde dem Reich nichts genommen, da diese Länder auch vor O
tokars Usurpation und der Absetzung Friedrichs II. (1245) zu Lehen au
gegeben waren. Rudolf verzichtete allerdings mit der ausdrückliche
Zustimmung der Kurfürsten darauf, in diesem speziellen Falle das Reic
dadurch zu 'mehren', daß er die heimgefallenen Reichslehen dem Reichs
kammergut, das heißt dem vom König unmittelbar verwalteten Reichsgu
zuführte. Andererseits hatte Rudolf gleich zu Beginn seiner Regierung ge
zeigt, daß er nicht gewillt war, seine Hausmacht auf Kosten des Reiche
auszustatten, indem er sogleich nach seiner Königswahl die nach der
Friedensschluß von 1262 für sein Haus gewonnenen Reichsstädte Kaisers
berg, Colmar und Mülhausen wieder an das Reich zurückgab. Auch im fü
die Habsburger-Hauspolitik so sensiblen oberburgundisch-nordschweize
rischen Raum hat Rudolf die dem Grafen von Savoyen im Jahre 1283 ab
gerungenen Reichsfesten Murten und Peterlingen nicht seinem Haus
sondern dem Reichsgut zugeführt. Da Rudolf es auch sonst im allgeme
nen[124] vermied, sich und sein Haus auf Kosten des Reiches ungerechtfe
tigt zu bereichern, ist das von ihm praktizierte 'Hausmachtkönigtum' doc
noch wesentlich anders zu beurteilen als etwa das unter Kaiser Karl IV
der keinerlei Skrupel hatte, Reichsgut dauerhaft seinen Nachfolgern al
römisch-deutschen Königen dadurch zu entziehen, daß er es seinem Hau
besitz, dem Königreich Böhmen, einverleibte.[125]

Nach den bisherigen Ausführungen können wir zunächst festhalten, da
Rudolf in seiner Herrschaftskonzeption zwar weitgehend noch den stauf
schen Traditionen verhaftet war, andererseits aber mit der Schaffung eine
eigenen Hausmacht, die als Herrschaftsbasis für die Dynastie und zugleic
für ein starkes habsburgisches Königtum in der Zukunft dienen sollt
auch neue Wege beschritten hat.

---

[124] Zu den Ausnahmen vgl. oben S. 172.
[125] Vgl. hierzu bereits Schubert, König, 91–95, bes. 94 und 153–165, bes. 162 ff., w
auch (ebenda, 163 f.) das bezeichnende Urteil des Straßburger Chronisten Jako
Twinger von Königshofen über die Finanzpolitik dieses Herrschers zitiert wir
Dirre keyser stellte gar sere noch guote und noch lande und lüten, und was ime vo
guote wart, daz leite er an daz künigreich zuo Behem und nüt an daz rich.

c) *Herrschaftspolitik in der Praxis*

Es bleibt noch die Frage zu klären, inwieweit Rudolf auch bei der Umsetzung der genannten Herrschaftsziele, also in der alltäglichen Herrschaftspolitik, an staufische Traditionen angeknüpft oder neue Wege beschritten hat.

Auch hier scheinen sich weite Bereiche der königlichen Herrschaftsmaßnahmen an die Praxis der Stauferzeit anzuschließen. Dies gilt zunächst für die Wiederaufrichtung und Wahrnehmung der königlichen Gerichtsbarkeit. Zu den ersten Maßnahmen des Königs nach seiner Krönung gehörten in Anlehnung an den von Kaiser Friedrich II. im Jahre 1235 in Mainz verkündeten Reichslandfrieden die Bestellung eines Hofrichters[126] sowie ein unter dem Vorsitz König Rudolfs im Februar 1274 in Hagenau ergangener Rechtsspruch, in dem bestimmt wurde, daß innerhalb des Königreichs niemand hohe Gerichtsbarkeit innehaben oder ausüben dürfe, er diese nicht vom König oder von einem, der von diesem damit belehnt war, empfangen habe.[127] Der sicher von Rudolf initiierte Rechtsentscheid ist im Zusammenhang mit dem bereits angesprochenen grundsätzlichen Problem des deutschen 'Allodialismus'[128] zu sehen, wonach die angehenden Landesherren dazu neigten, die Blutgerichtsbarkeit, um die es sich hier handelte und die im Rahmen der angestrebten Landesherrschaft eine bedeutsame Rolle spielte, im Bereich ihrer (zahlreichen) Allodgüter als ein ebenfalls allodiales Recht ohne Lehnsverbindung mit dem König in Anspruch zu nehmen, wodurch dieser Gefahr lief, immer mehr ins machtund verfassungspolitische Abseits zu geraten. Die grundsätzliche, weit über die Zeit Rudolfs hinausgehende Bedeutung dieses Rechtsspruches zeigt sich darin, daß es noch Ende des 15. Jahrhunderts zu den (relativ wenigen) allgemein anerkannten Rechtstatsachen gehörte, daß die Ausübung der Blutgerichtsbarkeit eine königliche Verleihung voraussetzte.[129]

Ebenfalls in der staufischen Tradition stand Rudolf mit seiner Überzeugung, daß sich die Rechtswahrung für den König nicht nur in der eigentlichen Gerichtsbarkeit erschöpfte, sondern vor allem auch den weiten Bereich der außergerichtlichen Streitschlichtung einschloß. Auch hier zeigte Rudolf durch seine unermüdliche Tätigkeit in der Praxis, welche Bedeutung er dieser Form von Rechts- und Friedenswahrung beimaß.[130]

---

[126] Vgl. hierzu oben S. 119, Anm. 18.

[127] MGH Const. 3, Nr. 27, 28 f. = Urkundenregesten Hofgericht 3, Nr. 12, 9.

[128] Siehe oben S. 111.

[129] Vgl. Krieger, Rechtliche Grundlagen, 78 f.

[130] Vgl. hierzu U. Rödel, Königliche Gerichtsbarkeit, 129, 134 ff. und die zahlreichen Beispiele in Urkundenregesten Hofgericht 3, Nrn. 1, 15, 22, 27, 39, 41, 42, 43, 9 und andere.

Im Gegensatz zu Kaiser Friedrich II. sah Rudolf sich in der Praxis aller
dings nicht als Gesetzgeber, wenn er auch in der Theorie nach der Niede
werfung Ottokars die grundsätzliche Kompetenz hierzu in Anspruc
nahm.[131] Die Gründe für diese Zurückhaltung in der Praxis, die sich z.]
diametral von der des englischen Königs Eduards I. unterschied,[132] dürfte
zum einen mit der Rücksicht auf alte, in Deutschland relativ zählebig
Rechtstraditionen zu suchen sein, die einer solchen Rolle des Königs en
gegenstanden, wobei der sich bietende Ausweg – die Berufung auf das rö
mische Recht[133] – für Rudolf wegen der fehlenden Kaiserkrönung in de
Praxis wohl kaum durchsetzbar schien.

Der bereits angesprochene Rechtsspruch über die lehnrechtliche A
hängigkeit der Hochgerichtsbarkeit vom König[134] ist auch im Zusamme
hang mit einer gezielten Vasallitätspolitik König Rudolfs zu sehen, de
auch hier, staufische Ansätze aufnehmend, bestrebt war, im Bereich de
niederadligen Ritter, Grafen und freien Herren neue Kronvasallen zu g
winnen, um die Feudalisierung der Beziehungen zwischen Adel und Kö
nigtum weiter voranzutreiben und die personelle Basis der mit dem Kön
in diesem Kreise Kooperierenden zu vergrößern.[135]

Weniger Kontinuität ließ Rudolf zunächst bei der Landfriedenspoliti
erkennen. So hielt er es – aus welchen Gründen auch immer – für oppo
tun, zunächst auf eine Bestätigung und Erneuerung des Reichslandfri
dens von 1235 zugunsten zahlreicher räumlich begrenzter Einzelmaßna
men zu verzichten.[136] Nach der Niederwerfung Ottokars zog es Rudolf
realistischer Einschätzung seiner Möglichkeiten vor, zunächst region
und zeitlich begrenzte Landfrieden in den einzelnen Landschaften zu i
itiieren, bis er im Jahre 1287 mit der Verkündung einer modifizierten Fa
sung des Mainzer Reichslandfriedens wieder offen an die staufische Trad
tion anknüpfte.[137]

Auch bei der Verwaltung des Reichsgutes in der Form der neugeschaff
nen Institution der Landvogteien scheint Rudolf sich vor allem am stau
schen Vorbild der Prokurationen orientiert zu haben,[138] das ihm aus eig
ner Erfahrung noch bekannt war. Allerdings zeigte sich auch hier d

---

[131] Vgl. MGH Const. 3, Nr. 339, 325: *Romani moderator imperii ab observanc
legis solutus legum civilium nexibus, quia legum conditor non constringitur ...*
[132] Vgl. hierzu Krieger, Geschichte Englands, 162 ff.
[133] Siehe hierzu oben S. 106 f.
[134] Siehe oben Anm. 127.
[135] Vgl. hierzu Krieger, Lehnshoheit, 183 f., 217 f.
[136] Siehe oben S. 118 f.
[137] Siehe oben S. 165 f.
[138] Vgl. hierzu Niese, Verwaltung, bes. 87–113, 136–221, 262–289; Stürner, Frie
rich II. 1, 204 ff.

praktische, den gewandelten Verhältnissen Rechnung tragende Sinn des Habsburgers, der nicht einfach das Vorbild kopierte, sondern seinen Vorstellungen anpaßte und entscheidend modifizierte. Dies geschah, indem er dem neuen Landvogt die Funktion eines Stellvertreters des Königs mit entsprechend umfassenden Befugnissen einräumte und damit dessen Stellung im Vergleich zu der des staufischen Prokurators erheblich aufwertete. Beeinflußt wurde diese Entscheidung vielleicht auch durch das Vorbild der von Richard von Cornwall zum Schutze des Reichsguts im Elsaß eingerichteten *custodia*,[139] deren Inhaber ebenfalls als Stellvertreter des Königs amtierte.

Neue Wege ging Rudolf in der Praxis vor allem auch in der Städtepolitik. Zwar hatten die Staufer bereits die wirtschaftlichen und militärischen Möglichkeiten der Städte erkannt und – gerade im südwestdeutschen Raum – durch zahlreiche Neugründungen und Förderung bereits bestehender Städte versucht, dieses Potential ihrer Herrschaftspolitik nutzbar zu machen.[140] Im Gegensatz zu Kaiser Friedrich II., der noch mit wenig Verständnis auf die Bestrebungen der Städte, innerhalb ihrer Mauern die eigenen Angelegenheiten regeln zu können, reagiert hatte, akzeptierte Rudolf mit der 'Ratsverfassung' jedoch eine gewisse innerstädtische Autonomie.[141] Noch deutlicher brach Rudolf mit der spätstaufischen Städtepolitik, als er schon bald nach seiner Wahl damit begann, auch die Emanzipationsbestrebungen der Bürger in den Bischofsstädten gegenüber ihrem bischöflichen Stadtherrn zu unterstützen, was ihm die Möglichkeit eröffnete, die auf diese Weise 'frei' gewordenen ehemaligen Bischofsstädte unter den Schutz, das hieß in der Praxis aber auch unter die Herrschaft von König und Reich zu stellen.[142] Neue Wege beschritt der Habsburger zudem, als es darum ging, diese neuen, wirtschaftlich so bedeutsamen Kräfte seiner Herrschaftspolitik nutzbar zu machen. Hier wußte Rudolf die Städte nicht nur zur militärischen Hilfeleistung und als Gastgeber für den im Lande umherreisenden König und seinen Hof zu verpflichten; sie lieferten vielmehr auch die Grundlagen dafür, durch neuartige Besteuerungsmethoden neue Möglichkeiten für eine effektivere Heranziehung der Vermögenden und damit für eine Steigerung des Steueraufkommens insgesamt zu schaffen.[143]

---

[139] Vgl. hierzu das von Kaiser, Mandat, 337 ff. edierte und kommentierte Mandat König Richards von 1270 Januar 20 an die Bürger von Schlettstadt, mit der Aufforderung, dem Bischof von Straßburg als seinem *custos* Gehorsam zu erweisen; zur Sache vgl. auch Erkens, Königtum, 43.

[140] Siehe oben S. 13 f.

[141] Siehe oben S. 185.

[142] Siehe oben S. 185 ff.

[143] Siehe oben S. 187 ff.

Zwar bewegte sich Rudolf durchaus in der Tradition Kaiser Friedrichs II.,[144] indem er den Wert und die Notwendigkeit einer zielgerichteten königlichen Herrschaftspropaganda erkannte und dabei auch an das Pathos der staufischen Urkundensprache[145] anknüpfte.[146] Allerdings zeigen sich auch hier gegenüber dem staufischen 'Vorbild' entscheidende Unterschiede. So gelang es Rudolf – im Gegensatz zu Friedrich II. –, sich für diese Aufgabe die aktive Unterstützung der Bettelorden zu sichern, die damals nicht nur zu den 'innovativsten' Kräften innerhalb der Kirche zählten,[147] sondern die auch von ihrer Organisation her in der Lage waren, zur Verbreitung der eigenen und Abwehr der gegnerischen Propaganda eine geradezu ideale logistische Basis bereitzustellen. Diese gewährleistete wiederum, im Wege der Predigt gerade die Masse der illiteraten, das heißt des Lesens und Schreibens unkundigen Bevölkerungsschichten anzusprechen, die durch schriftliche Aufrufe und Pamphlete nicht erreichbar waren. Auch inhaltlich beschritten Rudolfs Propagandisten sowohl im Vergleich zum letzten Stauferkaiser als auch zu Rudolfs Hauptgegner, dem Böhmenkönig Ottokar, völlig neue Wege, indem sie die von der Gegenseite thematisierten 'Mängel' Rudolfs durch die (zunächst mündliche) Verbreitung entsprechender Anekdoten in christliche 'Tugenden' umdeuteten und so Rudolf zum 'armen' und 'demütigen', allein auf Gott vertrauenden König stilisierten, der mit Gottes Hilfe dann auch den Sieg über seinen 'reichen' und 'hoffärtigen' Rivalen errungen habe.[148]

Aus den bisherigen Ausführungen dürfte deutlich geworden sein, daß Rudolf sowohl in seiner Herrschaftskonzeption als auch in der praktischen Herrschaftspolitik zum einen stark von spätstaufischen Traditionen, wie sie Kaiser Friedrich II. in Deutschland praktiziert hatte, geprägt war, zum anderen aber auch an die Praxis der Könige des Interregnums anknüpfte und in einigen Bereichen auch völlig neue Wege beschritt. War Rudolf somit auch „sicherlich kein Neuerer großen Stils, kein visionär begabter Programmatiker und Verfechter progressiver Konzepte"[149], so war er doch – ausgehend von einer traditionell-konservativen Grundüberzeu-

---

[144] Zur Herrschaftspropaganda Friedrichs II. vor allem im Kampf mit dem Papst vgl. Stürner, Friedrich II. 2, 470 ff.

[145] Vgl. hierzu die Beispiele bei Becker, Kaisertum, 88–126.

[146] Vgl. als Beispiel die Arenga der über die Belehnung der Söhne Rudolfs mit den österreichischen Herzogtümern ausgestellten Urkunde in MGH Const. 3 Nr. 339, 325 und hierzu Spannring, Auffassung, 69 ff.

[147] Zur Unterstützung, die die Bettelorden Rudolf im Krieg mit Ottokar leisteten, siehe bereits oben S. 139.

[148] Siehe oben S. 236 ff.

[149] Erkens, Tradition, 57.

ung – auch bereit, sich auf die gewandelten Verhältnisse mit Flexibilität
und Augenmaß einzustellen. Diese eher pragmatische Haltung ermöglichte es ihm, alte Traditionen mit neuen Wegen zu verbinden und so – wie
etwa im Bereich der Städtepolitik – auch Zeichen für die Zukunft zu
setzen.

6. Rudolf – ein 'kleiner' König?

Nach den vorangegangenen Ausführungen scheint es nun an der Zeit zu
sein, auf die eingangs gestellte Frage zurückzukommen: War Rudolf – gemessen an den anderen zeitgenössischen Herrschern Europas – nur ein
kleiner" König?

Den Grund für diese – vielleicht etwas provozierend klingende – Fragestellung hat Peter Moraw gelegt, als er im Jahre 1985 die Fachwelt erstmals mit seiner Aufsehen erregenden These konfrontierte.[150] Ausgehend
von der Vorstellung, daß „die ersten vier Jahrzehnte nach dem Interre-
num ... eine verhältnismäßig einheitliche Epoche der politischen Geschichte" gebildet hätten, fand er es naheliegend, diese Jahrzehnte „als
Zeitalter der 'kleinen' Könige zusammenfassen". Diese Bezeichnung sei
auch für „einen populären und in seiner Art erstaunlich erfolgreichen
Herrscher wie Rudolf von Habsburg" angebracht, „wenn klargestellt ist,
daß damit gleichsam etwas Objektives ausgedrückt wird: Diese Könige
waren 'klein' im Vergleich zu anderen, auswärtigen Herrschern ihres Zeit-
alters. Denn sie gehörten keiner kraftvollen Dynastie mit alter Königstradition an, ihre Machtstellung im Reich nahm sich bescheiden aus, und
ihre Herrschaftsmittel, das heißt Hof, Verwaltung und Schriftlichkeit,
waren relativ unentwickelt und noch kaum 'modern'. An den bestehenden
politischen Verhältnissen im Großen vermochten sie wenig oder gar nichts
zu ändern."

Die These von den 'kleinen' Königen, die von Peter Moraw gerade für
die Person Rudolfs von Habsburg 1994 noch ergänzt und vertieft wurde,[151]
stieß in der Forschung auf Zustimmung,[152] aber auch auf Kritik.[153]

Für eine faire Diskussion scheint mir die Prämisse wichtig zu sein, unter
der die Bezeichnung 'kleiner König' hier zu verstehen ist: nämlich als die

---

[150] Vgl. Moraw, Verfassung, 211–218. Die im folgenden wörtlich zitierten Passagen finden sich ebenda, 211.

[151] Vgl. Moraw, Rudolf von Habsburg, 185–208.

[152] Vgl. z. B. F.-R. Erkens, Art. 'Rudolf I.', in: LexMA 7 (1995), Sp. 1072–1075, hier
1074.

[153] Vgl. Staab, Landau, 85 f.; H. Thomas, Rez. 'E. Boshof/F. R. Erkens (Hrsg.), Rudolf von Habsburg', in: HZ 261 (1995), 897–900, bes. 898 ff.

Charakterisierung eines objektiven Sachverhalts, dem wiederum objektiv‹ Tatsachen im Sinne von vorgegebenen günstigen oder weniger günstige‹ 'Rahmenbedingungen' zugrunde liegen, wobei dies alles eigentlich nicht über die subjektive Eignung, persönliche Befähigung und Leistung de‹ einzelnen Königs aussagen soll. So gesehen kann kein Zweifel daran be‹ stehen, daß Rudolf, gemessen an den bereits geschilderten, im Vergleich z‹ den westeuropäischen Monarchien wesentlich ungünstigeren objektive‹ Rahmenbedingungen seiner Königsherrschaft,[154] auch nur über entspre‹ chend 'kleinere' herrschaftspolitische Spielräume und Möglichkeiten de‹ Durchsetzung verfügte als seine west- und südeuropäischen 'Kollegen‹ Aber sollte man ihn deshalb auch als einen „kleinen" König bezeichnen‹

Was einen zögern läßt, diese Frage zu bejahen, ist zunächst das zur Ob‹ jektivierung des Sachverhalts wenig geeignete Prädikat 'klein', das in die‹ sem Zusammenhang im allgemeinen Sprachgebrauch als abwertend emp‹ funden wird. Wenn man von einem 'kleinen' König spricht, stellt man sic‹ mehr oder weniger das Gegenteil von dem vor, was ein 'großer' Köni‹ darstellt. Dabei würde allerdings wohl kaum jemand auf die Idee kom‹ men, zum Beispiel den angelsächsischen König Alfred (871–899), den di‹ Nachwelt 'den Großen' genannt hat,[155] deshalb als 'groß' zu bezeichner‹ weil die objektiven Rahmenbedingungen für ihn besonders günstig gewe‹ sen seien – was in diesem Fall auch überhaupt nicht zutrifft. Man wird viel‹ mehr diesen König, wenn man die in der Forschung herrschende Einschät‹ zung teilt, als 'groß' anerkennen, weil er – gerade angesichts schwierige‹ Umstände – 'Großes' geleistet hat.

Das Beispiel läßt bereits die grundsätzliche Problematik erkennen, di‹ sich aus einer rein objektivierenden, die persönliche Leistung des Betrof‹ fenen und die entsprechenden Erwartungen und Bewertungen der Zeitge‹ nossen vernachlässigenden Sichtweise ergibt.

Die Zeitgenossen haben Rudolf jedenfalls kaum als 'kleinen' Köni‹ empfunden, sie haben seine Königsherrschaft allerdings auch nicht unbe‹ dingt an den Kriterien der modernen Historiker gemessen.

Von den Reichsuntertanen wurde Rudolf vielmehr danach beurteilt‹ was er – wie auch die Könige vor ihm – in seinem Krönungseid verspro‹ chen und was man nach den Erfahrungen des Interregnums im besonde‹ ren von ihm erwartet hatte. Hiernach lag die zentrale Aufgabe, der er sich‹ zu widmen hatte, in der „Wiederherstellung des Reiches" (*reformatio im‹ perii*) und damit vor allem in der Wiederaufrichtung der königlichen Ge‹ walt. Dies setzte insbesondere die Wiederherstellung von Frieden un‹ Recht, aber auch die Rückforderung (Revindikation) des seit der Abset‹

---

[154] Siehe hierzu bereits oben S. 109 ff.
[155] Vgl. zu ihm Krieger, Geschichte Englands, 61–66.

zung Kaiser Friedrichs II. entfremdeten Reichsgutes voraus. Alle diese Aufgaben hat Rudolf bis zum Ende seines Lebens mit nicht nachlassender Energie, aber auch mit Geduld und Umsicht angepackt, wobei die Ergebnisse nicht nur die Zeitgenossen beeindruckt haben,[156] sondern sich auch aus der Sicht kritischer Historiker sehen lassen können.[157]

Den größten Erfolg errang Rudolf jedoch, als er seinen mächtigen Gegenspieler König Ottokar von Böhmen in zwei Kriegen niederrang und es ihm darüber hinaus gelang, seine Söhne mit den dem Reich heimgefallenen österreichischen Herzogtümern und Krain zu belehnen.

In diesem Zusammenhang wird wiederum deutlich, zu welch unbefriedigenden Ergebnissen eine rein 'objektivierende' Bewertung historischer Sachverhalte ohne Rücksicht auf die subjektiven Fähigkeiten, Leistungen und Fehlleistungen der handelnden Personen führen kann.

So tut sich der mit 'objektiven Rahmenbedingungen' operierende Historiker mit der Tatsache schwer, daß der 'kleine' Rudolf, der – gemessen an den Maßstäben „seinerzeit 'moderner' Staaten" – lediglich „dürftige Leistungen" erbracht habe,[158] dennoch seinen übermächtigen Gegner in die Knie gezwungen hat, obwohl dieser als ein Enkel des staufischen Königs Philipp über ein relativ 'modernes' Großreich mit geradezu sprichwörtlichem Reichtum gebot und damit über optimale Rahmenbedingungen verfügte. Die Erklärung, daß es sich hierbei um eine „Ausnahme", „eher etwas Unwahrscheinliches", im Grunde um einen „großen Glücksfall"[159] gehandelt habe, kann meiner Meinung nach nicht recht überzeugen.

Natürlich brauchten beide Heerführer auf dem Marchfeld – wie bei jeder anderen Schlacht mit ausgeglichenen Kräfteverhältnissen – auch 'Glück', um den Sieg zu erringen. Nur scheint es mir wenig hilfreich zu sein, aus der Rückschau gesehen den komplexen Problemkreis um den Erwerb der österreichischen Länder für das Haus Habsburg auf die Entscheidungsschlacht bei Dürnkrut und den damit verbundenen Tod Ottokars zu reduzieren, was zwar von Peter Moraw als ein „weltgeschichtliches Ereignis" eingestuft wurde,[160] aber dennoch nur ein punktuelles Geschehen von wenigen Stunden widerspiegelt.

---

[156] Dies gilt nicht nur für die dem Habsburger und seiner Familie nahestehende Chronistik; vgl. auch die positive Würdigung Rudolfs durch Alexander von Roes, Schriften, 138 f.; Chronik S. Simon und Judas, 597 und Annales Lubicenses, 415.

[157] Siehe hierzu im einzelnen oben S. 120, 123 ff., 162 ff., 165 f., 167.

[158] Moraw, Rudolf von Habsburg, 202 f.

[159] Ebenda, 203.

[160] Vgl. Moraw, Verfassung, 215: „Ottokars Tod brachte die entscheidende Wende für das rudolfinische Königtum … Langfristig gesehen war es ein weltgeschicht-

Konzentriert man sich zunächst auf die Auseinandersetzungen zwischen Rudolf und Ottokar, so handelte es sich schon hierbei in Wirklichkeit um einen sich über fünf Jahre hinziehenden Konflikt, der mit dem Einspruch Ottokars gegen Rudolfs Wahl begann und mit komplexen Mitteln und Methoden ausgefochten wurde, um schließlich nach zwei Kriegen entschieden zu werden. Dabei ist festzuhalten, daß sich Rudolf nicht nur in der Entscheidungsschlacht auf dem Marchfeld, sondern eigentlich in jeder wichtigen Phase der Auseinandersetzung über die ganzen Jahre hin seinem Gegner als überlegen erwies.[161] Hinzu kommt, daß mit dem Tode Ottokars die Probleme für Rudolf ja noch keineswegs gelöst waren, sondern daß es nochmals mehrerer Jahre bedurfte, um mit dem Einsatz militärischer und politischer Mittel das bisher Erreichte zu behaupten und schließlich in schwierigen Verhandlungen – wieder unterstützt durch militärischen Druck – den Anfall der Länder an das Haus Habsburg im Dezember 1282 durchzusetzen. Auch hier ist der Erfolg vor allem auf die staatsmännischen und diplomatischen Fähigkeiten Rudolfs – gepaart mit einer beeindruckenden Durchsetzungsfähigkeit – zurückzuführen.[16] Macht man sich zudem klar, daß dieser Gesamtprozeß sich über neun Jahre erstreckte und praktisch die Hälfte der Regierungszeit Rudolfs als König in Anspruch nahm, kommen doch erhebliche Zweifel auf, ob es angemessen ist, Rudolf einerseits als 'kleinem König' objektiv nur „dürftige Leistungen" zu bescheinigen und andererseits seinen (objektiv und subjektiv gleichermaßen) großen Erfolg als „Ausnahme" und „Glücksfall" abzuwerten.

Auch für die Zeitgenossen außerhalb Deutschlands war Rudolf kein 'kleiner' König. Während in Deutschland die jahrelangen Kriegszüge König Eduards I. gegen die walisischen Fürsten praktisch nicht zur Kenntnis genommen wurden, war der glanzvolle Sieg Rudolfs über König Ottokar auf dem Marchfeld in England Tagesgespräch.[163] Obwohl Rudolf

liches Ereignis, das den Umsturz der politischen Geographie des deutschen Hochmittelalters bewirkte." – Diese Wertung scheint allerdings nicht ganz zu der Rudolf als 'kleinem' König zugeschriebenen Eigenschaft, „an den bestehenden politischen Verhältnissen im Großen ... wenig oder gar nichts" ändern zu können (ebenda 211), zu passen. Es war schließlich Rudolf, der durch seine Politik und seinen Erfolg in der Schlacht dieses „weltgeschichtliche Ereignis" herbeigeführt hat.

[161] Siehe z.B. oben S. 91f., 94f., 99, 129ff., 134ff., 139ff., 147ff.

[162] Siehe hierzu im einzelnen oben S. 155ff.

[163] Vgl. hierzu das Schreiben König Eduards an den Bischof Gerhard von Verdun, in dem er ihm mitteilte, daß er es nicht mehr für notwendig halte, an König Rudolf wegen der Schlacht (bei Dürnkrut) eine besondere Botschaft zu richten, da *de victoria illa tocius populi rumor et clamor invaluit* (vgl. Hampe, Reise nach England, 285f., Anm. 2 = RI VI,1, Nr. 1033) sowie auch Redlich, Rudolf, 326.

„keiner kraftvollen Königsdynastie mit alter Königstradition angehörte", hatten König Eduard I., König Karl von Anjou und selbst der französische König Philipp III. damit offensichtlich – wie die entsprechenden Eheschließungen und -verhandlungen zeigen – weniger Probleme, als man aufgrund der Herkunft Rudolfs versucht ist anzunehmen.

Ein großes selbstgesetztes Ziel hat Rudolf allerdings trotz mehrerer Versuche nie erreicht: die Kaiserkrönung und damit die Möglichkeit, zu seinen Lebzeiten bereits einen seiner Söhne zum Nachfolger wählen zu lassen. Dieser Mißerfolg beruhte jedoch weniger auf politischen Fehlleistungen als auf einer ungewöhnlichen Verkettung ungünstiger Umstände, die Rudolf vernünftigerweise kaum angelastet werden kann.[164]

Nach alledem verfügte Rudolf zwar – im Vergleich zu anderen europäischen Königen – über eher geringe Möglichkeiten und Spielräume, aber dennoch war er aufgrund seiner Fähigkeiten und Tatkraft kein 'kleiner', sondern ein bedeutender König, der den Vergleich weder mit anderen zeitgenössischen Herrschern noch mit seinen spätmittelalterlichen Nachfolgern im Reich scheuen muß.

---

[164] Insoweit kann man sich auch heute noch der bereits oben S. 3 im Auszug angeführten Beurteilung von Oswald Redlich anschließen, der auch unter Berücksichtigung der „Schatten in Rudolfs Persönlichkeit" feststellte: „Und aus unserer gesam[m]ten Darstellung dürfte doch der Schluß sich ergeben, dass Rudolf von Habsburg nicht bloß der leutselige, kluge und im Erwerben glückliche Graf und König war, sondern ein wahrhaft bedeutender Mann und Herrscher, der seine Misserfolge mehr der Gewalt der Umstände, seine Erfolge aber zum grössten Theile seiner eigenen Begabung, Thatkraft und Ausdauer verdankte" (vgl. Redlich, Rudolf, 738).

Abkürzungsverzeichnis

AHVN	Annalen des Historischen Vereins für den Niederrhein
ASPN	Archivio storico per le Provincie Napoletane, Neapel 1876ff.
BlldLG	Blätter für deutsche Landesgeschichte
CDB	Codex diplomaticus et epistolaris regni Bohemiae
DA	Deutsches Archiv für Erforschung des Mittelalters
Dig.	Digesta (siehe Corpus Iuris Civilis)
EHR	English Historical Review
FmSt	Frühmittelalterliche Studien
FRB	Fontes rerum Bernensium
GdV	Geschichtsschreiber der deutschen Vorzeit
HJb	Historisches Jahrbuch
HRG	Handwörterbuch zur deutschen Rechtsgeschichte
HZ	Historische Zeitschrift
LexMA	Lexikon des Mittelalters
MC	Monumenta historica ducatus Carinthiae
MGH	Monumenta Germaniae Historica
– Const.	Constitutiones
– DD	Diplomata regum et imperatorum Germaniae (unter Angabe des jeweiligen Herrschers)
– LL	Leges (in Folio)
– SS	Scriptores (in Folio)
– SS rer. Germ.	Scriptores rerum Germanicarum in usum scholarum separatim editi
– SS rer. Germ. N.S.	Scriptores rerum Germanicarum. Nova series
MIÖG	Mitteilungen des Instituts für österreichische Geschichtsforschung
NA	Neues Archiv der Gesellschaft für ältere deutsche Geschichtskunde
RE	Paulys Realencyclopädie der classischen Altertumswissenschaft, begr. von G. Wissowa, hrsg. von W. Kroll u. a., 2. Reihe, 10 Bde., 15 Supplementbde., 1893–1978
RI	Regesta Imperii
SB Wien	Sitzungsberichte der philosophisch-historischen Classe der kaiserlichen Akademie der Wissenschaften, Wien
UB	Urkundenbuch
VL	Die deutsche Literatur des Mittelalters. Verfasserlexikon, 2. Auflage, Berlin 1978–1999
VSWG	Vierteljahrschrift für Sozial- und Wirtschaftsgeschichte
X	Liber Extra (siehe Friedberg, Corpus Juris Canonici)
ZAA	Zeitschrift für Agrargeschichte und Agrarsoziologie
ZBLG	Zeitschrift für bayerische Landesgeschichte
ZGO	Zeitschrift für die Geschichte des Oberrheins
ZRG GA	Zeitschrift der Savigny-Stiftung für Rechtsgeschichte, Germanistische Abteilung

Quellen und Literatur[1]

Abel, W., Landwirtschaft 900–1350, in: Handbuch der deutschen Wirtschafts- und Sozialgeschichte, hrsg. von H. Aubin und W. Zorn, Bd. 1, Stuttgart 1971, 169–201.

Acta Murensia siehe Kiem.

Adalbéron de Laon, Poème au roi Robert, hrsg. von C. Carozzi, Paris 1979.

Adam, T., Clementia Principis. Der Einfluß hellenistischer Fürstenspiegel auf den Versuch einer rechtlichen Fundierung des Principats durch Seneca, Stuttgart 1970 (= Kieler Historische Studien 11).

Alexander von Roes, Schriften, hrsg. von H. Grundmann und H. Heimpel, Stuttgart 1958 (= MGH Staatsschriften des späteren Mittelalters 1).

Algazi, G., Otto Brunner – „konkrete Ordnung" und Sprache der Zeit, in: Geschichtsschreibung als Legitimationswissenschaft 1918–1945, Frankfurt a. M. 1997, 166–203.

Althoff, G. (Hrsg.), Formen und Funktionen öffentlicher Kommunikation im Mittelalter, Stuttgart 2001.

Althoff, G., Genugtuung (satisfactio). Zur Eigenart gütlicher Konfliktbeilegung im Mittelalter, in: J. Heinzle (Hrsg.), Modernes Mittelalter, Frankfurt a. M. 1994, 247–265.

Althoff, G., Königsherrschaft und Konfliktbewältigung im 10. und 11. Jahrhundert, in: FmSt 23 (1989), 265–290; wiederabgedr. in: ders., Spielregeln der Politik (siehe dort), 21–56.

Althoff, G., Konfliktverhalten und Rechtsbewußtsein: Die Welfen im 12. Jahrhundert, in: FmSt 26 (1992), 331–352; wiederabgedr. in: ders., Spielregeln der Politik (siehe dort), 57–84.

Althoff, G., Spielregeln der Politik im Mittelalter. Kommunikation in Frieden und Fehde, Darmstadt 1997.

Ammann, H., Schaffhauser Wirtschaft im Mittelalter, Thayngen 1948.

Ammann, H., Von der Wirtschaftsgeltung des Elsaß im Mittelalter, in: Alemann. Jhb [3] (1955), 95–202.

Andenmatten, B., La noblesse vaudoise face à la Maison de Savoie au XIIIe siècle, in: La Maison de Savoie et le Pays de Vaud, hrsg. von A. Paravicini Bagliani und J.-F. Poudret, Lausanne 1989 (= Bibliothèque Historique Vaudoise 97), 36–50.

Andreas von Regensburg siehe Leidinger.

Die Anfänge der Inquisition im Mittelalter. Mit einem Ausblick auf das 20. Jahrhundert und einem Beitrag über religiöse Intoleranz im nichtchristlichen Bereich, hrsg. von P. Segl, Köln u. a. 1993.

---

[1] Weitere, hier nicht genannte Literatur wird im jeweiligen Zusammenhang in den Anmerkungen aufgeführt. – Die folgenden Werke sind erst nach dem Umbruch in meine Hände gelangt und konnten daher leider nicht mehr in die Darstellung eingearbeitet werden: Boshof, E., Hof und Hoftag König Rudolfs von Habsburg, in: Deutscher Königshof, Hoftag und Reichstag im späteren Mittelalter, hrsg. von P. Moraw, Stuttgart 2002 (= Vorträge und Forschungen 48), 387–415; Lenz, M., Konsens und Dissens. Deutsche Königswahl (1273–1349) und zeitgenössische Geschichtsschreibung, Göttingen 2002 (= Formen der Erinnerung 5).

Angermeier, H., Königtum und Landfriede im deutschen Spätmittelalter, München 1966.

Die Annalen des Tholomeus von Lucca in doppelter Fassung nebst Teilen der Gesta Florentinorum und Gesta Lucanorum, hrsg. von B. Schmeidler, Berlin 1930 (= MGH SS rer. Germ. N.S. 8).

Annales Basileenses, in: MGH SS XVII, hrsg. von Ph. Jaffé, Hannover 1861, 183–270.

Annales Colmarienses minores a. 1211–1298, in: MGH SS XVII, hrsg. von Ph. Jaffé Hannover 1861, 189–193.

Annales Colmarienses maiores a. 1277–1472, in: MGH SS XVII, hrsg. von Ph. Jaffé Hannover 1861, 202–232.

Annales Halesbrunnenses maiores (1126–1313), in: MGH SS XXIV, hrsg. von G. Waitz, Hannover 1879, Neudr. 1964, 41–48.

Annales Hamburgenses, in: MGH SS XVI, hrsg. von G. H. Pertz, Hannover 1859 Neudr. 1963, 380–385.

Annales Lubicenses a. 1264–1324, in: MGH SS XVI, hrsg. von I. M. Lappenberg Hannover 1859, 411–429.

Annales Marbacenses qui dicuntur, hrsg. von H. Bloch, Hannover 1907 (= MGH SS rer. Germ. 9).

Annales Otakariani a. 1254–1278, in: MGH SS IX, hrsg. von R. Köpke, Hannover 1851, 181–194.

Annales Wormatienses, in: Quellen zur Geschichte der Stadt Worms, hrsg. von H. Boos. Bd. III: Chroniken, Berlin 1893, 145–162.

Annales Zwifaltenses, in: MGH SS X, hrsg. von O. Abel, Hannover 1852, 51–64.

Arnold, K. (Hrsg.), Die Franziskaner, die Klarissen und die regulierten Franziskaner-Terzianerinnen in der Schweiz, Bern 1978.

Baaken, G., Ius imperii ad regnum. Königreich Sizilien, Imperium Romanum und Römisches Papsttum vom Tode Kaiser Heinrichs VI. bis zu den Verzichtserklärungen Rudolfs von Habsburg, Köln und Weimar 1993 (= Forschungen zur Kaiser- und Papstgeschichte des Mittelalters. Beihefte zu J. F. Böhmer, Regesta Imperii 11).

Bader, K. S., Der deutsche Südwesten in seiner territorialstaatlichen Entwicklung, Stuttgart 1950.

Bader, K. S., Volk, Stamm, Territorium, in: Herrschaft und Staat im Mittelalter, hrsg. von H. Kämpf, Darmstadt 1964 [= Neudr. aus HZ 176, 1953 und BlldtLG 90, 1953].

Bärwald, H. (Hrsg.), Das Baumgartenberger Formelbuch. Eine Quelle zur Geschichte des 13. Jahrhunderts vornehmlich der Zeiten Rudolfs von Habsburg, Wien 1866.

Barth, M., Der Rebbau des Elsaß und die Absatzgebiete seiner Weine. Bd. 1, Strasbourg/Paris 1958.

Barth, M., Altenberge sowie Neuen- und Jungberge des Elsaß, in: ZGO 104 (1956), 390–422.

Bartlett, R., England Under the Norman and Angevin Kings 1075–1225, Oxford 2000.

Battenberg, F., Herrschaft und Verfahren. Politische Prozesse im mittelalterlichen Römisch-Deutschen Reich, Darmstadt 1995.

Baum, W., Die Habsburger und die Grafschaft Nellenburg bis zu deren Übergang an Österreich 1275–1465, in: Schriften des Vereins für die Geschichte des Bodensees 110 (1992), 73–94.

Baum, W., Reichs- und Territorialgewalt (1273–1437). Königtum, Haus Österreich und Schweizer Eidgenossen im späten Mittelalter, Wien 1994.

Becker, O. H., Kaisertum, deutsche Königswahl und Legitimitätsprinzip in der Auffassung der späteren Staufer und ihres Umkreises (Mit einem Exkurs über das Weiterwirken der Arengentradition Friedrichs II. unter seinen Nachkommen und den Angiovinen), Bern/Frankfurt 1975 (= Europäische Hochschulschriften III, 51).

Bellum Waltherianum a. 1260–1263, in: MGH SS XVII, hrsg. von Ph. Jaffé, Hannover 1861, 105–114.

Berchem, V. van, Les dernières campagnes de Pierre II, comte de Savoie, en Valais et en Suisse, in: Revue historique Vaudoise 15 (1907), 257–269, 289–297, 322–329, 353–365.

Bielfeldt, E., Der Rheinische Bund von 1254. Ein erster Versuch einer Reichsreform, Berlin 1937 (= Neue Deutsche Forschungen, Abt. mittelalterliche Geschichte 3).

Die Bischöfe des Heiligen Römischen Reiches 1198–1448. Ein biographisches Lexikon, hrsg. von E. Gatz unter Mitwirkung von C. Brotkorb, Berlin 2001.

Bláhová, M., Böhmen in der Politik Rudolfs von Habsburg, in: Rudolf von Habsburg (siehe dort), 59–85.

Boehmer, J. F., Urkundenbuch der Reichsstadt Frankfurt, neu bearb. von F. Lau, Frankfurt 1901, Neudr. Darmstadt 1970.

Böhmisch-österreichische Beziehungen im 13. Jahrhundert. Österreich (einschließlich Steiermark, Kärnten und Krain) im Großreichprojekt Ottokars II. Přemysl, König von Böhmen, hrsg. von M. Bláhová und I. Hlavácek u. a., Prag 1998.

Boelcke, W. A., Wirtschaftsgeschichte Baden-Württembergs von den Römern bis heute, Stuttgart 1987.

Boockmann, H., Stauferzeit und spätes Mittelalter. Deutschland 1125–1517, Berlin 1987 (= Das Reich und die Deutschen 7).

Boos, H. (Hrsg.), Quellen zur Geschichte der Stadt Worms. Bde. I und III, Berlin 1886–1893.

Bosl, K., Das ius ministerialium. Dienstrecht und Lehenrecht im deutschen Mittelalter, in: ders., Frühformen der Gesellschaft im mittelalterlichen Europa, München/Wien 1964, 277–326 [= Neudr. der Fassung in Vorträge und Forschungen 5, 1960, 51–54].

Bosl, K., Die Reichsministerialität der Salier und Staufer. 2 Bde., Stuttgart 1950–1951 (= Schriften der MGH 10, 1, 2).

Brabänder, M. R., Die Einflußnahme auswärtiger Mächte auf die deutsche Königswahlpolitik vom Interregnum bis zur Erhebung Karls IV., Frankfurt a. M. 1994 (= Europäische Hochschulschriften III, 590).

Browe, P., Die angebliche Vergiftung Kaiser Heinrichs VII., in: HJb 49 (1929), 479–488.

Brühl, C., Fodrum, Gistum, Servitium regis. Studien zu den wirtschaftlichen Grundlagen des Königtums im Frankenreich und in den fränkischen Nachfolgestaaten

Deutschland, Frankreich und Italien vom 6. bis zur Mitte des 14. Jahrhunderts 2 Bde., Köln/Graz 1968.

Brun, C., Geschichte der Grafen von Kyburg bis 1264, Diss. phil. Zürich 1913.

Brunner, O., Land und Herrschaft, unveränd. Nachdr. der 5. Aufl., Wien 1965 Darmstadt 1973.

Büchler, H. (Hrsg.), Das Toggenburg. Eine Landschaft zwischen Tradition und Fort schritt, Sulgen 1992.

Bumke, J., Geschichte der deutschen Literatur im hohen Mittelalter, München 1990.

Bumke, J., Höfische Kultur. Literatur und Gesellschaft im hohen Mittelalter, München ⁹1999.

Bumke, J., Mäzene im Mittelalter. Die Gönner und Auftraggeber der höfischer Literatur in Deutschland 1150–1300, München 1979.

Burchardi praepositi Urspergensis chronicon, hrsg. von O. Holder-Egger und B. v Simson, Hannover und Leipzig 1916 (= MGH SS rer. Germ. 16).

Burgen im Spiegel der historischen Überlieferung, hrsg. von H. Ehmer, Sigmarin gen 1998 (= Oberrheinische Studien 13).

Burkhard von Hall siehe Cronica ecclesiae Wimpinensis.

Bury, B., Geschichte des Bistums Basel und seiner Bischöfe, Solothurn 1927.

Busch, J. W., Mathias von Neuenburg, Italien und die Herkunftssage der Habsbur ger, in: ZGO 142 (1994), 103–116.

Buschmann, A., Der Rheinische Bund von 1254–1257. Landfriede, Städte, Fürster und Reichsverfassung im 13. Jahrhundert, in: Kommunale Bündnisse Oberita liens und Oberdeutschlands im Vergleich, hrsg. von H. Maurer, Sigmaringen 1987 (= Vorträge und Forschungen 33), 167–212.

Chronica de gestis principum, in: Bayerische Chroniken des 14. Jahrhunderts, hrsg von G. Leidinger, Hannover und Leipzig 1918 (= MGH SS rer. Germ.), 1–104.

Chronicon Colmariense a. 1218–1304, in: MGH SS XVII, hrsg. von Ph. Jaffé, Han nover 1861, 240–270.

Chronicon Wormatiense saeculi XIII., in: Quellen zur Geschichte der Stadt Worms. Teil III. Chroniken, hrsg. von H. Boos, Berlin 1893, 165–199.

Die Chronik des Mathias von Neuenburg, hrsg. von A. Hofmeister, Berlin 1924–1940, Neudr. München 1984 (= MGH SS rer. Germ. N.S. 4).

Chronik des Stiftes S. Simon und Judas in Goslar, hrsg. von L. Weiland, in: MGH Dt. Chroniken 2, 586–604.

Die Chronik Johanns von Winterthur, hrsg. in Verbindung mit C. Brun von F. Baethgen, unveränd. Nachdruck der Ausgabe Berlin 1924, München 1982 (= MGH SS rer. germ. N.S. 3).

Chronist von Fürstenfeld siehe Chronica de gestis principum.

Codex diplomaticus et epistolaris regni Bohemiae. Bd. V, 2: 1267–1278, hrsg. von J. Sebanek und S. Duskova, Prag 1981.

Colberg, K., Reichsreform und Reichsgut im späten Mittelalter, Diss. phil. masch. Göttingen 1966.

Conradi de Fabaria Continuatio Casuum Sancti Galli, hrsg. von G. Meyer von Kno nau, St. Gallen 1879 (= St. Gallische Geschichtsquellen IV = Mitteilungen zur vaterländischen Geschichte 17, N.F. 7).

Constable, G., The Reformation of the Twelfth Century, Cambridge 1996.

Continuatio Altahensis a. 1273–1290, in: MGH SS XVII, hrsg. von Ph. Jaffé, Hannover 1861, 408–416.

Continuatio Claustroneoburgensis VI, in: MGH SS IX, hrsg. von W. Wattenbach, Hannover 1860, 742–746.

Continuatio Funiacensis et Eberbacensis, in: MGH SS XXII, hrsg. von G. Waitz, Hannover 1872, 342–349.

Continuatio Lambacensis a. 1197–1348, in: MGH SS IX, hrsg. von W. Wattenbach, Hannover 1851, 556–561.

Continuatio Vindobonensis a. 1267–1302. 1313–1327, in: MGH SS IX, hrsg. von W. Wattenbach, Hannover 1851, 698–722.

Corpus iuris canonici, hrsg. von E. Friedberg, 2 Bde., Leipzig 1879/81 [zahlreiche Neudr.].

Corpus iuris civilis. Bd. 1: Institutiones – Digesta, hrsg. von Th. Mommsen und P. Krueger, Berlin 1872 [zahlreiche Neudr.].

Cox, E. L., The Eagles of Savoy. The House of Savoy in Thirteenth-Century Europe, Princeton 1974.

Cristan der Kuchimaister, Nüwe casus monasterii sancti Galli, Edition und sprachgeschichtliche Einordnung von E. Nyffenegger, Berlin/New York 1974 (= Quellen und Forschungen zur Sprach- und Kulturgeschichte der germanischen Völker 60 [184]).

Cronica ecclesiae Wimpinensis auctore Burcardo de Hallis – 1290, in: MGH SS XXX,1, hrsg. von H. Böhmer, Hannover 1896, 659–670.

Cronica ecclesiae Wimpinensis. Continuatio auct. Dythero de Helmestat a. 1278–1325, in: ebenda, 670–676.

Cronica S. Petri Erfordensis moderna, in: Monumenta Erphesfurtensia saec. XII. XIII. XIV., hrsg. von O. Holder-Egger, Hannover 1899 (= MGH SS rer. germ. 42), 117–398.

Csendes, P., Heinrich VI., Darmstadt 1993 (= Gestalten des Mittelalters und der Renaissance).

Csendes, P., König Ottokar II. Přemysl und die Stadt Wien, in: Ottokar-Forschungen (siehe dort), 142–158.

Curialitas. Studien zu Grundfragen der höfisch-ritterlichen Kultur, hrsg. von J. Fleckenstein, Göttingen 1990 (= Veröffentlichungen des Max-Planck-Instituts für Geschichte in Göttingen 100).

De rebus Alsaticis ineuntis saeculi XIII., in: MGH SS XVII, hrsg. von Ph. Jaffé, Hannover 1861, 232–237.

Demski, A., Papst Nikolaus III. Eine Monographie, Münster i. W. 1903 (= Kirchengeschichtliche Studien VI, 1,2).

Denholm-Young, N., Thomas de Wykes and his Chronicle, in: EHR 61 (1946), 157–179.

Descriptio Alsatiae, in: MGH SS XVII, hrsg. von Ph. Jaffé, Hannover 1861, 237–238.

Descriptio Theutoniae, in: MGH SS XVII, hrsg. von Ph. Jaffé, Hannover 1861, 238–240.

Deutinger, R., Rahewin von Freising. Ein Gelehrter des 12. Jahrhunderts, Hannover 1999 (= MGH Schriften 47).

Deutinger, R., Seit wann gibt es die Mehrfachvasallität?, in: ZRG GA 119 (2002), 78–105.

Die deutsche Literatur des Mittelalters. Verfasserlexikon, 2., völlig neu bearb. Auflage unter Mitarbeit zahlreicher Fachgelehrter hrsg. von K. Ruh u. a. 10 Bde. [bisher erschienen], Berlin/New York 1978–1999.

Dieter von Helmstadt siehe Cronica ecclesiae Wimpinensis. Continuatio.

Dilcher, G., Die Entwicklung des Lehnswesens in Deutschland zwischen Saliern und Staufern, in: Il Feudalesmo nell'Alto Medioevo, Spoleto 2000 (= Settimane di Studio del Centro Italiano di Studi sull'Alto Medioevo 47), 263–308.

Dobenecker, O. (Hrsg.), Regesta diplomatica necnon epistolaria historiae Thuringiae. Bd. 4 (1267–1288), Jena 1939.

Dopsch, A., Die Kärnten-Krainer Frage und die Territorialpolitik der ersten Habsburger in Österreich, in: Archiv für österreichische Geschichte 87 (1899), 1–111.

Dopsch, A., Über die Datirung [sic!] des Landfriedens Herzog Otakars für Oesterreich, in: MIÖG 19 (1898), 160–170.

Dopsch, H., Přemysl Ottokar II. und das Erzstift Salzburg, in: Ottokar-Forschungen (siehe dort), 470–508.

Drabek, A. M., Reisen und Reisezeremoniell der römisch-deutschen Herrscher im Spätmittelalter, Wien 1964 (= Wiener Dissertationen aus dem Gebiet der Geschichte 3).

Dubled, H., Les Paysans d'Alsace au Moyen Age (VIIIᵉ–XVᵉ siècle), in: Paysans d'Alsace, Strasbourg 1959 (= Publications de la Société Savante d'Alsace et des régions de l'Est 7), 21–50.

Eckhardt siehe Sachsenspiegel; Schwabenspiegel.

Ehlers, J., Geschichte Frankreichs im Mittelalter, Stuttgart u. a. 1987.

Ellenhardi chronicon – 1299, in: MGH SS XVII, hrsg. von Ph. Jaffé, Hannover 1861, 118–141.

Elm, K., Sacrum commercium. Über Ankunft und Wirken der ersten Franziskaner in Deutschland, in: Reich, Regionen und Europa in Mittelalter und Neuzeit. Festschrift für Peter Moraw, hrsg. von P.-J. Heinig, S. Jahns u. a., Berlin 2000, 389–412.

Emler, J. (Hrsg.), Regesta diplomatica nec non epistolaria Bohemiae et Moraviae. Teil 2 (1253–1310), Prag 1882.

Engels, O., Die Staufer, 5. Aufl. Stuttgart u. a. 1972.

Erkens, F.-R., Kurfürsten und Königswahl. Zu neuen Theorien über den Königswahlparagraphen im Sachsenspiegel und die Entstehung des Kurfürstenkollegiums, Hannover 2002 (= MGH Studien und Texte 30).

Erkens, F.-R., Siegfried von Westerburg (1274–1297). Die Reichs- und Territorialpolitik eines Kölner Erzbischofs im ausgehenden 13. Jahrhundert, Bonn 1982 (= Rheinisches Archiv 114).

Erkens, F.-R., Zwischen staufischer Tradition und dynastischer Orientierung: Das Königtum Rudolfs von Habsburg, in: Rudolf von Habsburg (siehe dort), 33–58.

Esser, K., Anfänge und ursprüngliche Zielsetzung des Ordens der Minderbrüder, 1966.

Etzemüller, Th., Sozialgeschichte als politische Geschichte. Werner Conze und die

Neuorientierung der westdeutschen Geschichtswissenschaft nach 1945, München 2001 (= Ordnungssysteme. Studien zur Geschichte der Neuzeit 9).

Eugster, E., Adel, Adelsherrschaften und landesherrlicher Staat, Die Entwicklung zum kommunalen Territorialstaat, in: Geschichte des Kantons Zürich. Bd. 1: Frühzeit bis Spätmittelalter, Zürich 1995, 172–208, 299–335.

Eugster, E., Adlige Territorialpolitik in der Ostschweiz. Kirchliche Stiftungen im Spannungsfeld landesherrlicher Verdrängungspolitik, Diss. phil. Zürich 1991.

Eugster, E., Regensberg, in: Stadtluft, Hirsebrei und Bettelmönch. Die Stadt um 1300, Stuttgart 1992, 157–163.

Ex annalibus Oxeneiensibus et Thomae de Wykes chronico, in: MGH SS XXVII, hrsg. von F. Liebermann und R. Pauli, Hannover 1885, 484–503.

Fälschungen im Mittelalter. Internationaler Kongreß der Monumenta Germaniae Historica, München, 16.–19. September 1986. 6 Bde., Hannover 1988–1990 (= MGH Schriften 33, I–VI).

Falck, L., Mainz in seiner Blütezeit als Freie Stadt (1244 bis 1328), Düsseldorf 1973 (= Geschichte der Stadt Mainz 3).

Feger, O., Kleine Geschichte der Stadt Konstanz, 2., umgearb. Aufl. Konstanz 1957.

Feine, H. E., Kirchliche Rechtsgeschichte. Die katholische Kirche, 5. Aufl. Köln/ Wien 1972.

Feine, H. E., Die Territorialbildung der Habsburger im deutschen Südwesten, in: ZRG GA 67 (1950), 176–308.

Ficker, J., Über die Entstehungszeit des Schwabenspiegels, in: SB Wien 77 (1874), 795–862.

Finke, H. (Hrsg.), Ungedruckte Dominikanerbriefe des 13.Jh., Paderborn 1891.

Fleckenstein, J., Die Entstehung des niederen Adels und das Rittertum, in: Herrschaft und Stand. Untersuchungen zur Sozialgeschichte im 13.Jahrhundert, Göttingen 1979 (= Veröffentlichungen des Max-Planck-Instituts für Geschichte 51), 17–39.

Fleckenstein, J., Miles und Clericus am Königs- und Fürstenhof. Bemerkungen zu den Voraussetzungen, zur Entstehung und zur Trägerschaft der höfisch-ritterlichen Kultur, in: Curialitas (siehe dort), 302–325.

Fleuchaus, E., Die Briefsammlung des Berard von Neapel – Überlieferung – Regesten, München 1989 (= MGH Hilfsmittel 17).

Fontes rerum Bernensium. Berns Geschichtsquellen. Bd. 2, Bern 1867.

Formen und Funktionen öffentlicher Kommunikation im Mittelalter, hrsg. von G. Althoff, Stuttgart 2001 (= Vorträge und Forschungen 51).

Fräss-Ehrfeld, C., Geschichte Kärntens. Bd. 1: Das Mittelalter, Klagenfurt 1984.

Frauenlob (Heinrich von Meißen), Leichs, Sangsprüche, Lieder, 2 Bde., hrsg. von K. Stackmann und K. Bertau, Göttingen 1981 (= Abhandlungen der Akademie der Wissenschaften in Göttingen, 3. Folge, 119, 120).

Freed, J. B., The Friars and German Society in the Thirteenth Century, Cambridge/Mass. 1977.

Freed, J. B., Rudolf of Habsburg, the Dominicans and the Pettaus, in: Tel Aviver Jahrbuch für deutsche Geschichte 22 (1993), 73–103.

Frenz, Th., Das „Kaisertum" Rudolf von Habsburgs aus italienischer Sicht, in: Rudolf von Habsburg (siehe dort), 87–102.

Friedensburg, W. (Übers.), Das Buch gewisser Geschichten von Abt Johann von Victring, Leipzig 1888 (= GdV 86).

Fuchs, R., Das Domesday Book und sein Umfeld. Zur ethnischen und sozialen Aussagekraft einer Landesbeschreibung im England des 11. Jahrhunderts, Stuttgart 1987.

Gaisberg-Schöckingen, G. v., Das Konzil und der Reichstag zu Würzburg im Jahre 1287, ihr Verlauf und ihre Bedeutung, Stuttgart 1928.

Gatz siehe Die Bischöfe des Heiligen Römischen Reiches.

Gerlich, A., Geschichtliche Landeskunde des Mittelalters, Darmstadt 1986.

Gerlich, A., Rheinische Kurfürsten und deutsches Königtum im Interregnum, in: Festschrift für Johannes Bärmann, Wiesbaden 1967, 44–126 (= Geschichtliche Landeskunde 5/2).

Gerlich, A., Studien zur Landfriedenspolitik König Rudolfs von Habsburg, Mainz 1963 (= Institut für Geschichtliche Landeskunde an der Universität Mainz, Jahresgabe 1963).

Gernhuber, J., Die Landfriedensbewegung in Deutschland bis zum Mainzer Reichslandfrieden von 1235, Bonn 1952 (= Bonner rechtswissenschaftliche Abhandlungen 44).

Geschichtsschreiber der dt. Vorzeit siehe Friedensburg, Pabst, Weiland.

Goethes Werke. Hamburger Ausgabe. Bd. 9, textkritisch durchgesehen von L. Blumenthal, mit Anmerkungen versehen von E. Trunz, Hamburg 1955, Neudr. 1964.

Goetz, H.-W., Kirchenschutz, Rechtswahrung und Reform. Zu den Zielen und zum Wesen der frühen Gottesfriedensbewegung in Frankreich, in: Francia 11 (1983), 193–239.

Goez, W., Der Leihezwang. Eine Untersuchung zur Geschichte des deutschen Lehnrechtes, Tübingen 1962.

Goez, W., Translatio Imperii. Ein Beitrag zur Geschichte des Geschichtsdenkens und der politischen Theorien im Mittelalter und in der frühen Neuzeit, Tübingen 1958.

Gottfried von Viterbo, Pantheon, in: MGH SS XXII, hrsg. von G. Waitz, Hannover 1872, Neudr. 1963, 107–307 .

Gottfried von Viterbo, Speculum regum siehe Wiegand.

Grabmayer, J., Überlegungen zu Persönlichkeit und Politik König Rudolfs I. von Habsburg, in: Böhmisch-österreichische Beziehungen (siehe dort), 39–51.

Graf, K., Das „Land" Schwaben im späten Mittelalter, in: Regionale Identität und soziale Gruppen im deutschen Mittelalter, hrsg. von P. Moraw, Berlin 1992 (= Zeitschrift für historische Forschung, Beiheft 14), 127–164.

Gransden, A., Historical Writing in England c. 550–c. 1307, London 1974.

Grauert, H., Die Kaisergräber im Dome zu Speyer. Bericht über ihre Öffnung im August 1900, in: Sitzungsberichte der philosophisch-philologischen und der historischen Classe der k. b. Akademie der Wissenschaften 1900, Heft 4, München 1901, 539–617.

Gropper, G., Wahl, Krönung und Approbation Rudolfs von Habsburg zum römischen König, Neuwied 1998 (= Politik im Mittelalter 3).

Grundmann, H., Wahlkönigtum, Territorialpolitik und Ostbewegung im 13. und

14. Jahrhundert, 9., neu bearb. Aufl. Stuttgart 1970 (= Gebhart, Handbuch der deutschen Geschichte 5).

Haan, H./Krieger, K.-F./Niedhart, G., Einführung in die englische Geschichte, München 1982.

Haller, J., Die Epochen der deutschen Geschichte, Stuttgart 1942.

Haller, J., Das Papsttum. Idee und Wirklichkeit. Bd. 5: Der Einsturz, Stuttgart 1955.

Haller, J./Dannenbauer, H., Von den Staufern zu den Habsburgern. Auflösung des Reichs und Emporkommen der Landesstaaten (1250–1519), 3. Aufl. Berlin 1970 (= Sammlung Göschen 1077).

Hamel, A.-G. van (Hrsg.), Les Lamentations de Matheolus et le Livre de Leesce. 2 Bde., Paris 1892–1905.

Hampe, K., Beiträge zur Geschichte der letzten Staufer. Ungedruckte Briefe aus der Sammlung des Magisters Heinrich von Isernia, Leipzig 1910.

Hampe, K., Geschichte Konradins von Hohenstaufen. Nachdr. der 1. Auflage von 1894 mit nachgelassenen Änderungen des Verfassers und mit neuem Register und Anhang von H. Kämpf, Leipzig 1940.

Hampe, K., Herrschergestalten des deutschen Mittelalters, Darmstadt 1987 [= unveränd. Neudr. der 6., von H. Kämpf durchgesehenen und um einen Literaturanhang erweiterten Aufl., Heidelberg 1955].

Hampe, K., Reise nach England vom Juli 1895 bis Februar 1896, in: NA 22 (1897), 226–286.

Haskins, Ch. H., The Renaissance of the 12th Century, Cleveland 1927, Nachdruck 1964.

Hattenhauer, H., Die Entdeckung der Verfügungsmacht. Studien zur Geschichte der Grundstücksverfügung im deutschen Recht des Mittelalters, Hamburg 1969 (= Kieler rechtswissenschaftliche Abhandlungen 9).

Hauser, S., Staufische Lehnspolitik am Ende des 12. Jahrhunderts 1180–1197, Frankfurt a. M. 1998 (= Europäische Hochschulschriften III, 770).

Haverkamp, A., Aufbruch und Gestaltung. Deutschland 1056–1273, München 1984 (= Deutsche Geschichte 2).

Heinemeyer, K., König und Reichsfürsten in der späten Salier- und frühen Stauferzeit, in: Vom Reichsfürstenstande, hrsg. v. W. Heinemeyer, Köln/Ulm 1987, 1–39.

Helbach, U., Das rheinische Reichsgut in der Politik des Königtums nach der Stauferzeit, in: Geschichtliche Landeskunde der Rheinlande. Regionale Befunde und raumübergreifende Perspektiven. Georg Droege zum Gedenken, hrsg. von M. Nikolay-Panter u. a., Köln u. a. 1994, 185–215.

Helvetia Sacra, hrsg. von A. Bruckner. Abt. I, Band 1: Schweizerische Kardinäle. Das apostolische Gesandtenwesen in der Schweiz. Erzbistümer und Bistümer I, bearb. von P. K. Bugmann, A. Chèvre u. a., Bern 1972.

Herde, P., Ein unbekanntes Begleitschreiben Rudolfs von Habsburg für Giffrid von Anagni, in: HJb 81 (1962), 152–158.

Herde, P., Die Bestrafung von Fälschern nach kirchlichen und weltlichen Rechtsquellen, in: Fälschungen im Mittelalter (siehe dort) 2, 577–605.

Herde, P., Beiträge zum päpstlichen Kanzlei- und Urkundenwesen im dreizehnten Jahrhundert, 2., verb. und erw. Aufl., Kallmünz 1967 (= Münchener Hist. Studien, Abt. Geschichtliche Hilfswissenschaften 1).

Herde, P., Carlo I d'Angiò, in: ders., Studien (siehe dort), 313–352 [= überarb. Fassung des Erstdrucks in: Dizionario biografico degli Italiani XXIII, Rom 1977, 199–126].

Herde, P., Corradino di Svevia, in: ders., Studien (siehe dort), 293–312 [= überarb. Fassung des Erstdrucks in: Dizionario biografico degli Italiani XXIX, Rom 1983, 364–378].

Herde, P., Karl I. von Anjou, Stuttgart u. a. 1979 (= Urban-Taschenbücher 305).

Herde, P., Karl I. von Anjou in der Geschichte Süditaliens, in: ders., Studien (siehe dort), 353–376 [= überarb. Fassung des Erstdrucks in: Kunst im Reich Kaiser Friedrichs II. Bd. 2, 13–32].

Herde, P., Mortalis pestilentia: Some Observations on Epidemics in Medieval Italy, in: ders., Studien (siehe dort), 39–54.

Herde, P., I papi tra Gregorio X e Celestino V. Il papato e gli Angio, in: Storia della Chiesa. Bd. XI: La crisi del Trecento e il papato avignonese (1274–1378), hrsg. von D. Quaglioni, San Paolo 1994, 23–127.

Herde, P., Die Schlacht bei Tagliacozzo, in: ders., Studien (siehe dort), 377–442 [= überarb. Fassung des Erstdrucks in: ZBLG 25 (1962), 679–744].

Herde, P., Studien zur Papst- und Reichsgeschichte, zur Geschichte des Mittelmeerraumes und zum kanonischen Recht im Mittelalter. Erster Halbband, Stuttgart 2002 (= Peter Herde, Gesammelte Abhandlungen und Aufsätze 2,1).

Herde, P., Taktiken muslimischer Heere vom ersten Kreuzzug bis 'Ayn Djalut (1260) und ihre Einwirkung auf die Schlacht bei Tagliacozzo, in: ders., Studien (siehe dort), 443–468 [= völlig neu bearb. Fassung des Erstdrucks in: Das Heilige Land im Mittelalter, hrsg. von W. Fischer u. J. Schneider, 1982, 83–94].

Hermanni Altahensis annales a. 1137–1273, in: MGH SS XVII, hrsg. von Ph. Jaffé, Hannover 1861, 381–417.

Hermanni Altahensis continuatio tertia, in: MGH SS XXIV, hrsg. von G. Waitz, Hannover 1879, 53–57.

Herzberg-Fränkel, S., Geschichte der deutschen Reichskanzlei 1246–1308. I. Theil: Die Organisation der Reichskanzlei, in: MIÖG Erg. Bd. 1 (1885), 254–297.

Hillenbrand, E., Der Geschichtsschreiber Johann von Viktring als politischer Erzieher, in: Festschrift für Berent Schwineköper zu seinem siebzigsten Geburtstag, hrsg. von H. Maurer und H. Patze, Sigmaringen 1982, 437–453.

Hilpert, H.-E., Richard of Cornwall's Candidature for the German Throne and the Christmas 1256 Parliament at Westminster, in: Journal of Medieval History 6 (1980), 185–198.

Hilsch, P., Bemerkungen zum Bergbau und Bergregal im 12. Jahrhundert, in: Von Schwaben bis Jerusalem. Facetten staufischer Geschichte, hrsg. von S. Lorenz und U. Schmidt, Sigmaringen 1995, 37–50.

Himly, F. J., Atlas des villes médiévales d'Alsace, Nancy 1970.

Histoire de l'Alsace rurale, hrsg. von J.-M. Boehler, D. Lerch und J. Vogt, Strasbourg/Paris 1983.

Hödl, G., Habsburg und Österreich 1273–1493. Gestalten und Gestalt des österreichischen Spätmittelalters, Köln/Graz 1988.

Höfische Literatur, Hofgesellschaft, höfische Lebensformen um 1200, hrsg. von G. Kaiser und J.-D. Müller, Düsseldorf 1986.

Hoensch, J. K., Přemysl Otakar II. von Böhmen. Der goldene König, Graz u. a. 1989.

Hofacker, H.-G., Die schwäbischen Reichslandvogteien im späten Mittelalter, Stuttgart 1980 (= Spätmittelalter und Neuzeit. Tübinger Beiträge zur Geschichtsforschung 8).

Hofmeister, A., Anekdoten von Rudolf von Habsburg und Friedrich III. (IV.), in: Annalen des Historischen Vereins für den Niederrhein 125 (1934), 12–23.

Howell, M., Eleanor of Provence. Queenship in Thirteenth-Century England, Oxford 1998.

Hugo von Trimberg siehe Der Renner.

Huillard-Bréholles, J.-L.-A., Historia diplomatica Friderici secundi sive constitutiones, privilegia, mandata, instrumenta quae supersunt istius imperatoris et filiorum eius. Accedunt epistolae paparum et documenta varia. 6 Bde., Paris 1852–1861, Neudr. Torino 1963.

Ioannis Saresberiensis episcopi Carnotensis Policratici sive de nugis curialium et vestigiis philosophorum libri VIII, hrsg. von C. C. I. Webb. 2 Bde., London/Oxford 1909, Neudr. Frankfurt a. M. 1965.

Isenmann, E., Die deutsche Stadt im Spätmittelalter, Stuttgart 1988.

Jaeger, C. St., Die Entstehung höfischer Kultur. Vom höfischen Bischof zum höfischen Ritter. Aus dem Amerikanischen übersetzt von S. Hellwig-Wagnitz, Berlin 2001 (= Philologische Studien und Quellen 167).

Jäschke, K.-U., Europa und das römisch-deutsche Reich um 1300, Stuttgart u. a. 1999.

Jagd und höfische Kultur im Mittelalter, hrsg. von W. Rösener, Göttingen 1997.

Jakobs, H., Cessante pristina palatinorum electione. Dynastisches Thronfolgerecht in höfischer Vorstellung, in: Deus qui mutat tempora, hrsg. von E.-D. Hehl u. a., Sigmaringen 1987, 269–282.

Johann von Salisbury siehe Ioannis Saresberiensis episcopi Carnotensis Policratici.

Johannes von Viktring,] Johannis abbatis Victoriensis liber certarum historiarum. Bd. I, hrsg. von F. Schneider, Hannover/Leipzig 1909 (= MGH SS. rer. Germ.).

Kaiser, H., Ein unbekanntes Mandat König Richards und die Anfänge der Landvogtei Elsaß, in: ZGO 58 (1904), 337–339.

Kaiser, R., Selbsthilfe und Gewaltmonopol. Königliche Friedenswahrung in Deutschland und Frankreich im Mittelalter, in: FmSt 17 (1983), 55–72.

Kaiserchronik siehe Zweite (schwäbische) Fortsetzung der Kaiserchronik.

Kaltenbrunner, F., Actenstücke zur Geschichte des Deutschen Reiches unter den Königen Rudolf I. und Albrecht I., Wien 1889 (= Mitteilungen aus dem Vaticanischen Archive 1).

Kamp, H., Friedensstifter und Vermittler im Mittelalter, Darmstadt 2001 (= Symbolische Kommunikation in der Vormoderne).

Kantorowicz, E., Kaiser Friedrich der Zweite, Düsseldorf/München 1927.

Kaufhold, M., Deutsches Interregnum und europäische Politik. Konfliktlösungen und Entscheidungsstrukturen 1230–1280, Hannover 2000 (= MGH Schriften 49).

Kaufhold, M., Interregnum, Darmstadt 2002 (= Geschichte kompakt).

Kaufmann, J., Eine Studie über die Beziehungen der Habsburger zum Königreiche

Ungarn in den Jahren 1278 bis 1366, Eisenstadt 1970 (= Burgenländische Forschungen 59).

Keller, H., Die Zähringer und die Entwicklung Freiburgs zur Stadt, in: Die Zähringer. Eine Tradition und ihre Erforschung, Sigmaringen 1986 (= Veröffentlichungen zur Zähringer-Ausstellung 1), 17–30.

Keller, H., Zwischen regionaler Begrenzung und universalem Horizont. Deutschland im Imperium der Salier und Staufer 1024–1250, Berlin 1986 (= Propyläengeschichte Deutschland 2).

Kempf, J., Geschichte des Deutschen Reiches während des großen Interregnums 1245–1273, Würzburg 1893.

Kern, F., Die Anfänge der französischen Ausdehnungspolitik bis zum Jahre 1308, Tübingen 1910.

Kern, F., Gottesgnadentum und Widerstandsrecht im früheren Mittelalter. Zur Entwicklungsgeschichte der Monarchie, Leipzig 1914 (= Mittelalterliche Studien 1,2).

Kern, F., Recht und Verfassung im Mittelalter, Tübingen 1952, unv. Neudr. Darmstadt 1972 (= Libelli 3) [= Nachdruck des Aufsatzes in HZ 120 (1919), 1–79, erw. durch Randnotizen aus dem Handexemplar des Verf. und ein Vorwort von E. Anrich].

Kern, F., Die Reichsgewalt des deutschen Königs nach dem Interregnum. Zeitgenössische Theorien, Sonderausgabe Darmstadt 1959, 2. unv. Aufl. 1966 (= Libelli 65) [= Neudr. des Aufsatzes in HZ 106, 1910, 39–95, erw. durch die Randnotizen im Handexemplar des Verf.].

Kiem, M., Das Kloster Muri im Kanton Argau, in: Die ältesten Urkunden von Allerheiligen in Schaffhausen, Rheinau und Muri, hrsg. von F. L. Baumann, G. Meyer von Knonau und M. Kiem, Basel 1883 (= Quellen zur Schweizer Geschichte 3), 99–194.

Kiesewetter, A., Die Anfänge der Regierung König Karls II. von Anjou (1278–1295). Das Königreich Neapel, die Grafschaft Provence und der Mittelmeerraum zu Ausgang des 13. Jahrhunderts, Husum 1999 (= Historische Studien 451).

Kläui, P., Beitrag zur ältesten Habsburgergenealogie, in: Argovia 72 (1986), 5 ff.

Kläui, P., Die Entstehung der Grafschaft Toggenburg, in: ZGO 90 (1938), 161–206.

Kleinschmidt, E., Die Colmarer Dominikaner-Geschichtsschreibung im 13. und 14. Jahrhundert. Neue Handschriftenfunde und Forschungen zur Überlieferungsgeschichte, in: DA 28 (1992), 371–496.

Kleinschmidt, E., Herrscherdarstellung. Zur Disposition mittelalterlichen Aussageverhaltens, untersucht an Texten über Rudolf I. von Habsburg, Bern 1974.

Klewitz, H.-W., Geschichte der Ministerialität im Elsaß bis zum Ende des Interregnums, Frankfurt a. M. 1929.

Kluger, H., Ein falscher Friedrich in Köln – Tile Kolup, in: Geschichte in Köln Heft 6 (November 1979), 98–103.

Klutz, K., Der Einfluß Rudolfs von Habsburg auf die Vergebung geistlicher Stellen in Deutschland, Diss. phil. Berlin, Berlin 1936.

Kluxen, K., Englische Verfassungsgeschichte. Mittelalter, Darmstadt 1987.

Köhler, R., Die Heiratsverhandlungen zwischen Eduard I. von England und Rudol von Habsburg. Ein Beitrag zur englisch-deutschen Bündnispolitik am Ausgang des 13. Jahrhunderts, Meisenheim 1969.

Körner, H., Grabmonumente des Mittelalters, Darmstadt 1997.

Köster, K., Die Geschichtsschreibung der Kolmarer Dominikaner des 13. Jahrhunderts. Diss. phil. Frankfurt a. M. 1946.

Konrad von Pfäfers siehe Conradi de Fabaria.

Krieger, K.-F., Geschichte Englands von den Anfängen bis zum 15. Jahrhundert, 3. Aufl., München 2002.

Krieger, K.-F., Die Habsburger im Mittelalter. Von Rudolf I. bis Friedrich III., Stuttgart u. a. 1994.

Krieger, K.-F., König, Reich und Reichsreform im Spätmittelalter, München 1992 (= Enzyklopädie deutscher Geschichte 14).

Krieger, K.-F., Die Lehnshoheit der deutschen Könige im Spätmittelalter (ca. 1200–1437), Aalen 1979.

Krieger, K.-F., Eine bisher unbekannte Quelle zum Prozeß Kaiser Friedrichs III. gegen den Pfalzgrafen Friedrich den Siegreichen (1474), in: Mannheimer Geschichtsblätter N.F. 4 (1997), 67–81.

Krieger, K.-F., Rechtliche Grundlagen und Möglichkeiten römisch-deutscher Königsherrschaft im 15. Jahrhundert, in: Das spätmittelalterliche Königtum im europäischen Vergleich, hrsg. von R. Schneider, Sigmaringen 1987 (= Vorträge und Forschungen 32), 465–489.

Kroeschell, K., Deutsche Rechtsgeschichte. Bd. 1 (bis 1250), Reinbek 1972.

Kroeschell, Lehnrecht und Verfassung im deutschen Hochmittelalter, [Privatdruck] Freiburg/Br. 1997.

Kroeschell, K., Stadtrecht und Landrecht im mittelalterlichen Sachsen, in: Der sassen speyghel. Sachsenspiegel. Recht, Alltag. Bd. 1: Beiträge und Katalog zu den Ausstellungen Bilderhandschriften des Sachsenspiegels – Niederdeutsche Sachsenspiegel, hrsg. von E. Koolmann u. a., Oldenburg 1995, 17–32.

Kubach, H. E./Haas, W., Der Dom zu Speyer. [Bd. 1:] Textband, München 1972 (= Die Kunstdenkmäler von Rheinland-Pfalz 5,1).

Kuchimaister siehe Cristan der Kuchimaister.

Kunst im Reich Kaiser Friedrichs II. von Hohenstaufen. Bd. 2: Akten des zweiten Internationalen Kolloquiums zu Kunst und Geschichte der Stauferzeit (Rheinisches Landesmuseum Bonn, 8. bis 10. Dezember 1995), hrsg. von A. Knaak, München/Berlin 1997.

Kunze, U., Rudolf von Habsburg. Königliche Landfriedenspolitik im Spiegel zeitgenössischer Chronistik, Frankfurt u. a. 2001 (= Europäische Hochschulschriften III, 895).

Kurmann, P., Deutsche Kaiser und Könige. Zum spätstaufischen Herrscherzyklus und zur Reiterfigur Rudolfs von Habsburg, in: Kunst im Reich Kaiser Friedrichs II. 2 (siehe dort), 154–169.

Kurze, D., Anfänge der Inquisition in Deutschland, in: Die Anfänge der Inquisition im Mittelalter (siehe dort), 131–193.

Kusternig, A., Die Kämpfe zwischen Rudolf und Ottokar, in: Ausstellung im Schloß Jedenspeigen 13. 5. bis 29. 10. 1978. 700 Jahre Schlacht bei Dürnkrut und Jedenspeigen, 2. verb. Aufl. Wien 1978, 32–37.

Kusternig, A., Probleme um die Kämpfe zwischen Rudolf und Ottokar und di Schlacht bei Dürnkrut und Jedenspeigen, in: Ottokar-Forschungen (siehe dort) 226–311.

Kusternig, A., Die Schlacht bei Dürnkrut und Jedenspeigen am 26. August 1278, ir Böhmisch-österreichische Beziehungen (siehe dort), 185–215.

Kuthan, J., Přemysl Ottokar II. König, Bauherr und Mäzen. Höfische Kunst in 13. Jahrhundert, Wien u. a. 1996.

Ladner, P., Zähringische Städtegründungen und zähringische Stadtrechtüberliefe rung in der Westschweiz, in: Die Zähringer. Schweizer Vorträge und neue For schungen, hrsg. von K. Schmid, Sigmaringen 1990 (= Veröffentlichungen zu Zähringer-Ausstellung 3), 37–48.

Landwehr, G., Mobilisierung und Konsolidierung der Herrschaftsordnung ir 14. Jahrhundert. Zusammenfassung, in: Der deutsche Territorialstaat im 14. Jahr hundert. Bd. 2, hrsg. von H. Patze, Sigmaringen 1971 (= Vorträge und Forschun gen 14), 484–505.

Landwehr, G., Die rechtshistorische Einordnung der Reichspfandschaften, in: De deutsche Territorialstaat im 14. Jahrhundert, Bd. 1, hrsg. von H. Patze, Sigmarin gen 1970 (= Vorträge und Forschungen 13), 97–116.

Landwehr, G., Die Verpfändung der deutschen Reichsstädte im Mittelalte Köln/Graz 1967 (= Forschungen zur deutschen Rechtsgeschichte 5).

Leidinger, G. (Hrsg.), Andreas von Regensburg. Sämtliche Werke, Neudr. der Aus gabe von 1903, Aalen 1969 (= Quellen und Erörterungen zur bayerischen un deutschen Geschichte N.F. 1).

Leist, W., Landesherr und Landfrieden in Thüringen im Spätmittelalter 1247–134 Köln/Wien 1975 (= Mitteldeutsche Forschungen 77).

Lhotsky, A., Apis Colonna. Fabeln und Theorien über die Abkunft der Habsburge Ein Exkurs zur Cronica Austrie des Thomas Ebendorfer, in: ders., Aufsätze un Vorträge, Bd. 2: Das Haus Habsburg, Wien 1971, 7–102 [= Neudr. der Fassung i MIÖG 55 (1944), 171–245].

Lhotsky, A., Zur Geschichte des Grabmals König Rudolfs I., in: ebenda, 103–10 [= Neudr. der Fassung in Festschrift Edmund E. Stengel. Zum 70. Geburtstag a 24. Dezember 1949 dargebracht von Freunden, Fachgenossen und Schüler Münster/Köln 1952, 425–427].

Lhotsky, A., Geschichte Österreichs seit der Mitte des 13. Jahrhunderts (1281 1358), Wien 1967 (= Veröffentlichungen der Kommission für Geschichte Öste reichs 1).

Liber Extra siehe Friedberg.

Liebertz-Grün, U., Das andere Mittelalter. Erzählte Geschichte und Geschichts erkenntnis um 1300. Studien zu Ottokar von Steiermark, Jans Enikel und Se fried Helbling, München 1984 (= Forschungen zur Geschichte der älteren deu schen Literatur 5).

Liebertz-Grün, U., Seifried Helbling. Satiren kontra Habsburg, München 1981.

Liebrecht, J., Das *gute alte* Recht in der rechtshistorischen Kritik, in: Funktion un Form. Quellen und Methodenprobleme der mittelalterlichen Rechtsgeschicht hrsg. von K. Kroeschell und A. Cordes, Berlin 1996 (= Schriften zur Europä schen Rechts- und Verfassungsgeschichte 18), 185–204.

Lindner, Th., Deutsche Geschichte unter den Habsburgern und Luxemburgern (1273–1437). Bd. 1, Stuttgart 1890 (= Bibliothek dt. Geschichte), Neudr. Darmstadt 1970.

Lizerand, G., Philippe le Bel et l'empire au temps de Rodolphe de Habsbourg (1285–1291), in: Revue historique 141 (1922), 161–191.

Lorenz, O., Deutsche Geschichte im 13. und 14. Jahrhundert. 2 Bde., Wien 1863–1866.

Lorenz, S., Staufische Stadtgründungen in Südwestdeutschland. Aktuelle Aspekte, Tendenzen und Perspektiven in der Stadtgeschichtsforschung, in: Staufische Stadtgründungen am Oberrhein, hrsg. von E. Reinhard und P. Rückert, Sigmaringen 1998 (= Oberrheinische Studien 15), 235–272.

Marquis, B., Meißnische Geschichtsschreibung im späten Mittelalter (ca. 1215–1420), Diss. phil. München 1998.

Martin, Th. M., Das Bild Rudolfs von Habsburg als „Bürgerkönig" in Chronistik, Dichtung und moderner Historiographie, in: BlldtLG 112 (1976), 203–228.

Martin, Th. M., Die Städtepolitik Rudolfs von Habsburg, Göttingen 1976 (= Veröffentlichungen des Max-Planck-Instituts für Geschichte 44).

Martindale, J. R., The Prosopography of the Later Roman Empire. Bd. 3: A.D. 527–641, Cambridge 1992.

Maurer, H.-M., Die Entstehung der hochmittelalterlichen Adelsburg in Südwestdeutschland, in: Oberrheinische Studien, Bd. 1, hrsg. von A. Schäfer, Bretten 1970, 295–332.

Maurer, H., Die Anfänge der Stadt Tiengen und das politische Kräftespiel am Hochrhein um die Mitte des 13. Jahrhunderts, in: Alemann. Jhb (1964/65), 119–158.

Maurer, H., Konstanz im Mittelalter. Bd. 1: Von den Anfängen bis zum Konzil, Konstanz 1989.

Maurer, H., Der Herzog von Schwaben. Grundlagen, Wirkungen und Wesen seiner Herrschaft in ottonischer, salischer und staufischer Zeit, Sigmaringen 1978.

May, K. H., Reichsbanneramt und Vorstreitrecht in hessischer Sicht, in: Festschrift Edmund E. Stengel, Münster 1952, 301–323.

Mayer, Th., Die Besiedlung und politische Erfassung des Schwarzwaldes im Hochmittelalter, in: ZGO 91 (1939), 500–522.

Mayer, Th., Schwaben und Österreich, in: Zeitschrift für württembergische Landesgeschichte 16 (1957), 261–278.

Mertens, D., Die Habsburger als Nachfahren und Vorfahren der Zähringer, in: Die Zähringer. Eine Tradition und ihre Erforschung, hrsg. von K. Schmid, Sigmaringen 1986, 151–174.

Mertens, D., Der Straßburger Ellenhard-Codex in St. Paul im Lavanttal, in: Geschichtsschreibung und Geschichtsbewußtsein im späten Mittelalter, Sigmaringen 1987 (= Vorträge und Forschungen 31), 543–580.

Metz, B., Hagenau als staufische Stadtgründung, in: Staufische Stadtgründungen am Oberrhein (siehe dort), 213–234.

Metz, B., Politische Geschichte des Elsaß in der 2. Hälfte des 13. Jahrhunderts, in: Th. Biller, Der frühe gotische Burgenbau im Elsaß (1250–1300), München 1995 (= Die Burgen des Elsaß 3), 11–16.

Metz, B., Zentralgewalt, Adel und Burgenbau, ebenda, 16–23.

Metz, W., Staufische Güterverzeichnisse. Untersuchungen zur Verfassungs- und Wirtschaftsgeschichte des 12. und 13. Jahrhunderts, Berlin 1964.

Meyer, B., Habsburg-Laufenburg und Habsburg-Österreich, in: Zeitschr. für schweizerische Geschichte 28 (1948), 310–343.

Meyer, B., Das Ende des Herzogtums Schwaben auf linksrheinischem Gebiet, in: Schriften des Vereins für Geschichte des Bodensees und seiner Umgebung 78 (1960), 65–109.

Meyer, B., Rudolf von Habsburg – Graf, Landgraf und König, in: Schriften des Vereins für Geschichte des Bodensees und seiner Umgebung 98 (1980), 1–12.

Meyer, B., Studien zum habsburgischen Hausrecht [Teil IV], in: Zeitschr. für schweizerische Geschichte 26 (1947), 273–323.

Meyer, R. J., Königs- und Kaiserbegräbnisse im Spätmittelalter. Von Rudolf von Habsburg bis zu Friedrich III., Köln/Weimar/Wien 2000 (= Beihefte zu J. F. Böhmer, Regesta Imperii 19).

Meyer-Hofmann, W., Psitticher und Sterner. Ein Beitrag zur Geschichte des unstaatlichen Kriegertums, in: Basler Zeitschrift für Geschichte und Altertumskunde 67 (1967), 5–21.

Miethke, J., De potestate papae. Die päpstliche Amtskompetenz im Widerstreit der politischen Theorie von Thomas von Aquin bis Wilhelm von Ockham, Tübingen 2000 (= Spätmittelalter und Reformation, N.R. 16).

Miethke, J., Philipp IV. der Schöne (1285–1314), in: Die französischen Könige des Mittelalters. Von Odo bis Karl VIII. 888–1498, hrsg. von J. Ehlers, H. Müller und B. Schneidmüller, München 1996, 203–230.

Miethke, J./Bühler, A., Kaiser und Papst im Konflikt. Zum Verhältnis von Staat und Kirche im späten Mittelalter, Düsseldorf 1988 (= Historisches Seminar 8).

Mitteis, H., Die deutsche Königswahl und ihre Rechtsgrundlagen bis zur Goldenen Bulle. 2., erw. Auflage, Brünn/München/Wien 1944.

Mitteis, H., Lehnrecht und Staatsgewalt, Darmstadt 1958 [= unveränd. Neudr. der Erstaufl. von 1933].

Mitteis, H., Politische Prozesse des früheren Mittelalters in Deutschland und Frankreich, Darmstadt 1974 (= Libelli 341) [= unveränd. Nachdr. der Erstfassung in: Sitzungsberichte der Akademie der Wissenschaften, Phil.-hist. Kl., Heidelberg 1926/27, 3. Abh.].

Moeglin, J.-M./Müller, R. A (Hrsg.), Deutsche Geschichte in Quellen und Darstellung. Bd. 2. Spätmittelalter 1250–1495, Stuttgart 2000.

Mohr, W., Geschichte des Herzogtums Lothringen. Teile 2 und 3, Saarbrücken 1976–1979.

Mohrmann, W.-D., Der Landfriede im Ostseeraum während des späten Mittelalters, Kallmünz 1972 (= Regensburger historische Forschungen 2).

Monumenta Germaniae Historica. Leges (in folio). Bd. 2, hrsg. von G. H. Pertz, Hannover 1837.

Monumenta historica ducatus Carinthiae. Geschichtliche Denkmäler des Herzogtums Kärnten. Bd. 5, hrsg. v. H. Wiessner, Klagenfurt 1956.

Monumenta Wittelsbacensia. Urkundenbuch zur Geschichte des Hauses Wittelsbach, hrsg. von F. M. Wittmann. 1. Abteilung, Neudr. der Ausgabe München

1857, Aalen 1969 (= Quellen und Erörterungen zur bayer. und dt. Geschichte 5, 1).

Moraw, P., Franken als königsnahe Landschaft im späten Mittelalter, in: BlldLG 112 (1976), 123–138.

Moraw, P., Königliche Herrschaft und Verwaltung im spätmittelalterlichen Reich (ca. 1350–1450), in: Das spätmittelalterliche Königtum im europäischen Vergleich, hrsg. von R. Schneider, Sigmaringen 1987 (= Vorträge und Forschungen 32), 185–200.

Moraw, P., Nord und Süd in der Umgebung des deutschen Königs im späten Mittelalter, in: Nord und Süd in der deutschen Geschichte des Mittelalters, hrsg. von W. Paravicini, Sigmaringen 1990, 51–70.

Moraw, P., Organisation und Funktion von Verwaltung im ausgehenden Mittelalter (ca. 1350–1500), in: Deutsche Verwaltungsgeschichte, hrsg. von K. G. A. Jeserich u. a., Bd. 1, Stuttgart 1983, 21–65.

Moraw, P., Rudolf von Habsburg: Der 'kleine' König im europäischen Vergleich, in: Rudolf von Habsburg (siehe dort), 185–208.

Moraw, P., Von offener Verfassung zu gestalteter Verdichtung. Das Reich im späten Mittelalter 1250–1490, Frankfurt a. M./Berlin 1989 (= Propyläen Studienausgabe).

Morerod, J.-D., L'évêque de Lausanne et la Maison de Savoie: le temps de la rupture (1273–1316), in: Le Pays de Vaud vers 1300, hrsg. von A. Paravicini Bagliani u. a., Lausanne 1992 (= Cahiers Lausannois d'Histoire Médiévale 6), 71–93.

Morerod, J.-D., Genèse d'une principauté épiscopale. La politique des évêques de Lausanne (IXe–XIVe siècle), Lausanne 2000 (= Bibliothèque historique Vaudoise 116).

Müller, Ulrich, Untersuchungen zur politischen Lyrik des deutschen Mittelalters, Göppingen 1974 (= Göppinger Arbeiten zur Germanistik 55/56).

Nau, E., Münzen und Geld in der Stauferzeit, in: Die Zeit der Staufer. Katalog der Ausstellung. Bd. 3, Stuttgart 1977, 87–102.

Nau, E., Staufische Münzpolitik, in: Südwestdeutsche Städte im Zeitalter der Staufer, hrsg. von E. Maschke und J. Sydow, Sigmaringen 1980, 49–67.

Neidiger, B., Mendikanten zwischen Ordensideal und städtischer Realität. Untersuchungen zum wirtschaftlichen Verhalten der Bettelorden in Basel, Berlin 1981.

Niese, H., Die Verwaltung des Reichsguts im 13. Jahrhundert. Ein Beitrag zur deutschen Verfassungsgeschichte, Innsbruck 1905, Neudr. Aalen 1969.

Novák, J., Henricus Italicus und Heinricus de Isernia, in: MIÖG 20 (1899), 253–275.

Oexle, O. G., Deutungsschemata der sozialen Wirklichkeit im frühen und hohen Mittelalter, in: Mentalitäten im Mittelalter. Methodische und inhaltliche Probleme, hrsg. von F. Graus, Sigmaringen 1987, 65–117.

Oexle, O. G., Die funktionale Dreiteilung als Deutungsschema der sozialen Wirklichkeit in der ständischen Gesellschaft des Mittelalters, in: Ständische Gesellschaft und Mobilität, hrsg. von W. Schulze unter Mitarbeit von H. Gabel, München 1988, 19–51.

Oexle, O. G., Die funktionale Dreiteilung der 'Gesellschaft' bei Adalbero von Laon. Deutungsschemata der sozialen Wirklichkeit im früheren Mittelalter, in: FmSt 12 (1978), 1–54.

Oexle, O. G., Sozialgeschichte – Begriffsgeschichte – Wissenschaftsgeschichte. Wis senschaftsgeschichtliche Anmerkungen zum Werk Otto Brunners, in: VSWG 7 (1984), 305–341.

Oexle, O. G., 'Stand, Klasse I–VI', in: Geschichtliche Grundbegriffe. Historische Lexikon zur politisch-sozialen Sprache in Deutschland, hrsg. von O. Brunner W. Conze, R. Koselleck. Bd. 6, Stuttgart 1990, 155–200.

Oexle, O. G., „Die Statik ist ein Grundzug des mittelalterlichen Bewußtseins". Die Wahrnehmung sozialen Wandels im Denken des Mittelalters und das Problem ihrer Deutung, in: Sozialer Wandel im Mittelalter. Wahrnehmungsformen, Erklä rungsmuster, Regelungsmechanismen, hrsg. von J. Miethke und K. Schreiner Sigmaringen 1994, 45–70.

Ogris, A., Der Kampf Ottokars II. von Böhmen um das Herzogtum Kärnten, in Ottokar-Forschungen (siehe dort), 92–141.

Orth, E., Formen und Funktionen der höfischen Rittererhebung, in: Curialita (siehe dort), 128–170.

Ott, H., Die Klostergrundherrschaft St. Blasien im Mittelalter. Beiträge zur Besitz geschichte, Stuttgart 1969 (= Arbeiten zum historischen Atlas von Südwest deutschland 4).

Ott, H., Studien zur Geschichte des Klosters St. Blasien im hohen und späten Mittelalter, Stuttgart 1963 (= Veröff. der Kommission für Geschichtliche Landes kunde in Baden-Württemberg B, 27).

Ottokar-Forschungen, redigiert von M. Weltin und A. Kusternig, Wien 1979.

Ottokars österreichische Reimchronik, hrsg. von J. Seemüller. 1. Halbband, unver änd. Nachdruck der Ausgabe Hannover 1890–93, München 1980 (= MGH, Deut sche Chroniken 5,1).

Ottonis et Rahewini Gesta Friderici I. imperatoris, hrsg. von G. Waitz und B. v. Sim son, 3. Aufl., Hannover/Leipzig 1912 (= MGH SS rer. Germ. [46]).

Pabst, H. (Übers.), Annalen und Chronik von Kolmar, Berlin 1867 (= GdV 75).

Paravicini, W., Die ritterlich-höfische Kultur des Mittelalters, München 1994 (= En zyklopädie deutscher Geschichte 32).

Parlow, U., Die Zähringer. Kommentierte Quellenedition zu einem südwestdeut schen Herzogsgeschlecht des hohen Mittelalters, Stuttgart 1999.

Partner, P., The Lands of St. Peter. The Papal State in the Middle Ages and th Early Renaissance, London 1972.

Patschovsky, A., Fehde im Recht. Eine Problemskizze, in: Recht und Reich im Zeit alter der Reformation. Festschrift für Horst Rabe, hrsg. von Ch. Roll, Frankfur u. a. 1996, 2. überarb. Aufl. 1997, 145–178.

Patze, H., Politische Geschichte im hohen und späten Mittelalter, in: Geschicht Thüringens, hrsg. von H. Patze und W. Schlesinger. 2. Band, 1. Teil: Hohes un spätes Mittelalter, Köln/Wien 1974 (= Mitteldeutsche Forschungen 48, II,1) 1–214.

Pawlicki, B., Papst Honorius IV., Diss. phil., Münster i. W. 1896.

Perels, E., Der Erbreichsplan Heinrichs VI., Berlin 1927.

Peter von Blois, Epistolae, hrsg. v. J. A. Giles, London 1847 (= Patres ecclesia Anglicanae 28).

Peyer, C., Frühes und hohes Mittelalter, in: Handbuch der Schweizer Geschichte Bd. 1, Zürich 1980, 93–160.

?eyer, C., Die Entstehung der Eidgenossenschaft, in: ebenda, 161–238.

?ierre II de Savoie. 'Le petit Charlemagne' († 1268), hrsg. von B. Andenmatten u. a., Lausanne 2000 (= Cahiers Lausannois d'histoire médiévale 27).

?olitische Lyrik des deutschen Mittelalters. Texte I. Von Friedrich II. bis Ludwig dem Bayern, hrsg. von U. Müller, Göppingen 1972 (= Göppinger Arbeiten zur Germanistik 68).

?owicke, M., The Thirteenth Century 1216–1307. 2. Aufl., Oxford 1962, Neudr. 1970 (The Oxford History of England).

?tolomaeus von Lucca, Historia ecclesiastica, hrsg. von L. Muratori, in: Rerum Italicarum Scriptores 11, Mailand 1727, 753 ff.

Quarthal, F., Königslandschaft, Herzogtum oder fürstlicher Territorialstaat: Zu den Zielen und Ergebnissen der Territorialpolitik Rudolfs von Habsburg im schwäbisch-nordschweizerischen Raum, in: Rudolf von Habsburg 1273–1291 (siehe dort), 125–138.

Quarthal, F., Residenz, Verwaltung und Territorialbildung in den westlichen Herrschaftsgebieten der Habsburger während des Spätmittelalters, in: Die Eidgenossen und ihre Nachbarn im Deutschen Reich des Mittelalters, hrsg. von P. Rück und H. Koller, Marburg a. d. L. 1991, 61–85.

Quarthal, F., Vorderösterreich in der Geschichte Südwestdeutschlands, in: Vorderösterreich nur die Schwanzfeder des Kaiseradlers? Die Habsburger im deutschen Südwesten, hrsg. vom Württembergischen Landesmuseum Stuttgart, Stuttgart 1999, 14–60.

Quellen zur Geschichte der Stadt Worms siehe Boos, H.

Rapp, F., Du Domaine à l'Etat: les avatars de la seigneurie rurale, in: Histoire de l'Alsace rurale (siehe dort), 83–99.

Rauch, G., Die Bündnisse deutscher Herrscher mit Reichsangehörigen vom Regierungsantritt Friedrich Barbarossas bis zum Tod Rudolfs von Habsburg, Aalen 1966 (= Untersuchungen zur deutschen Staats- und Rechtsgeschichte N.F. 5).

Redlich, O., Die Anfänge König Rudolfs I., in: MIÖG 10 (1889), 341–418.

Redlich, O., Zur Geschichte der österreichischen Frage unter König Rudolf I., in: MIÖG Erg. Bd. 4 (1894), 133–165.

Redlich, O., Rudolf von Habsburg. Das deutsche Reich nach dem Untergange des alten Kaisertums. Neudr. der Ausgabe Innsbruck 1903, Aalen 1965.

Regesta diplomatica necnon epistolaria Bohemiae et Moraviae. Teil 2 (1253–1310), hrsg. von J. Emler, Prag 1882.

Regesta diplomatica necnon epistolaria historiae Thuringiae. Bd. 4 (1267–1288), bearb. und hrsg. von O. Dobenecker, Jena 1939.

Regesta Habsburgica. Regesten der Grafen von Habsburg und der Herzoge von Österreich aus dem Hause Habsburg, hrsg. vom Institut für Österreichische Geschichtsforschung. 1. Abteilung: Die Regesten der Grafen von Habsburg bis 1281, bearb. von H. Steinacker, Innsbruck 1905.

Regesta Imperii V,1. Die Regesten des Kaiserreichs unter Philipp, Otto IV., Friedrich II., Heinrich (VII.), Conrad IV., Heinrich Raspe, Wilhelm und Richard (1198–1272). Nach der Neubearbeitung und dem Nachlasse Johann Friedrich Böhmers neu hrsg. und ergänzt von J. Ficker. 1. Band, Kaiser und Könige, Innsbruck 1881–1882, Neudr. Hildesheim 1971.

Regesta Imperii VI,1, Die Regesten des Kaiserreichs unter Rudolf, Adolf, Albrecht Heinrich VII. (1272–1313). Nach der Neubearbeitung und dem Nachlasse J. F Böhmers neu hrsg. und ergänzt von O. Redlich, Neudr. der Ausgabe Innsbruck 1898, mit einem Anhang von C. Brühl, Hildesheim/New York 1969.

Regestum Innocentii III papae super negotio Romani imperii, hrsg. von F. Kempf Rom 1947 (= Miscellanea historiae pontificiae 12).

Les registres de Clement IV, hrsg. von E. Jordan, Paris 1893–1945 (= Bibl. de Écoles Françaises d'Athènes et de Rome, 2e série 11).

Les registres de Nicolas III (1277–1280), hrsg. von J. Gay und S. Vitte, Pari 1898–1938 (= Bibl. des Écoles Françaises d'Athènes et de Rome, 2e série 14).

Reichert, F., Landesherrschaft, Adel und Vogtei. Zur Vorgeschichte des spätmittel alterlichen Ständestaates im Herzogtum Österreich, Köln/Wien 1985 (= Beihefte zum Archiv für Kulturgeschichte 23).

Reimer, H., Hessisches Urkundenbuch. II. Abteilung. Urkundenbuch zur Geschich te der Herren von Hanau und der ehemaligen Provinz Hanau. Bd. 1, Leipzig 1884 (= Publikationen aus den königlich-preußischen Staatsarchiven 19).

Reinhard, E. Der Wandel der oberrheinischen Kulturlandschaft durch die staufi schen Stadtgründungen, in: Staufische Stadtgründungen am Oberrhein (siehe dort), 11–52.

Reinle, Ch., Studien zur Fehdeführung Nichtadliger im römisch-deutschen Reich unter besonderer Berücksichtigung der bayerischen Herzogtümer (13.–16. Jahr hundert), Habil. Schrift masch., Mannheim 1999.

Der Renner von Hugo von Trimberg, hrsg. von G. Ehrismann, mit einem Nachwor und Ergänzungen von G. Schweikle. Bd. 2, Berlin 1970 (= Deutsche Neudrucke Texte des Mittelalters) [= Neudr. der Fassung von Tübingen 1909].

Resmini, B., Das Arelat im Kräftefeld der französischen, englischen und angiovini schen Politik nach 1250 und das Einwirken Rudolfs von Habsburg, Köln/Wien 1980.

Reuter, T., Die Unsicherheit auf den Straßen im europäischen Früh- und Hoch mittelalter. Täter, Opfer und ihre mittelalterlichen und modernen Betrachter, ir Träger und Instrumentarien des Friedens im hohen und späten Mittelalter, hrsg von J. Fried, Sigmaringen 1996 (= Vorträge und Forschungen 43), 169–201.

Reynolds, S., Fiefs and Vassels. The Medieval Evidence Reinterpreted, Oxfor 1994.

Ridgeway, H. W., Foreign Favourites and Henry's Problems of Patronage, in: EHI 104 (1989), 590–610.

Riedmann, J., Die leere Mitte. Das erste Auftreten der Habsburger, in: Die Haupt städte der Deutschen. Von der Kaiserpfalz in Aachen zum Regierungssitz Berlir hrsg. von U. Schultz, München 1993, 44–56.

Riedmann, J., Verkehrswege, Verkehrsmittel, in: Kommunikation und Mobilität in Mittelalter. Begegnungen zwischen dem Süden und der Mitte Europas (11. 14. Jahrhundert), hrsg. v. S. de Rachewiltz und J. Riedmann, Sigmaringen 1995 61–76.

Ritscher, A., Literatur und Politik im Umkreis der ersten Habsburger. Dichtung Historiographie und Briefe am Oberrhein, Frankfurt u. a. 1992 (= Freiburge Beiträge zur mittelalterlichen Geschichte 4).

Ritterliches Tugendsystem, hrsg. von G. Eifler, Darmstadt 1970.

Ritscher, A., Das Recht und die Politik Rudolfs von Habsburg im Spiegel des 'Schwanritters' Konrads von Würzburg, in: Jhb der Oswald von Wolkenstein-Gesellschaft 5 (1988/89), 239–250.

Roberg, B., Die Abdankung Alfons' X. von Kastilien als deutscher König, in: HJb 84 (1964), 334–351.

Roberg, B., Das Zweite Konzil von Lyon [1274], Paderborn u. a. 1990.

Rödel, U., Königliche Gerichtsbarkeit und Streitfälle der Fürsten und Grafen im Südwesten des Reiches 1250–1313, Köln/Wien 1979 (= Quellen und Forschungen zur höchsten Gerichtsbarkeit im Alten Reich 5).

Rödel, V., Reichslehenswesen, Ministerialität, Burgmannschaft und Niederadel. Studien zur Rechts- und Sozialgeschichte des Adels in den Mittel- und Oberrheinlanden während des 13. und 14. Jahrhunderts, Darmstadt/Marburg 1979 (= Quellen und Forschungen zur hessischen Geschichte 38).

Rösener, W., Bauern im Mittelalter, 3. Aufl., München 1987 (benutzte Aufl. 1985).

Rösener, W., Agrarwirtschaft, Agrarverfassung und ländliche Gesellschaft im Mittelalter, München 1992 (= Enzyklopädie deutscher Geschichte 13).

Rösener, W., Grundherrschaft im Wandel. Untersuchungen zur Entwicklung geistlicher Grundherrschaften im südwestdeutschen Raum vom 9. bis 14. Jahrhundert, Göttingen 1991.

Rössl, J., Böhmen, Ottokar II. Přemysl und die Herren von Kuenring, in: Ottokar-Forschungen (siehe dort), 380–404.

Rössler, H., Ein König für Deutschland. Die Krönung Rudolfs von Habsburg 1273, München/Wien 1960.

Roethe, G. (Hrsg.), Die Gedichte Reinmars von Zweter, Leipzig 1887.

Rohr, Ch., Přemysl Otakar II. – ein Wegbereiter der Habsburger?, in: Böhmisch-österreichische Beziehungen (siehe dort), 25–37.

Ropp, G. v. der, Erzbischof Werner von Mainz. I. Teil, Diss. phil. Göttingen, Göttingen 1871.

Rudolf von Habsburg 1273–1291. Eine Königsherrschaft zwischen Tradition und Wandel, hrsg. von E. Boshof und F.-R. Erkens, Köln 1993.

Rückert, J., Die Rechtswerte der germanistischen Rechtsgeschichte im Wandel der Forschung, in: ZRG GA 111 (1994), 275–329.

Rüther, A., Bettelorden in Stadt und Land. Die Straßburger Mendikantenkonvente und das Elsaß im Spätmittelalter, Berlin 1997 (= Berliner Historische Studien 26, Ordensstudien 11).

Ruser, K. (Hrsg.), Die Urkunden und Akten der oberdeutschen Städtebünde vom 13. Jahrhundert bis 1549. Bd. 1: Vom 13. Jahrhundert bis 1347, Göttingen 1979.

Sablonier, R., Adel im Wandel. Eine Untersuchung zur sozialen Situation des ostschweizerischen Adels um 1300, Göttingen 1979.

Sablonier, R., Kyburgische Herrschaftsbildung im 13. Jahrhundert, in: Schweizer Beiträge zur Kulturgeschichte und Archäologie des Mittelalters. Bd. 8: Die Grafen von Kyburg. Kyburger Tagung 1980 in Winterthur, Olten/Freiburg i. Br. 1981, 39–52.

Sachsenspiegel Landrecht, hrsg. von K. A. Eckhardt, Göttingen u. a. [2]1955 (= MGH Fontes iuris Germanici antiqui N.S. 1,1).

Sachsenspiegel Lehnrecht, hrsg. von K. A. Eckhardt, Göttingen u. a. [2]1956 (= MGH Fontes iuris Germanici antiqui N.S. 1,2).

Sacken, E. v., Über die authentischen Porträts König Rudolfs von Habsburg und
    dessen Grabsteine, in: Festschrift zur sechshundertjährigen Gedenkfeier der Be
    lehnung des Hauses Habsburg mit Österreich, Wien 1882, 117–132.

Schaab, M., Geschichte der Kurpfalz. Bd. 1: Mittelalter, Stuttgart u. a. 1988.

Schaab, M., Spätmittelalter (1250–1500), in: Handbuch der Baden-Württember
    gischen Geschichte. Bd. 1, Teil 2: Vom Spätmittelalter bis zum Ende des Alten
    Reiches, hrsg. von M. Schaab und H. Schwarzmaier in Verbindung mit G. Taddey
    Stuttgart 2000, 1–144.

Schaab, M., Städtische und ländliche Freiheit in Südwestdeutschland vom Hoch
    mittelalter bis zum Ende des Alten Reiches, in: ZGO 145 (1997), 61–81.

Schadek, H., Bergleute: Bergbau auf Silber im südlichen Schwarzwald zur Zeit der
    Zähringer, in: Die Zähringer. Anstoß und Wirkung, hrsg. von H. Schadek und
    K. Schmid, Sigmaringen 1986 (= Veröffentlichungen zur Zähringerausstellung 2)
    43–52.

Schaller, B., Der Traktat des Heinrich von Isernia De coloribus rhetoricis, in: DA 49
    (1993), 113–153.

Schaller, H. M., Ein Brief über den Tod König Rudolfs von Habsburg, in: Forschun
    gen zur Reichs-, Papst- und Landesgeschichte. Peter Herde zum 65. Geburtstag
    von Freunden, Schülern und Kollegen dargebracht, hrsg. von E. Bünz. Teil 2
    Stuttgart 1998, 575–581.

Scharer, A., Die werdende Schweiz aus österreichischer Sicht bis zum ausgehenden
    14. Jahrhundert, in: MIÖG 95 (1987), 235–270.

Schib, K., Geschichte der Stadt und Landschaft Schaffhausen, Schaffhausen 1972.

Schlesinger, W., Herrschaft und Gefolgschaft in der germanisch-deutschen Verfas
    sungsgeschichte, in: Herrschaft und Staat im Mittelalter, hrsg. von H. Kämpf
    Darmstadt 1964, 135–190 [= Neudr. der Fassung in HZ 176, 1953].

Schlinker, S., Fürstenamt und Rezeption, Köln u. a. 1999 (= Forschungen zur deut
    schen Rechtsgeschichte 18).

Schlunk, A. Ch., Königsmacht und Krongut. Die Machtgrundlagen des deutschen
    Königtums im 13. Jahrhundert – und eine neue historische Methode, Stuttgart
    1988.

Schmid, J., Studien zu Wesen und Technik der Gegenwartschronistik in der süd
    deutschen Historiographie des ausgehenden 13. und des 14. Jahrhunderts, Diss
    phil. Heidelberg 1963.

Schmidlin, J., Ursprung und Entfaltung der habsburgischen Rechte im Oberelsaß
    besonders in der ehemaligen Herrschaft Landser, Freiburg i. Br. 1902.

Schmidt, E., Einführung in die Geschichte der deutschen Strafrechtspflege, 3. Aufl
    Göttingen 1965.

Schmitt, A. (Hrsg.), Matheus von Boulogne: „Lamentationes Matheoluli" (Kom
    mentierte und kritische Edition der beiden ersten Bücher). Diss. phil. Bonn
    1974.

Schneider, R., Der rex Romanorum als gubernator oder administrator imperii, in
    ZRG GA 114 (1997), 296–317.

Schnell, R., Die 'höfische' Liebe als 'höfischer' Diskurs über die Liebe, in: Curiali
    tas (siehe dort), 231–301.

Schönbauer, E. und O., Die Imperiumspolitik Kaiser Friedrichs II. in rechts geschichtlicher Beleuchtung, in: Stupor Mundi. Zur Geschichte Friedrichs II. von Hohenstaufen, hrsg. von G. Wolf, Darmstadt 1966, 553–590 [= Wiederabdr. der Fassung in: Festschrift für Karl Gottfried Hugelmann zum 80. Geburtstag, hrsg. von W. Wegener, Bd. 2, Aalen 1959, 523–559].

Schott, C. (Hrsg.), Eike von Repgow. Der Sachsenspiegel, 3. rev. Aufl., Zürich 1996.

Schramm, P. E./Fillitz, H., Denkmale der deutschen Könige und Kaiser. Bd. 2: Ein Beitrag zur Herrschergeschichte von Rudolf I. bis Maximilian I. 1273–1519, München 1978 (= Veröffentlichungen des Zentralinstituts für Kunstgeschichte in München 7).

Schreiner, K., Die Staufer als Herzöge von Schwaben, in: Die Zeit der Staufer. Geschichte – Kunst – Kultur. Katalog der Ausstellung. Bd. 3: Aufsätze, Stuttgart 1977, 7–19.

Schrohe, H., Die politischen Bestrebungen Erzbischof Siegfrieds von Köln. Ein Beitrag zur Geschichte des Reiches unter den Königen Rudolf und Adolf, in: AHVN 67 (1899), 1–108 und 68 (1899), 54–108.

Schubert, E., Fürstliche Herrschaft und Territorium im späten Mittelalter, München 1996 (= Enzyklopädie deutscher Geschichte 35).

Schubert, E., König und Reich. Studien zur spätmittelalterlichen Verfassungsgeschichte, Göttingen 1979 (= Veröffentlichungen des Max-Planck-Instituts für Geschichte 63).

Schulte, A., Geschichte der Habsburger in den ersten drei Jahrhunderten, Innsbruck 1887.

Schulte, A., Studien zur ältesten und älteren Geschichte der Habsburger und ihrer Besitzungen, vor allem im Elsaß, in: MIÖG 7 (1886), 1–20, 513–554; MIÖG 8 (1887), 513–586.

Schwabenspiegel. Kurzform. I. Landrecht, II. Lehnrecht, hrsg. von K. A. Eckhardt. 2., neubearb. Ausgabe, Hannover 1974, Neudr. 1981 (= MGH Fontes iuris germanici antiqui N.S. 4,1 u. 2).

Schwalm, J., Ein unbekanntes Eingangsverzeichnis, in: NA 23 (1898), 517–553.

Schwarz, H., Der Hotzenwald und seine Freibauern, in: Der Hotzenwald. Teil I, Karlsruhe 1940/41 (= Quellen und Forschungen zur Siedlungs- und Volkstumsgeschichte der Oberrheinlande 2), 67–199.

Schwind, E. v./Dopsch, A., Ausgewählte Urkunden zur Verfassungsgeschichte der deutsch-österreichischen Erblande im Mittelalter, Innsbruck 1895, Neudr. Aalen 1968.

Schwind, F., Die Landvogtei in der Wetterau, Marburg 1972 (= Schriften des Hessischen Landesamtes für geschichtliche Landeskunde 35).

Seiler, Th., Die frühstaufische Territorialpolitik im Elsaß, Hamburg 1995.

Siegrist, J. J., Die Acta Murensia und die Frühhabsburger, in: Argovia 98 (1986), 5 ff.

Sittler, L., L'Alsace. Terre d'histoire, Colmar 1973.

Spannring, E., Die Auffassung des Königtums bei Rudolf von Habsburg. Zum Selbstverständnis des ersten deutschen Habsburger-Königs. Diss. phil. masch. Salzburg 1970.

Spieß, K.-H., Herrschaftliche Jagd und bäuerliche Bevölkerung im Mittelalter, in: Jagd und höfische Kultur im Mittelalter, hrsg. von W. Rösener, Göttingen 1997, 231–254.

Spindler, M./Kraus, A., Handbuch der bayerischen Geschichte. Bd. 2, 2. überarb. Aufl., München 1988.

Staab, F., *Quod pro nobis et imperio duximus retinendum.* Landau und das Elsaß in der Städtepolitik Rudolfs von Habsburg, in: Landesgeschichte und Reichsgeschichte. Festschrift für Alois Gerlich zum 70. Geburtstag, hrsg. von W. Dotzauer, W. Kleiber, M. Matheus und K.-H. Spieß, Stuttgart 1995, 85–141.

Stadler, H., Das Haus Rapperswil und die Beziehungen zwischen Uri und Schwyz im 13. und 14. Jahrhundert, in: Vom alten Land zum Bezirk Schwyz. Mitteilungen des Historischen Vereins des Kantons Schwyz 83 (1991), 63–92.

Staufische Stadtgründungen am Oberrhein, hrsg. von E. Reinhard und P. Rückert, Sigmaringen 1998 (= Oberrheinische Studien 15).

Stein, G., Die Juden und ihre Kultbauten am Oberrhein bis 1349, in: Oberrheinische Studien. Bd. 1, hrsg. von A. Schäfer, Bretten 1970, 332–355.

Steinberg, S. H./Evans, I. H., Steinberg's Dictionary of British History, London ²1970.

Stöller, F., Der Kampf um die südostdeutschen Herzogtümer 1276–1278. Eine Studie zur Kriegsgeschichte des Mittelalters, in: Mitteilungen des Vereines für Geschichte der Stadt Wien 11 (1931), 1–52.

Stromer, M., Wirtschaftliche und soziale Verhältnisse auf dem Land 1100–1350, in: Geschichte des Kantons Zürich. Bd. 1: Frühzeit bis Spätmittelalter, Zürich 1995, 269–297.

Struve, T., Die falschen Friedriche und die Friedenssehnsucht des Volkes im späten Mittelalter, in: Fälschungen im Mittelalter. Internationaler Kongreß der MGH München, 16.–19. September 1986. Teil I: Kongreßdaten und Festvorträge, Literatur und Fälschung, Hannover 1988 (= MGH Schriften 33,I), 317–337.

Stürner, W., Friedrich II. 2 Teile, Darmstadt 1992–2000 (= Gestalten des Mittelalters und der Renaissance).

Sydow, J., Zur verfassungsrechtlichen Stellung von Reichsstadt, freier Stadt und Territorialstadt im 13. und 14. Jahrhundert, in: Les libertés urbaines et rurales du XIᵉ au XIVᵉ siècle. Colloque international Spa 5–8 IX 1966, o.O. 1968, 281–309.

Tholomaeus von Lucca siehe Die Annalen des Tholomeus von Lucca; Ptolomaeus von Lucca.

Thomas, H., Deutsche Geschichte des Spätmittelalters 1250–1500, Stuttgart u.a. 1983.

Thomas, H., Die Kirche von Toul und das Reich unter Rudolf von Habsburg und Adolf von Nassau, in: Jahrbuch für westdt. Landesgeschichte 3 (1977), 145–174.

Thomas Wykes siehe Ex annalibus Oxeneiensibus et Thomae de Wykes.

Thommen, R. (Hrsg.), Die Briefe der Feste Baden, Basel 1941.

Thorau, P., König Heinrich (VII.), das Reich und die Territorien. Untersuchungen zur Phase der Minderjährigkeit und der „Regentschaften" Erzbischof Engelberts I. von Köln und Herzog Ludwigs I. von Bayern 1220–1228, Berlin 1998 [= Jahrbücher der Deutschen Geschichte. Jahrbücher des Deutschen Reichs unter Heinrich (VII.)].

Tiemann, G., Die Grabplatte Rudolfs von Habsburg in der Krypta zu Speyer, in: Pfälzisches Museum 44 (1927), 99–102.

Tillack, K., Studien über Bruno v. Schauenburg und die Politik Ottokars II. v. Böhmen, Diss. phil. Münster 1959.

Töpfer, B., Naturrechtliche Freiheit und Leibeigenschaft. Das Hervortreten kritischer Einstellungen zur Leibeigenschaft im 13.–15. Jahrhundert, in: Sozialer Wandel im Mittelalter, hrsg. von J. Miethke und K. Schreiner, Sigmaringen 1994, 335–351.

Trautz, F., Die Könige von England und das Reich 1272–1377. Mit einem Rückblick auf ihr Verhältnis zu den Staufern, Heidelberg 1961.

Trautz, F., Richard von Cornwall, in: Jhb zur Geschichte von Stadt und Landkreis Kaiserslautern (1969), 27–59.

Treichler, W., Mittelalterliche Erzählungen und Anekdoten um Rudolf von Habsburg, Bern u. a. 1971.

Tremp, E., Peter II. und die Nachbarn der Waadt: Bern, Freiburg, Kyburg und Habsburg, in: Pierre II de Savoie (siehe dort), 191–216.

Trouillat, J., Monuments de l'histoire de l'ancien évêché de Bâle, Porrentruy 1854.

Unverhau, D., Approbatio–Reprobatio. Studien zum päpstlichen Mitspracherecht bei Kaiserkrönung und Königswahl vom Investiturstreit bis zum ersten Prozeß Johannes' XXII. gegen Ludwig IV., Lübeck 1973.

Urkundenbuch der Abtei Sanct Gallen. Teil 3 (Ja[h]r 920–1360, bearb. von H. Wartmann, St. Gallen 1882.

Urkundenbuch der Stadt Frankfurt siehe Boehmer, J. F.

Urkundenbuch der Stadt Kaiserslautern, hrsg. von M. Dolch und M. Münch. Teil 1: bis 1322, Otterbach 1994.

Urkundenbuch der Stadt Straßburg. Bde. 1 und 2, bearb. von W. Wiegand, Straßburg 1879–1886 (= Urkunden und Akten der Stadt Straßburg, 1. Abt.).

Urkundenbuch der Stadt und Landschaft Zürich, bearb. von J. Escher und P. Schweizer. Bd. 4, 1. Hälfte, Zürich 1896.

Urkundenregesten zur Tätigkeit des deutschen Königs- und Hofgerichts bis 1451, hrsg. von B. Diestelkamp. Bd. 3: Die Zeit Rudolfs von Habsburg 1273–1291, bearb. von B. Diestelkamp und U. Rödel, Köln/Wien 1986.

Verfasserlexikon siehe Die deutsche Literatur des Mittelalters.

Vogtherr, Th., Rudolf von Habsburg und Norddeutschland. Zur Struktur der Reichsherrschaft in einem königsfernen Gebiet, in: Rudolf von Habsburg (siehe dort), 139–163.

Vollrath, H., Deutsche Geschichte im Mittelalter (900–1495), in: Deutsche Geschichte. Begründet von P. Rassow. Vollständig neu bearbeitete und illustrierte Ausgabe, hrsg. von M. Vogt, Stuttgart 1991, 1–143.

Vollrath, H., Die deutschen königlichen Landfrieden und die Rechtsprechung, in: La giustizia nell'alto medioevo (secoli IX–XI), Spoleto 1997 (= Settimane di studio del Centro Italiano di Studi sull'Alto Medioevo 44).

Voltmer, E., Der Rheinische Bund (1254–1256). Eine neue Forschungsaufgabe?, in: Propter culturam pacis … Der Rheinische Städtebund von 1254/56. Katalog zur Landesausstellung in Worms 24. Mai bis 27. Juli 1986, Koblenz 1986, 117–143.

Wackernagel, R., Geschichte der Stadt Basel. Bd. 1, Basel 1907, Neudr. 1968.

Wadle, Gottesfrieden und Landfrieden als Gegenstand der Forschung nach 1950, in: Funktion und Form. Quellen- und Methodenprobleme der mittelalterlichen Rechtsgeschichte, hrsg. von K. Kroeschell und A. Cordes, Berlin 1996, 63–91.

Wadle, E., Landfrieden, Strafe, Recht. Zwölf Studien zum Mittelalter, Berlin 2001 (= Schriften zur Europäischen Rechts- und Verfassungsgeschichte 37).

Wadle, E., Die peinliche Strafe als Instrument des Friedens im hohen Mittelalter, in: Träger und Instrumentarien des Friedens im hohen und späten Mittelalter, hrsg. von J. Fried, Sigmaringen 1996 (= Vorträge und Forschungen 43), 229–247.

Wagenführer, H., Friedrich der Freidige, Berlin 1936 (= Hist. Studien 287).

Waley, D., The Papal State in the Thirteenth Century, London 1961.

Walter Map, De nugis curialium, hrsg. und [ins Englische] übers. v. M. R. Jones, Oxford 1983 (= Oxford Medieval Texts).

Wegele, F. X., Friedrich der Freidige, Markgraf von Meißen, Landgraf von Thüringen und die Wettiner seiner Zeit (1247–1325), Nördlingen 1870.

Weiland, L., Die Werke des Abtes Hermann von Altaich, Berlin 1871 (= GdV 78).

Weiler, B., Image and Reality in Richard of Cornwall's German Career, in: EHR 113 (1998), 1111–1142.

Weimar, P. (Hrsg.), Die Renaissance der Wissenschaften im 12. Jahrhundert, Zürich 1981.

Weimar, P., Zur Renaissance der Rechtswissenschaft im Mittelalter, Goldbach 1997.

Weinfurter, S., Konflikt und Konfliktlösung in Mainz. Zu den Hintergründen der Ermordung Erzbischof Arnolds 1160, in: Landesgeschichte und Reichsgeschichte. Festschrift für Alois Gerlich zum 70. Geburtstag, hrsg. von W. Dotzauer u. a., Stuttgart 1995 (= Geschichtliche Landeskunde 42), 67–83.

Weinrich, L. (Hrsg.), Quellen zur deutschen Verfassungs-, Wirtschafts- und Sozialgeschichte bis 1250, Darmstadt 1977 (= Ausgewählte Quellen zur deutschen Geschichte des Mittelalters. Freiherr-vom-Stein-Gedächtnisausgabe 32).

Weinrich, L. (Hrsg.), Quellen zur Verfassungsgeschichte des römisch-deutschen Reiches im Spätmittelalter (1250–1500), Darmstadt 1983 (= Ausgewählte Quellen zur deutschen Geschichte des Mittelalters. Freiherr-vom-Stein-Gedächtnisausgabe 33).

Weltin, M., König Rudolf und die österreichischen Landherren, in: Rudolf von Habsburg 1273–1291 (siehe dort), 103–123.

Weltin, M., Landesherr und Landherren. Zur Herrschaft Ottokars II. Přemysl in Österreich, in: Ottokar-Forschungen (siehe dort), 159–225.

Weltin, M., Das österreichische Landrecht des 13. Jahrhunderts im Spiegel der Verfassungsentwicklung, in: Recht und Schrift im Mittelalter, hrsg. von P. Classen, Sigmaringen 1977 (= Vorträge und Forschungen 23), 381–424.

Wenzel, H., 'Helmbrecht' wider Habsburg. Das Märe von Wernher dem Gärtner in der Auffassung der Zeitgenossen, in: Euphorion 71 (1977), 230–249.

Wiedl, B., Der Salzburger Erzbischof Friedrich II. von Walchen und seine Beziehung zu Přemysl Otakar II. und Rudolf I. von Habsburg, in: Böhmisch-österreichische Beziehungen (siehe dort), 127–146.

Wiegand, W., Gottfried von Viterbo über das Elsaß, in: ZGO 45 (1891), 185f.

Eine Wiener Briefsammlung zur Geschichte des deutschen Reiches und der österreichischen Länder in der zweiten Hälfte des 13.Jahrhunderts, hrsg. von O. Redlich, Wien 1894 (= Mitteilungen aus dem Vaticanischen Archive 2).

Wiesflecker, H., Meinhard der Zweite. Tirol, Kärnten und ihre Nachbarländer am Ende des 13.Jahrhunderts, Innsbruck 1955.

Willoweit, D., Deutsche Verfassungsgeschichte. Vom Frankenreich bis zur Teilung Deutschlands, München 1990.

Wilsdorf, Ch., Un domaine dans la première moitié du XIIIe siècle: la 'Cour du Comte' à Woffenheim d'après son coutumier, in: Histoire de l'Alsace rurale, 101–112.

Winkelmann, E. (Hrsg.), Acta imperii inedita saeculi XIII et XIV. Urkunden und Briefe zur Geschichte des Kaiserreichs und des Königreichs Sizilien. Bd. 2 (1200–1400), Neudr. der Ausgabe Innsbruck 1885, Aalen 1964.

Witt, Th., König Rudolf von Habsburg und Papst Nikolaus III. „Erbreichsplan" und „Vierstaatenprojekt" insbesondere bei Tholomaeus von Lucca, Humbert von Romans und Bernard Gui, Diss. phil. masch. Göttingen 1956.

Wolf, A. (Hrsg.), Königliche Tochterstämme, Königswähler und Kurfürsten, Frankfurt 2002 (= Studien zur europäischen Rechtsgeschichte 152).

Wolf, A., Warum konnte Rudolf von Habsburg († 1291) König werden? Zum passiven Wahlrecht im mittelalterlichen Reich, in: ZRG GA 109 (1992), 48–94.

Wolf, J., Zur Ikonographie des Grabmals Rudolfs von Habsburg, in: Pfälzisches Museum 44 (1927), 103–104.

Wormser Chronik von Friedrich Zorn mit den Zusätzen Franz Bertholds von Flersheim, hrsg. von W. Arnold, Stuttgart 1857, Neudr. Amsterdam 1969 (= Bibliothek des Litterarischen Vereins in Stuttgart 43).

Wulz, W., Der spätstaufische Geschichtsschreiber Burchard von Ursberg, Diss. phil. Stuttgart 1982.

Wurstemberger, L., Peter der Zweite, Graf von Savoyen, Markgraf in Italien. Sein Leben und seine Lande. 4 Bde., Bern/Zürich 1856–1858.

Zeissberg, H. R. von, Über das Rechtsverfahren Rudolfs von Habsburg gegen Ottokar von Böhmen, in: Archiv für Österreichische Geschichte 69 (1887), 1–49.

Zeumer, K., Die deutschen Städtesteuern, insbesondere die städtischen Reichssteuern im 12. und 13.Jahrhundert. Beitrag zur Geschichte der Steuerverfassung des deutschen Reiches, Leipzig 1879 (= Schmoller, G., Staats- und socialwissenschaftliche Abhandlungen 1,2).

Zimpel, D., Die Bischöfe von Konstanz im 13.Jahrhundert (1206–1274), Frankfurt a.M. u.a. 1990 (= Freiburger Beiträge zur mittelalterlichen Geschichte 1).

Zimpel, D., Das weltliche Territorium der Bischöfe von Konstanz in der Mitte des 13.Jahrhunderts. Mittel und Möglichkeiten des Besitzerwerbs, in: Der schweizerische Teil der ehemaligen Diözese Konstanz. Referate, gehalten an der Tagung der Helvetia Sacra in Fischingen/Thurgau vom 16.–18. September 1993, Basel 1994 (= Itinera. Fasc. 16, 1994), 50–59.

Zweite (schwäbische) Fortsetzung der Kaiserchronik, in: MGH Deutsche Chroniken. Bd. 1,1 hrsg. von E. Schröder, Berlin 1895, Neudr. 1964, 409–416.

Register

(zusammengestellt unter Mitarbeit von Diana Wernz)

Das Register erfaßt sämtliche topographischen Begriffe, Familien-, Personen- und Ortsnamen. Aufgenommen wurden allerdings weder die Namen moderner Autoren (vgl. hierzu das Literaturverzeichnis auf S. 257–284) noch – von wenigen Ausnahmen abgesehen – Sachbegriffe. Wegen der Häufigkeit der Belege wurde außerdem auf den Eintrag „Rudolf von Habsburg" verzichtet. Abkürzungen: Bf. = Bischof, Bg. = Bürger, Bgf. = Burggraf, Bgft. = Burggrafschaft, Bm. = Bistum, Brsg. = Breisgau, burgund. = burgundisch, dt. = deutsch, Ebf. = Erzbischof, Ebm. = Erzbistum, engl. = englisch, Gem. = Gemahlin, gest. = gestorben, Gf. = Graf, Gfen. = Grafen, Gfn. = Gräfin, Gft. = Grafschaft, Hz. = Herzog, Hzm. = Herzogtum, Kd. = Kardinal, Kf. = Kurfürst, Kg. = König, Kgn. = Königin, Kgr. = Königreich, Ks. = Kaiser, Lgf. = Landgraf, Lgft. = Landgrafschaft, Mgf. = Markgraf, Mgft. = Markgrafschaft, P. = Papst, röm. = römisch, s. = siehe, ungar. = ungarisch.

Aachen 39. 41. 102. 105. 113. 118. 123. 128
Aare 33. 112
Aargau 33. 61. 65. 70. 172
– Grafschaft 36. 37. 79
Acta Murensia 32 f.
Adalbero von Laon, Bf. 18
Adelhausen, Dominikanerinnenkloster bei Freiburg/Brsg. 59
Adolf von Nassau, dt. Kg. 222
Adria 91
Agnes, Tochter Rudolfs, Gem. Kf. Albrechts II. von Sachsen 115. 124
Agnes, Tochter Kg. Ottokars von Böhmen 154
Agnes-Isabelle, burgund. Prinzessin, zweite Gem. Rudolfs 184
Akkon 90
Albert, Gf. von Dagsburg-Egisheim 30
Albrecht I., Sohn Rudolfs, Hz. von Österreich, dt. Kg. 103. 132. 138. 159 f. 173. 224 f. 228
Albrecht II., Kf. und Hz. von Sachsen 115. 124 f. 163.181
Albrecht I., Hz. von Braunschweig 125
Albrecht, Gf. von Görz-Tirol 132. 138. 147
Albrecht III., Gf. von Habsburg 36
Albrecht IV., Gf. von Habsburg 37. 59
Albrecht, Domherr von Basel, Sohn Gf. Albrechts IV. von Habsburg 59. 64
Albrecht, Gf. von Hohenberg 166. 184. 190
Albrecht (der Entartete), Lgf. von Thüringen 216 f. 221
Albrechtstal (nordwestl. von Schlettstadt) 66. 69 f.
Albtal 61
Alexander von Roes 223. 253
Alfons X., Kg. von Kastilien, dt. Kg. 41. 64. 78. 89. 90. 104. 115 f. 118. 170. 203
Alfred der Große, angelsächs. Kg. 252
Alkmaar, Gefecht 41

Allerheiligen/Schaffhausen, Reformkloster 11
Alpen 109. 164
Altenburg 167
– Burggrafschaft 167
Amadeus, Gf. von Genf 208
Amadeus, Gf. von Savoyen 210. 215
Amadeus, Herr von Neuenburg 210
Amance 30
Amiens 75
Anagni 50
Andernach 182 f.
– Zoll 183
Andreas von Regensburg, Chronist 241
Andreas von Rode, Propst von Werden, Notar in der Kanzlei Rudolfs 175
Andreas, Bruder Kg. Ladislaus' IV. von Ungarn 135
Anglia s. England
Anhalt s. Siegfried
Anna s. Gertrud von Hohenberg
Anna, Tochter Gf. Hartmanns des Jg. von Kiburg 74 f. 78
Anna, Gfn. von Rapperswil, erste Gem. Hartmanns des Jg. von Kiburg 70. 79
Anna, Tochter Kg. Belas IV. von Ungarn 135
Annales Basileenses 15. 17
Annales Hamburgenses 41
Annales Wormatienses 49
Apitz (Kosename für Albrecht), unehelicher Sohn Lgf. Albrechts von Thüringen 216 f. 221
Apulien 65
Aquileja, Patriarchat 159
Arelat 202. 205. 210 f.
Arezzo 136
Aristoteles 17
Arnold, Ebf. von Mainz 51